民国中央官僚的群体结构与社会关系（1912–1949）

The Structure and Social Networks of Central Government Officials in the Republic of China, 1912-1949

鲁卫东　著

中国社会科学出版社

图书在版编目(CIP)数据

民国中央官僚的群体结构与社会关系：1912—1949/鲁卫东著．—北京：中国社会科学出版社，2017.4（2018.5重印）

ISBN 978－7－5161－9771－4

Ⅰ.①民…　Ⅱ.①鲁…　Ⅲ.①社会关系—影响—官僚资产阶级—研究—中国—1912－1949　Ⅳ.①D693.2

中国版本图书馆CIP数据核字(2017)第044454号

出 版 人　赵剑英
责任编辑　刘志兵
特约编辑　张翠萍等
责任校对　李　莉
责任印制　李寡寡

出　　版　中国社会科学出版社
社　　址　北京鼓楼西大街甲158号
邮　　编　100720
网　　址　http://www.csspw.cn
发 行 部　010－84083685
门 市 部　010－84029450
经　　销　新华书店及其他书店

印　　装　北京君升印刷有限公司
版　　次　2017年4月第1版
印　　次　2018年5月第2次印刷

开　　本　710×1000　1/16
印　　张　23.75
字　　数　414千字
定　　价　86.00元

凡购买中国社会科学出版社图书,如有质量问题请与本社营销中心联系调换
电话:010－84083683

国家社科基金后期资助项目

出 版 说 明

后期资助项目是国家社科基金设立的一类重要项目，旨在鼓励广大社科研究者潜心治学，支持基础研究多出优秀成果。它是经过严格评审，从接近完成的科研成果中遴选立项的。为扩大后期资助项目的影响，更好地推动学术发展，促进成果转化，全国哲学社会科学规划办公室按照“统一设计、统一标识、统一版式、形成系列”的总体要求，组织出版国家社科基金后期资助项目成果。

全国哲学社会科学规划办公室

目　　录

图表目录

绪　论

一　选题缘起及意义

自柯文（Paul A. Cohen）提出了“中国中心观”用以取代费正清等老一辈美国汉学家的“冲击—回应”架构后，西方中国学界便开始对一些传统命题和模式进行反思和修正。经过多年的反思和研究经验的累积，西方中国学研究者已达成一种共识，即把中国传统与近代化之间的不兼容性当成一种研究前提是错误的。① 国家与社会分析框架的提出即是西方中国学界对这一问题反思和修正的进一步尝试和探索。

国家与社会关系的理论在西方源远流长，但是以国家和社会分离为基础的市民社会概念则是在17—19世纪才出现的。其基本主旨是建构在近代西方市民社会的形成与王权相对抗的历史基础之上。在国家和市民社会之间的关系上存在着两派具有代表性的观点，即洛克式“市民社会先于或外于国家”的架构和黑格尔“国家高于市民社会”的架构。② 而西方市民社会理论兴起的主要原因是人们对19世纪与20世纪之交初显并于20世纪中叶炽盛的形形色色的“国家主义”的回应，试图通过诉诸市民社会理念，对国家与社会间极度的紧张做出检讨、批判和调整，以求透过对市民社会的重塑和捍卫来重构国家与社会间应有的良性关系。③ 因此“国家与社会”这一从西方经验抽象出来的分析框架，其原本便隐含着二元对立的理论预设。

20世纪90年代以来，美国中国学界在经历了规范认识危机论和中国

---

① 参见杨念群《导论：东西方思想交汇下的中国社会史研究—— 一个“问题史”的追溯》，载杨念群主编《空间·记忆·社会转型——“新社会史”研究论文精选集》，上海人民出版社2001年版，第25页。

② 邓正来：《市民社会与国家——学理上的分野与两种架构》，载邓正来、〔英〕J. C. 亚历山大编《国家与市民社会—— 一种社会理论的研究路径》，中央编译出版社2005年版，第92—96页。

③ 参见邓正来《导论》，载邓正来、〔英〕J. C. 亚历山大编《国家与市民社会—— 一种社会理论的研究路径》，中央编译出版社2005年版，第3页。

中心论等关于中国研究范式争论，特别是德国社会学家哈贝马斯《公共领域的结构转化》一书被翻译成英文后，哈贝马斯关于资产阶级“公共领域”和市民社会的观点迅速被美国汉学界所吸收，并围绕此类问题展开了新的讨论。① 而一些汉学家也开始在中国传统社会中寻找“市民社会”和“公共领域”的早期踪迹。其中最早运用“市民社会”理论研究近代中国的专著是萧邦奇（R. Keith Schoppa）教授所写，他利用“市民社会”理论审视了地方社会精英对国家权力的渗透，特别是在“国家与社会”二元框架内，揭示了知识分子角色变迁与基层组织互动关系。② 继萧邦奇之后，玛丽·兰金（Mary Backus Rankin）对晚清公共领域的观察、罗威廉（William T. Rowe）对汉口的研究中，都力图在近代中国社会内部寻求与西方相类似的政治语汇以及国家向社会让渡权力来标示出“公域”的范围。③ 这些研究成果虽然都是“国家与社会”这一分析框架中国本土化的体现，但是这一从西方语境中抽象出来的理想概念是否适用于中国问题的研究，已经遭到了部分学者的质疑。如黄宗智即认为国家与社会的二元对立是早期现代西方经验中抽象出来的理想概念，并不适用于中国。他试图构设一个价值中立的范畴——介于国家与社会之间的“第三领域”来描述市民社会存在的可能性。④ 黄氏基于其对清代民事法律研究而提出的第三领域概念，显示了美国汉学界对“国家与社会”这一框架中国化的修正。但正如梁治平所批评的，黄氏“社会/第三领域/国家”的三元模式，仍是以国家与社会的二元对立为前提的，夸大了民间调解与衙门判决之间的对立。⑤

从20世纪90年代末开始，国内学者运用这一分析框架来研究中国史。如朱英运用市民社会理论对中国近代商会的研究，力图把商会放到近代国家与市民社会的互动关系中去考察，并尝试探讨清末民初的中国是否出现

---

① 这些讨论可参见〔美〕黄宗智主编《中国研究的范式问题讨论》，社会科学文献出版社2003年版。

② R. Keith Schoppa, *Chinese Elites and Political Change: Zhejiang in the Early Twentieth Century*, Cambridge, Mass.: Harvard University Press, 1982.

③ 参见〔美〕玛丽·兰金《中国公共领域观察》、〔美〕罗威廉《晚清帝国的“市民社会”问题》，载〔美〕黄宗智主编《中国研究的范式问题讨论》，社会科学文献出版社2003年版，第196—219、172—190页；〔美〕罗威廉《汉口：一个中国城市的商业和社会(1796—1898)》，江溶等译，中国人民大学出版社2005年版。

④ 参见〔美〕黄宗智《中国的“公共领域”与“市民社会”?——国家与社会间的第三领域》，载黄宗智主编《中国研究的范式问题讨论》，社会科学文献出版社2003年版，第260—283页。

⑤ 参见梁治平《清代习惯法：社会与国家》，中国政法大学出版社1996年版，第14页。

了类似西方国家的、相对独立于国家权力以外的市民社会和公共领域。[①]王笛则将“公共领域”的概念和理论运用到区域社会的研究中。[②] 与上述研究不同的是，另外一些国内学者则是在其实际研究中，将“国家与社会”这一分析框架根据自己研究的需要理解为“国家权力与基层社会”[③]、“国家政权与宗族社会”[④]、“国家信仰与民间信仰”[⑤]、“皇权与绅权”[⑥] 等不同的层次，在一般意义上讲，这些皆大体不差。

实际上就国家与社会的含义来说，其概念和权界都是模糊不清的。根据 C. H. 泰勒斯收集的有关“国家”的定义就多达 145 个[⑦]，而“社会”则如阿瑟·布里坦所说：“是那类似乎既意味着一切但又什么都不是的概念之一。”[⑧] 正因为如此，不同学者眼中所看到的国家与社会是不同的。但无论是国外学者还是国内学者，都将“国家与社会”这一概念作为一对学术语汇来使用（只不过国外学者多强调社会之于国家的独立性，而国内学者则多强调两者之间的互动），因此对于“国家与社会”之中的任何一方的理解不同，那么另一方的含义也就会有所不同。然就以上研究而言，学者大多忽略了中国传统社会关系与国家权力构成之间的互动关系。

从本质上讲，国家是强势利益集团为控制社会其他利益集团而建立的一种组织形式，这就决定了国家虽然产生于社会，但是一旦产生，便会凌驾于社会之上。国家为了确保其对社会资源的控制，会不断加强对社会的统治力量和渗透力量，并需要建立大量的统治机构和从社会上招徕大量的人员来行使国家权力，从而构成一套较为完整的权力体系。然

---

① 参见朱英《转型时期的社会与国家——以近代中国商会为主体的历史透视》，华中师范大学出版社 1997 年版。

② 参见王笛《晚清长江上游地区公共领域的发展》，《历史研究》1996 年第 1 期。

③ 刘志伟：《在国家与社会之间——明清广东里甲赋役制度研究》，中山大学出版社 1997 年版；梁治平：《清代习惯法：社会与国家》；王先明：《晚清保甲制的历史演变与乡村权力结构——国家与社会在乡村社会控制中的关系变化》，《史学月刊》2005 年第 5 期。

④ 王铭铭：《宗族、社会与国家》，载张静主编《国家与社会》，浙江人民出版社 1998 年版；〔英〕科大卫、刘志伟：《宗族与地方社会的国家认同——明清华南地区宗族发展的意识形态基础》，《历史研究》2000 年第 3 期。

⑤ 赵世瑜：《国家正祀与民间信仰的互动——以明清京师的“顶”与东岳庙为个案》，《北京师范大学学报》1998 年第 6 期；陈春声：《乡村神庙系统与社会历史的演变——以樟林为例》，载周积明、宋德金主编《中国社会史论》，湖北教育出版社 2000 年版。

⑥ 张仲礼：《中国绅士——关于其在十九世纪中国社会中作用的研究》，上海社会科学院出版社 1991 年版。

⑦ 转引自王沪宁《比较政治分析》，上海人民出版社 1987 年版，第 43 页。

⑧ 〔英〕亚当·库珀等主编：《社会科学百科全书》，上海译文出版社 1989 年版，第 732 页。

而国家又是从社会中产生的，因此国家虽然在一定意义上与社会是对立的，但它却无法割裂与社会的这种天然联系。从行使国家权力的主体——官僚阶层来看，其来源就与社会是分不开的，一方面国家为了避免与社会之间矛盾的激化，会通过制度化的选官手段和方法从社会选拔其需要的人才，从而缓解控制着国家政权的少数强势利益群体与社会其他利益群体之间的紧张关系；另一方面，国家在利用制度化的手段使社会流动得以实现的同时，社会也通过一些非制度化的手段和方法（人们在社会交往领域内形成的私人关系，如血缘、地缘等）向国家权力进行渗透，从而获取国家允许之外的更多权力资本。因而为了防止社会对国家权力的进一步吞噬，历朝历代都需要不断地对原有的选官制度进行改进，试图对此加以限制。

如西周时期实行的世官制，实际上是建立在井田制基础上，以宗法关系为纽带的选官制度，完全是以血缘关系和亲缘关系为入仕途径，反映了此时社会与国家之间边界模糊不清的特征，国家几乎完全消融在社会之中。春秋战国时期，各国招贤纳士之风盛行，世官制开始受到了严重的冲击。秦国经过商鞅变法，逐渐废除了世官制，代之而实行的是军功封爵制的新仕进制度。但是根据黄留珠的研究，商鞅变法后世官现象并没有完全消除，世官制的遗存仍然作为新仕进制度的一种补充形式继续存在于政治生活中，且贯穿中国封建社会始终。①

汉初，国家政权以军功贵族为主，然刘邦认识到“马上得天下，却不能以马上治天下”，所以两汉建立了以察举制为核心的官员选任机制，并附之征辟、赀选等形式。这些人才选拔机制虽然为两汉解决了官员选拔的问题，但是在察举的过程中举主举人唯亲等现象屡见不鲜。而被举者在被选中做官后，亦会因为对举主心存感激而与之结成较为密切的师生关系，并利用这种传统社会关系达到合作、升迁的目的。魏晋南北朝时期，曹魏政权首创九品中正制，“州、郡皆置中正以定其选，择州郡之贤有识鉴者为之，区别人物，第其高下”。② 虽然此举比决于一人的察举制有了稍许进步，但此时高门子弟，多已不屑由州郡掾吏之低职入仕迁转。朝廷中的一些郎官、内侍、东宫官之类官职，成了高门子弟习惯性的起家晋升之阶，并被视为“清途”。九品中正制也已表现出明显的优遇士族的倾向，并成

① 参见黄留珠《秦汉仕进制度》，西北大学出版社 1985 年版，第 10 页。

② 《资治通鉴》（三），中华书局 1956 年版，第 2178 页。

了选官的主导因素[①]，国家权力遂为社会上的特定群体——门阀士族所控制。由于门阀士族控制了选官机制，遂使“上品无寒门，下品无士族”，选官制度成了世袭制度的翻版。何怀宏指出：“在魏晋南北朝这几百年的曲折中，无论是从形式上还是继续发展，但其地位已降为次要的察举看，还是从本来就是权宜应急之计，后来却转成为门阀士族服务，并上升为选举主体的九品中正制看，我们都可以明显发现社会对政治的影响，社会势力对政治权力（尤其皇权）的制约。”[②]

南北朝末年，门阀士族已逐渐走向衰落，官员的升迁亦不完全凭家世门第。隋唐以降，通过考试、以文取才的选拔机制——科举制应运而生。科举制作为精英再生机制在人类历史上第一次抛开了血缘、门第、出身、家世等先天性社会因素，而将无法世袭的知识作为官员录用的标准，使得人才选拔有了客观的标准和衡量依据，也使选官用人有了制度性保障。同时科举制也为国家与社会之间建立了一种新型的制度联系，有效地缓解了国家与社会各个利益群体之间的矛盾。

虽然如此，但社会通过非制度化的“关系”向国家权力渗透的脚步并未停止。唐代取士，不仅看考试成绩，还要有名人的推荐。因此，考生纷纷奔走于名公巨卿之门，向他们投献自己的代表作，称为“投卷”。考试与推荐相结合，对选拔人才曾经起到积极的作用，但是也为那些达官贵人营私舞弊大开方便之门。他们利用职权为自己或同僚的子弟请托，甚至对考官进行威胁。[③] 此外科举制在运行当中，由于考生一旦及第便与考官结成终身的师生关系，同年及第的则结成了比兄弟还亲密的“同年”关系，这些关系一旦结成，便成为这些人在官场上的社会资本，结党营私，控制着国家的权力资本，从而成为影响国家权力构成的重要因素。对于在科举考试中出现的这种新“社会关系”对国家权力的渗透，国家也试图通过法律或制度来进行限制，如宋代时就曾禁止座主和门生建立密切关系。[④] 为了防止地缘关系对国家权力的渗透，整个帝制时代也一直有不得任用本地

---

① 参见阎步克《察举制度变迁史稿》，转引自何怀宏《选举制度及其终结——秦汉至晚清历史的一种社会学阐释》，三联书店 1998 年版，第 95—96 页。

② 何怀宏：《选举制度及其终结——秦汉至晚清历史的一种社会学阐释》，三联书店 1998 年版，第 95 页。

③ 参见陈茂同《历代职官沿革史》，华东师范大学出版社 1988 年版，第 323 页。

④ 参见〔美〕列文森《儒教中国及其现代命运》，郑大华等译，中国社会科学出版社 2000 年版，第 195 页。

人为地方官的制度（回避制度），在同一辖区内禁止任用其亲属。[①] 但实际上连皇帝本人也想通过举行殿试的方式来使这些人成为“天子门生”，更何况是其他人。

由此看来，在选官机制较为健全的时代，在“社会”中形成的各种“关系”仍可向国家权力进行渗透，那么1905年科举废除后，尤其是在民国，在新的官僚选拔机制未能健全的情况下，社会关系又是如何向国家权力渗透的？本书所要关注的即是在科举废除和革命所造成政权更替与制度缺失的背景下，探讨血缘、地缘、学缘、朋友、姻亲等各种传统社会关系对民国国家权力分配的影响。本书将从政治社会史的路径出发，在社会变迁的视角下，考察近代社会变迁与民国政治的关系，如近代教育、政党与派系等对民国官僚构成的影响。通过统计分析民国中央官僚的群体结构，力图刻画出这一群体的历史形象。通过分析民国中央官僚相互之间存在着什么样的“社会关系”，试图从国家和社会之间互动的角度，探讨国家权力构成与社会关系之间存在着怎样的互动关系，从而反映在专制王朝向近代国家转变过程中，国家与社会关系的结构性变动。

意大利历史学家克罗齐曾言：“一切真历史都是当代史。”中国现代文官铨选制度的确立实际上是在西方资本主义文明的强大示范作用下完成的，亦因此而具有强烈的现代性，但在实践中其表现出的与制度设计的严重背离又凸显了其浓厚的传统色彩。本课题的研究，一方面固然可以深化民国史研究中的相关问题，另一方面对于当代国家在公务员铨选中如何规避和限制社会关系对于国家权力的渗透，建立高效、廉洁的现代公务员铨选制度有所助益。

二　学术史回顾

对于20世纪的中国而言，科举制的废除，无疑是个“大事件”，在近代社会变迁的经典叙事中被赋予了特殊的地位。早在20世纪40年代，费孝通就分析了科举制的社会影响。他认为通过科举实现的社会流动并不算大，但由科举所产生出的士绅则是传统中国所谓“双轨政治”的运转枢纽。科举制的废除大大加速了士绅的蜕变，并因此成为近代中国发生“社

① 参见〔德〕马克斯·韦伯《儒教与道教》，洪天富译，江苏人民出版社1993年版，第61页。此举用意虽佳，但官员往往因对当地风俗民情甚至方言都十分陌生，由此造成其行政效果并不显著。

会侵蚀”的重要诱因。[①] 与费孝通同时期的美国学者克瑞克通过对两份进士名单上列有的考生父亲、祖父、曾祖父直系三代的姓名、功名和官职分析后，提出在这两份名单中，没有任何家庭背景的人所占比例很高，从而指出科举考试推动了社会向上流动。[②] 何炳棣则通过进士名册、登科录、同年齿录、地方志等资料，以计量方法对明清举子家庭出身做出翔实分析，从而认为明清时期因科举而存在着频繁的社会流动。社会底层可由此进入上层，统治阶级也因此建立在较为广泛的社会基础上。[③] 科举废除的社会后果首先表现在对这种流动机制的破坏上。汪一驹通过对近代西学教育的分析进一步补充了何炳棣的看法。他认为以留学教育为顶端的新式教育成了替代旧式功名的进阶之梯后，因其在教育费用上远高于前者，结果，社会流动率大大降低了。[④]

克瑞克和何炳棣只是沿用了中国传统的定义，分析了科举考试考生直系三代的社会地位（男系父、祖和曾祖），许多美国学者认为这种把母系亲属排除在外的计算方法太过狭隘。有学者认为中国的宗族包含的人数远比父、祖和曾祖三代及直系亲属为多，因此一个人即使前三代无人做官，他仍然有可能出身有钱或有势的家族。[⑤] 有学者通过对获取功名者的直系亲属、姻亲的身份分析，得出的社会流动率要比克瑞克和何炳棣的数字低得多，因而认为 E. A. Kracke 和何氏所计算出来的社会流动率毫无意义。[⑥] 有学者更是宣称，如果是计算科举考试考生的六代（包括叔叔、叔祖、曾

---

① 参见费孝通、潘光旦《科举与社会流动》，《社会科学》第 10 期；费孝通《乡土重建》，上海观察社 1948 年版；应星《社会支配关系与科场场域的变迁——1895—1913 年的湖南社会》，载杨念群主编《空间·记忆·社会转型——“新社会史”研究论文精选集》，上海人民出版社 2001 年版，第 208 页。

② E. A. Kracke, Jr, “Family Vs. Merit in Chinese Civil Service Examination Under The Empire”, *Harvard Journal of Asiatic Studies*, Vol. 10, No. 2, 1947, pp. 103 – 123.

③ Po – ti Ho, *The Ladder of Success in Imperial China*: *Aspects of Social Mobility*, *1368 – 1911* , New York: Columbia University Press, 1962 , pp. 93 – 125.

④ 参见汪一驹《中国知识分子与西方》，梅寅生译，久大文化股份有限公司 1991 年版，第 14 页。

⑤ Denis Twitchett, “A Critique of Some Recent Studies of Modern Chinese Social – Economic History”, Transactions of the International Conference of Orientalists in Japan, Vol. X, 1965, pp. 28 – 41. 艾尔曼亦认为明清时期的社会流动基本上是发生在统治阶层里头的，与社会整体没有关系。参见 Benjamin Elman, *A Cultural History of Civil Examinations in Late Imperial China*, Berkeley: University of California Press, 2000, pp. 247 – 248。

⑥ Robert M. Hartwell, “Demographic, Political, and Social Transformations of China, 750 – 1550”, *Harvard Journal of Asiatic Studies*, Vol. 42, No. 2, 1972, pp. 365 – 442.

叔祖)直系亲属的话，那么科举考试的社会流动率等于零。[①] 这种分析以及其得出的结论虽然过于极端，但却注意到了何炳棣以及其他学者所没有注意的问题。

从表面上看，上述学者所讨论的是科举考试与社会向上流动的问题。但仔细辨析，我们却发现，其实际潜含的论题则是：科举时代官员选拔与社会关系（尤其是血缘关系）之间的联系。潘光旦的研究表明：有清一代举行的112科殿试中，共得巍科人物约560人（指会试第一名会元；殿试第一甲三名，分别为状元、榜眼、探花；以及二甲第一名传胪，当然其中也有重复者，如会试一名也有可能就是状元、榜眼或者探花），在这些人中，据其调查所及，已经可以指明至少有42%是彼此有血缘关系的，即属于一个庞大的血缘网，尽管表面上是属于张、王、李、赵等不同的家世，分散在全国各地，底子里在血缘上却息息相通。[②] 可见，科举时代，社会始终没有停止向国家权力渗透的脚步。

不可否认，科举制度使得国家与社会精英之间能够保持一种制度性的联系，所以仍不失为一项连接国家与社会的有效机制。而1905年科举制度的废除，正如许纪霖指出的，首先造成国家与社会之间发生了制度性断裂。精英流失到民间，流失到社会各个领域，导致国家统治集团的非精英化。军人干政，武人弄权，大批边缘人物借助枪杆子和私人关系，进入中央和地方的各级统治机构。[③] 许先生所提到的种种现象大多发生在民国年间，而以罗兹曼为代表的部分美国学者甚至将科举废除视为比辛亥革命更加重要的转折点。“因为对此之后的任何一个政府来说，在必须具备什么样的基本制度基础方面，在通过什么途径来赋予社会精英以地位并配备行政官员方面，1905年都带来了变化。”[④] 应星亦通过其出色的研究，给我们展示了一幅科举废除前后社会支配关系与科场变迁的社会图景。他认为，科举考试虽宣称平等，并抛开了血缘、门第、出身、家世等先天性社

---

① Robert Hymes, “Prominence and Power in Sung China: The Local Elite of Fu - chou, Chiang - hsi”, Diss., Univ. of Pennasylvania, 1979, pp. 48 - 55.

② 参见潘光旦编译《优生原理》，上海观察社1949年版，第115—116页。

③ 参见许纪霖《科举废除与“断裂社会”》，《文汇报》2005年12月25日第8版。

④ 吉尔伯特·罗兹曼等编：《中国的现代化》，国家社会科学基金“比较现代化”课题组译，江苏人民出版社2003年版，第229页。持此观点的还有罗志田，他认为，由于科举制是一项集文化、教育、政治、社会等多方面功能的基本体制。它的废除，使得主要由科举所维系的社会整合被破坏殆尽，从而给与其相关的所有成文制度和更多的约定俗成的习惯行为等都打上了一个难以逆转的句号。参见《清季科举制改革的社会影响》，《中国社会科学》1998年第4期。

会因素的影响，但实际上，那些不具备起码的经济资本和文化资本的人从一开始就被排除在竞争行列之外。考试不过是为考生搭了一个貌似平等的前台，其幕后却是考生身上常被人忽视的各种社会力量的较量。科举废除后，学堂经历成了替代科名的新的文化资本，但学堂不仅没有从根本上改变社会支配结构，为原来的被统治阶级带来更多的上升机会，反而使文化资本与经济资本、政治资本的交换日渐公开化，从而使这种支配关系的遮掩机制被破坏殆尽。①

正是由于这种支配关系遮掩机制的破坏，从而使得隐藏在幕后的各种社会力量走向了前台。何炳棣早已指出，精英成分构成的改变，很大程度上是由于官员录用制度的变化。② 罗志田则指出，科举既废，而新的官吏养成体制又无法立即建立，这意味着为官不复要求资格。民国官场之滥，即从此始。③ 亦有学者认为，民国之后，尽管一大批具有现代教育背景的知识分子补充进文官队伍，但官员的遴选、升迁和考核并未严格按标准进行，而血缘与地缘关系成为官僚系统中拉帮结派的主要纽带。④ 综上来看，上述学者都对废科所产生的社会后果予以了充分的重视，谁也没有否认它作为“事件”的重要性。

自20世纪60年代以来，法国年鉴学派开始对中国研究领域产生影响，布罗代尔的“长时段”思想尤为人们所重视。施坚雅开拓了中国研究新的空间结构，魏斐德等人则认为中国从16世纪中叶到20世纪30年代这段时期构成了一个连续的整体。在这样的时空背景下，事件已如布罗代尔所说的像“泡沫”一样不再那么重要了，重要的是结构本身。⑤ 20世纪90年代以来，周锡瑞、玛丽·兰金等一批研究中国学的美国学者便开始注意区分两种社会持续：一种是某种特定的精英类型在社会上的持续，另一种是精英个人在社会地位上的持续。他们认为，虽说科举制只是保证同质的、保守的、整合的精英统治不被打断，而特定精英个人是难以靠它来获得地位的持续，但他们往往可以通过其他途径（诸如宗族势力、财力或军力）来维系地位。因此科举制的废除虽然打断了前一种社会持续，却未必能打

---

① 参见应星《社会支配关系与科场场域的变迁——1895—1913年的湖南社会》，载杨念群主编《空间·记忆·社会转型》，上海人民出版社2001年版，第208—272页。

② Ping - ti Ho, *The Ladder of Success in Imperial China*: *Aspeets of Social Mobility*, *1368 - 1911* , New York: Columbia University Press, 1967, p. 259.

③ 参见罗志田《清季科举制改革的社会影响》，《中国社会科学》1998年第4期。

④ 参见许纪霖、陈达凯《中国现代化史》，上海三联书店1995年版，第20页。

⑤ 参见应星《社会支配关系与科场场域的变迁——1895—1913年的湖南社会》，载杨念群主编《空间·记忆·社会转型》，上海人民出版社2001年版，第209页。

断后一种社会持续。[①] 孔飞力则将社会精英分为“全国性名流”“省区名流”和“地方名流”，强调了这些名流之所以能够操纵中国的政治生活，是由于他们的双重身份，即作为社会领导阶层和作为国家官吏集团。如“湖南名流”在亲戚关系、学术交往和传统的庇护与效忠方式显示，其紧密一体化是清代的书院制度和贯穿于整个官场的庇护与效忠网络的产物。[②]

早在20世纪30年代，意大利政治学家莫斯卡（Gaetano Mosca）曾说过：“人类历史，无论是过去、现在、或未来，永远是政治精英的历史。”[③]因此对于政治精英的研究从来都没有被人所忽视。Robert North 对大陆时期国民党及共产党领导人物的比较研究，可以算作学界最早对民国时期政治精英群体结构的分析。诺斯统计了287位国民党的中央执行委员会的委员以及86位中共政治局的委员的出身、教育、留学、专长等背景，发现两党的领导人物之间存在诸多相似之处。[④] 刘维开对国民党第五、六届执监委员进行了统计分析，从而认为20世纪40年代的国民党在组织迅速膨胀的同时，却难以正常地新陈代谢。[⑤] 张玉法先生则对民国肇建以来14位元首的性格特质进行了分析，认为大致可分“阳刚型”“阴复型”“机变型”和“谦和型”四类[⑥]，颇有性格决定命运之意。吕芳上、郭岱君、林孝庭、松田康博、王良卿等则利用了“蒋介石日记”等资料，对蒋介石的领导风

---

① 周锡瑞等人研究发现，精英所能控制的资源十分复杂，包括物质资源（土地、商业财富、军事力量）、社会资源（权势网络、亲属群体、社团和各种协会）、个人资源（技术专长、领导能力、宗教力量或魔力）、文化资源（地位、荣誉、头衔、特定的生活方式）。参见 Joseph W. Esherick and Mary Backus Rankin, *Chinese Local Elites and Pattern of Dominance*, Berkeley: University of California Press, 1990, pp. 3 – 24；亦可参见应星《社会支配关系与科场场域的变迁——1895—1913年的湖南社会》，载杨念群主编《空间·记忆·社会转型》，上海人民出版社2001年版，第210页。

② 参见〔美〕孔飞力《中华帝国晚期的叛乱及其敌人》，谢亮生等译，中国社会科学出版社1990年版，第4、189—190页。

③ Gaetano Mosca, *The Ruling Class*, ed. by Arthur Livingston, trans. by Hannah D. Kahn, New York: McGraw, Hill, 1939, p. 50，转引自彭怀恩《透视台湾内阁精英》，洞察出版社1986年版，第6页。

④ Robert C. North with Ithiel de Sola Pool, “Kuomintang and Chinese Communist Elites”, in Harold D. Lasswell and Daniel Lerner (eds.), *World Revolutionary Elite*, Cambridge Mass: M. L. T. Press, pp. 376 – 402，转引自彭怀恩《透视台湾内阁精英》，洞察出版社1986年版，第17页。

⑤ 参见刘维开《1940年代中国国民党领导阶层之分析》，载吕芳上主编《论民国时期领导精英》，香港商务印书馆2009年版，第297—316页。

⑥ 参见张玉法《民国历任元首的性格特质》，载吕芳上主编《论民国时期领导精英》，香港商务印书馆2009年版，第2—21页。

格和气质进行了探讨。[①]

实际上，从社会学的角度对精英群体结构的研究，国外学术界有较为成熟的成果。赖特·米尔斯通过对美国社会权力结构现实的批判，从而揭穿了流传于西方社会所谓“平衡理论”的神话。在对多元主义精英理论进行了最强有力的批评后，米尔斯认为，在美国的大部分权力由一个精英群体所掌握，这一群体包括最大的公司领导、行政部门的高级官员以及重要的军队官员。大部分权力精英都来自相同的社会背景，都在相同的大学念书，都是同一俱乐部的成员，并且因此而具有基本相同的世界观。更重要的是，他们的职业经常在公司、政府、军队部门的重要位置上更换，以至于表面上看起来有一定区别的这三个群体实际上是一个同质性很强的精英群体。[②] 布尔迪厄则运用独特的社会学方法，分析了精英阶层与法国教育体制之间的关系，揭示了作为法国领导阶级原动力的文化资本的重要作用，从而描绘了国家精英的进化历程。[③] 布尔迪厄认为，经济资本和文化资本是现代社会为各种权力位置打开通道，界定社会空间结构安排、支配各个群体和个人的生活机会和生活道路的两种资本。从而考察了发达社会中社会支配的逻辑，以及这种支配自我伪装、自我维续的机制。[④]

综上所述，无论是“事件”还是“结构”，看似矛盾的两种研究方法，实际上都给我们指出了同一个问题，即社会关系（社会力量）在个人或群体的权力获取上，扮演着重要的角色，它们已经从后台走向了前台。实际上，人类学家早已发现了“分类”的概念，也就是说，中国人的群体意识是按照一套像亲族、籍贯、方言、宗教信仰之类的标准建立起来的，这些标准成为群体认同的基础。而关系的存在首先取决于个体之间所共有的这些标准。在中国社会中，拉关系过程中最具共同的归属性特征（相当于分类概念）的就是地域（籍贯）、亲族、同事、同学、结拜兄弟和师生关系。[⑤]

“关系”之重要，几乎每一个中国人都深有体会。萧邦奇在研究革命中的沈定一时，即将其置入不同的关系网络中加以考察，在分析 20 世纪

---

① 以上论文皆收入吕芳上主编《论民国时期领导精英》，香港商务印书馆 2009 年版。

② 参见〔美〕查尔斯·赖特·米尔斯《权力精英》，王崑等译，南京大学出版社 2004 年版。

③ 参见〔法〕P. 布尔迪厄《国家精英——名牌大学与群体精神》，杨亚平译，商务印书馆 2004 年版。

④ 参见〔美〕华康德《解读布迪厄的“资本”概念》，载苏国勋、刘晓枫编《社会理论的政治分化》，三联书店 2005 年版，第 340 页。

⑤ 参见《金耀基自选集》，上海教育出版社 2002 年版，第 100 页。

20 年代革命过程中，集中于讨论社会关系和网络、场所、过程等问题。[①] 把民国政治人物、事件放在“关系”中加以把握[②]，从而使得民国史的书写超越了围绕革命史框架的纯粹政治史角度的阐释。杨立强将近代军阀官僚集团放在宗族性关系网中加以考察，认为血缘关系、同乡关系、同僚、部属、同学（年谊）和师生关系，是军阀集团维系自己控制的各种军政机构内部人际关系的纽带，是保证各级组织机构按照各自集团首领意志运转的润滑剂。[③] 齐锡生则对构成军阀派系之间的私人关系进行了分析，指出军阀派系内部，家族主义广泛流行，家庭关系成为直接进入上层政界最经常的手段。[④] 陈红民以藏于哈佛大学—燕京图书馆的“胡汉民往来函电稿”为研究对象，向学界展示了风云聚会之际中国政治舞台上诡秘的派系纷争和人际关系。[⑤] 而随着斯坦福大学所藏的“蒋介石日记”的开放，这些记载了 20 世纪上半叶最有权势人物日常生活和心路历程的资料为学界广泛运用，吕芳上、汪朝光、刘维开、黄道炫、金以林、杨维真、黄克武等学者通过解读“日记”，分别从地缘关系、亲族关怀等方面阐述了蒋介石的人际网络。[⑥]

除上述为数不多的论著外，与本书选题旨趣相同的还有解学兰、曹维忠以及笔者的三篇硕士论文。三位作者分别将袁世凯时代、北洋军阀统治时期以及南京国民政府时期的中央官僚群体置于“关系”角度加以考察，试图揭示科举制度废除后，中国传统人际关系在官员任用上的作用。[⑦] 客

---

① 参见〔美〕萧邦奇《血路——革命中国中的沈定一（玄庐）传奇》，周武彪译，江苏人民出版社 1999 年版。

② 马克思在《1857—1858 年经济学手稿》中曾对“社会”定义道：“社会并不只由个人所组成；它还体现着个人在其中发现自己的各种联结和关系的总和。”而法国著名社会学家布迪厄关于“社会是由关系，而不是个人充塞而成的”的研究亦提醒我们注意方法论上的关系主义。参见〔法〕布迪厄、〔美〕华康德《实践与反思——反思社会学导引》，李猛等译，中央编译出版社 1998 年版，第 236、15 页。

③ 参见杨立强《论近代中国军阀官僚集团组织构成的特点》，《军事历史研究》1989 年第 1 期。

④ 参见〔美〕齐锡生《中国的军阀政治（1916—1928）》，杨若云等译，中国人民大学出版社 1991 年版。

⑤ 参见陈红民《函电里的人际关系与政治———读哈佛—燕京图书馆藏“胡汉民往来函电稿”》，北京三联书店 2003 年版。

⑥ 参见汪朝光《蒋介石的人际网络》，社会科学文献出版社 2011 年版。

⑦ 参见解学兰《袁世凯时代北京政府中央官僚构成之研究（1912—1916）》，硕士学位论文，上海师范大学，2004 年；曹维忠《南京国民政府中央官僚构成研究（1927—1937）》，硕士学位论文，上海师范大学，2006 年；鲁卫东《北洋军阀统治时期中央官僚构成研究（1916—1928）》，硕士学位论文，上海师范大学，2006 年。

观地说，这三篇论文选题受时间局限，因而只有纵向的论述，而无横向的比较研究，且无论在资料的完善还是在探讨的角度与深度上均具有再深入的必要，本书即是在此基础上的更进一步探讨。

三 研究对象与范围

本书依据刘寿林等编《民国职官年表》上所列之民国中央官员为蓝本，所选择的中央官僚主要包括，北洋政府：北洋政府总统府及国务院直属各局，国务总理及各部总次长、参事、司长，北洋政府其他重要机关包括步军统领衙门、京师警察厅、京畿卫戍司令部、蒙藏院、审计院、平政院、肃政厅、航空事务筹备处、将军府、华工事务局（侨务局）、税务处、盐务署、全国烟酒公卖局、币制局、全国水利局、大理院、总检察厅、京师高等检察厅、文官高等惩戒委员会等机关领导人物及榜上有名者；南京国民政府则包括：总统府及其直属各局、各部院（行政、立法、司法、考试、监察）及其下属各部，南京国民政府其他中央重要直属机关的领导人物。其中 1948 年“行宪”后第一届立法委员、中央研究院、故宫博物院、中央图书杂志审查委员会、国史馆筹备委员会、国家总动员会议、战时生产局、善后救济总署等部门官员未作统计，一方面因这些部门与行政、司法等部门相比位低权轻，且 1948 年“行宪”前的“立法委员”为政府任命的简任职，而“行宪”后的立法委员则为各省、市地及侨居海外之国民和职业团体选举而得[①]，故很难作为“官僚”而统计进整个国民政府官僚群体中；另一方面如中央研究院、国史馆筹备委员会等与其说是政府机关，还不如说是学术机构，故而未作统计。尽管如此，笔者仍建立了总计近 5000 名荐、简任以上中央官员的数据库。通过对这些官员传记的阅读和检索，对其年龄、籍贯、出身、教育背景、任职情况、社会关系等进行分类统计，希望通过对民国中央官员集体传记的分析，重建这一重要群体的历史形象与社会结构，抛砖引玉，从而为民国史研究提供一种新的思路或思考，深化民国史研究。

需要说明的是：（1）本书所研究的民国中央官僚实际上包括两个不同的政权，一是指 1912 年 3 月袁世凯就任临时大总统到 1928 年张作霖退回关外为止，即北京政府时期；二是指 1927 年 4 月蒋介石在南京建立的国民政府，至 1949 年退出大陆为止，即南京国民政府时期。与北京政府同

---

① 参见台湾“教育部”编《中华民国建国史》第五篇《戡乱与复国》（一），“国立编译馆”1991 年版，第 485 页。

时存在的广州国民政府，以及与南京国民政府同时存在的武汉国民政府并不在本书研究范围之内。而之所以选择将两个不同政权时期的中央官僚放到一起研究，是因为两个群体具有高度的同质性，且在比较研究中可以得出其个性特点。

(2) 对于本书的对象而言，在“官员”“官僚”两词的使用上，如无特别说明，两者并无本质区别，但行文中尽量统一，但出于习惯与约定俗成的表达方式，有时也混用。

四　资料与方法

(一)《民国职官年表》及其他资料

本研究主要依凭刘寿林、万仁元先生主编的《民国职官年表》，该书分上编、下编两大部分，上编的主体内容实际上是1965年刘寿林先生所编的《辛亥以后十七年职官年表》，该书已于1966年3月由中华书局出版。刘先生已经过世，这次出版由万仁元和王玉文先生根据原编者拟加修订的记录和其他资料进行了修改和补充，并稍加调整。该书的史料价值，自然毋庸置疑，继承了《辛亥以后十七年职官年表》一书的优点与特点，完整展示了民国38年间中央到地方的职官，是为民国史研究不可或缺的工具书。尽管如此，由于资料和精力限制，该书仍有一些讹误和不准确之处，研究者已有发现，并撰文指出。[①] 笔者在整理与统计过程中，比照相关资料，如《北洋政府公报》，张朋园、沈怀玉合编《国民政府职官年表》第1册等[②]，也时有发现讹误和不准确之处，限于篇幅，此处不一一列出，但在统计时均一一更正。[③]

除《民国职官年表》外，对这样一个较大的人物群体社会结构的分析是要建立在广泛收集资料基础之上的，根据资料的不同种类，举要如次：

(1) 档案。在南京的中国第二历史档案馆藏有大量民国时期的档案，可谓汗牛充栋。本书直接利用到的档案主要有：北京政府档案中包括教育部档案（如“各方面向教育总长张国淦请求工作信函”“各方向教育总长

① 参见刘国铭《〈民国职官年表·人名录〉校读》(http://jds.cass.cn/Item/8037.aspx)。

② 参见张朋园、沈怀玉合编《国民政府职官年表（1925—1949)》第1册，“中央研究院”近代史研究所1987年版。

③ 如刘书中将1949年行政院政务委员“傅秉常”，错写成“傅秉华”，即可参照《国民政府职官年表（1925—1949)》，加以改正，凡此种种，不再一一赘述。见刘寿林主编《民国职官年表》，中华书局1995年版，第404页；张朋园、沈怀玉合编《国民政府职官年表（1925—1949)》第1册，“中史研究院”近代史研究所1987年版，第51页。

张一麐请求工作与资助信”“各方关于交际请托事项致教育总长张一麐来函”等）；南京国民政府档案中包括铨叙部档案（如“中央所属机关人员全面调查登记”“该部职员录”“教育部公务员登记册”）、考试院档案（如“各种考试及格人员动态工作概况报告”“第一届及一九三三年高等考试及格人员分发任用情形报告”“考试院工作报告”）、行政院档案（如“内政部免职人员张庆春等控诉部长李文范滥用职权”“1939—1947年行政院及各部会兼职员调查表”“各方介绍录用人员”）等，另外还有大量档案藏在台湾及海外，无法一一阅读，虽然可惜，但就本文而言，因涉及面太广，要穷尽所有资料似乎亦不太可能，且作为文字材料的档案，除部分私人信件外，大多不涉及权力交易的幕后真相，故这部分材料在学界看来虽属于“第一手资料”，但并不足以支撑本文主要观点。

（2）本书是建立在大量统计基础上的，对民国中央大小官吏的个人传记的阅读是本文必须首先完成的任务。故人物传记、回忆录、年谱、各种词典以及散见于各种文史资料及著述中官员的个人资料都是构成本文主要资料的一部分。主要包括中国社科院部分历史学家主编的《民国人物传》（1—12），刘国铭主编的《国民党百年人物全书》（上、下）、吴相湘的《民国人物列传》、黄季陆等编的《革命人物志》、刘绍唐的《民国人物小传》（1—11）等。

（3）各种报纸、杂志。民国时期，尽管政治空气凝重，但文化氛围却异常活跃，这一时期比较大的报纸主要有《申报》《大公报》《益世报》《民国日报》《中央日报》等，内有大量的社论以及政治信息，皆在辨别并明确其政治立场后加以使用。另外在一些官方以及民间主办的杂志中，亦有大量政治消息以及内幕，如《行政效率》《独立评论》《东方杂志》等。

（4）时人日记。日记作为一种私人记述，往往能弥补档案史料的不足，透露出较档案更为详细的政治内幕与实情。本书用到的时人日记主要有《蒋介石日记》（未刊，斯坦福大学藏）《王子壮日记》《王世杰日记》《徐永昌日记》《邵元冲日记》《陈克文日记》等。当然本书所用的资料远远不止这些，为免行文冗长，不再一一列明，具体可参见本文的参考文献部分。

（二）研究方法

（1）采用广度研究。在集体文献的基础上，把定量分析与定性分析有机结合在一起。对于政治人物群体，尤其是政治精英群体的研究一般有两种方法，一种为“深度研究”（intensive studies），多针对极少数的高层精英，采取非系统化的方法，如精神分析法来探讨某些精神领袖的特质、动机等；第二种方法则是“广度研究”（extensive studies），一般是关注较多的政治精英，基于集体文献（aggregated biographic data），系统化地研究政治精英。[①] 本书的研究对象是否皆属于政治精英范畴，似仍可商榷，但本文的研究属于“广度研究”一类似无疑问，尽管这种研究无法提供对政治领袖的特殊分析，但却能为我们提供一种普遍化的知识。

（2）这种“广度研究”离不开“计量史学”的方法。就调查种类的区分来看，正如彼得·伯克所指出的那样，那种通过对某一集团所有成员的传记来研究的方法，如斯通（Stone）对罗马元老院以及英国议会的研究，被称为“传记集合研究”（prosopography），在这种情况下，整个集团，或统计学家们所称“整体人口”都已被研究。[②] 这是一种通过对一群人物生平的集体性研究，来探讨他们共同的背景特征，其一方面关注政治行为，试图揭示隐藏于政治辞令之下的深层次利益关系、政治精英的社会与经济面向、政治机器的运作机制；另一方面关注社会结构与社会流动。无论如何，群体传记学的注意力不在于人物生平，而在于群体性的特征或内在联系。[③]

（3）比较研究法。比较研究法是依据一定的标准对某类历史现象在不同时间、不同区域、不同政权中的不同表现进行比较分析，以揭示历史现象的普遍规律及其特殊表现。彼得·伯克在《历史学与社会理论》一书中曾言：“特殊研究和一般研究（历史探讨和理论探讨）这两种方法相互补充、相得益彰，并且都有赖于明确或隐蔽的比较才得以实现。”[④] 故本书将北京政府与南京国民政府时期的中央官僚放置在不同的时代背景、不同政权性质和不同的制度环境中，对其进行比较分析，从而揭示两个群体的普遍特征和特殊现象。

---

① William A. Welsh, *Leaders and Elites*, Holt, New York: Rinehart and Winston, 1979, p. 48, 转引自彭怀恩《透视台湾内阁精英》，洞察出版社 1986 年版，第 21 页。

② 参见〔英〕彼得·伯克《历史学与社会理论》，姚朋等译，上海人民出版社 2001 年版，第 41 页。

③ 参见方诚峰《中国历代人物传记数据库（CDBD）》，《国际汉学研究通讯》第 2 期，中华书局 2010 年版，第 293 页。

④ 〔英〕彼得·伯克：《历史学与社会理论》，姚朋等译，上海人民出版社 2001 年版，第 28 页。

第一章　后科举社会国家权力的重构

科举制度作为构成中国古代国家权力的基本机制，自隋唐确立以来，已有千年。与以前各种官员选任制度相比，科举制度作为精英再生机制在人类历史上第一次抛开了血缘、门第、出身、家世等先天性因素，而将无法世袭的知识作为官吏录用的标准，这无疑是历史的巨大进步。钱穆即因此认为自宋代至科举废除这段时期的中国社会为科举社会，从而别于唐末以前的门第社会。[①] 1905 年，这样一个集文化、教育、政治等多方面的基本体制的废除，无疑对后科举社会[②]的方方面面产生了影响。由于“士”阶层的消失，四民社会的解体不可避免。传统官僚来源途径的断裂，使得做官不复统一资格，官僚既不从士来，则官僚的来源途径逐渐驳杂，由科举制度所派生出来的一套文化/权力结构亦因此开始发生变化。学堂取代科举，新学取代旧学，在知识与制度体系转型的巨大冲击下，读书人的知识结构正逐渐发生变化。不仅如此，读书人的活动空间及其交往网络亦从乡村走向城市，由血缘、地缘向学缘、业缘等其他社会关系拓展。因此，民国建立后的职官设置与任职资格的制度设计与读书人的仕进途径、知识结构以及社会交往网络的变化，对于行使国家权力主体的构成产生了极其深刻的影响。

第一节　民国时期的职官设置与任用

1911 年的辛亥革命，不仅推翻了清王朝的统治，还摧毁了在中国历史上持续两千多年的帝制，建立了具有近代资产阶级性质的共和政体。从此中国的政治体制和行政体制开始了一个急剧变革的转型时期。

---

① 参见钱穆《唐宋时期的文化》《大陆杂志》第 4 卷第 8 期（1952 年 4 月）。

② “后科举社会”一词，本是相对于“科举社会”而言，但笔者无意探究这一概念的深刻内涵，本文仅借用这一概念的表面意义，意即科举废除后的中国社会。

1912 年孙中山就任中华民国临时大总统后，随即认为共和初创，恰是“肃整吏治，时不可失”的大好机会，不仅设立了专门的文官管理机构——铨叙局，隶属总统府秘书处，负责文官的考录、任免、升迁等事务。还在数月之内，令法制局制定了《任官状纸章程》《任官令》《文官考试令》《文官考试委员官职令》《外交官及领事官考试令》《外交官及领事官考试委员官职令》《法官考试令》《法官考试委员官职令》《官职实验章程》等法令，并交参议院议决。由于南京临时政府存在时间不足百日，故其职官设置与任用只是停留在立法层面和纸面之上，未能付诸实施。但其关于人事管理的精神却为后来的历届政府所继承，并在一定程度上加以延用。

一　北京政府时期

1912 年 3 月袁世凯在北京就任临时大总统后，开始了北洋军阀统治时期。这一时期，由于军阀混战，政局变幻莫测，在短短的 16 年里，先后产生了七届五个大总统、一个临时执政府、一个大元帅、四十四届内阁。尽管如此，各种制度建设依然在艰难和曲折中发展。

北洋政府时期的文官制度一直以《临时约法》为法律依据。这一时期的官吏采用文武分途的原则。广义的文官包括行政官、外交官、司法官、技术官、警察官。[①] 狭义的文官仅指行政官，亦即普通文官。本文所指的“官僚”多属于狭义范畴，本章所涉及的职官设置与任用也即普通文官的设置与任用。

1. 官等与编制

北洋政府时期的文官任用制度与文官“官等”相适应，分为四种等级，即特任、简任、荐任和委任。依照民国元年 10 月 16 日公布的《中央行政官官等法》规定，除特任级外，又细分为九等。第一、二等为简任，第三至五等为荐任，第六至九等为委任。其中特任、简任、荐任为高等文官，委任为普通文官。[②] 1914 年 12 月 15 日，袁世凯政府再公布《文官任职令》，略有调整，此法规沿用至 1917 年 3 月 2 日废止，但往后仍多延用。具体见表 1—1。

---

① 参见钱实甫《北洋政府时期的政治制度》（下），中华书局 1984 年版，第 343 页。

② 同上书，第 344 页。

表 1—1　**北京政府时期文官任职与官等**

署别	特任	简任	荐任	委任
大总统府国务院	国务卿（国务总理）	秘书长	秘书	主事
		法制局局长	参事	办事员
	左丞	机要局局长	佥事	技士
	右丞	铨叙局局长	技正	
		主计局局长		
		印铸局局长		
		参议		
		蒙藏总裁		
国务院各部院局署	各部总长	各部次长	秘书	主事
		参事①	佥事	技士
		司长	技正	
	蒙藏院总裁	蒙藏院副总裁	秘书	
			佥事	
	税务处督办	会办	秘书	
		币制局总裁	佥事	
		币制局副总裁		
		盐务署署长		
		全国水利局总裁		
参政院	参政院院长	秘书长	秘书	主事
	参政院副院长			
平政院及肃政厅	平政院院长	庭长	秘书	主事
		评事	佥事	书记官
		都肃政史	书记官	
		肃政史		
审计院	审计院院长	副院长	审计官	书记官
		厅长	协审官	核算官

① 1915 年 12 月 25 日，北洋政府令中央各部院局署的参事、司长、厅长等，均由荐任改为简任。

续表

署别	特任	简任	荐任	委任
国史馆	国史馆馆长		秘书	
			纂修	主事
				协修
中央司法机关	大理院院长	厅长	推事	
			书记官	书记官
	总检察厅	总检察长	检察官	检察官
			庭长	书记官
			推事	
			书记官	
	高等检察厅	检察长	检察官	检察官
			书记官	书记官
警察厅		京师警察总监	都尉	警佐
			警正	

资料来源：钱实甫：《北洋政府时期的政治制度》下册，中华书局 1984 年版，第 345、347 页；李俊清：《现代文官制度在中国的创构》，北京三联书店 2007 年版，第 108—111 页。

依照《各部官职通则》和各部官制，各部设总、次长各一人，总长为国务员。各部各设总务厅，设 3—8 司不等。除总次长、司长外，各部设参事 2—4 人，一般为荐任，承总长之命，分掌总务厅事务。佥事荐任，承长官之命，分掌总务厅及各司事务。各部佥事员额，各厅司均不得逾 8 人。主事委任，承长官之命助理各厅司事务。主事员额，各部官制定其概数，以部令定其实数。[①] 尽管各部员额在分别公布的官制中都有明文规定，然期间曾经元年 7 月、二年 12 月、三年 7 月、十六年 7 月四次变动，员额也有所增减。具体见表 1—2。

① 参见钱端升《民国政制史》（上），上海人民出版社 2011 年版，第 33 页。

表 1—2　　北京政府时期中央各部员额编制

部别		普通部员					技术部员			特别部员	总数
		司长	参事	秘书	佥事	主事	技监	技正	技士		
内务部	元年	6	4	4	56	70		4	10		154
	二年	6	4	4	44	70		4	10		142
	三年	5	4	4	44	90		4	10		161
	十六年	6	4	8	56	70		4	10		158
外交部	元年	4	4	4	40	56					108
	二年	3	4	2—4	32	56					99
	三年	3	4	4	36	60					107
	十六年	3	4	8	36	60					111
财政部	元年	5	4	4	48	70		3	6	9	149
	二年	5	4	4	40	70		1	2	1	127
	三年	5	4	4	40	70		1	2		126
	十六年	5	4	8	50	120		2	3	6	198
交通部	元年	4	4	4	32	70					114
	二年	3	4	4	32	70	2	12	32		159
	三年	6	4	4	32	70	2	12	22		152
	十六年	4	4	6	34	102		14	26		190
教育部	元年	3	4	4	18	42		2	8	16	97
	二年	3	4	4	18	42		1	2	16	90
	三年	3	4	4	24	42		1	2	12	92
	十六年	3	4	8	24	42		1	2	4	88
司法部	元年	3	4	4	19	60		2	8		100
	二年	3	4	4	19	60		1	2		93
	三年	3	4	4	19	60		1	2		93
	十六年	3	4	8	30	50		1	1		97
陆军部	元年	8	4	4	50	200		4	8		278
	二年	8	4	4	72	200		4	8		300
	三年	8	4	4	50	200		4	8	10	288

续表

部别		普通部员					技术部员			特别部员	总数
		司长	参事	秘书	佥事	主事	技监	技正	技士		
海军部	元年	6	4	4	50	100		4	8		176
海军部	二年	6	4	4	50	100		4	8		176
海军部	三年	6	4	4	50	100		4	8		176
军事部	十六年 参谋署	6	1	1	20	84				4	116
军事部	十六年 陆军署	7	3	1	50	200		4	8	4	277
军事部	十六年 海军署	6	2	1	32	100		4	8	4	157
军事部	十六年 航空署	2	2	1	10	66				4	85
农林	元年	4	4	4	40	70		10	15	8	155
工商	元年	3	4	4	32	50		8	13		114
农商部	二年	4	4	4	32	50	2	2	16	32	146
农商部	三年	4	4	4	32	50	2				96
实业部	十六年	3	4	4	30	45	2	10	20		118
农工部	十六年	4	4	4	32	50	2	10	20		126

资料来源：（1）本表参照钱实甫《北洋政府时期的政治制度》（上），中华书局1984年版，第88—124页；刘寿林等《民国职官年表》相关部分制作而成。（2）需要说明的是由于元年官制对佥事、主事没有规定具体数目，故元年佥事、主事员额依照民国二年官制而得。（3）军政府时期，依照1927年7月12日公布的各部官制，各部组织有较大调整，如把农商部分为实业部和农工部，把陆军部和海军部合并为军事部。另由于陆、海军属于军事机关，部内官职设置不同其他各部，故其佥事员额系科长、一等军法官等人数；主事员额系科员和第二、三等军法官及司副官的人数。

除上述内阁各部官员编制情况外，北京政府其他机关的官员设置和员额要求也有详细规定，限于篇幅不再详细介绍。[①]

2．任用资格

北京政府规定，特任官由大总统特令任用，故各部总长为总统特任。简任官属于国务院或只属于国务总理的，其任免和叙等均由国务总理呈请大总统执行；属于各部或直属于各部总长的，其任免和叙等由各部总长商承国务总理呈请大总统执行。荐任官属于国务院或直属国务总理的，其任免和叙等均由所属长官经由国务总理呈请大总统执行；属于各部或直属各

① 参见钱实甫《北洋政府时期的政治制度》（上），中华书局1984年版，第五章相关内容。

部总长的，其任免和叙等均由各部总长经由国务总理呈请大总统执行。委任官的任免和叙等，均由所属长官执行。[①]

初任职务自最低等起，升任相同。转升的，若高于其转官最低等的，仍依其原任官等。值得一提的是，上述所有规定，秘书官皆不适用。故秘书作为长官所属私人，往往随长官进退。上述规定是就北京政府时期官员的任用程序而言，那么官员的具体任职资格有什么规定呢？

根据1913年1月9日公布的《文官任用法草案》，简任官的任用须具有下列各项资格之一：（1）现任或曾任三等荐任文官，但教官、技术官和依特别任用法任用的不在此限；（2）曾任简任文官满一年以上，但教官、技术官和依特别任用法任用之官，其在职年数不得计入；（3）曾任简任文官并受文官高等考试及格。

荐任文官的任用，须具有下列各项资格之一：（1）文官高等考试及格；（2）曾任荐任文官满一年以上，但教官、技术官和依特别任用法任用之官，在职年数不得计入；（3）现任或曾任审判官、检察官满一年以上，得任为司法部荐任文官；（4）现任或曾任北京大学校及官立中等以上经教育部认可各学校的教官满一年以上，得任为教育部荐任文官；（5）陆海军将校可各任该部荐任文官。

委任文官的任用，须具备下列各项资格之一：（1）文官普通考试及格；（2）文官高等考试初试及格；（3）文官高等考试及格；（4）曾任委任文官满两年以上；（5）曾任各官署雇员满三年以上。

由于上述规定过于严苛，在共和初创之时，已然预料会在实际执行中遇到困难，故同日公布的《文官任用法施行法草案》规定自《文官任用法》实施之日起，三年之内，凡有下列资格之一的，均得任用为各等文官。简任官：（1）在国内外大学或专门学校，学习政治、法律、经济三年以上毕业者；（2）曾任简任文官者；（3）现任或曾任四等荐任文官者；（4）有与简任、荐任文官相当资格，并历办行政事务五年以上有成绩者。

荐任官：（1）有上述简任官任用资格补充条件第一条、第二条和第四条规定资格者；（2）曾任荐任文官者；（3）有与荐任文官相当资格，并历办行政事务三年以上有成绩者；（4）在国内外专门以上各学校或本国法政讲习所学习政治、法律、经济一年半以上，并办理行政事务二年以上有成绩者；（5）文官高等考试初试及第，学习半年以上有成绩者。

委任官：（1）在国内外中学及与中学相当或以上之学校毕业者；（2）

---

① 参见钱实甫《北洋政府时期的政治制度》（下），中华书局1984年版，第344页。

有与第一条规定学校毕业相当资格者；（3）曾任荐任文官者；（4）历办行政事务一年以上有成绩者；（5）曾任委任文官者。①

1915 年 9 月 30 日，袁世凯以大总统令修正了中央各部官制。对于各级文官的任职资格也作了详细规定。规定：凡文职的任用，除由大总统特擢外，必须合于下列资格之一的才可以任用：（1）经文官高等、普通考试及格的；（2）经文官甄用合格，由大总统核定用途交铨叙局注册的；（3）已经正式任命的各项文职，以法令应行转任、补任、升任的。

简任文职：（1）现任简任文职；（2）曾任简任文职，经大总统核准记名以简任文职任用的；（3）现任或曾任荐任最高等文职，经所属长官特保或期满考绩优叙，由大总统核准以简任文职记名或升用的；（4）经文官甄用合格，由铨叙局注册一简任文职任用。

荐任文职：（1）现任荐任文职；（2）曾任荐任文职满二年以上有成绩的；（3）经文官考试及格，学习期满有成绩的；（4）经文官甄用合格，由铨叙局注册一荐任文职任用；（5）现任最高等委任文职期满后经所属长官特保，靠考绩优叙经大总统核准以荐任文职升用的。有简任各项资格之一的，也可以任用，但仍保留简任资格。

委任文职：（1）现任委任文职；（2）曾任委任文职满一年以上有成绩的；（3）经文官普通考试及格、学习期满有成绩的。有荐任各项资格之一的，也可以任用，但仍保留荐任资格。

除上述规定的具体任用资格，对于不得任用的情况也有明确规定。（1）曾受褫夺公权处分尚未复权；（2）曾受夺官或褫职处分尚未开复；（3）亏欠公款尚未缴清；（4）年力衰弱不胜职务。②

民国四年的官制修订，一方面完善和修订了文职任用程序和资格，另一方面则是加强了大总统的权力，大总统享有“特擢”和“特令”的人事任用权。

二 南京国民政府时期

1927 年南京国民政府成立后，开始并未专设人事机构，有关人事任命的职能全归秘书部门兼顾，例如文官的任命由国民政府秘书处执掌。1928 年后，国民政府始设人事室，主任由文官处秘书兼，负责全国人事铨叙工作，但仍未建立全国性的考选机关，这种状况一直持续到 1930 年初考试

---

① 参见钱实甫《北洋政府时期的政治制度》（下），中华书局 1984 年版，第 350 页。

② 同上书，第 350—351 页。

院的成立。

（一）文官制度与官员编制

1928 年 10 月，蒋介石采纳了孙科、胡汉民的建议，在南京国民政府中央实行五院制，即在南京国民政府委员之下设置行政、立法、司法、监察、考试五院。以行政院主管全国行政；立法院为全国最高立法机关；司法院掌理司法事务；监察院负责监督各级官员；考试院负责公务员的考试和铨叙工作。五院院长由国民党中央政治会议选任，对国民党中央负责。五院成为国民政府最具特色的中央政府组织机构，五院制度也成为国民政府时期最重要的中央政治制度之一。它的创立与运作，对国民政府的政治统治产生了重大影响。

南京国民政府初期基本沿用了北京政府时期的文官制度，但在名称、机构、任用方式方面仍有不少变化，主要的就是变文官制度为公务员制度。在政府各种人事法规中，公务员通常有三种含义：一是泛指从事公务的一切公职人员，包括民意机构人员、专门技术人员、司法人员；二是指政府部门的所有官员；三是指狭义的公务员，即简任职以下、委任职以上的官员。在多数情况下，南京国民政府的公务员任用，主要是指第一种意义上的公务员，即广义的公务员。①

1927 年南京国民政府成立后，公布了《公务员任用法》和《文官官等条例》，仍采用文武分别的规定，并在文官中根据从事工作的不同性质分为行政官、外交官、司法官、技术官、警察官几大类。按产生方式的不同，南京国民政府时期的公务员又可以分为政务官和事务官两类。政务官是经国民党中央政治会议议决任命，不需要经过考选铨叙；事务官则是经过考选铨叙，由南京国民政府任命的公务人员。政务官包括南京国民政府的主席及五院的正副院长、各部部长、各委员会的委员长、驻外大使、各部的政务次长、副委员长及各省政府主席等官员。事务官主要从事事务性工作，包括秘书人员、办事员、法官和政府中、低级官员，此外还包括技术人员和政府雇员。但是，政务官和事务官的区分并不十分严格，事务官可以晋升为政务官，政务官也可以转任为事务官。

公务员所包含官吏的种类不同，级别也相应地不同，为了便于管理，南京国民政府将公务员分为四等 37 级。

中央公务员官等分为四种：特任、简任、荐任、委任。特任官只有一级，主要包括国民政府的正副院长、国民政府的文官长、参军长、行政院

① 参见林新奇《中国人事管理史》，中国社会科学出版社 2004 年版，第 365 页。

秘书长、政务处长、各部部长等。简任官共分为8个级别，主要官员有中央各部次长、司长、局长、参事、局长、直属处长等。荐任官共分为12个级别，主要官员为中央各部的科长及部分科员。以行政院各部为例，各部职官设置与员额数目见表1—3。

表1—3　　行政院各部会署职官设置与员额

<table>
<tr><th colspan="2">官别</th><th>内政部</th><th>外交部</th><th>军政部</th><th>财政部</th><th>经济部</th><th>教育部</th><th>交通部</th><th>农林部</th><th>社会部</th><th>粮食部</th><th>司法行政部</th><th>卫生署</th><th>地政署</th></tr>
<tr><td colspan="2">部长</td><td>1</td><td>1</td><td>1</td><td>1</td><td>1</td><td>1</td><td>1</td><td>1</td><td>1</td><td>1</td><td>1</td><td>1</td><td>1</td></tr>
<tr><td rowspan="2">次长</td><td>政次</td><td>1</td><td>1</td><td>1</td><td>1</td><td>1</td><td>1</td><td>1</td><td>1</td><td>1</td><td>1</td><td>1</td><td rowspan="2">1</td><td rowspan="2">1</td></tr>
<tr><td>常次</td><td>1</td><td>1</td><td>1</td><td>1</td><td>1</td><td>1</td><td>1</td><td>1</td><td>1</td><td>1</td><td>1</td></tr>
<tr><td colspan="2">秘书</td><td>6—8</td><td>6—9</td><td>4—11</td><td>12—16</td><td>6—10</td><td>6—8</td><td>8—10</td><td>2—5</td><td>3—5</td><td>8—12</td><td>4—6</td><td>2—4</td><td>2—4</td></tr>
<tr><td colspan="2">参事</td><td>4—6</td><td>2—4</td><td>6</td><td>6—8</td><td>4—6</td><td>3—5</td><td>4—6</td><td>2—4</td><td>2—4</td><td>4—8</td><td>2—4</td><td></td><td>1—3</td></tr>
<tr><td colspan="2">司长</td><td>6</td><td>8</td><td></td><td></td><td>7</td><td>6</td><td>6</td><td>5</td><td>4</td><td>7</td><td>5</td><td>4</td><td>4</td></tr>
<tr><td colspan="2">科长</td><td>22—26</td><td>20—35</td><td></td><td>30—35</td><td>27—33</td><td>20—28</td><td>24—30</td><td>12—16</td><td>15—21</td><td>33—36</td><td>20—26</td><td>8—12</td><td>10—14</td></tr>
<tr><td colspan="2">科员</td><td>100—130</td><td>100—160</td><td></td><td>330—370</td><td>130—200</td><td>120—180</td><td>200—260</td><td>80—120</td><td>78—118</td><td>100—240</td><td>80—120</td><td>32—48</td><td>36—48</td></tr>
<tr><td colspan="2">技监</td><td></td><td></td><td></td><td></td><td>2</td><td></td><td>2</td><td>1</td><td></td><td></td><td></td><td></td><td></td></tr>
<tr><td colspan="2">技正</td><td>8</td><td></td><td></td><td>7—9</td><td>20</td><td></td><td>28</td><td>10</td><td></td><td>4</td><td>1</td><td>6—10</td><td>6—10</td></tr>
<tr><td colspan="2">技士</td><td>12</td><td></td><td></td><td>2—13</td><td>28</td><td>2—4</td><td>42</td><td>14</td><td></td><td>8</td><td>3—5</td><td>12—24</td><td>12—24</td></tr>
<tr><td colspan="2">编审</td><td>8</td><td></td><td></td><td>6—10</td><td></td><td></td><td></td><td></td><td></td><td></td><td>8—12</td><td></td><td></td></tr>
<tr><td colspan="2">视察</td><td>10—16</td><td></td><td></td><td>10—16</td><td></td><td></td><td></td><td></td><td>6—10</td><td>16—20</td><td></td><td>3</td><td>3—5</td></tr>
<tr><td colspan="2">督学</td><td></td><td></td><td></td><td></td><td></td><td>30—40</td><td></td><td></td><td></td><td></td><td></td><td></td><td></td></tr>
<tr><td colspan="2">督导专员</td><td></td><td></td><td></td><td>20—30</td><td></td><td></td><td></td><td></td><td></td><td>10—14</td><td></td><td></td><td></td></tr>
<tr><td colspan="2">稽核</td><td></td><td></td><td></td><td>54—56</td><td></td><td></td><td></td><td></td><td></td><td>46</td><td></td><td></td><td></td></tr>
<tr><td colspan="2">总计长</td><td>1</td><td>1</td><td></td><td>1</td><td>1</td><td>1</td><td>1</td><td>1</td><td>1</td><td>1</td><td>1</td><td>1</td><td>1</td></tr>
<tr><td colspan="2">会计长</td><td>1</td><td>1</td><td></td><td>1</td><td>1</td><td>1</td><td>1</td><td>1</td><td>1</td><td>1</td><td>1</td><td>1</td><td>1</td></tr>
<tr><td colspan="2">人事处长</td><td></td><td>1</td><td></td><td>1</td><td></td><td>1</td><td>1</td><td></td><td></td><td>1</td><td>1</td><td></td><td></td></tr>
</table>

说明：(1) 由于各部隶属行政部时间不一，本表统计截止时间为1942年11月。(2) 军政部编制较大，计设一厅五司四署。署之编制有两种，一种为司，一种为处。故该部共有厅长1人，署长4人，司长14人，处长12人，主任1人，部附20—40人，科长以下另有编制，未统计入内。(3) 财政部设五署六司，各设“长”1人。(4) 各部附属机关编制亦较大，从略。(5) 资料来源：据钱端升《民国政制史》(上)，上海人民出版社2011年版，第226—227页。

表1—3为我们展示了行政院各部署的职官设置与人员数目，除上述各部署外，行政院各部署的附属机构以及其他各院的职官设置与人员数目，限于篇幅，未能列出。[①]

（二）公务员的任用资格

北京政府时期，对于官员的任用在重视其经验的同时，却又不得不放宽其经历要求，从而以学历代替经历。南京国民政府成立后，其对公务员的任用则以“资历”作为重要标准。

根据1933年3月11日国民政府公布的《公务员任用法》规定，对于简任、荐任、委任等职务公务员任用资格作了下列规定。

简任文职公务员：（1）现任或曾任文职，经过甄别审查或考绩合格者；（2）现任或曾任最高荐任职二年以上，经甄别考查或考绩合格者；（3）曾任政务官一年以上者；（4）曾于民国有特殊勋劳或致力国民革命十年以上而有勋劳者；（5）在学术上有特殊之著作或发明者。凡具有上述资格之一者，均得任为简任职公务员。

荐任文职人员：（1）经高等考试及格或相当高考的特种考试及格者；（2）现任或曾任荐任职经甄别审查或考绩合格者；（3）现任或曾任最高委任职三年以上；（4）对民国有特殊勋劳，或致力于国民革命七年以上而且有成绩者；（5）教育认可的国内外大学毕业前有专门著作，经审查合格者。

委任文职官员：（1）经普通考试及格或与普通考试相当的特种考试及格的人员；（2）现任或曾任委任职，经过甄别审查或考绩合格的公务员；（3）充任政府雇员服务三年以上有成绩者；（4）曾致力于国民革命五年以上而有成绩者。

除上述规定外，《公务员任用法》还规定：被剥夺公民权尚未恢复的人员、亏空公款尚未偿清的人员、曾因赃贿受过处罚的人员以及吸用鸦片和其他代用品的人员，不能担任公务员。[②]

综上而言，民国成立后，从职官设置、编制人数规定、任职资格、任用程序等方面进行了制度设计和立法。从制度设计层面来看，无论是北京政府还是南京国民政府，其对官员的任用，既重视其“历办行政事务”的

① 具体可参见钱端升《民国政制史》（上），上海人民出版社2011年版，第214—296页。

② 参见中国第二历史档案馆编《中华民国史档案资料汇编》第五辑第一编，政治（一），凤凰出版传媒集团、凤凰出版社1994年版，第42—43页。

经历，亦重视其自身的学历背景。在任用程序上，一方面对中低级别（事务官）的官员的任用有着严格规定程序，另一方面亦增强了如大总统的“特任”权力，从而增加了官员任用的随意性。有论者曾谓，民国史研究中，最大的难题莫过于制度设计是一回事，而实际运行又是另一回事。那么辛亥革命后，在后科举时代的民国，官员都是通过什么途径进入官场的呢?

第二节　科举废除后民国仕进途径的演变

吉尔伯特·罗兹曼在考察中国的现代化历程时曾指出：“1905 年是新旧中国的分水岭；它标志着一个时代的结束和另一个时代的开始，必须把它看作是比辛亥革命更加重要的转折点，因为对在此之后的任何一个政府来说，在必须具备什么样的基本制度基础方面，在通过什么途径赋予社会精英以地位并配备行政官员方面，1905 年都带来了变化。”[①] 无独有偶，中国学者钱穆在《中国历史上之考试制度》一文中也曾指出：科举制“因有种种缺点，种种流弊，自该随时变通，但清末人却一意想变法，把此制度也连根拔去。民国以来，政府用人，便全无标准，人事奔竞，派系倾轧，结党营私，偏枯偏荣，种种病象，指不胜屈”[②]。尽管两位学者论述的角度与目的不尽相同，但他们的研究却提示我们注意：科举废除后，读书人上升性社会流动途径的根本性变动。

一　革命、入党与做官

1911 年爆发的辛亥革命，不仅推翻了清政府，亦将科举废除后官员仕进的补救措施埋进了历史的故纸堆。然而无论革命是推翻既成政治秩序的急剧暴力行动，还是围绕政治权威机构中的职务占有问题，革命的变化都首先发生在当权者和政府机构中，即当权者及其机构的全面更换与统治阶级的转变。[③] 1912 年 1 月 3 日，中华民国临时政府在南京成立，当日各省

---

① 〔美〕吉尔伯特·罗兹曼等编：《中国的现代化》，国家社会科学基金“比较现代化”课题组译，江苏人民出版社 2003 年版，第 229 页。有学者甚至认为，清政府虽然试图以弃旧图新来挽救统治危机，但事与愿违，却培养出了一大批激进的知识青年，并导致中年士子心理失衡，丢掉了江山。参见关晓红《科举停废与近代乡村士子》，《历史研究》2005 年第 5 期。

② 钱穆：《国史新论》，台湾东大图书公司 1984 年版，第 114—115 页。

③ 参见〔日〕中野实《革命》，于小薇译，经济日报出版社 1991 年版，第 11—13 页。

都督府代表联合会即通过了由孙中山提议的各部总、次长人选。虽然孙中山主张临时政府在用人方面，“惟才能是称，不问其党与省”①，但在总计共 18 个人的名单中，革命党人亦即同盟会会员却达到了 11 人②。

表 1—4　　　　**中华民国南京临时政府主要官员党籍**

官职	姓名	籍贯	年龄（岁）	党籍
临时大总统	孙文	广东香山	46	同盟会
副总统	黎元洪	湖北黄陂	48	
秘书长	胡汉民	广东番禺	33	同盟会
陆军总长	黄兴	湖南善化	38	同盟会
陆军次长	蒋作宾	湖北应成	28	同盟会
海军总长	黄钟瑛	福建闽侯	43	
海军次长	汤芗铭	湖北蕲水	25	
外交总长	王宠惠	广东东莞	31	同盟会
外交次长	魏宸组	湖北武昌	27	同盟会
内务总长	程德全	四川云阳	52	
内务次长	居正	湖北广济	36	同盟会
财政总长	陈锦涛	广东南海	42	
财政次长	王鸿猷	江苏崇明	26	同盟会
司长总长	伍廷芳	广东新会	70	
司法次长	吕志伊	云南思茅	31	同盟会
教育总长	蔡元培	浙江绍兴	44	同盟会
教育次长	景耀月	山西芮城	29	同盟会
实业总长	张謇	江苏南通	59	
实业次长	马君武	广西桂林	32	同盟会
交通总长	汤寿潜	浙江绍兴	55	
交通次长	于右任	陕西三原	34	同盟会

资料来源：刘寿林主编：《民国职官年表》，中华书局 1995 年版；徐有春主编：《民国人物大辞典》，河北人民出版社 1991 年版；刘国铭主编：《中国国民党百年人物全书》，团结出版社 2005 年版。

① 《复蔡元培函》（1912 年 1 月 12 日），载广东省社会科学院历史研究所、中国社会科学院近代史研究所中华民国史研究室、中山大学历史系孙中山研究室合编《孙中山全集》第 2 卷，中华书局 1982 年版，第 19 页。

② 崔之清等认为，由孙中山提议的各部总次长人选，18 人中有同盟会会籍者为 12 人。误。在各部次长中除汤芗铭外皆为同盟会会员。汤芗铭虽曾加入过同盟会，但因偷割孙中山皮包事件，已被开除党籍。参见崔之清主编《国民党政治与社会结构之演变》（1905—1949）上编，社会科学文献出版社 2007 年版，第 112 页；刘国铭主编《中国国民党百年人物全书》上册，团结出版社 2005 年版，第 428 页。

尽管各部部长多由旧官僚担任，但由于南京临时政府采取“总长取名，次长取实”的组织原则，故各部负实际责任者均为同盟会会员。中央如此，地方亦然。据当时报纸报道，全国21个省的都督中，其中具有同盟会籍者达11人，占到一半以上。① 一时间“同盟会员，（被）视为奇货可居”②，“论功行赏”，大体已成为当时党人之共识。据辛亥元老同盟会会员吴玉章回忆，吴由于抵达南京的时间较晚，没被安排到职位。内务次长居正和秘书田桐感到非常抱歉，对吴说：“你来晚一步，若早点来，怎么也有一个次长当的。现在部长、次长都安置完了，内务部的司长、局长或参事，你任便选一个吧！”③ 章太炎在其自定年谱中记述：“初，同盟会著籍者不过二千人。自南都建立，一日附者率数千。”④ 党籍成了官票，这大概就是同盟会受追捧的主要原因。⑤

政府北迁后，党人“革命功臣”的优越感依然如故。《申报》一则报道将这种优越感描绘得淋漓尽致：

> 前南京政府外交部编译司司长徐田到部访谒陆总长（陆征祥），由王广圻（时任外交部秘书长）接见。徐云：“某北来稍迟，此间司长均已发表，未知陆总长将某如何位置？”王答：“本部现已成立，司长以上之缺皆已发表，如足下地位甚难相当位置。”徐云：“司长既已发表，尚空参事两缺，可否即商陆总长，与某以参事，亦无不可。”王云：“参事亦已早定。”徐云：“如某之地位，至少须得一司长，某

---

① 《各省都督之党籍》，《盛京时报》1912年8月4日第4版。

② 《宋教仁被刺史料》，载罗家伦主编《革命文献》第42、43合辑，中国国民党党史史料编纂委员会1968年版，第85页。

③ 吴玉章：《吴玉章回忆录》，中国青年出版社1978年版，第90—91页。作为同盟会及国民党元老，居正有这种革命党人应“论功行赏”的看法并不奇怪，即使是到了20世纪40年代，他依然不改初衷。1940年1月8日，居正在司法院勉励属员讲话时要求，用人要“一秉至公”。然对于当时司法院会计长为其亲戚的这一事实，居正解释道：“其实会计长当年参加革命，受尽辛苦，国家论功行赏，兄弟才用他的。所以他的出处，决不是私人关系。”参见《在司法院勉励属员讲话》（1940年1月8日），载罗福惠、萧怡编《居正文集》，华中师范大学出版社1989年版，第671页。

④ 汤志钧编：《章太炎年谱长编》（上）卷4，中华书局1979年版，第371页。

⑤ 实际上，外国人早已看出中国国民的劣根性，即做官之心太热，故辛亥革命人“多数附从，即挟此谋官之心而来”。参见《外人之共和观》，大愚译，载经世文社编《民国经世文编》，政治一，收入沈云龙主编《近代中国史料丛刊》第50辑，文海出版社（出版年不详），第245页。

乃革命党，又经孙大总统推荐，且北洋大学堂学生，并到过日本，具此资格尚不能得一司长乎?”王答：“本部部员大多数系欧美、日本大学专门毕业者及久驻外洋熟悉外交者，如阁下资格甚难位置。”徐怒云：“汝知中华民国系革命党造成之物，亦我应享权利。且某在南京本系司长，现无论如何仍须还我一司长，并非过分要求。”王答：“革命事业乃为全体同胞造幸福，非为阁下谋一司长计，阁下不闻革命党中大人物革命之后均已纷纷身退，不肯居功，而阁下反以革命党名义斤斤求一司长，非但失身分，亦未免侮蔑革命党太无价值，窃为阁下不取也。”徐悻悻而起云：“我不与汝计较。”往见唐总理去，不达目的不已。①

尽管徐田并未能如愿，但其视“官”为其囊中物，正如该报道的副标题所云，“此君亦未免太直率了”。孙中山认识到这一问题的严重性，他在《咨参议院设立稽勋局》一文中指出：“军兴之际，将佐官属杂以有功与有才者兼任，国人之观听易淆，必有以为既建国之勋，例应得官。故有立功而已官者，更望因功迁擢，其尽命而不及官者，亦议按事赠荫，如此则帝王以官赏功之流毒，不塞竟可以不止。”②

南北议和之后，孙去袁继。袁氏继任之初，虽大量位置私人，但尚不敢完全与革命党人决裂，革命党人在北京政府中仍有一席之地。然二次革命后，革命党人的境遇不免向隅。据解学兰研究，袁世凯统治前期（1912—1913），革命党人在北京政府中尚有13个职位，二次革命后则仅剩1人③，前后差距十分明显。袁世凯与国民党人反目，故党人失势。然此党倒台，彼党竞起。民初政党林立，入党谋官竟蔚然成风，以致演成“无官者藉党而可得官，有官者因党而不失官”④的社会现象。著名报人黄远庸谈道：“某省以都督系某党人，非其党者不得任官，且有甄别属员，不以贤否，而以党别者；某省下札至云，查某员非本党人员，著即撤差。下至口角斗争，非同党者不胜。”而“今北京之党人之藉党为求差缺之用者，恐各党皆不能免。此辈得持长官之短长于其党或其党之机关报，长官亦莫敢以官规相绳也。稍有不遂，怨望以生，为之党及为之长官者不亦难

① 《外交部又活演一则新剧》，《申报》1912年6月29日第2版。

② 《申报》1912年2月27日第3版。

③ 参见解学兰《袁世凯时代北京政府中央官僚构成之研究》（1912—1916），硕士学位论文，上海师范大学，2004年，第17页。

④ 参见《外人之共和观》，大愚译，载经世文社编《民国经世文编》，政治一，收入沈云龙主编《近代中国史料丛刊》第50辑，文海出版社（出版年不详），第245页。

乎”！黄氏惊呼：整个北京几成为“党人党事之世界矣”！①

袁世凯死后，南北分裂。1925 年 7 月 1 日，国民党人在广州成立国民政府，与北京政府相抗衡。成立之初，即倡导孙中山提出的“以党治国”理念。孙中山告诫国民党人：“所谓以党治国，并不是要党员都做官，然后中国才可以治；是要本党的主义实行，全国人都遵守本党的主义，中国然后才可以治。简而言之，以党治国并不是用本党的党员治国，是用本党的主义治国。”但孙中山同时亦指出：“至于本党党员若是确为人才，能胜大任的，自当优先任用。”② 但党人做官的观念在国民党内十分流行，并且在孙中山去世后逐渐制度化了。1926 年，国民党广东省党部呈请国民党中央政治会议，提出“非本党党员不得在行政机关服务”，尽管国民政府担心“恐开以入党为终南捷径之嫌，流弊所及，党员因而不尽纯粹，仕途因而益行芜杂”，但依然通令各机关长官，“嗣后对于任用人员，文职委任以上，武职尉官以上，务以本党党员为准”。③ 委任和尉官乃当时文武官员的最低级别，故这一规定实际上已从制度上确立了党籍作为入仕从政的先决条件。它清楚地表明，要想在广州国民政府做官，首先必须加入国民党。④

南京国民政府成立后，党焰熏天。各地党部纷纷提请中央，要求垄断政治资源。1927 年，上海特别市临时执行委员会曾向中央政治会议建议“各级政府行政、司法机关所有上级干部人员，须尽先在党内选用”，国民政府委员会在第四十二次会议时决议照办。⑤ 1929 年南京市党部提出“用人先尽党员任用，裁员先尽非党员裁减”。中央批示：“如党员与非党员能力相当，应照所拟办理。”⑥ 1929 年 4 月，江苏省党部则曾制订过一个摧毁

① 黄远庸：《不党之言》（1912 年 12 月 19 日）、《政坛窃听录》（1912 年 10 月 5 日），载《远生遗著》上册（卷 1、卷 2），商务印书馆 1984 年增补影印，第 20、151 页。

② 《在广州中国国民党肯亲大会的演说》（1923 年 10 月 15 日），载广东省社科院历史研究所、中国社会科学院近代史研究所中华民国史研究室、中山大学历史系孙中山研究室合编《孙中山全集》第 8 卷，中华书局 1986 年版，第 281—282 页。

③ 《国民政府关于任用文职委任以上武职尉官以上人员应为国民党党员令》，载第二历史档案馆编《国民党政府政治制度档案史料选编》（下），安徽教育出版社 1994 年版，第 202 页。

④ 参见王奇生《党员、党权与党争——1924—1949 年中国国民党的组织形态》，上海书店出版社 2003 年版，第 201 页。

⑤ 洪喜美编：《国民政府委员会会议记录汇编》，“国史馆”1999 年版，第 347 页。

⑥ 《函江苏省执行委员会》，载《中央党务月刊》1929 年 12 月第 18 期；《各机关用人先尽党员用裁人先尽非党员裁》（1929 年 9 月 11 日国民政府文官处函），铨叙部秘书科第三科《铨叙年鉴续编》（1931—1933），第五类，铨叙法规，南京大陆印书馆 1934 年版，第 213 页。

封建势力的方案，认为以党专政是为治本的方法，要求一切权力属于党，政府官吏由党部遴选充任。[①] 同年，国民党中常会曾决议“训政时期，各级政务官之人选，应以中国国民党党员为限”[②]，但事务官则并未规定。据当时法令，区分政务官与事务官的唯一标准即看他们是否由中央政治会议决议任命。而中政会可以决议任命的政务官包括国民政府委员、各院院长、副院长及各部部长，各委员会委员长，各省省政府委员、主席及厅长，各特别市市长、驻外大使、特使、公使及特任、特派官吏。政务以外的官吏，如国民政府及五院所属各部委员会的政务次长、副部长、副委员长的任命只需国务会议——行政院会议议决任命，但须报告中政会作最后之审核。[③] 1931 年 12 月，国民党中央全会又决议：行政院各部长人选，采用人才主义，不限定国民党员。[④] 以此来看，国民党在对党员从政方面的规定实际上陷入了两难的矛盾处境。对此，国民党中央曾采用两种方法加以调和：一是中政会决议“凡在军政各机关服务人员，虽非入党，一律以党员论”；二是由国府通令“应由该管长官，督促研究党义，随时介绍入党，使为预备党员”。[⑤]

1933 年 3 月 11 日公布、同年 4 月 1 日施行的《公务员任用法》规定，凡拥有“致力国民革命”十年、七年、五年以上而有成绩者，皆有资格充任简任、荐任与委任各职。[⑥] 这里的“致力国民革命”十年、七年、五年者，实际上意味着加入国民党十年、七年与五年者。然勋绩证明，在国内情形比较复杂，以其无证件者为多，因此只需请中央委员或当年老同志为之证明即可。然“取决认证则每有情面之难却，被迫而出之者，又有故意伪证以便

① 参见《江苏省党部制定摧毁封建势力方案》，《民国日报》（1929 年 4 月 22 日）。参见曹伯言整理《胡适日记全编》第 5 册（1928—1930），1929 年 4 月 22 日，安徽教育出版社 2001 年版，第 397—401 页。

② 《政务官与事务官之界限》，《中央日报》1929 年 9 月 1 日第 2 张第 4 版。

③ 参见陈之迈《中国的官》，《社会科学》1936 年第 1 卷第 4 期，第 895—896 页；《政务官适用之范围令》（1930 年 1 月 13 日国民政府指令第 59 号、1930 年 5 月 7 日国民政府训令第 263 号），铨叙部秘书科第三科《铨叙年鉴续编》（1931—1933），第五类，铨叙法规，南京大陆印书馆 1934 年版，第 213 页。

④ 《支那中央政况关系杂纂——国民党关系》，日本外务省外交史料馆档案，案卷 A/6/1/1/2/2，转引自王奇生《党员、党权与党争——1924—1949 年中国国民党的组织形态》，上海书店出版社 2003 年版，第 203 页。

⑤ 参见陈之迈《中国的官》，《社会科学》1936 年第 1 卷第 4 期，第 923 页。

⑥ 中国第二历史档案馆编：《中华民国史档案资料汇编》第五辑第一编，政治（一），凤凰出版传媒集团、凤凰出版社 1994 年版，第 42—43 页。

亲友者”。[①] “这就使得国民党内一些既无学识专长，又无行政管理工作经验，甚至缺乏中等文化水平的国民党员，凭一份党证或一个老党员的介绍证明，即可取得任官资格。”[②] 甚至，不乏无中生有者。据时人回忆，某部一个CC科长是凭参加陈其美肇和军舰起义的资格任用的，实际他在起义时尚不满十岁。另一个局长是凭筹集国民党经费有功审查任用的，实际他只是一个替孔祥熙的山西帮行庄坐庄的老板。[③] 不仅如此，国民党还采取举办党务从政人员考试、党务从政人员训练班等形式将大量的党务人员转入政府各个部门。[④]

国民党以党籍作为入仕的门槛，不仅受到了舆论界的抨击，更为学界所责难。有学者指出，党国以官位做荣誉奉赠，与封建时期的“封官赐爵”并无任何区别。[⑤] 不问人才而以党籍、党龄选官的做法，影响到国民政府的行政效率和国民党的政治形象，在国民党内部也出现了反对的声音。1940年3月4日国民党中央人事行政会议召开时，军事委员会即提案要求删除上列几款规定。因为“对于国家建有勋劳，或致力国民革命而有成绩，崇德报功，应以勋赏为主，似不可以职位为酬庸之具；任职须根据资历与才能，若凭功勋而任用，是否能人尽其职，事尽其才，诚属疑问”。[⑥] 这则提案实已指出“论功行赏”与“酬庸官职”的区别所在，但“致力革命”等条在《公务员任用法》中始终未能删除。

1941年八中全会纪念周时，蒋介石仍强调“中央与地方政府用人应尽量用党员，不得［已］方在党外觅人”。[⑦] 就实际情况而言，国民政府以功勋封官的现象，整体而言尚不严重。有资料显示，1933年中央甄别合格

---

① 《王子壮日记》第5册，1939年6月2日，台北“中央研究院”近代史研究所2001年版，第206页。

② 汪振国：《国民党时期文官制度与文官考试》，《江苏文史资料》第24辑，第25页。

③ 参见金绍先等《国民党文官考试内幕》，《文史资料选辑》第36辑，中国文史出版社1999年版，第93页；《现公务员之考绩与淘汰》，原载《大公报》1934年11月5日，见《国闻周报》第11卷第45期，1934年11月。

④ 参见汪振国《国民党统治时期文官考试与文官制度》，《文史资料选辑》第36辑，第77页。

⑤ 参见谢廷式《论文官官等官俸的改订问题》，《行政研究》1937年第2卷第6期。

⑥ 考试院编印：《中央人事行政会议备编》1946年5月，《考试院编印国民党中央人事行政会议备编及有关档》1941年，铨叙部档案，中国第二历史档案馆馆藏，全宗号：27，案卷号：3。

⑦ 李学通、刘萍、翁心钧整理：《翁文灏日记》（1941年3月31日），中华书局2010年版，第639页。

公务员中，具有“革命功勋”资格的简任官占 7. 56%，荐任官占 6. 43%，委任官占 0. 63%。[①] 国民政府中央官员中，以“党籍”而入仕者亦并不具绝对优势。具体见表 1—5。

表 1—5　　1930 年国民党党员在中央各机关公务员中情况

部门	党员	占总数（%）	非党员	占总数（%）	总计
立法院	87	33. 33	174	66. 67	261
行政院	37	25. 52	108	74. 48	145
司法院	16	24. 62	49	75. 38	65
考试院	28	34. 15	54	65. 85	82
教育部	28	24. 78	85	75. 22	113
农矿部	52	32. 50	108	67. 50	160
工商部	44	17. 89	202	82. 11	246
铁道部	47	12. 14	340	87. 86	387
国府文官处	66	31. 58	143	68. 42	209
内政部	43	27. 56	113	72. 44	156
训练总监部	80	50. 00	80	50. 00	160
外交部	40	11. 20	317	88. 80	357
参谋本部	100	19. 72	407	80. 28	507
参军处	98	62. 03	60	37. 97	158
审计院	79	37. 09	134	62. 91	213
交通部	51	14. 61	298	85. 39	349
建设委员会	21	13. 64	133	86. 36	154
蒙藏委员会	25	20. 83	95	79. 17	120
禁烟委员会	3	7. 89	35	92. 11	38

① 参见《中央甄别合格公务员甄别资格统计图表》，载铨叙部秘书科第三科《铨叙年鉴续编（1931—1933）》，附表，南京大陆印书馆 1934 年版。

续表

部门	党员	占总数（%）	非党员	占总数（%）	总计
司法行政部	19	11.52	146	88.48	165
最高法院	34	18.99	145	81.01	179
卫生部	18	14.06	110	85.94	128
军政部	225	23.61	728	76.39	953
海军部	53	29.12	129	70.88	182
铨叙部	50	46.73	57	53.27	107
总计	1344	24.03	4250	75.97	5594

说明：该统计中明确表明立法院与行政院官员不包括正副院长，其余未及说明。统计对象包括特任、简任、荐任、委任、雇员等各级官员。

资料来源：据《国府各机关政工人员之统计》，载中国国民党中央执行委员会宣传部编《中央周报》1930 年 4 月 7 日第 96 期，第 13—14 页；铨叙部的数据为 1932 年，见《铨叙部职员党籍统计表》，《铨叙年鉴续编》，南京大陆印书馆 1934 年版，第七类：附录。

1930 年的统计未能将特任、简任、荐任以及委任、雇员等不同级别的官吏区分开来，故不能排除荐任以下的公务员中非党员所占比例较大，因而对表 1—5 党员的比例有所拖累。但就表 1—5 而言，表中数据仍呈现出部门间的差异，即一些军事部门内的党员比例要远远超过其他部门，如国民政府参军处、训练总监部皆已达到或超过 50%。整体来看，非党员要远远高于党员人数。

表 1—6　　1933 年中央甄别合格公务员党籍统计

官吏等级	党员人数	党员所占比例（%）	非党员	非党员所占比例（%）
简任	259	2.02	289	2.28
荐任	461	3.64	921	7.27
委任	2075	16.38	8666	68.41
合计	2795	22.04	9876	77.96

资料来源：《中央甄别合格公务员党籍统计图表》，《铨叙年鉴续编》，第六类：铨叙行政，南京大陆印书馆 1934 年版。需要说明的是，本表为简、荐、委三项总人数与其党籍有无之混合百分比。

1933 年的统计表明，荐任和简任一级的官僚经中央甄别合格者总计达 1930 人，其中党员仅占 37. 31%，也就是说在国民政府次长、参事、司长以及各部门的科长，至少有一半为非党员出身。

表 1—7 **国民党党员在中央机关公务员中所占的比例** (%)

统计年度	特任	简任	荐任	委任	派用	综合比例
1929	48. 2	50. 0	40. 2	29. 6	23. 8	36. 3
1933		47. 3	33. 4	19. 3		22. 0
1939		54. 6	42. 7	44. 3		45. 0
1941		84. 0	78. 3	59. 5		64. 4

资料来源：1929 年数字见立法院统计处编《统计月报》1929 年第 1 卷第 9 期；1933 年数字为中央甄别合格的公务员统计，见铨叙部编《铨叙年鉴续编》，南京大陆印书馆 1934 年版，第 443—446 页；1939 年数字为行政院所属各部会公务员统计，见《行政院所属各部会人事概况》，《行政评论》第 1 卷第 5、6 期合刊；1941 年数字为任用审查合格公务员统计，见《铨叙部统计年报》(1941 年)，中国第二历史档案馆藏，卷号：27/785。转引自王奇生《党员、党权与党争——1924—1949 年中国国民党的组织形态》，上海书店出版社 2003 年版，第 205 页。

表 1—7 的统计数据向我们展示了战前与战时，各级官僚的党员与非党员所占比例，由此可知，战时的国民政府中的党员比例较战前有大幅提高，各级官僚中的党员比例也都有大幅度上升。然荐、简任官员党员所占比例远远高于委任官员，由此亦显示出国民政府中“上层有党，而下层无党”的局面。但 54. 6% 与 84. 0% 的简任一级官僚中党员所占比例表明国民党依然未能完全垄断政治资源。故正如王奇生所言：“各机关长官用人时，不问党不党，才不才，只问亲不亲，派不派。对谋职者而言，关键是有无奥援，有无背景，至于党籍有无，实无关宏旨。”①

① 王奇生：《党员、党权与党争——1924—1949 年中国国民党的组织形态》，上海书店出版社 2003 年版，第 209 页。30 年代《大公报》则发表评论，称今之国民党，“其称党权者，形式耳。事实上中央地方多为个人政治。……是以党治之本身，虽不能即断言其失败，而人物之失望，则无可讳言矣。”参见《党治杂感》，《大公报》1930 年 3 月 1 日第 2 版。

党员从政是保证执政党地位，实现执政党政治理念的有效方式。既然党籍对于党员从政无关宏旨，反不如私人关系来得更为重要，所以“国民党员对于党的态度很冷淡，既不向党部报到，党的会议更不热心参加”。[①]对那些进入政界的一般党员来说，既无政治上的优势可言，更无经济利益上的好处可求，党部对其的制约无疑是一种负担，以致“党员一入政府［即］脱离党部，亦可不受党的命令”。[②]

综上所述，入党与做官亦并不完全等同，而党籍也不是入仕为官的绝对条件。但确是国民党在中国历史上继科举之后，从制度上首开了“入党做官”的先河。[③]

二 科举的替代物：文官考试

“任官授职，必赖贤能；尚公去私，厥惟考试。”[④] 孙中山在比较中外政治后，认为中国古代考试制度乃最良善的制度，因而主张：“将来中华民国宪法，必要设独立机关专掌考选权，大小官吏必须考试，定了他的资格，无论那官吏是由选举的，抑或委任的，必须合格之人，方得有效。这法可以除却盲从滥举及任用私人的流弊。”[⑤] 南京临时政府因为存在时间不足百天，很多法令都未来得及实施，其颁布的《文官考试令》也只能中途流产，但它却成为北京政府和南京国民政府颁布和实施文官考试的蓝本。[⑥]

北京政府时期共举行了五次较大规模的文官考录，即1915年2月留学生甄拔考试，1916年6月和1919年10月第一、二届文官高等考试，1917

① 陈方正编辑、校订：《陈克文日记（1937—1952）》上册（1939年2月21日），社会科学文献出版社2014年版，第348页。

② 《王子壮日记》第8册（1943年2月13日），台北“中央研究院”近代史研究所2001年版，第65—66页。

③ 参见王奇生《党员、党权与党争——1924—1949年中国国民党的组织形态》，上海书店出版社2003年版，第201—212页。

④ 《咨参议院议决文官考试令等草案文》（1912年2月28日），载广东省社会科学院历史研究所、中国社会科学院近代史研究所中华民国史研究室、中山大学历史系孙中山研究室合编《孙中山全集》第2卷，中华书局1982年版，第134页。

⑤ 孙中山：《三民主义》，岳麓书社2000年版，第257页。

⑥ 关于北京政府和南京国民政府颁布的各种文官考试法案及其规定的考试方法和内容因不是本文论述的重点，且学术界已经有较为成熟的成果，故在此不再赘述。具体可参见李里峰《民国文官考试制度的运作实效》，《历史档案》2004年第1期；鲁卫东《制度设计与实践的背离——北洋政府时期文官考试初探》，《安徽史学》2008年第1期。

年4月和1920年10月两届文官普通考试。[①] 具体情况见表1—8。

表1—8　　北洋军阀统治时期五次文官考试情况统计

考试名称	考试日期	应考人数	录取人数	录取率（%）
留学生甄拔考试	1915年2月	239	151	63.18
第一届文官高等考试	1916年6月	不详	194	不详
第一届文官普通考试	1917年4月	2482	405②	16.32
第二届文官高等考试	1919年10月	5600③	480	8.57

① 谢青、汤德用主编的《中国考试制度史》认为，北京政府原计划在1920年9月举行的第二次文官普通考试并未举行（黄山书社1995年版，第703页）；姬丽萍在《北京政府时期文官考试与任用制度评析》一文中写道："根据文官考试试验及各地需要，1919年8月相继颁布的新《文官普通考试法》《文官普通考试法施行细则》《文官高等考试典试令》《文官普通考试典试令》，试图进一步完善文官考铨制度。但由于政局动荡，此后北京政府再没有举办文官考试。"（《史学月刊》2005年第12期，第57页。）肖如平亦认为，北京政府并未举行过第二次文官普通考试，参见肖如平《国民政府考试院研究》（社会科学文献出版社2008年版，第48页）。这完全是一种想当然的臆断。

② 关于第一届文官普通考试录取人数，目前所见的几本著作与论文皆有误。钱端升等《民国政制史》记载，此次文官普通考试录取了295人。参见《民国政制史》，上海人民出版社2011年版，第105页。考试院考铨丛书指导委员会编《中国考试制度史》（正中书局1983年版，第249页）、钱实甫《北洋政府时期的政治制度》下册（中华书局1984年版，第357页）、谢青和汤德用主编《中国考试制度史》（黄山书社1995年版，第695页）、王奇生主编《中国考试通史》第4卷（首都师范大学出版社2004年版，第46页）、姬丽萍《北京政府时期文官考试与任用制度评析》（《史学月刊》2005年第12期）、尹全海和贾政武《北洋政府文官考试制度述评》[《信阳师范学院学报》（哲学社会科学版）1993年第3期]、武乾《论北洋政府的文官制度》（《法商研究》1999年第2期）、李里峰《民国文官考试制度的运作成效》（《历史档案》2004年第1期）大体均采此说。然而据《政府公报》1917年4月27日，第464号记载，此次文官普通文官考试计"行政职录取最优等11名，优等181名，中等141名；技术职录取最优等4名，优等28名，中等40名，共计405名"。

③ 据1919年10月7日《申报》，第7版发表的《文官考试杂谈》记载此次文官高等考试报名者有7800余人，除去审核未通过者约为7000余人，而据1919年10月25日《申报》第6版发表的《记文官考试》一文记载为6000余人。励平等人编纂《已未同年录》中的"周序"记载，此次文官高等考试应试者为5600余人，应较为可信，见《已未同年录》，载沈云龙主编《近代中国史料丛刊》第87辑，文海出版社1973年版。

续表

考试名称	考试日期	应考人数	录取人数	录取率（%）
第二届文官普通考试	1920 年 10 月	3800①	400②	10.53
录取人数总计	1630			

资料来源:《政府公报》1915 年 2 月 21 日，第 1001 号;《政府公报》1915 年 3 月 21 日，第 1029 号;《政府公报》1917 年 4 月 27 日，第 464 号;《政府公报》1916 年 6 月 28 日，第 173 号;《申报》1919 年 10 月 7 日;《政府公报》1919 年 11 月 20 日，第 1360 号;《申报》1920 年 10 月 11 日;《政府公报》1920 年 11 月 1 日，第 1692 号;励平等编《己未同年录》，载沈云龙主编《近代中国史料丛刊》第 87 辑，文海出版社 1973 年版。

据时人观察，北京政府时期举行的文官考试，其分牌、入场、点名、给卷仍有“旧时科举余味”。“夜间三四时，考生即麇集东华门内，听候点名。是日大风初息，气候殊冷。电灯之下，行人如织。直至八时，始行封门，出场之际仍分牌放行。”③ 待至揭榜时，人生百态，又尽现其中：“有喧笑高兴者，有垂头丧气者，有神色仓惶者，有惊呼告语者。”④

从表 1—8 观之，五次文官考试，应考人数 13000 多名，共录取 1630 人，平均录取率为 12.54%。除第一届文官高等考试录取率不详外，其余文官考试中以留学生甄拔考试的录取率最高，达 63.18%，此中原因之造成实为应考人数少而录取人数多之故。而此后的文官考试，因报考人数多，而录取人数少，故录取率也有所偏低，其竞争程度亦可想而知。虽没有如《申报》报道的“十七人中取一人”⑤ 之惨烈，然其高者也达到近 15 人中取 1 人，甚者更有“百里挑一”的情况。⑥

① 据《申报》报道：1920 年 10 月举行的文官普通考试第二试到 3800 余人，因此参加第一试的实际应考人数应高于 3800，实际录取率也应低于本表所得数据。参见《申报》1920 年 10 月 11 日第 6 版，“专电二”。

② 尹全海、贾政武《北洋政府文官考试制度述评》中认为“1920 年 4 月举行的文官普通考试，录取普通文官 900 名”，根据《政府公报》1920 年 11 月 1 日所公布的录取人数，此文提供的数据与考试时间均误。

③ 静观:《记文官考试》,《申报》1919 年 10 月 25 日第 6 版。

④ 野云:《文官考试余谈》,《申报》1919 年 11 月 13 日第 6 版。

⑤《文官考试杂谈》,《申报》1919 年 10 月 7 日第 7 版。

⑥ 据何博回忆，第二次文官高等考试举行之际，报考政治法律者有 3600 人，而录取名额只有 40 人。参见何博《北洋政府时期我参加高等文官考试的回忆》，载《文史资料存稿选编》(24) 教育，中国文史出版社 2002 年版，第 1052 页。

南京国民政府时期将考试权独立，由考试院单独掌有。1929 年 8 月国民政府颁布的《考试法》规定，公务员考试分为高等、普通、特种三种。从 1931 年举办第一届文官高等考试至 1947 年，国民政府共举办了 14 届文官高等考试、14 届文官普通考试以及 15 届特种考试。

表 1—9　　国民政府历年文官高等考试情况统计

年别	应考人数	及格人数	录取率（%）
1931	2070	101	4. 88
1933	2296	99	4. 31
1935	3412	248	7. 27
1936	1479	113	7. 64
1937	174	35	20. 11
1939	1352	208	15. 38
1940	1887	310	16. 43
1941	1646	321	16. 50
1942	2574	275	10. 68
1943	2597	410	15. 79
1944	2937	396	13. 48
1945	2738	183	6. 69
1946	6439	753	11. 69
1947	1644	294	17. 88
总计	33245	3746	11. 27

注：1947 年高等考试及第二次司法人员司法考试及格人员未录入。

资料来源：《中华民国实录》（文献统计）上册，吉林人民出版社 1997 年版，第 4389 页。

表 1—10　　国民政府历年文官普通考试情况统计

年别	应考人数	及格人数	录取率（%）
1933	4121	409	9. 92
1934	2251	244	10. 84
1935	3104	265	8. 54
1936	2812	291	10. 35
1937	146	35	23. 97
1939	294	56	19. 05
1940	625	145	23. 20

续表

年别	应考人数	及格人数	录取率(%)
1941	548	151	27.55
1942	872	143	16.39
1943	2880	415	14.41
1944	2046	37	1.81
1945	570	100	17.54
1946	1896	243	12.81
1947	2929	372	12.71
总计	25094	2906	11.58

注：1947 年高等考试及第二次司法人员司法考试及格人员未录入。

资料来源：《中华民国实录》(文献统计)上册，吉林人民出版社 1997 年版，第 4391 页。

特种考试从 1933 年至 1947 年共举办 15 届，总计录取人数为 130516 人。[①]

南京国民政府文官考试从录取发榜到传见也有一套相当烦琐的程序和仪式。据汪振国、金绍先等人回忆，南京国民政府的文官考试从形式上看，几乎是复辟了科举考试：考生三试完毕后，便在旅馆等待报喜。至录取填榜时亦仿照科举遗风，从第六名填起，全填好后，再由主考官来亲填前五名，即所谓“五经魁”。“黄榜用白绢泥金洒制而成，写榜完毕，由主考官用朱笔在每一名顶上点定。再由试务处长捧榜，主考官率领全体典、襄委员鱼贯出闱，鸣炮奏乐送榜。榜贴定后，主考官又率领全体向榜一鞠躬，口中念念有词，以表‘为国求贤’之至意。”发榜之后，还要举行授证典礼。授证典礼完毕，考试院院长戴季陶率领典、襄委员及考试及格人员谒孙中山陵，瞻仰中山先生遗体。谒陵归来后即由戴赐宴，宴后各赠送其亲笔题字的《总理遗教》一套，特制香墨一锭等。此后经戴个别传见，这样一套程序方告结束。[②] 通过这样一种象征性的程序与仪式，从而强化了考生对于文官考试作为科举替代物的想象。而这种想象在国民政府时期一直被持续强化，1940 年司法院院长居正在对属员讲话时，仍以文官考试作为科举的替代物而勉励僚属上进，因为“倘使一试中选，转瞬之间，地

---

① 《中华民国实录》(文献统计)上册，吉林人民出版社 1997 年版，第 4392 页。

② 汪振国《国民党统治时期文官考试与文官制度》、金绍先等《国民党文官考试内幕》，载《文史资料选辑》第 36 辑，第 69—70、89 页。

位就截然不同了”。①

实际上就文官考试作为知识分子一种上升性社会流动的合法途径而言，其与科举考试并无二致。然由于近代新学堂对读书人的批量生产，远大于私塾书院时代的师徒传授的产出。因此中国知识分子的数量大大膨胀，而近代化进程迟缓导致社会对各类人才的需求不旺，加之“学而优则仕”传统惯性，政界仍是知识分子向往的殿堂，因而民国时期形成了比帝制时代更为巨大的政治参与压力。② 文官考试作为知识分子社会晋升的合法途径和一种上升性社会流动机制，对于消解这种巨大的政治参与压力，防止知识分子精英的群体性不满和对现实政治体制的反抗具有重要意义。

晚清遗老阮寅亮对此有相当深刻的认识。20 世纪 30 年代初，文官考试举行前，他即向蒋介石呈文：

> 民国成立迄今十有九载矣。此十九载当中，政治虽能依法行之，而士农工商兵之智者、愚者与夫贤右、不肖者依然目无法纪，犹泛滥无归。嗟嗟非无法也，又非立法之不善也，是未得安邦之道致然耳。或曰应何道乎？曰即先总理首创五权宪法中考试一道之法耳。旷上下数千年，握定国安邦致之权者于考试一道，再三致意，不敢轻视，何也？盖考试之道，颇似天空中一幅挂网，上有天光日月五星之照临，下有无远弗届包涵尽容之力量。士农工商兵栖息于中，四周之五彩缤纷，特别绚烂。多则十余载，少则七八载，罔不相摩相荡、相酝相酿。父期其子，兄勉其弟，族戚亲友拭目以俟。即心为服目，为之一潜移默化。恶者感为善，强者化为良，再今其良工之能事，一炉以治之，久而久之，虽欲使之为恶为强，弗愿也。③

阮氏为湖南彬县人，光绪年间曾参加过湖南乡试，因而其对科举考试所特有的那种消解知识分子政治参与压力，稳定社会秩序与教化功能有着相当深刻的认识。

然而就文官考试实际运作来看，其在制度设计与实践上往往呈现出分

---

① 《在司法院勉励属员讲话》（1940 年 1 月 8 日），载罗福惠、萧怡编《居正文集》，华中师范大学出版社 1989 年版，第 671 页。

② 参见王奇生《党员、党权与党争——1924—1949 年中国国民党的组织形态》，上海书店出版社 2003 年版，第 34 页。

③ 阮寅亮：《呈请实施考试以定人心而安国家》，国民政府档案，中国第二历史档案馆馆藏，全宗号：1，案卷号 7219，缩微胶卷号：16J—2724。

离状态。北京政府规定，文官考试合格人员学习期满后，可被授予荐任文职或技术职任用。从表1—8来看，北京政府历次考试，共录取人员总额为1630人，如若这些人员在学习期满后都能被授予实职，对于北京政府来说应该是一笔不小的财富。但这些考试及格人员在学习期满后并未能如期安排职务，有些文官普通考试及格人员为了改变境遇，在学习期满后还参加了文官高等考试。[①] 1916年第一届文官高等考试举行前，《申报》即指出：文官考试“原为一种登贤进士，以安顿一部分人心之计……应试者或侥幸取入，未必见诸实用。与其考而不用，不如仿照帝政办法，明令一律延期举行，较为妥善。例如法官考试，全国司法机关共有几处录取后，不过设立讲习研究所，以羁縻之而已；如高等文官考试，京内外各机关此时裁员减薪尚形棘手，录取后只得以学习三年或五年等名目，以笼络之而已，徒滋拥挤，毫无实益”。[②] 考试结束之后，《申报》再次发表评论，并一针见血地指出：“此次政府举行文官高等考试，意在奔走士类，牢笼人才，仍是唐太宗‘天下英雄入我彀中’之一种手段，并非因行政方面需要某项专门之才，特设科以取用之也。”[③]由此可见文官考试不过是为了“安置士类，消弭乱盟”而已。[④] 除上述原因外，吏治腐败亦为要因。杜亚泉指出：“现时操用人之权者，以官吏为与党间之馈赠品，位置私人，安插子弟无所顾忌。猎官者又以中原之鹿，任人得而逐之，麇集都门数逾十万，政治界之空气恶浊太甚。”[⑤] 因而“民国以来，所谓之文官考试，如无有力者之八行书，恐终其身不能得一缺。凡此种种，姑毋论其考试自身之何若，虽有极好之考试制度又何所用?”[⑥] 考试人员取而不用，已是世人皆知的事实。1919年7月，北京政府就曾承认：“近年以来仕途壅滞，需次甚难，考试分发人员无论京外均苦难于位置。”[⑦]

和北京政府一样，南京国民政府时期举行的文官考试在实践中亦不免与制度设计相去甚远。从表1—9、表1—10来看，前后14年间，共举办了14届文官高、普考试，录取人员不过6652人。而据相关统计，截至

---

① 参见励平等编《己未同年录》，载沈云龙主编《近代中国史料丛刊》第87辑，文海出版社1973年版。

② 《文官考试有延期说》，《申报》1916年3月8日第6版。

③ 《记文官考试》，《申报》1919年10月25日第6版。

④ 《文官考试之杂谈》，《申报》1919年10月7日第6版。

⑤ 伧父：《选举与考试》，《东方杂志》1917年2月15日第14卷第2号，第16页。

⑥ 张锐：《中国考试院与美国联邦吏治院》，《东方杂志》1929年1月10日第26卷第1号，第31页。

⑦ 《政府公报》1919年7月12日第1233号。

1947年6月，国民政府各省市公务员人数达219714人，中央公务员人数则高达472788人，两者合计则达692502人[①]，高、普考及格人员不过占全国公务员总数的0.96%。因此即使这些考试及格人员全部得到任用，亦不过是沧海一粟而已，但实际情形却并非如此。

1931年第一届文官高等考试结束后，作为第一次全国性的"抡才大典"，国民政府对此相当重视。1931年9月12日国民政府颁布了《第一届高等考试及格人员分发规程》，以保障考试及格人员分发工作顺利进行。同年11月，铨叙部又通过考试院转呈国民政府，京内外各机关要求"对于第一届高等考试及格人员，除以学习分发者应从速派定工作以资历练外，其以实授或试署分发者尤应尽先设法授补，籍副政府爱士抡才之至意"。[②] 第一届高等考试及格人员仅101人（其中还有1人应两试，实际及格者仅100人），被实授者亦仅朱雷章和周邦道两人，然即使这两人在分发后的境况亦不免向隅。[③] 1932年1月，朱雷章、周邦道等人向行政院呈文："雷章等自分发以来，虽各知奋勉，冀竭绵力贡献国家。而各机关或投闲散置，遇缺不补，或拒而不用，故令难堪。"[④] 呈文未能得到行政院的重视，问题依然没能解决，于是朱雷章等人诉诸中央政治会议，详述了高考及格人员遇缺不补，未能充分叙用的尴尬境遇：

> 及格人员之分发京内者五十余人，其分发各省者亦四十余人，被分机关当局，除少数贤明长官及与及格人员有特殊关系者外，每以最低待遇，随意位置。蓄鱼于树，栖鸟于泉，闲散旷废，比比皆是。规程中所定，以荐任官尽先实授试署者，始则出缺，悬而不补，继则有缺，另补他人。及格人员之派在某司某科者，非特他司他科有缺不予叙补，即本司某科有缺，亦不予叙补。反之，长官之亲故，要人之姻娅，一纸八行，翩然而来，欲荐则荐，欲简则简。

他们因而感叹：及格人员"以数千士子竞争拔擢之结果，曾不如一亲

---

① 《中华民国实录》（文献统计）上册，吉林人民出版社1997年版，第4375—4376页。

② 铨叙部秘书处第三科：《铨叙年鉴续编》（1931—1933），第六类：铨叙行政，南京大陆印书馆1934年版，第449页。

③ 参见铨叙部秘书处第三科《铨叙部年鉴》，南京大陆印书馆1932年版，第八类：附录，第1128—1381页。

④ 《呈请严令各部及各省市政府对于第一届高等考试及格分发人员按照任用规程遇有荐任缺出尽先叙补切实任用》，行政院档案，中国第二历史档案馆藏，全宗号：2，案卷号268，缩微胶卷号：16J—1109。

故口角立谈之提携。首届如此，二届三届可知！高等如此，普通特种可知”。[①] 金绍先等人回忆道：第一届高等考试及格人员分发以后，各机关却不愿让他们做科长、秘书，遇有缺出，照样任用私人；对他们投散闲置，宁可给钱养起来。[②] 截至1933年1月21日，经各方努力，101名及格人员中，除及格后未领分发凭照者2人外，计合法任用者79人，不合法任用者5人，非因自己过失被免职者1人，因自己过失被免职者4人，自请留职停薪者4人，被留职停薪者1人，因机关裁撤并自请辞职者1人，久假不归者1人，任用未到职者1人，免职而情形不明者1人。[③] 然据周邦道1934年给考试院的条陈谓：“两年来第一届高等及格之依法任用、承荐、试署、实授者，只三十四人。内已遭罢免者十人，现在任用中者不过二十四人。如行政院分发试署学习者五人，教育部六人，财政部五人，皆有备员之名，而无任官之实。”这样看来，真正被任用者仅8人而已。[④]

第二、三届文官高等考试以后，高考及格人员分发到各机关遇缺不补的现象并未有所改善。第一届尚有实授人员，而第二届除20余人为试署外，其余均为学习。考试院对于试署无缺和有缺不补者，统统以委任职任用，因此分发后，弃权者有之，留学者有之，这不能不说是国家考试的损失。事实上，前三届高考及格人员不过400余人，“而全国现在可供安置及格人员的荐任位额，至少有四千个，及格人员中幸而得到位缺者，大多不是凭资格，依然须作多方的奔走疏通，与上官联络”。[⑤] 至1939年，仍有人抱怨：“高考及格奉派从政人员，迄今已历四届，闻见所及，其经依法录用者，固有其人，而辗转流离，未获录用，而无故被裁者，占大多数。”[⑥] 据时人回忆，抗战时期，作为国民党最高行政机关的行政院，全部12名科长，高考出身的占9名，还有三四名简任秘书、参事。20年来的高考人员，分布在中央各院部会、全国各省市政府，遍及绝大部分的专业部门，一般是担任科长、荐任秘书等中级官吏，其中担任县长的有100多人，担任中央及其派出机关的高级官吏如简任秘书、

---

① 雷震：《高考及格人员的呼声与考试制度》，《时代公论》1932年第20号，第10—11页。

② 参见金绍先等《国民党文官考试内幕》，《文史资料选辑》第36辑，第91页。

③ 《第一届高等考试及格人员分发任用情形报告书》，《铨叙部编第一届及1933年高等考试及格人员分发任用情形报告》，考试院档案，中国第二历史档案馆藏，全宗号37，案卷号：616。

④ 李芦洲：《国民政府的政绩》，真理社1946年翻印，第91—92页。

⑤ 侯绍文：《现行考试制度改进刍议》，《行政研究》1937年第2卷第8期。

⑥ 《关于铨叙部分之各条陈建议》，1939年，考试院档案，中国第二历史档案馆藏，全宗号37，案卷号：262。

参事、司长、处长、局长的约40人。有的爬到了政务官的地位，1949年前，有一名大使、两名监察委员、一名监察使、一名高等法院院长、五名省政府的厅长和两名行政督察专员，还有一名国立大学的法学院院长代理校长，但这并不意味着高考人员已经不受国民党集团的排挤和歧视。[①] 由于国民政府颁布的《公务员任用法》所规定的任官资格过宽，文官考试不过是其中资格之一，且简任官吏并不需要通过文官考试来确定其资格，故而这种考小不考大的做法实际上为任用私人大开方便之门，用人唯亲、用人唯私的现象仍层出不穷。

而即使是那些被委有职务的考试及格人员，因所在机关没有奥援，在晋级和考绩方面亦不免落在他人之后。1946年土木科高等考试及格人员蓝世杰，在受训后由考试院分发到交通部公路总局任职，他在向考试院的报告书中即透露了高考人员的无奈，他说："再试分发后，仍由交部派回总局供职……缘局内多老人，对我辈后进颇多教诲，于函电公文间确有获益，然以高考出身，尝遭侧目，虽尽忠职守，亦未能邀上司明察，受训归来，仍未晋级。"不仅如此，公务员在年终考绩过程中，因权力多操纵于各机关长官手中，铨叙部一般只照案通过，故"所在机关长官多半以私人成绩最好，考试及格人员成绩最坏，在考绩方面若考试及格人员每年升一级，则私人可升两级，且事实上考试及格人员多半认真办公事，私人则办私事"。[②]

1939年，时任铨叙部政务次长的王子壮感慨道："国民政府办理考试将及十年，施行任用考试以鼓励士子群趋此途，而成效究未大彰者，以分发困难不能多取。已考取者各机关每不能尽先录用，以所习非其所需之专科人才为词，嗣后于任用法施行加以轮补之规定，意在荐任官方面，考试及格人员得二分之一地位，而事实上每不能维持也。"[③] 王子壮因此担心，因考试"较诸他种（如革命七年及大学毕业而有专门著作）太觉悬殊，人将舍难而求易，必将使考试无人"。解决的办法，除有绝对实行"尽先任用"之办法为必要外，"更应仿前清科举之例，多方奖饬以鼓舞人心，同时将此外各项门路酌予停止（如大学毕业有专门著作之类），则庶几可以

---

① 参见金绍先等《国民党文官考试内幕》，《文史资料选辑》第36辑，第92—93页。

② 《各种考试及格人员动态工作概况报告》，1948年9—11月，考试院档案，中国第二历史档案馆藏，全宗号：37，案卷号：99。

③ 《王子壮日记》第5册（1939年7月5日），台北"中央研究院"近代史研究所2001年版，第250页。

畅行矣”。[①] 王子壮的感慨与担心并不是没有道理的，据有关研究，1948年前，行政院直属各机关，除军政部外，共有简、荐、委三级职员1127人，其中简任职无考试分发者；荐任职中有高考及格者42人，普考及格1人，其他考试及格者3人；委任职中有高考及格者6人，普考及格者8人，其他考试及格者10人。考试及格人数总计70人，仅占全体人数的6.2%。[②] 这样的“成果”显然与举办近20年的文官考试不能相符。

三　甄别与保荐

民国初建，百废待兴，新政府的任官用人备受舆论与世人瞩目。1912年元旦，《申报》以《对于新政府之希望》为题发表评论，其中希望之一即为“重定任官法制”：“任官为行政上之要典，得其人则百事俱举，而庶绩咸熙。任官不得其人，则百事俱废，而庶政坐脞。况当新邦缔造之始，官制尤为扼要之点。统系不明，则政权庞杂。资格不定，则任用纷歧。从存一梯荣之捷径，即从怀一非分之希望。始则意见之竞争，继而笔舌之战斗，终日干戈相寻。”[③] 然民初法制未定，用人无章可循，政府用人新旧杂糅。政府虽广开招贤之馆、用人之门，然“有求而有得者，有求而不得者，有得而大快其所欲者，有得而不遂其所愿者，有藉此一得以保全其身家性命财产者，有自身不得而甘心作乱者，有转褆而至贫无聊赖以求一得者”。民初仕宦途中的营营逐逐纷纷扰扰，成为社会上种种险恶现象之一。[④]

文官考试法颁布以后，这些已经在职的政府官员是否适用考试法又引起了争论，同意在职官员参加考试者认为民初政权交替之际，各部用人过于杂滥，缺乏新知识者甚多，欲借此淘汰。如参议院部分议员认为，现任

---

① 《王子壮日记》第5册（1939年6月30日、1939年7月5日），台北“中央研究院”近代史研究所2001年版，第242、250页。另据金绍先等人回忆，所谓专门著作，更是花样百出：有的买别人的稿子，有的把祖先的遗稿送审，也有转抄一些古书或绝版著作，甚至剽窃、抄袭报纸杂志的文章，改头换面送审。负责核阅的主要是考试院、会、部具有典试委员资格的高级人员，一般不送学术机关。（参见金绍先等《国民党文官考试内幕》，《文史资料选辑》第36辑，第94页。）1939年时任铨叙部政务次长的王子壮亦认为，任用审查最感困难者为著作之审查，“尤于具有极专门性质者，难觅适当之审查人。”故舞弊层出不穷。[《王子壮日记》第5册（1939年3月11日），台北“中央研究院”近代史研究所2001年版，第100页。]

② 参见梁之硕《我国现行公务员考试制度之检讨及改进》，1948年，铨叙部档案，中国第二历史档案馆馆藏，全宗号：27，案卷号：457。

③ 《对于新政府之希望》，《申报》1912年1月1日第1张第2版。

④ 包志拯：《论今日国民亟当各务职业》，《申报》1912年1月19日第2版。

官员与现政府同有临时的性质，未能超然于文官考试法以外而转得永久享受文官保障之利益；反对者认为既经总统任命，“不应溯及既往”，进行再试。现任文官因利益攸关，极力反对，声言如果实行，必同盟罢工。争论结果，北京政府决定对现任文官另定甄别之法。[①]

所谓甄别，即是对现任文官的文凭、经历、成绩、学识以及经验等进行审核考查，以确认其是否具有做官资格，合格者留任，不合格者免官，以为“《文官任用法施行法》之救济”。甄别委员会为甄别机关，分高等和普通两种。1913 年 12 月文官高等甄别委员会成立，根据 1914 年 1 月 15 日公布的《高等文官甄别委员会执行细则》[②]，中央各部受甄别者主要是荐任以上文官，以各部佥事为主。1 月 18 日，袁世凯根据国务总理熊希龄等呈文令高等文官甄别于 1 月 25 日开始。[③] 11 月，文官高等甄别基本完成，共甄别高等文官 298 人，其中不合格只有 24 人，分别为“成绩不良之张玉琴一员，传考不到之林启一等三员，及停职离京未能依法甄别之瞿方书等二十员”。[④] 这场历时大半年的文官高等甄别，实际上只甄别出成绩不良者一人，其结局可谓皆大欢喜。

由于南京国民政府各机构是在大、小军阀不断进行政治分赃的情况下建立的，各级官员的构成十分芜杂。[⑤] 国民政府考试院成立后，为了对现任人员加以甄别，在所属铨叙部下面专门成立铨叙审查委员会。在国民政府《公务员任用条例》实施前，除政务官、特殊技术人员、教育人员及聘任人员以外，凡任用期满三月并未退职的简任官、荐任官、委任官都要进行甄别。[⑥] 历年甄别结果见表 1—11。

表 1—11　　1930—1942 年国民政府公务员甄别案审查结果

时间	共计	合格人数			不合格人数			不予甄别人数		
		简	荐	委	简	荐	委	简	荐	委
总计	66546	657	6060	46180	16	553	7373	135	1345	4138
1930	3583	237	440	2712	1	7	81	3	46	56
1931	28634	164	2678	21254	2	159	1494	86	620	2177

① 《现任文官适用考试法与否之争论》，《申报》1912 年 11 月 21 日第 3 版。
② 《政府公报》1914 年 1 月 15 日，第 607 号。
③ 《政府公报》1914 年 1 月 18 日，第 610 号。
④ 《政府公报》1914 年 11 月 4 日，第 898 号。
⑤ 参见徐矛《中华民国政治制度史》，上海人民出版社 1992 年版，第 275 页。
⑥ 参见袁继成等《中华民国政治制度史》，湖北人民出版社 1991 年版，第 418 页。

续表

时间	共计	合格人数			不合格人数			不予甄别人数		
		简	荐	委	简	荐	委	简	荐	委
1932	12656	64	1319	7924	2	159	2136	9	172	871
1933	12848	151	896	7326	9	173	2767	34	491	1001
1934	629	17	57	224	2	15	262	3	16	33
1937	62	—	1	59	—	—	2	—	—	—
1938	7026	20	611	5987	—	12	396	—	—	—
1939	929	2	45	637	—	23	222	—	—	—
1940	65	2	8	42	—	4	9	—	—	—
1941	18	—	1	12	—	1	4	—	—	—
1942	7	—	4	3	—	—	—	—	—	—

注：铨叙部统计室根据铨叙审查委员会审定之甄别书表之材料编制。

资料来源：《中华民国实录》（文献统计）上册，第4396页。

从表1—11来看，12年间的文官甄别，一共只甄别了66546人，仅占公务员总数的9.6%，更多的公务员在其势力集团的保护下，拒绝接受甄别。① 且无论何种方式的甄别，因铨叙部只有审查权，用人权仍操在各部长官手中，故虽有审查不合格者，各机关仍予任用，铨叙部门亦无办法。②

保荐又称“甄用”，即是对具有“经验宏富、才堪致用”的人才，可由保荐官切实保荐为官。③ 民初，袁世凯为网罗人才，曾令各省行政长官保荐人才备用，然因其标准为“特别成绩”“异常劳绩”“特别政绩”，缺乏必要的客观性，这就为保荐者提供了徇私舞弊的机会。顾维钧回忆其初在外交部任职时的情况说：“政府各部人员的任用一向由高级官员推荐，候选者人数甚多。谋职的方法之一是请某一政府要员给有意想去的部门首脑写一封介绍信。”④ 曾任北京政府财政总长与司法总长的罗文干也有过相似的感慨，他说：“北京做官这几年，可谓妙之又妙。不要资格，不拘学识，不问能力，不理好劣，如果能有两位阔人的八行书，一两张议员的荐

① 参见徐矛《中华民国政治制度史》，上海人民出版社1992年版，第275页。

② 《王子壮日记》第8册（1943年2月13日），台北“中央研究院”近代史研究所2001年版，第64页。

③ 参见钱实甫《北洋政府时期的政治制度》（下），中华书局1984年版，第359—361页。

④ 参见中国社会科学院近代史研究所译《顾维钧回忆录》第1册，中华书局1983年版，第101页。

条，就可以做官了。官缺毫无限制，多多益善，名目愈弄愈新，荐书的理由只要讲被荐人如何没饭吃，生活如何困苦，批定薪俸的标准。只要总长们一时高兴，升官不问劳绩，只要有人说话，革官不管是非，只凭长官的意气。"[①] 民初，初任外交部次长的颜惠庆即因收到太多各方面的荐函而头疼不已，但比颜有着丰富行政经验的内政总长则显得更为老到，他笑着对颜传授自己的经验："我的办法是就职之日，即发表全部职员名单；等到朋友荐人时，我说'对不起，现在已无空额，可以位置了！'"[②] 保荐之滥，以致每当一部更换部长，则荐信三尺。1912 年，张国淦任铨叙局长，"自任命之后，各处请托之条子纷至沓来，日有百余起，较之从前之叙官局为甚，而尤以唐总理交下之条子为最多。"[③] 12 年后，当张国淦入阁任教育总长时，各方面请托之信函依然如雪片一般纷至沓来。其中有张的门生故吏，亲戚子侄，同乡、同年，以及在野与在朝的名流和官僚（如王宠惠、吴笈孙，议员赵炳麟、彭先彝，副议长张亚农等），张皆一一回复，或云妥为设法，或谓设法再图。[④]

而文官保荐之滥，亦早已为当局所头疼。不仅保荐者滥保，当局对被保荐者的审查也并不严格。据《申报》报道，1918 年 12 月第三次文官甄用时，"各处保荐合有荐简职之资格者已达二三千人之谱，现闻该会各委员以此中浮滥太多，决定从严审核。查向来文官甄用只须有详明履历及简任官之保结手续便算完竣，此次拟于详明履历之外再加以履历之证明书以为凭据"[⑤]。

1923 年 3 月 1 日《申报》发表《北京政治丑态之一幕》，将保荐过程的种种营私舞弊、钻营奔竞之实揭露得淋漓尽致：

> 向来保简、荐任职任用者固已不尽可问，然至少总有一篇履历可以搪得过铨叙局。今则只须大议长写一私函，谓某人请保简任职，或总统下一名条，而院秘书厅即须仰希意旨，无中生有，替某人造一份履历，说得如何天花乱坠，连办院呈，代办指令，五分钟光景，而简

---

① 罗文干：《狱中人语》，载沈云龙主编《近代中国史料丛刊》第 2 辑，文海出版社 1966 年版，第 211 页。

② 《颜惠庆自传》，姚崧龄译，传记文学出版社 1982 年再版，第 74 页。

③ 《各部司员升沈记》，《申报》1912 年 5 月 28 日第 2 版。

④ 《各方面向教育总长张国淦请求工作信函》1924 年，北京政府教育部档案，中国第二历史档案馆馆藏，全宗号：1057，案卷号：336。

⑤ 《文官甄用之限制》，《申报》1918 年 12 月 29 日第 6 版。

> 任职头衔已飞到某人头上矣。某人得此，于是内之可以分发各部署，领一二百元津贴，外之可以分省，充局差、署县缺。在施予者不过一纸空文，而受之者更觉实惠焉。……阅者诸君犹忆有上年六月二日董康等所主持之裁员令乎，彼时未尝不觉有扫穴犁庭之慨。讵阅时不过二三月，而被裁之员，又陆续以甄用合格而回署矣。历任总次长之私人又陆续以顾问、咨议、参事、佥事上行走之名义来部矣。①

后有学者评论云："民国元年至十五年，政局多变，吏治腐败，奔竞之风，极一时之盛；以致国家之设官分职，全为少数人之豢养私人，厚植党羽。其人之贤愚与否，胜任与否，均不问也。营私舞弊之情形，一如四十年前美国所谓分赃制度。尔时人民虽有参政之机会，但慑于军阀之专横，竟若寒蝉之噤口。"②

荐引之风盛行于官场，南京国民政府虽成立考试院独掌考试大权，但亦不能免。1934 年《大公报》发表社评抨击道：

> 本来以考试方法来为国求才，实是颠扑不破的道理，只可惜在现状之下，引荐的力量太大了，政治上升官的黑幕，总是不绝的演出来。我们常常听说某某人因为裙带的关系，官阶是越来越高了。某某人是因为太太漂亮，得到了长官的喜悦，居然升到了某种的荣职了。还有人因为生了漂亮女儿，不但叫小姐往高枝上爬，自己连带升官，甚至女儿的前夫，在政界也还得到了好处。诸如此类，关系私人品德，我们实在不愿意说，但是如果政界空气长此污秽混浊，政治如何可以上轨道?③

中央政治大学教授薛伯康批评道：南京"各部院会及地方政府之任用人员，仍沿有保荐植引之恶习，虽间经铨叙部甄别，亦不过例行之手续而已。凡无援引之人，虽怀有奇才，亦无厕身政界之机会"。④ 当推荐成为入仕的主要途径，自然会造成大量无关系的知识青年对国民党政权离心离德。教育部部长王世杰在 1934 年召开的全国考铨会议开幕致辞中坦言：

---

① 《北京政治丑态之一幕》，《申报》1923 年 3 月 1 日第 7 版。

② 薛伯康：《全国考铨会议之我见》，《行政效率》1934 年第 11 号，第 484 页。

③ 《现公务员之考绩与淘汰》，原载《大公报》1934 年 11 月 5 日。见《国闻周报》1934 年 11 月第 11 卷第 45 期。

④ 薛伯康：《中美人事行政比较》，商务印书馆 1934 年版，第 29 页。

“在国民政府之下，公务员由考试出身的，还不到百分之一，多数还是由私人荐举而来，因这种情形，许多青年，往往感觉失望，觉得他在学校用功，成绩虽佳，出校后不易得至服务的机关，而有奥援者，则在校成绩虽劣，亦能得有地位，所以一般意志薄弱的青年，多因此而自暴自弃。”[①] 王世杰的担心并不为过，荐举因为全无限制，而当某一部换部长，导致部中人员大量更换。朝野名流往往滥发荐书，每年有写荐书甚至达七八百封的。一交通部部长曾告诉胡适，他因为收到荐书太多，竟不得不添两个书记专做回复荐信的事。[②]

保荐因偏于主观，致使利禄之徒奔竞钻营，罗织党羽。对此，内政部政务次长甘乃光论曰：“用人最普通之途径为荐引，或为自荐，或为内举不避亲，或为公开荐举，形式虽殊，然均易偏于主观之抉择，忽于客观之准绳，登庸与否多视人的关系而定。……民国肇兴，政党树立，分赃制度虽未盛行于中国，而用人仍不免受党派之影响。以小组织之领袖为中心，援引党徒，分据要津之现象，比比皆是，此实为一种有组织之荐引，但亦不以客观条件为用人之标准。”在甘氏看来，之前举行的文官考试及格者不及公务员总数的百分之一，但却未能妥善安置，这使得他对考试选才产生了怀疑，从而提出“行政人才有更不能不于考试以外求之者”。[③] 甘氏对荐举之风盛行、考试选才效果不满，声言要从考试外途径求人才，实际上是对当时考试制度的一种间接否定。

考试出身远不如推荐出身。胡适谈及此事，以几年前北方某省的县长考试为例批评了民国政府的任官与考试制度：“考取的县长，省政府总怕他们经验不够，必须在行政人员讲习所讲习半年，又须到各处去考察半年，然后有候选补缺的资格。然而那些不由考试出身的县长，只军人的一张条子，或政客的一封介绍信都可以走马上任，又都不愁‘经验不够’了。在这种情形之下，除了极少数忠厚安分毫无‘奥援’的人，谁还肯走那条考试正途呢？”故胡适认为今日任官流弊的中心在于荐举，这是因为

---

① 《全国考铨会议汇编》1934 年 1 月，教育部王世杰部长致辞，考试院档案，中国第二历史档案馆馆藏，全宗号：37，案卷号：514。

② 《公开荐举议——从古代荐举制度想到今日官邪的救正》（1934 年），欧阳哲生编《胡适文集》（11），北京大学出版社 1998 年版，第 417 页。

③ 甘乃光：《论用人——序薛伯康君〈中美人事行政之比较〉》，《行政效率》1934 年 8 月 1 日第三号，第 84 页。据金绍先等人回忆，第一届高等考试及格人员分发内政部的有七八人，经过一个较长时期，都不给补缺，直到黄绍竑做部长，甘乃光做次长时期，才全部补缺，因此高考人员对黄、甘印象甚好。参见金绍先《国民党文官考试内幕》，《文史资料选辑》第 36 辑，第 91 页。

“今日任官的方法全由于推荐介绍，而考试制度至今只能有万分之一的补救”。①

人才保荐本是作为考试选官的补充，但民国政风败坏，保荐因此跃居坦途，考试反而落居其后，当局对此亦有较为清醒的认识。1940 年国民党中央人事行政会议召开时，考试院在“计划规定考试及格人员在各机关逐年递增办法以确立考试制度案”的提案中指出：

> 顾当考试创立之初，以中国幅员之广大，需人之众多，登进人员未克一一限之以考试，亦为无可避免之事实……在全国公务员中，考试及格人员，实尚占极少之数。虽兹事体大，原非一蹴可就。征之他国，自制度发轫以迄成立，益多经过相当之年月。英国实行文官考试，已有七十年之历史，而援引之风，犹未绝迹。美国自一八八三年树立考试制度，至今六十余年，而任官之不由考试者，尚居百分之三十五以上。我国今日，荐举之习未废，登庸之途犹广，欲于最短时间，将一切官吏，悉纳于考试范围之内，证诸史实，容有困难。②

从某种程度上讲，考试院的说法只能是其对考试选官不力的一种托词。早在 1931 年，时任考选委员会副委员长的邵元冲即无奈地说：“考试的责任固然由考试院担负，而对所录取之人任用，就非考试院一院所能担负，而需中央和地方共同去担负。”③ 也就是说考试院尽管拥有考试权，但却没有任用权，考试权与任用权的分离，必然导致考生取而不用的境遇。④近人胡思敬在批评清代保举过滥时曾谓：“近世保举之弊，十倍于捐纳，

---

① 《公开荐举议——从古代荐举制度想到今日官邪的救正》（1934 年），载欧阳哲生编《胡适文集》（11），北京大学出版社 1998 年版，第 416 页。

② 考试院编印：《中央人事行政会议汇编》，《考试院编印国民党中央人事行政会议汇编及有关档案》1941 年，铨叙部档案，中国第二历史档案馆馆藏，全宗号：27，案卷号：3。

③ 邵元冲：《考试制度之运用与最近考试之筹备》，《中央周报》1931 年第 160 期，第 5—6 页。

④ 在国民党人看来，国民政府五院中考试院最无实权。1931 年蒋介石因约法之争被逼下野，孙科上台组阁。时为粤方领袖的胡汉民在孙组阁过程即提出不少意见，他在婉拒立法院院长一职时，仍不忘对其他各院人事提出自己的看法：（立法）“不如推觉生兄（居正——引者，下同）或慧生兄（谢持），而海滨（邹鲁）副之。至监察仍以于（于右任）为宜，若某（蒋介石）为之，则仍有随时推翻政局之可能，不如易以考试，忘注意。”在胡汉民看来，如若将蒋安置于监察院，仍恐其“有随时推翻政局之可能”，而建议将其置于更无实权的考试院，可见五院中考试院最无实权大约为国民党人共识。参见陈红民《哈佛燕京图书馆藏“胡汉民往来函电稿”介绍》，《民国档案》1997 年第 4 期。

百倍于科举。"① 然在科举已废的民国，保荐之滥又何止百倍于科举。

近代中国，如果说确实经历了数千年未有之大变局，则科举制度的废除即为其中最重要的变动之一。它的废除，一方面切断了读书人社会晋升的合法渠道，国家权力不得不在多重网络与权势体系中进行重新建构；另一方面，由于原有社会机制的破坏，对于构成国家权力的条件与要求亦随之而发生改变，并由此导致了读书人社会交往网络和知识结构的变迁。

第三节　社会交往网络与政治

关注群体之间的交往及其对外影响，社会网络理论无疑为我们提供了一个很好的视角。早期的社会网络理论主要以涂尔干（Emile Durkheim）的社会结构分析和齐美尔的形式社会学为代表，尤其是齐美尔把社会结构明确地看作关系网络来分析，形象地把人们的交往关系比喻成网络或"网"（web），认为不同的网络又影响着人们的行为。40 年代后著名的哈佛学派（Harvard School）对大群体中小派别（cliques）的形成及小派别成员之间人际关系的研究进一步深化了网络理论。70 年代后随着"新哈佛学派"的出现，社会网络分析作为一种独特的研究方法更加成熟。"新哈佛学派"不仅发展了与网络理论相关的行动理论和社会资本的相关论述，更通过一系列应用研究，说明了社会网络的影响及重要性。②

网络研究者认为，网络是人们的基本生存条件。在社会中，个人有多重身份，隶属不同团体，并置身于一个复杂的关系网中。一方面，个人可以借关系网络获取物质、社会、文化和政治资源；但另一方面，作为网络中的成员，必须遵守约定俗成或明文规定的群体规范，并为群体争取更多的社会资源。网络理论在中国研究中的应用，最好的诠释即是对"关系"的研究。

一　社会关系与社会网络

从社会学意义上来看，"社会网络"即指个人之间复杂的联系网。③"交往"则是指人们特意完成的交往行为，或通过交往行为而形成的特定

① 胡思敬：《国闻备乘》，中华书局 2007 年版，第 72 页。

② 参见林聚任《社会网络分析：理论、方法与应用》，北京师范大学出版社 2009 年版，第 3—16 页。

③ 参见〔美〕戴维·波普诺《社会学》（第十版），李强等译，中国人民大学出版社 1999 年版，第 134 页。

的社会联系。[①] 因此“社会交往网络”实际上就是指个人通过交往行为而形成的人与人之间复杂的社会关系网。事实上，社会网络即是我们熟知的社会关系。社会网络的构建往往是从个人及其所认识的人开始，由点及线，由线及面，点线面结合而形成的网络结构。我们每个人一出生便会生活在由自己的父母、宗族、亲戚等构成的社会网络中。然这种关系网络虽始于家庭，但又不止于家庭。对此梁漱溟有过精彩的论述：

> 人一生下来，便有与他相关系之人（父母、兄弟等），人生且将始终在与人相关系中而生活（不能离社会），如此则知，人生是存于各种关系之上。此种关系，即是种种伦理。伦者，伦偶；正指人们彼此之相与。相与之间，关系遂生。家人父子，是其天然基本关系；故伦理首重家庭。父母总是最先有的，再则有兄弟姊妹。既长有夫妇，有子女，而家族戚党亦由此而生。出来到社会上，于教学则有师徒；于经济则有东伙；于政治则有君臣官民；平素多往返，遇事相扶持，则有乡邻朋友。随一个人年龄和生活之开展，而渐渐有四面八方若近若远数不尽的关系。是关系，皆是伦理；伦理始于家庭，而不止于家庭。

梁漱溟在把中国社会系统与西方的社会系统进行比较后认为，中国社会既不是以个人为本位，亦不是以社会为本位，而是以关系为本位的。在一个关系为本位的社会系统中，不把重点放在任何一方，而是从乎其关系，彼此相互交换，重点放在关系上。[②] 晚年的梁漱溟在与艾恺教授的访谈中仍然认为重视人与人的关系是中国文化的特色。他说：“它把家庭关系推广用到家庭以外去，比如说他管老师叫师父，管同学叫师兄弟，如此之类，它总是把家庭那种彼此亲密的味道，应用到社会上去，好像把那个离得远的人也要拉近，把外边的人归到里头来，这个就是中国的特色。”[③]

对于中国传统社会关系，费孝通在《乡土中国》一书中提出了“差序格局”这一概念。费先生认为：“西洋的社会有些像我们在田里捆柴，几根稻草束成一把，几把束成一扎，几扎束成一捆，几捆束成一挑。每一根柴在整个挑里都属于一定的捆、扎、把。每一根柴也都可以找到同把、同

---

① 参见姚纪纲《交往的世界——当代交往理论探索》，人民出版社 2002 年版，第 14 页。

② 梁漱溟：《中国文化要义》，学林出版社 1987 年版，第 79 页。

③ 〔美〕艾恺采访，梁漱溟口述，一耽学堂整理：《这个世界会好吗——梁漱溟晚年口述》，东方出版中心 2006 年版，第 24 页。

扎、同捆的柴，分扎得清楚不会乱的。在社会，这些单位就是团体。……他们常常由若干人组成一个个的团体。团体是有一定界限的，谁是团体里的人，谁是团体外的人，不能模糊，一定得分清楚。在团体里的人是一伙，对于团体的关系是相同的，如果同一团体中有组别或等级的分别，那也是事先规定的。”对于这种性质的社会关系，费先生认为西方社会关系是一种“团体格局”。而中国传统社会中的社会关系则与此迥然有别。“我们的格局不是一捆一捆扎清楚的柴，而是好像把一块石头丢在水面上所发生的一圈一圈推出去的波纹。每个人都是他社会影响所推出去的圈子的中心。被圈子的波纹所推及的就发生联系。每个人在某一时间某一地点所动用的圈子是不一定相同的。”费先生将这种模式的社会关系称为“差序格局”。①

概观费先生对“差序格局”这一概念的解释，他是从伦理道德的层面来理解传统中国熟人社会中的社会关系，这无疑是十分正确的。但“差序格局”这一提法不仅具有伦理道德上的内涵，还具有深刻的社会政治内涵。在中国传统社会，血缘关系与地缘关系的重要性是不言而喻的。而其之所以重要的根本原因是在于，社会中的重要资源，特别是稀有资源都是在血缘和地缘关系这两个基础上来分配的。正是在这个基础上，中国传统社会形成了对血缘关系和地缘关系的依赖与效忠。② 与西方社会关系相比，“差序格局”中所体现的中国传统社会的社会关系具有“公私、群己”概念边界不清的现象。而中国人通常所说的“关系”，与西方社会中的私人关系或私人联系的意义最为接近。正如费孝通所言，“在差序格局中，社会关系是逐渐从一个一个人推出去的，是私人联系的增加，社会范围是一根私人联系所构成的网络”，“一个差序格局的社会，是由无数私人关系搭成的网络”。③ 因而每个人都是他自己关系网络的中心，在这个网络中，制度和法律都得看所施加的对象与自己的关系而加以程度上的伸缩，一切普遍的标准并不发生作用。④

费孝通等人的研究表明，“关系圈”因时空发生变化而具有流动性。而黄光国则通过在面对自家人的“情感性关系”与面对陌生人的“工具性关系”之间加入一项“混合性关系”，为中国人分类群体标准之流动性运

① 费孝通：《乡土中国 生育制度》，北京大学出版社 1999 年版，第 25、26 页。
② 参见孙立平《“关系”、社会关系与社会结构》，《社会学研究》1996 年第 5 期。
③ 费孝通：《乡土中国 生育制度》，北京大学出版社 1999 年版，第 30、36 页。
④ 参见孙立平《“关系”、社会关系与社会结构》，《社会学研究》1996 年第 5 期。

作过程，提供了较清晰的划分。① 有学者认为，黄教授的“混合性关系”即是从人类学家弗莱德（M. Fried）由闽南语“同仔”引申出来的“tun-ism”，同乡、同学、同姓、同行、同年等关系。这种关系相对于陌生人的关系具有时空上的延续性，虽然不是以血缘为基础，但因为较密切地互动而发展成为一种类似亲属的关系。其关注的是“人情法则”作为一个“社会机制”在社会交往中所起到的实际效益。因此黄光国的论题恰如其分地指出了中国传统“社会关系”的实用性。② 而这种实用性在读书人上升性社会流动中的重要作用亦是显而易见的。

二 科举废除后读书人社会交往网络的变迁

科举废除后，学堂取代私塾，新学取代旧学，中国传统社会中城乡之间“无差别的统一”关系亦受到严重挑战，城乡渐成分离之势。由于近代新式教育及资源多集中在各大城市，因而读书人离乡居城渐成常态。据苏云峰对早期湖北新式学堂毕业生的样本分析，除进入军政界外，大约从事现代教育事业的新式学堂毕业生占毕业生总数的40%，他们大多留居城镇。③ 国内学堂的学生如此，留学生就更不用说了，据汪一驹等人在1915年的调查显示，清华留美归国学生中，“民国四年住在上海的占34%；住在其他六大城市中的占39%；住在香港和美国的占3%；但无一人住在乡镇”。④ 即使是学农的留学生也不例外，1926年端纳曾说：“据我所知，没有一个在美国大学农科毕业的中国学生，回国后真正回到农村服务。”⑤ 伴随着读书人离乡居城的同时，也意味着读书人开始逐渐摆脱传统社会关系的束缚，从而进入到一个他们并不熟悉的关系网络中。

与乡村社会不同，城市向来都是一个陌生人组成的社会，读书人因为活动空间的变化，其共同体的交往方式亦发生了重要改变。如果说古代士绅依托乡土社会，依靠他们的血缘、地缘、学缘（科场同年或书院中同门

---

① 参见黄光国《人情与面子：中国人的权力游戏》，《儒家关系主义》，北京大学出版社2006年版，第3—30页。

② 参见林端《儒家伦理与法律文化》，中国政法大学出版社2002年版，第249页。

③ 参见苏云峰《中国现代化的区域研究1860—1916·湖北省》，台北“中央研究院”近代史研究所1981年版，第470页。

④ 汪一驹：《中国知识分子与西方》，梅寅生译，久大文化股份有限公司1991年版，第95页。颜惠庆亦曾回忆道：“后来回国之留学生，多集中于通都大邑，返本省偏州僻县者，几无其人。”参见《颜惠庆自传》，姚崧龄译，传记文学出版社1982年再版，第55页。

⑤ 汪一驹：《中国知识分子与西方》，梅寅生译，久大文化股份有限公司1991年版，第98页。

弟子）等关系构成交往网络并在此基础上派生出一整套文化/权力结构来获得他们对社会和国家的权力。[①] 那么科举废除后，读书人的交往网络则是以学缘（以文凭为中心而形成的学堂或学校同学）、业缘（上下级或职业联系）、共同信仰（因革命而形成的同志关系）甚至是共同的知识背景或文化品位为基础。[②] 然而在废科之后的很长一段时间内这两种交往网络的变化并不十分明显，传统社会关系依然还是近代读书人构建其社会交往网络的基础。

按照现代化理论，现代社会关系发展应是一个“去传统”的过程，即从对自然的血缘、地缘关系的认同逐渐向现代社会关系转变。[③] 但实际研究中我们发现传统的血缘、地缘仍然深深地嵌入到近代读书人的关系网络中，与现代的文凭身份等级、意识形态认同和都市地域文化交织成一个巨大复杂、相互缠绕的交往网络。[④] 有研究表明，早在孙中山开始革命起，其周围便逐步形成一批以广东籍为主的亲信干部。如同盟会成立前，孙中山领导的兴中会会员绝大多数是广东人。据冯自由《兴中会会员人名事迹考》一文所列，兴中会会员 286 人中，271 人是广东人，占 95%；黄兴、宋教仁等领导的华兴会会员大多是湖南人，宋教仁甚至在日记中把华兴会称为“湖南团体”；而光复会的主要成员蔡元培、徐锡麟、秋瑾、陶成章，以及后来的章太炎等都是浙江人。[⑤] 血缘是身份社会的基础，尽管民国已经废除了父子相继、世代相传的世袭制，但即使是当上了民国大总统的袁世凯仍然想着总统变皇帝，从而将帝王之业世代相传的事实，则不能不说明传统社会关系仍然镶嵌于现代社会的交往网络中。

诚然，随着近代社会的发展与变迁，读书人从前依托乡土社会的交往网络必定要从对血缘与地缘的依赖转而以业缘、学缘等社会关系为基础。但在很大程度上，地缘与血缘关系依然发挥着其潜在的影响。[⑥] 这种交往网络对民国政治的影响，尤为明显。值得一提的是，科举废除前后，尽管学缘关系作为读书人的交往方式并未发生变化，但其内涵却已发生改变。

---

① 参见王鸿泰《明清社会关系的流动与互动》，《史学月刊》2006 年第 5 期。

② 参见许纪霖《社会文化视野中的知识分子的交往网络》，载李长莉、左玉河主编《近代中国社会与民间文化》，社会科学文献出版社 2007 年版，第 77 页。

③ 同上。

④ 参见王晓渔《知识分子的“内战”——现代上海的文化场域（1927—1930）》，上海人民出版社 2007 年版，总序，第 13 页。

⑤ 参见金以林《地域观念与派系冲突》，《历史研究》2005 年第 3 期。

⑥ 参见许纪霖《社会文化视野中的知识分子的交往网络》，载李长莉、左玉河主编《近代中国社会与民间文化》，社会科学文献出版社 2007 年版，第 78 页。

科举废除前，学缘关系主要是指科场同年或书院中的同门弟子。然科举废除后，同年关系亦失去了再生产的场域，书院则被大量的新式学堂和学校所取代。由于权势的转移，同年关系正逐渐淡出历史舞台，走向消亡，而同学关系则日益地泛化。

三 关系、庇护网与民国政治

社会学研究表明，就职业流动而言，网络分析进一步证明一个长期被怀疑的事实：尽管机会平等在口头上说得好听，但在事实上算数的不是“你知道什么”，而是“你认识谁”。[①] 显然，在以血缘为基础的身份社会中，一个好父亲自然要比一张文凭来得更为重要；即使在打破了这种以血缘为基础的身份社会中，在同等条件下，谁有着强大的社会关系网络，谁的机会就大，这也是不言而喻的。就近代中国而言，剧烈而频繁的社会变动是此时的一个显著特征。然而就科举废除前后的社会交往网络来看，实际上近代中国仍存在着变与不变两个面相[②]，传统社会关系网络仍是清末民国读书人乃至一般民众上升性社会流动的重要渠道。官场更是如此，日人佐藤铁治郎即曾批评晚清官场流弊曰：“因私交而引用，由私人而更荐私人，弊之最烈者，莫此为甚。”[③]

1933 年 12 月，陈寅恪阅岑仲勉论著后复陈垣函，中有“此君想是粤人，中国将来恐只有南学，江淮已无足言，更不论黄河流域矣”等语，桑兵据此言，剖析了近代中国学术的地缘与流派。桑先生指出，清代学术以江淮为渊薮，粤学地位的上升也只是在道咸以降，学海堂成立之后。相比较而言，浙江人以及太炎门生把持北京学术界的情形一直持续到了 30 年代。[④] 此论尽管未曾涉及政治，然这种以地缘与学缘所形成的学术团体必然会渗透到政治层面，却也毋庸置疑。鲁迅与周作人兄弟俩即是受到同乡蔡元培的提携，才能在民初教育部任职。尽管鲁迅拒绝接受闲话专家陈源关于“某籍某系”的指控，但周作人却认为“某籍某系”的谣言，虽是

---

① 〔美〕戴维·波普诺：《社会学》（第十版），李强等译，中国人民大学出版社 1999 年版，第 134 页。

② 罗志田曾撰文指出，近代中国思想与社会发展的时空不同步现象，认为近代中国实际上存在变与不变的两个方面，同时变与不变又是相互紧密关联的，只有较全面深入地了解变与不变的两个方面之后，我们才能更充分地认识近代中国。参见罗志田《二十世纪中国思想与学术掠影》，广东教育出版社 2001 年版，第 3—7 页。

③ 〔日〕佐藤铁治郎著，孔祥吉、〔日〕村田雄二郎整理：《一个日本记者笔下的袁世凯》，天津古籍出版社 2005 年版，第 193 页。

④ 参见桑兵《晚清民国的国学研究》，上海古籍出版社 2001 年版，第 28—55 页。

"查无实据"，却也"事出有因"。[①]

士为四民之首，官为百业之先，作为谋生手段的一种，做官向来被读书人奉为圭臬。民初，久居京城的梁启超即发现求官者之多，令人震惊："余所闻居城厢内外旅馆者恒十数万，其什之八九皆求官也。而其住各会馆及寄食于亲友家者，数且相当。京师既若是矣，省亦莫不然，大抵以全国计之，其现在日费精神以谋得官者恐不下数百万人。"然数量如此众多之人前来求官，究竟为何故？"盖大率舍作官外更无道以得衣食，质言之，则凡以谋生而已。"[②] 然求者众，而供者少，故求官之人必然是八仙过海，各显神通。民初入仕，荐书必不可少。于是拉关系、托人写荐书则成为求官者例行功课。然推荐日多，以致在民初官场形成一股政治压力，而这种压力主要来自各部总长和国会议员。

初到北京政府任职的顾维钧即回忆道："像蔡元培这样的人物，任何人只要找他们，他们就会毫不犹豫地写上几封八行书荐函。蔡有时一周之内会写十封、十五封甚至二十封荐函给外交总长，可能也给其他总长。"因收到荐函太多，因而外交总长为此伤透脑筋。由于拒绝，他得罪了许多朋友。他的机要秘书往往建议采取折中办法："如果推荐来五位，他们建议任用其中两位，最后却多半留下三位。"[③] 议员、报馆亦是可资利用的关系。如若求官者与某议员或某报馆拉上了关系，则只需其草书一封荐函，无须费力，官职自然到手。有人估计，仅民国十二年(1923)，"每部总长每月平均总有议员荐函一千封"，且"此项公函往往由本人缮就，到处请议员签名盖章，其黠者乃预先设法觅得两院之信纸信封以供此用。盖今日京中各机关办事员乃至号房茶役，无不一见参众两院头衔即知不可怠慢也"。此外，新闻机关因操有舆论权，对政府的影响甚至大于议员，被荐之人"如云某议员之戚族故旧，则所得亦不过办事员百元上下之事。惟有说明是与报馆或通讯社有关系之人，则政府最不敢藐视，而腴美之位置，乃如操左券矣"。[④]

更有甚者，为了方便以后找工作，学生时代即需进行社会关系网络的构建。曾任国民政府内政部参事的程厚之1922年在北京大学读书时即观察到："法科的学术空气并不如文、理科浓厚，他们另有一种风气。他们

---

① 参见桑兵《晚清民国的国学研究》，上海古籍出版社2001年版，第35页。

② 梁启超：《作官与谋生》，《饮冰室合集》文集之三三，中华书局1989年版，第45页。

③ 《顾维钧回忆录》第2册，中国社会科学院近代史研究所译，中华书局1985年版，第32页。

④ 《北京政治丑态之一幕》，《申报》1923年3月1日第7版。

所注意的并非书本上的东西，而是实际的东西，因为他们有一个共同信念，就是：如果在学生时不在官场中或社会上搞好人的关系，到毕业出校后就前途茫茫，无依无靠。所以他们不抓书本，而去抓社会关系。”① 当时的北大，师资力量缺乏，政府官员兼职者较多。学生因做官心切，故对于教员则“不问其学问之浅深，惟问其官阶之大小。官阶大者，特别欢迎，盖为将来毕业有人提携也”。② 时任北京大学校长的蔡元培对这样的学术氛围忧心忡忡。

曾任内政部长的樊象离回忆说：“不管你是什么学校毕业，成绩多么好，工作能力多么强，没有举荐就找不到工作。”③ 1932 年时任立法院副院长的邵元冲也观察到：“青年学子，狃于近年来奔竞之易于得志，谨愿之进身无阶，于是在学校之时，废讲习之功，而从事所谓组织奔走，运动逢迎，而负责教育之责者，不能以身为表率，于是学术之府，一变为政争之场矣。”④ 无独有偶，1934 年在国民政府召开的全国考铨会议上，国立中央大学的提案亦对此有所担心：

> 现在登庸制度纷乱的时候，青年的进身，仍然非靠八行书不可；没有八行书，就换不到委任状。这种坏的影响，很容易使青年不用功基本的学问，而从事联络钻营，想出一点小的风头，以求见知于社会，甚至于以能否介绍工作，而判断教授，系主任，院长的好坏。⑤

南京国民政府承认：“仕途庞杂，吏治不竞，自前清以迄今兹，久为举世所诟病。民国政府图根本之整顿，原在考试权之独立，即选能制度之施行。惟昔在军事时期，事实上未遑顾及；故每当一机关之组织，其人选不由于各举所知，则由各方推荐。引缘奔竞，习兴成风。”⑥ 然考试院成立

---

① 程厚之：《回忆我在北大的一段学生生活》，载中国人民政治协商会议全国委员会文史资料研究委员会编《文史资料选辑》第 43 辑，中华书局 1964 年版，第 197—198 页。

② 《就任北京大学校长之演说》（1917 年 1 月 9 日），载高平叔编《蔡元培全集》第 3 卷（1917—1920），中华书局 1984 年版，第 5 页。

③ 贾献瑢：《樊象离传略》，《运城文史资料》1994 年第 1 期第 17 辑，第 17 页。

④ 王仰清、许映湖标注：《邵元冲日记》（1932 年 12 月 31 日），上海人民出版社 1990 年版，第 943 页。

⑤ 国立中央大学：《建议确定公务员考选制度并实行抽考现任公务员以刷新政治安定社会促进教育案》，载考试院编《全国考铨会议备编》（1934 年 1 月），国民政府考试院档案，中国第二历史档案馆藏，全宗号：37，案卷号：514。

⑥ 铨叙部秘书处第三科：《铨叙部年鉴》，第七类：铨叙行政，南京大陆印书馆 1932 年版，第 67—68 页。

后，考试及格人员仍得不到有效安置，考试与任用仍相分离的事实则说明，考试亦并非治愈"吏治不竞"这一顽疾的良方。1934年，胡适在批评民国文官考试考而不用的弊端时，曾举其亡友赵文锐为例："他从美国留学回来，不顾朋辈的非笑，决心去应北京政府的高等文官考试。他考的名次很高，分在某一部里学习，月薪不过五六十元。学习了好几年，他始终没得着相当的位置，每年还得靠教书维持他的生活。后来政局变了，他到南方去，不久就在国民政府之下做到了杭州关监督。考试正途只能给他一个分部学习，而同学的提携倒可以给他一个关监督。"① 胡适的本意是为批评民国政府文官考试与任用的分离，但无意中却为我们提供了一个"你认识谁"比"你知道什么"更重要的鲜活事例。一位名叫赫士英的作者则一针见血地指出："父亲作官，儿子不愁没官做，姑爷在位，舅爷当然就有机缘，不管你专门研究什么或不研究什么，也不问你什么资格有无，否则任你是大学法律系毕业，法官总没你的份儿！你虽是专门研究经济的，银行里没有要人的介绍总是不用的。"②

1936年出任国民政府行政院政务处长的何廉证实了胡适及赫士英的批评，因为行政院中的裙带之风让人惊诧不已：

> 院中大小官员的任免几乎都是通过个人关系来解决的。尽管在考试院的督导下，实行着一种考试制度，但大小官职都不是通过这种制度来替补的，要有也只限于那些比较低微的职衔。理论上说，大小官职的委任，该人的学历、经历等需经隶属考试院的铨叙部的审批。实际上，这些履历表只是一纸具文，考试院对任何人推荐的任命极少否决过。行政院中大小官职的任命，都要经行政院的院务会议，实际上是行政院的秘书长和政务处长审批。因为会议的日程，包括任免事项，都是由秘书长和政务处长去安排，因此，我上任后最挠头的问题之一，就是要对付形形色色的求职者，特别是那些通过亲朋关系来的。

何廉因此每天不得不接待挤满他会客厅的许多来访者，而其中绝大部分是想求个一官半职，"许多人和我毫无关系，但有不少是我的亲戚或老

---

① 《公开荐举议——从古代荐举制度想到今日官邪的救正》（1934年），载欧阳哲生主编《胡适文集》（11），北京大学出版社1998年版，第416页。

② 赫士英：《大学毕业生失业问题的原因和救济办法》，《文化与教育旬刊》1935年第59期，第16页。

同学”。[①] 何廉的前任蒋廷黻尽管对那些前来要求差事的亲戚朋友统统说了“不”字，却不得不花一大笔钱把他们打发走：“我请住在长沙的哥哥阻止他们南来……如果已经到长沙，愿意回家，没有路费的话，可以供给他们从长沙回家的路费……我的决定使他们大失所望，但大多数都接受了钱，返回故里了。”尽管如此，蒋还是未能避免找到南京的“弟弟的小舅子”和其族人兼老师的蒋老先生。虽然他们也未能如愿，但蒋却又因此费了不少的精力。[②] 1938 年与何廉同为三民主义青年团执行干事的陈立夫因常常给何来信要求安排一些人的工作，担心这位以学者从政的同僚会有看法，在一次青年团的会议上对何解释道：“何先生，请你原谅我。由于我在党内工作，有许多人需要我帮助找工作，因此我不得不推荐人给你。”不久，陈即将其内弟推荐给了何。[③]

曾当选国民党五、六届中委的赖琏（字景瑚，1900—1983）回忆说：

> 我当选中委以后，很久没有实际工作。除以中委资格参加中央党部纪念周和几个不重要的会议外，并不能过问政府内政和外交的决策；连比较重要一些的政治消息，我也只能依靠每天必看的报纸。当时飞黄腾达的中委固多，而像我那样无事可做的中委亦不少……可是，我立刻发现一个人如无特殊的奥援（着重号为引者所加），一切政治上的大门都是对他关闭的。站在政治的边缘，而摸不着政治的头脑，甚至找不着一个和他志趣适合的工作，这不能不说是一种精神的虐待。[④]

对于这段材料，论者大多从国民党的党权衰弱以及政治精英的权力跌落角度进行解读的，固然不错。[⑤] 但赖琏在回忆中所谓的“特殊的奥援”仍给我们留下了无限的想象空间，作为国民党的高层政治精英在没有“奥援”的情况下尚且无事可做，只能靠看报去了解比较重要的政治消息，则其他尚不如赖的人之境遇亦可想见。

---

① 《何廉回忆录》，朱佑慈等译，中国文史出版社 1988 年版，第 97 页。

② 《蒋廷黻回忆录》，谢钟琏译，传记文学出版社 1984 年版，第 176—177 页。

③ 《何廉回忆录》，朱佑慈等译，中国文史出版社 1988 年版，第 186 页。

④ 赖景瑚：《办党、办报、办学》，《传记文学》第 23 卷第 1 期。

⑤ 参见王奇生《党员、党权与党争——1924—1949 年中国国民党的组织形态》，上海书店出版社 2003 年版，第 164—165 页；〔美〕齐锡生《国民党的性质》（下），载中国社会科学院近代史研究所编《国外中国近代史研究》第 27 辑，中国社会科学出版社 1995 年版，第 105—106 页。

注重人际关系是中国人的一个传统。对于权力组织外的人来说，帮助别人是一种有面子的道德行为，同时也可以通过这种行为形成一种社会关系。对于权力组织中的成员来说，对这一传统的遵循，导致他们在日常生活中要不断进行关系网络的构建与维护，因为这不仅仅是面子问题，还涉及他们对权力的获取和给予。对于上级而言，他们要靠下级去推进他所负责的工作，所以他需要下级对其绝对的忠诚，因而自己的同学、同乡甚至亲戚朋友便是下级的首选对象；对下级而言，他们既要求得到上级的保护，又需要从上级手中获取他们所需要的资源（晋升、加薪等），两方面的博弈，就使得双方都倾向于发展一种私人关系，从而构建一种庇护网结构。①

民国官场即存在大量的庇护网关系，在这种庇护网架构下，上下级之间是一种一荣俱荣、一损俱损、一动俱动的相互关系。因而民国时期，主管长官一旦易手，下级官员亦多随之更调。② 时称“政局每变，则大小饭碗齐飞；一人上台，则左右蝇蚁并集”③，即为当时组织内权力变更的真实写照。其实当局自身亦认识到这一问题的存在，如国民政府在一公文中曾写到当时吏治情形：“每逢一机关更迭长官，恒有大部分之官吏，随之更动，其甚者则上自科处，下及雇员，概行变置，如疾风扫叶，无一幸免。”④ 曾任内政部部长的黄绍竑亦回忆道：“中国政界的陋习，往往一个长官更调，部属亦大部随而调动，所以到任的时候，各方介绍人员的八行书，比公文书还多。”⑤ 1935 年蒋介石对这种现象亦曾加以批评，他认为行政院改组后的人事变动，应该像替自己的女儿选女婿一样来替政府物色人，观察几个月，看看谁称职谁不称职，再进行有效调整。⑥然此举并无实效，“选女婿”的用人方式更说明了蒋和其他国民党领袖“喜欢把一切的

---

① 庇护网结构学者又称为“庇荫制度”，所谓的“庇荫制关系”（patronage relationship）指的是一个有一定权力、地位与影响力的人，利用其物质财富、社会声望、政治权力资源，去支持并保护另外一些人，或为其提供机会和安全，成为其恩主或保护人的关系状态。被庇护人作为受惠者，则通过为庇护人提供私人效忠作为回报，这样，在庇护人与被庇护人之间，就形成一种以私人效忠为基础的关系纽带。参见萧功秦《中国转型期地方庇荫网形成的制度因素》，《文史哲》2005 年第 3 期。

② 民初时任司法总长的梁启超亦观察到：“民国成立以来，各部总长更易时，而部员多随之而去，几成一种通例。”参见丁文江、赵丰田编《梁启超年谱长编》，上海人民出版社 1983 年版，第 683 页。

③ 《北京官僚生活之末日》，《大公报》1927 年 5 月 14 日第 1 版。

④ 陈之迈：《中国政府》第 2 册，商务印书馆 1945 年版，第 212 页。

⑤ 黄绍竑：《五十回忆》，岳麓书社 1999 年版，第 236 页。

⑥ 《蒋廷黻回忆录》，谢钟琏译，传记文学出版社 1984 年版，第 174 页。

工作人员都变成自己的直接部队，直接指挥，直接监督，直接考核”[①]。1940 年据行政院参事陈克文的统计：“行政院所属部会之职员，自国民政府在南京成立以来，其变动之烈，迄今任职一年者最多，达百分之五十五。”对这一数据，时任铨叙部政务次长的王子壮如此解释：“因主管长官之更调，大多数之事务官均不能久于其位，是以工作无效率也。”[②] 官吏进退无规制可循，更换无制度保障，长此以往，必然会形成以长官为主、下属为奴的主从关系，而这点恰恰是现代政府中不应有的现象。

权力组织中，正常的上下级关系蜕变为主从私人关系后，那些施恩能力强的行政或军事长官便在庇护网结构下形成“派系”组织。所谓派系，在美国政治学家黎安友（Andrew J. Nathan）看来，派系其实就是一种“以政治首领为中心，以二元（首领与从属的纵向联系）为结构，以保护关系为基础的小团体”[③]。因为结成派系常以私人关系为基础，其中包括家族、亲戚、师生、僚属、结拜兄弟、同学、同乡等传统的私人关系。因此陈志让认为“派系政治行为的标准不是讨论、表决、少数服从多数，而是传统的恩惠和忠诚的交换关系”[④]。大量的研究已表明，北洋军阀统治时期和国民党政府统治时期，派系政治都是其政治生活中的一大特色，而社会关系网络在其中扮演的角色不可谓不重要。[⑤]

中国向为人情社会，同乡、同学、姻亲、朋友、上下级等私人关系即是维系人情的纽带，在政治生活中，这种情感因素往往制度化为社会组织功能[⑥]，从而成为权力组织内成员构建关系网的运作模式。中国又为人治社会，传统的社会关系如朋友、姻亲、上下级、同学等私人关系和血缘关系与地缘关系一样，不仅影响社会重要资源和稀有资源的分配，有时甚至起着决定性作用。而权力自古以来不仅是重要资源，更是一种稀有资源，

---

① 陈方正编辑校订：《陈克文日记》下册（1944 年 2 月 25 日），社会科学文献出版社 2014 年版，第 833 页。

② 王所记日记当天，考试院审查委员正审查《公务员保障法》，讨论最久。正是与会的行政院参事陈克文发表的这一数据，致使该审查得以通过。均参见《王子壮日记》第 6 册（1940 年 3 月 7 日），台北“中央研究院”近代史研究所 2001 年版，第 67 页。

③ Andrew J. Nathan, *Peking Politics, 1918 - 1923 : Factionalism and the Failure of Constitutionalism*, Berkeley: University of California Press, 1976, p. 221. 此处翻译参见王克文《评介黎安友著〈北京政治〉》，载张玉法主编《中国现代史论集》第 5 辑（军阀政治），台北联经出版事业公司 1980 年版，第 161 页。

④ 〔加拿大〕陈志让：《军绅政权——近代中国的军阀时期》，三联书店 1980 年版，第 88、89 页。

⑤ 详见本书第三章第五节相关内容。

⑥ 参见桑兵《晚清民国的国学研究》，上海古籍出版社 2001 年版，第 35 页。

因而围绕着血缘、地缘以及其他各种私人关系的权力分配就十分引人注目。然仍须指出的是，关系网络在权力组织内的构建，并不表示它就处于运作状态。在日常权力组织生活中，关系只是隐藏在政治舞台的背后。只有当权力组织进行权力再分配时，关系才会从台后走向幕前，并通过各种"交往"（实际上就是一种拉关系的手段），将关系激活，并发挥其特殊作用。总之，科举废除后，读书人社会交往网络的构成方式及其内涵的变化，并不表示其与政治的关系日渐疏离，由于社会制度本身的无序化及其执行得不到保障，社会关系与政治，尤其是与民国政治关系尤为密切。尽管如此，无视知识只凭关系而进入到权力组织内的情况亦不常见。

第四节　知识与权力

一　知识与权力的关系

知识与权力的关系自古便是人们关注的问题，"从发生学意义上说，知识与权力是一起产生的，权力产生于社会复杂性增加对知识的诉求。因此，最初的权力持有者都总是某种'知识人'。知识产生和支撑某种权力，而权力也是某种知识"。① 其实以文字为表征的知识在产生之后，控制、传播、学习都只能是权力集团的特权，并成为权力集团获取其权力合法性的重要工具。尽管中国在很长的时间内，权力的分配主要依赖血缘和门第（如西周时期的世官制、两汉的察举制以及魏晋时期的九品中正制等，因为选官的主导权掌握在世家大族手中，寒门子弟只能望官兴叹，以致最终形成"上品无寒门，下品无世族"的局面），但"仕而优则学，学而优则仕"这句中国古代典籍中充分反映知识和权力关系的经典话语却成为读书人几千年来奉行不渝的金科玉律。

就知识与权力的各种互动关系而言，通过知识获取权力，或者说知识是获取权力的一种工具应是其中相当重要的内容。隋唐以后的中国，读书人通过科举考试来改变身份即是这种关系的典型代表。法国社会学家布尔迪厄即通过提出"文化资本"的概念对这种关系进行诠释。马克思认为，资本作为一个经济范畴，是指能够产生剩余价值的价值。布尔迪厄则将资本的概念扩展到所有的权力形式——不管它们是物质的、文化的、社会的还是符号的。个体与群体凭借各种文化的、社会的、符号的资源维持或改

① 何历宇：《现代化进程中的知识与权力》，《复旦教育论坛》2004 年第 1 期。

进其在社会秩序中的地位，当这些资源作为权力的社会关系发挥作用的时候，布尔迪厄即将它们理论化为资本。布尔迪厄将资本的存在类型分为四种：经济资本（货币和财产）、文化资本（包括教育文凭在内的文化商品和服务）、社会资本（社会地位、熟人与关系网络）、符号资本（合法性）等。① 所谓文化资本即是将文化用作一种符号支配的资本和工具，在布尔迪厄文化资本的概念中包括了各种各样的资源，如语言能力、文化意识、审美偏好、关于教学体系的信息以及教育文凭等，其目的无非想表明文化可以变成一种权力资源。而科举时代，读书人对科名的争夺即体现了文化资本的运作逻辑。②

美国社会学家赖特·米尔斯在研究美国的权力精英时指出："知识与权力的问题过去是、现在也始终是有知识的人与有权力的人之间的关系问题。"③ 同样，知识在中国古代政治社会中地位之重要亦是不言而喻的，尤其是在隋唐科举制度确立与实施后，更是第一次抛开了血缘等先天性因素，将特定的知识确定为读书人进入权力机构的最重要通行证。但值得注意的是，这种"特定知识"也是为权力所"生产"的。在知识与权力的关系上，权力不仅控制知识，而且其本身也"生产"知识，米歇尔·福柯即以"知识/权力"的符号来标识这种关系。福柯在与埃瓦尔德的谈话中即指出："我知道，在公众的眼中，我认为知识与权力总是融合在一道，知识是一层薄薄的面具覆盖在统治的结构上面，这种统治总是意味着压迫、监禁，等等。第一点是荒谬可笑的。如果我说过知识是权力的话，我就不用再说什么了，因为既然这两者是同一的，我看不出自己为什么还要指明它们之间的关系。我想阐述的是，某种权力形式能够生产出对象和结构都极为不一样的知识。"④ 然而，福柯并不反对知识与权力之间存在某种程度上的亲密关系。在福柯看来，"权力制造知识（而且，不仅仅是因为知识为权力服务，权力才鼓励知识，也不仅仅是因为知识有用，权力才使用知识）；权力和知识是直接相互连带的；不相应地建构一种知识领域就不可

① 参见〔美〕戴维·斯沃茨《文化与权力——布尔迪厄的社会学》，陶东风译，上海译文出版社2006年版，第87页。

② 参见应星《社会支配关系与科场场域的变迁——1895—1913年的湖南社会》，载杨念群主编《空间·记忆·社会转型——"新社会史"研究论文精选集》，上海人民出版社2001年版，第217页。

③ 〔美〕查尔斯·赖特·米尔斯：《权力精英》，王崑等译，南京大学出版社2004年版，第439页。

④ 包亚明主编：《权力的眼睛：福柯访谈录》，上海人民出版社1997年版，第146页。

能有权力关系，不同时预设和建构权力关系就不会有任何知识。”① 在福柯看来，知识是一种权力，权力则是一种关系，在社会中无所不在。

科举的创立，为寒门子弟的社会晋升提供了合法的途径，通过考试即可跃居四民之首，故人人趋之。然通往权力之门的知识却为权力阶层所规定和限制，读书人只有阅读了官方所规定的书目后，才有可能迈过权力的门槛。宋代，进士考试注重经义，其考试内容主要限制在官方所规定的书目中：《春秋》《礼记》《周易》《尚书》《周礼》《仪礼》《公羊传》《谷梁传》《毛诗》《孝经》《尔雅》《论语》等书。明清时期，大抵以宋制为圭臬，然其对知识的限制更为严格，八股文这种束缚读书人的思想、桎梏读书人创造力的文体即于此时产生。故从隋唐至明清，知识的学习被限制在文字、文字书写、文学和道德的讲求上，其他的专门知识则进入了师傅的私相授受的阶段，学校则只能成为科举制度的附庸。故从宋至明清，因科举考试内容的限定，读书人的知识构成一直以儒家经典为主，他们对知识的有用与无用其实并不关心。道光十五年（1835），道光帝在接见张集馨时即曾谓：“词章何补国家？但官翰林者，不得不为此耳。”② 这“不得不为”实已道出了权力与知识间的真实关系。

科举废除后，随着新式学堂与学校的兴起，学科开始出现分化，技术学习日益专门化、系统化。知识的学习则突破了文字以及文字书写等桎梏，更多地转以现代自然科学和社会科学为主要内容。尽管民国时期将四书五经的废除视作反封建的一种表现，但国民政府时期要求学校进行三民主义教育，乃至将教育党化却是权力对知识控制的表征。③ 因而正如福柯所认为的那样，从某种意义上说，知识带来的不是解放，而是奴役和监禁。

二　权势转移与读书人知识结构的变化

美国学者任达在研究清末新政与日本的关系时，即指出，新政是清政府和各级官绅主导下的一次具有根本性的变革，以致 1905 年前后的中国

① 〔法〕米歇尔·福柯：《规训与惩罚》，刘北成等译，三联书店 2007 年版，第 29 页。

② 张集馨：《道咸宦海见闻录》，中华书局 1981 年版，第 20 页。

③ 政治学家认为学校是正式的、最有效、最重要的政治社会化媒体。它可以支持、扩大在家庭环境中所建立的政治态度与行为模式，并能培养新的政治取向，经过有意识的、有计划的课程和无意识的、偶然的学校生活经验，学校能把政治知识、兴趣与信仰交给学生。因此无论是极权国家还是民主国家，教育政策和学校制度都是统治者企图有所影响读书人的一种方式。参见马起华《政治社会学》，正中书局 1985 年版，第 266 页。

在思想和体制两大领域都明显地彼此脱离，而且越来越远。[①] 尽管学界对任达在此书中的观念和材料方面的种种局限议论较多，但其指出了一个相当重要的事实，即新政前后，中国的知识与制度体系截然两分，此前为一套系统，大致相延千年；此后为一套系统，经过逐步变动调整，一直延续至今。[②] 其实，废除科举作为清末新政中一项重要举措，学界对此褒贬不一，但大多忽略了任达和桑兵所指出的近代中国知识与制度体系的转型这一重要问题。

实际上，就知识结构的变化而言，在科举废除前的十余年间，清政府取士的标准已经是从鼓励新旧学兼通变为新学是尚。[③] 取士标准变化意味着考试的内容也为之大变，据骆憬甫[④]的回忆，清季乡试的考试内容，早已是私塾里面所学不到的了，天文、地理、历史、哲学、物理、化学、法律、政治、财政、经济等，无所不包。[⑤] 山西举人刘大鹏对此发表感叹："国家取士以通洋务、西学者为超特之科，而孔孟之学不闻郑重焉。凡有通洋务、晓西学之人，即破格擢用，天下之士莫不舍孔孟，而向洋学，士风日下，伊于胡底耶?"取士标准和考试内容的变化实际上是读书人读书的风向标，光绪二十二年（1896）刘大鹏即在日记中记载："近来读书之士，只是读时文而已，一切经史子集并不翻阅。"势之所至，利之所趋。读书人既然不闻旧学，只看时文，则书商也就投其所好。1903 年前往参加会试的刘大鹏看到："时务等书，汗牛充栋，不堪枚举其名目，凡应会试者，皆到书肆购买时务诸书，以备场中查对新法。"故书商、书局抬其价，并不贱售，甚至连对新学带有抵触情绪的刘大鹏也曾阅过《几何算学原本》，且对于筹算、笔算亦颇能寻其门径。[⑥] 而清政府在废科前的改试策论，即有崇尚新学之意味。刘龙心的研究则表明，因策论无法与学堂相衔接，策论中的答问只是某种程度上的资讯，并不能称为专门知识。然当西

---

① 参见〔美〕任达《新政革命与日本—中国（1898—1912)》，李仲贤译，江苏人民出版社 2006 年版，第 194 页。

② 参见桑兵《晚清民国的知识与制度体系转型》，《中山大学学报》（社会科学版）2004 年第 6 期。

③ 参见罗志田《清季科举制改革的社会影响》，《中国社会科学》1998 年第 4 期。

④ 骆憬甫（1886 年 8 月至 1954 年 11 月），曾经亲历清末科举考试，辛丑年考取杭州府第十一名秀才。

⑤ 参见骆憬甫《浮生手记——一个平民知识分子的纪实》，上海古籍出版社 2004 年版，第 45 页。

⑥ 刘大鹏：《退想斋日记》（1901 年 10 月 16 日、1896 年 3 月 18 日、1903 年 4 月 3 日、1897 年 2 月 7 日），乔志强标注，山西人民出版社 1990 年版，第 102、55、121、68 页。

学的实用价值受到肯定，资讯开始纳入到体制内的时候，它就不得不去面对知识系统化的问题，于是长久以来散漫而缺乏组织的资讯，或是始终被认为是技术性功能的学问，就有了进一步深化的要求。① 系统地引进新学已经迫在眉睫。

新学与旧学变更的制度化表现实际上就是学堂取代科举的新式教育文化体制的变革，学堂制度的确立更被认为是近代新学的标志性成果。清代教育家张鹤龄即曾说："改科举取士之法，使天下之才俊，以学堂为渊薮，百族之进身，以学堂梯阶。趋向既专，精神各奋，民之鼓舞于新学。"② 虽然学堂中仍有读经的规定③，但西学的各类课程已被正式地列入课程表，成为日常教学中的重要内容，如外国语、代数学、几何、格物、化学、航海测算、天文测算等。尽管如此，在废科后数十年内，旧学依然盛行，山西举人刘大鹏所担心的塾师失业问题虽然不可避免④，但旧学与私塾在中国传统社会仍有其一席之地。⑤ 生于1899年，曾在国民政府官至内政部参事的程天放回忆其幼年在浙江随父游宦时说道："我幼年时新式学校已经创办了，可风气未开，一般书香人家子弟，还是在私塾读书的。"程在10岁返回家乡江西后，其家族各房依然各设有家塾，程也因此进入了大房的家塾。其在家塾中所读之书亦多为传统的经史子集，如《四书》《诗经》

---

① 参见刘龙心《从科举到学堂——策论与晚清的知识转型（1901—1905）》，载《"中央研究院"近代史研究所集刊》第58期。晚清知识体系的转型十分迅速，甚至连乡村的私塾老师都已经认识到，个人要想发展前程，深造学问，非进学堂不可，光会做做策论已经是远远不够的了。参见骆憬甫《浮生手记——一个平民知识分子的纪实》，上海古籍出版社2004年版，第47页。

② 《兴学篇》，《变法经纬公例论》卷上，第60页，转引自王先明《近代新学——中国传统学术文化的嬗变与重构》，商务印书馆2000年版，第23页。

③ 清末的高等小学堂，每周总课时为36小时，而经史要占到22小时，为全部课时的60%；而京师同文馆1876年公布的课程表中，尽管未将经史之类列入其中，但仍强调"汉文经学，原当始终不已"，要求初学者，"每日专以半日用功于汉文"。参见《建国前的广济县立初级中学》，《武穴文史资料》第1辑，第122页；朱有瓛编《中国近代学制史料》第1辑上册，华东师范大学出版社1983年版，第73页。

④ 刘大鹏：《退想斋日记》（1905年11月3日），乔志强标注，山西人民出版社1990年版，第147页。

⑤ 甚至到了民国年间，严复仍持这种看法。严复在给其四子严璿的信中即曾认为，学堂中的国文教育大抵为"时式"，即以一些时髦的名词以代之，然此亦不过以"诵读"替代"研习"这样的肤浅功夫。故严复指出，"今日国中无论何等学校，皆非学习真正国文之地，要学习须在家塾"。然吊诡的是，严复虽指出学堂非学习国文之所，但仍对其子强调："我们既入学校，而国文分数，又有升班关系，自不得不勉强从俗，播弄些新名词之类，依教员所言，缴卷塞责。"由此亦可见严复对学堂的矛盾态度。参见严复《与四子严璿书》，载王栻主编《严复集》第3册，书信，中华书局1986年版，第808—809页。

《书经》《左传》《战国策》《国语》《周礼》《资治通鉴》。《海国图志》《皇清经世新编》《孽海花》等书则是其放学后搜罗自学的。其实私塾中老师也多能认识到时势的变化，所以程的私塾老师便教了程一部张之洞主编的《地球韵言》。只是到了民国时代，风气才为之一变，许多人家都让子弟受新式教育，程和他的几个堂侄也就结束家塾生活，到南昌去进学校了。[①] 生于 1893 年，后成为青年党著名领袖的湖南人左舜生回忆说：清末新式学堂兴起之后，“长沙的私塾还不少，有许多守旧的家庭，还不愿送子弟进学校”。[②] 像程天放、左舜生这类早年接受旧式教育，后又接受新式教育的民国官僚和知识分子还有很多。这代读书人的知识结构，正如唐德刚评价胡适那样：“三分洋货，七分传统。”[③]

民国是中国从传统向近代的大转型时期，新旧杂糅、亦新亦旧即是这个时代的基本特征。1933 年著名历史学家陈寅恪为冯友兰的《中国哲学史》下册作审查报告，收笔时即曾写道：“寅恪平生为不古不今之学，思想囿于咸丰同治之世，议论近乎曾湘乡张南皮之间。”[④] 陈曾留学多国，可谓学贯中西，这样的夫子自道，意味深长。然此不单为学术界所独有，新人与旧人并立、新制与旧章共存的现象，大约亦为民国时期权力组织内一幅色彩斑斓的风景画。初到北京政府任职的顾维钧看到：“总统府的秘书以及总统身边的人——老同事、老朋友和老搭档，在我看来都属于旧派人物。他们穿着老式的服装，袖子长得把手遮起来。许多人还蓄有老长的指甲，表示学究的斯文。他们好像都是有学问的人，其中两个是状元。”那时虽是民国，然帝制还是去年的事情，官仪官箴，仍从旧习。公文呈式、来往函电都是——也不得不是——老一套，唯一的变化是称呼和日期。[⑤] 顾氏本人从小接受的就是西式教育，并在美国拿到了博士学位，可谓是一个完完全全的新人，他的看法实际上也暗示了民国权力组织内的新旧冲突。[⑥]

科举废除后，文凭逐渐取代科名而成为文化资本的主要特征，从而成为读书人争夺的对象。由于权力场域的转移，人们对新文化资源的争夺则

---

① 《程天放早年回忆录》，传记文学出版社 1968 年版，第 1—10 页。

② 左舜生：《近三十年见闻杂记》附录“清民之际的长沙”，载沈云龙主编《近代中国史料丛刊》第 5 辑，文海出版社 1967 年版，第 574 页。

③ 唐德刚：《胡适杂忆》，华东师范大学出版社 1999 年版，第 35 页。

④ 《陈寅恪史学论文选集》，上海古籍出版社 1992 年版，第 512 页。

⑤ 《顾维钧回忆录》第 1 册，中华书局 1983 年版，第 93 页。

⑥ 此点笔者将会在第四章中详细论述。

从古代书院、私塾转移到新式学堂中，因为只有进入新式学堂，才有可能占据一定的文化资本。据有关资料显示，1904 年，全国仅有学堂 4476 所，学生也不过 99475 人。1905 年废除科举后，新式教育可谓飞速发展，以发展速度最快的 1909 年来看，其学堂总数为 59117 所，学生总数则高达 1639641 人，已经是 1904 年的 10 倍之多，短短四年的发展，远远超过了过去 40 多年的发展。① 因争夺文化资本的场域转移到了学堂，人人以能入学堂为登龙门之捷径，家塾中先生的饭碗岌岌可危，塾师因此惊呼："前者每立一学堂，各塾学生辄纷纷辞去，所余学生亦因之摇动，有人人思入学堂之势。"② 而传统社会中宗族以举办家塾来培养子弟的责任亦开始转为兴办学堂。清季，江西官报记载道："人情莫不以科名为宗族光宠，今者科举已废，学堂为登进之阶。此日不早入学堂，则他日必无出身之路。兹以祠产余款举办学堂，将来卒业递进升得官职，其荣显与科举无异。"③

学堂出身与科举出身亦并无二致，"今日之学生，即异日之官吏"④ 大约为当时人的共识。甚至到了民国，这种认知仍未能改观。1917 年梁启超在批评当前的教育时即认为，现在的教育仍未脱科举余习。他说："现在学校，形式上虽有采用新式教科书，而精神上仍志在猎官，是与科举尚无甚出入也。"⑤ 学校以培养官吏为办学目标，学生自然亦以"做官"为学习追求。著名哲学家冯友兰在回忆其在民国初年报考北京大学时的情形也说："当时人的心中，还是以科举的资格为标准，无论什么资格，他都要把它折合为科举的资格，心里才踏实，好像习惯于旧历的人，读到新历的年月，他总要首先要把它折合成旧历的年月，他才觉得心里清楚。"⑥ 故 1918 年北大校长蔡元培谓今日学生："虽有少数高才生知以科学为单纯之目的，而大多数或以学校为科举，但能教室听讲，年考及格，有取得毕业证书之资格，则他无所求。"⑦

---

① 参见王笛《清末近代学堂和学生数量》，《史学月刊》1986 年第 2 期。

② 《联合家塾小启》，《大公报》1905 年 5 月 24 日第 4 版。

③ 《江西官报》第 31 号，第 2 页，转引自章开沅等《中国近代史上的官绅商学》，湖北人民出版社 2000 年版，第 417 页。

④ 故宫博物院明清档案部编：《清末筹备立宪档案史料》（下），中华书局 1979 年版，第 985 页。

⑤ 梁启超：《中国教育之前途与教育家之自觉》（1917 年 1 月），载舒新城编《中国近代教育史资料》（下），人民教育出版社 1961 年版，第 955 页。

⑥ 冯友兰：《三松堂自序》，三联书店 1984 年版，第 25 页。

⑦ 蔡元培：《发刊词》，《北京大学月刊》1919 年 1 月第 1 卷第 1 号。

在科举入仕仍为正途的时代，留学生还仅仅是一个“异类”。被称为中国近代留学生之父的容闳，在美国完成学业归来后，不仅经历坎坷，数易其职，还曾遭失业的厄运。科举废除后，留学成为占据文化资本制高点的重要手段，故留学大军开始崛起，日本因路近省费，于是成为读书人首选之地。据辛亥元老吴玉章回忆，1904—1905 年，大批举人没有了科举上的出路，“差不多都到日本来”①，1906 年留日学生数竟高达 8000—20000 人②。当时，日本早稻田大学教务主任青柳笃恒，描述留学生蜂拥来日的情况时说：

> 学堂虽得开设，代替昔时科举；惟门户狭隘，攀登甚难，学子往往不得其门而入，伫立风雨之中；惟舍此途而外，何能跃登龙门，一身荣誉何处而求，又如何能讲挽回国运之策？于是，学子互相约集，一声“向右转”，齐步辞别国内学堂，买舟东去，不远千里，北自天津，南自上海，如潮涌来。每遇赴日便船，必制先机抢搭，船船满座。中国留学生东渡心情既急，至于东京各校学期或学年进度实况，则不暇计也，即被拒以中途入学之理由，亦不暇顾也。总之分秒必争，务求早日抵达东京，此乃热中留学之实情也。③

青柳笃恒所谓学堂“门户狭隘，攀登甚难，学子往往不得其门而入”的情形，大约不错。清季“闽省水师学堂，半皆世家子弟”。④ 1907 年，举人李蔚然在其所呈的变通整顿学务一文中亦指出：“今学堂学生，近城镇者入之，僻远不与；有势力者入之，寒微不与。”因而在科举废除两年后，李蔚然认为清政府办学堂“耗费甚大，成就甚少”。⑤ 事实上，留学生

① 《吴玉章回忆录》，中国青年出版社 1978 年版，第 24 页。

② 关于 1906 年留学日本的具体人数，学界众说纷纭，没有定论。杨齐福认为，1906 年留学日本的人数为 8000 人，见杨齐福《科举制度与近代文化》，人民出版社 2003 年版，第 250 页；实藤惠秀认为，1906 年的留学人数达到“一万三四千或二万名之谱”，见〔日〕实藤惠秀《中国人留学日本史》，谭汝谦等译，北京三联书店 1983 年版，第 36 页；方汉奇则认为 1904 年，留日学生达 3000 人之多，1906 年则逾万人。见方汉奇《中国近代报刊史》，山西人民出版社 1981 年版，第 202、402 页。

③ 〔日〕实藤惠秀：《中国人留学日本史》，谭汝谦等译，北京三联书店 1983 年版，第 37 页。

④ 张焘：《津门杂记》，载来新夏编《津门杂记·天津事迹纪实闻见录》，天津古籍出版社 1986 年版，第 67 页。

⑤ 故宫博物院明清档案部编：《清末筹备立宪档案史料》（下），中华书局 1979 年版，第 985 页。

又何尝不是如此？有研究表明，19 世纪后半期出国的留学生，无论公费自费，大多出身寒微。然跨入 20 世纪后，情况即发生大变。科举废除后，传统士子功名之路被断绝，留学成为出人头地的新捷径，加以留学费用昂贵，留学很快即为富家子弟所垄断，留学生非富即贵。[①] 由此可见，尽管知识是获得权力的工具，但在社会财富掌握于少数人的社会中，知识亦只能是少数人的专利。

19 世纪八九十年代正值中国第一批新式学堂学生出生之时，其正式受教育时正值废科举、兴学堂、奖游学之际。当这批学生走出学堂，学成归来后，又恰逢民国初建，读书做官的观念仍为这批人奉为圭臬。1910 年胡适在赴京参加留学考试前给母亲的信中即曾说，"现在时势，科举既停，上进之阶惟有出洋留学一途"。[②] 几年后，已在美国读书的胡适，则以居高临下的姿态批评国人纷纷留学以取富贵的现象，谓：今日"国内学生，心目中惟以留学为最高目的"，那是因为他们以为"科举已废，进取仕禄之阶，惟留学为最捷。……其来海外之初，已作速归之计，数年之后，一纸文凭，已入囊中，可以归矣。于是星夜而归，探囊出羊皮之纸，投刺作学士之衔，可以猎取功名富贵之荣，车马妻妾之奉矣"。[③] 此时胡适的心境与几年前赴京赶考时已大不同，但其观察仍大体不错。1917 年北京青年会曾对在北京的归国留学生的职业做过调查，结果显示：1655 人中，从政者多达 1024 人，占总数的 61.8%。且从政者"膺重位而有声望者，不下百余人"。故其指出："游学一途，实为今日登仕版膺政位之终南捷径，将来之官吏，即今日之留学生。"[④] 1921 年，严复在给好友熊纯如信中谈及国内学子争相出国留学的情况时仍写道："近日少年，争以出洋求学为人生登峰造极之业，想其所得，舍干禄而外，亦无别项用处。"[⑤]

罗素曾言，知识分子受到特殊尊重，并不是民主社会的产物，而是专制社会的特有现象。因知识普及程度不够导致知识的拥有者成为拥有权力的贵族，而民主社会里知识的普及率大大提高，拥有知识的人并无特权。[⑥] 此论甚确。

---

① 参见王奇生《中国留学生的历史轨迹：1872—1949》，湖北教育出版社 1992 年版，第 169 页。

② 《胡适致母函》（1910 年 6 月 30 日），《安徽史学》1989 年第 1 期。

③ 《非留学篇》（1914 年），载欧阳哲生主编《胡适文集》（9），北京大学出版社 1998 年版，第 668、666 页。

④ 《青年会与留学生之关系》，《东方杂志》1917 年 9 月 15 日 14 卷第 9 号，第 196 页。

⑤ 《与熊纯如书》，载王栻主编《严复集》第 3 册，书信，中华书局 1986 年版，第 714 页。

⑥ 参见邓丽兰《域外观念与本土政制变迁——20 世纪二三十年代知识界的政制设计与参政》，中国人民大学出版社 2003 年版，第 3—4 页。

但在近代中国，如果说知识阶层未能完全垄断权力的话，则并非由于中国已从专制过渡到民主社会，而是由于科举废除后所导致的异军突起——军、商阶层的兴起。当然这一变化从时间上看，仍有一个渐进的过程。

清咸同年间，科举仍为正途。“士由异途进者，乡里耻之。左宗棠以举人参楚南戎幕，叙功至郎中，加卿衔。曾国藩、胡林翼、宗稷辰交章论荐，坚不就官，乃欲请咨会试。”① 然科举废除前十年间，此种情形即已很难看到。光绪十九年（1893），山西举人刘大鹏即已观察到：“近来吾乡风气大坏，视读书甚轻，视为商甚重。才华秀美之子弟，率皆出门为商，而读书者寥寥无几，甚且有既游庠序，竟弃儒而就商者……当此之时，为商者十之八九，读书者十之一二。”故而，刘氏感叹曰：“古今来读书为人生第一要务，［今］乃视为畏途，人情风俗，不知迁流伊于胡底耳。”② 科举废除后，此种情形则更甚。胡思敬写道：“科举废，学堂兴，朝局大变……近岁十一科殿撰陈冕早卒，黄思永由狱中赦出，久之乃还原官。赵以炯、刘福姚、骆成骧皆困踬不起。后进若刘春霖、王寿彭入进士馆，屈伏充生徒。……夏同龢游学东瀛，三年毕业归，自循其发已割辫，改易西装，妻孥相对悲咤。唯张謇以经商致富，人皆艳之。”③

传统中国，人们深信“万般皆下品，唯有读书高”，然这一箴言在近代受到了挑战。究其原因，即是知识与权力的关系发生了不对称性。因为在一个尽管“你知道什么”固然重要，然更为重要的却是“你认识谁”的社会中，知识的作用相对发生位移。这种情况也并不是中国所特有，布尔迪厄在研究法国高等教育机构与法国领导阶级之间的关系时即指出：“任何一种贵族头衔本身都不足以在那些公开主张拒绝贵族的社会里授予某人贵族身份。因此最高级别的学业称号便成了进入权势集团的必要条件，但又不是充分条件；是准许进入的条件，但又不是强制性的条件。”④ 民国时

---

① 胡思敬：《国闻备乘》，中华书局2007年版，第66—67页。有研究表明，曾国藩的湘军与李鸿章的淮军相比而言，虽皆以地缘为基础招募而成，然湘军将领仍重科目，故左宗棠入曾国藩幕多年，仍欲以进士而进身为荣；而至李鸿章的淮军时，则时势已变，大部分将领皆不以科目为重，乃依军功而升。参见李国祁《李鸿章的家世及其人际关系》，载“中央研究院”近代史研究所编《近世家族与政治比较历史论文集》（上），台北“中央研究院”近代史研究所1992年版，第153—155页。

② 刘大鹏：《退想斋日记》（1893年1月2日、1904年1月8日），乔志强标注，山西人民出版社1990年版，第17、132页。

③ 胡思敬：《国闻备乘》，中华书局2007年版，第67页。

④ ［法］P. 布尔迪厄：《国家精英——名牌大学与群体精神》，杨亚平译，商务印书馆2004年版，第551页。

期，对于读书人而言，以文凭为主要特征的知识尽管是进入权力组织的重要条件，但却不是充分条件；是准许进入的条件，但又不是强制性的条件，“知识”与“关系”的结合方是读书人进入权力组织的一条捷径。

第二章　民国中央官僚的群体结构

科举废除后，国家在官吏的选拔上始终未能有较为统一的标准，从而造成了入仕多途的现象。其结果必然造成官员素质鱼龙杂混，权力组织内人员构成芜杂。民国成立以来，国家处于四分五裂之中，上令固然未能下达，朝令又何尝不是夕改。“法无定规，权随人转”的现实亦造成民国权力组织内人员结构多元化现象，本章仅以民国中央官僚的地域分布、年龄结构、教育背景、社会构成与家庭出身等指标，构筑民国中央官僚群体的社会结构，试图对其进行社会学意义上的考察。

第一节　地域分布

近代以降，社会分化加剧，社会职业亦逐渐呈现多样化的趋势，但由于实业并不发达，做官依然是读书人不错的选择。由于革命对近代中国既有秩序的冲击，权力组织内人员的更替也因此加快了步伐，故考察民国中央官僚群体的地域分布亦是从一个侧面了解近代中国的社会变迁。

人才①与地理之关系，早有学者论及。20 世纪 20 年代，著名地质学家丁文江即曾将前汉、后汉、唐、北宋、南宋及明六代名见经传的人物，并选其中籍贯可考者 5783 人，以统计某代某省人物的多寡，首次系统地分析了中国历史人物与地理之关系。② 同时期，日本人园田一龟，则对当时各省著名人物进行了品评，其皇皇巨著《分省新中国人物志》，至为详尽

---

① “人才”一词过于笼统，潘光旦在《近代苏州的人才》一文中给出的标准为：“凡属有事绩功业在文字上流传下来的人，大体说来，我们都当作人才。”在潘先生看来，古代评判人才多以“名见经传”为标准，在今人来看亦无大讹。《社会科学》1935 年第 1 卷第 1 期，第 50—51 页。

② 参见丁文江《历史人物与地理的关系》，《东方杂志》1923 年 3 月 10 日第 20 卷第 5 号，第 125 页；王奇生《中国近代人物的地理分布》，《近代史研究》1996 年第 2 期。

地说明了各省人物的种类与特性。[①] 30 年代初，后来曾做过国民政府主计官的朱君毅在丁文江研究的基础上对清代和民国初年人物的出生地加以统计，并作出综合分析称：中国自前汉以迄近代，人物出生地的变迁，乃由西北而趋向东南，大致成一半月形，其变化趋势与中国文化的演进方向相一致。大体而言，在北宋以前，黄河中下游流域，亦即中原地区是中国文化的中心；南宋以后，随着江南地区的开发，中国的经济文化重心南移，江浙地区文风日盛，人才日多。[②] 朱君毅的统计下限为 20 世纪 20 年代，20 年代以后中国历史人物的地理分布则不得而知。且朱氏对民初人物统计的材料是 1925 年出版的《中国名人录》（鲍威编）。该书所收人物总共不过 122 人。故王奇生先生批评其材料根据太少，其结论难足为凭。王先生则以各类人物词典和名人录，对近代大学生、留学生、文教科技人物、军界人物、政界人物以及中共人物的地理分布作分门别类的统计，统计时限大致自辛亥革命至新中国成立，人物之多，时间之广，可谓研究近代人物地理分布的力作。[③] 然就政界人物的地理分布而言，王先生仅仅统计了北京政府历任元首、国务总理及内阁阁员共 119 人，国民政府历任内阁阁员共 109 人，以及 1935 年国民政府中央各部、院、会简任以上官员共 1060 人，故其根据材料亦不可谓不少，其结论亦不免具有局限性。故本书将对北京政府（1912—1928）荐、简任以上中央官员 1293 人，以及南京国民政府（1927—1949）荐、简任以上中央官员 3218 人进行整体统计，进而分类分析，希望能对民国政界人物的地理分布作一有益之补充。

一 北京政府时期

为方便统计，笔者将北京政府中央官员分为两类：一为文职官员；二为军职人员。其中军职人员主要指《民国职官年表》中涉及的各类军事职能机构中人员，包括陆军部、海军部、军事部、参谋本部、步军统领衙门、京师警察厅、京师卫戍司令部、航空署、将军府等机构职官 653 人，文职官员 664 人，总官员数为 1293 人（分类统计时互有重复）。具体情况如下所示。

---

① 参见〔日〕园田一龟《分省新中国人物志》，黄惠泉等译，良友图书印刷公司 1930 年版，第 9—11 页。

② 参见朱君毅《中国历代人物之地理分布》，《厦门大学学报》1931 年 12 月第 1 卷第 1 期，转引自王奇生《中国近代人物的地理分布》，《近代史研究》1996 年第 2 期。

③ 参见王奇生《中国近代人物的地理分布》，《近代史研究》1996 年第 2 期。

1. 文职官员的地理分布

表 2—1 北京政府中央文职官员的地理分布（1912—1928）

籍贯	人数	比重（%）	籍贯	人数	比重（%）
江苏	108	16.27	山东	15	2.26
浙江	108	16.27	顺天府	11	1.66
广东	57	8.58	山西	8	1.20
直隶	51	7.68	贵州	8	1.20
湖北	44	6.63	云南	7	1.05
湖南	44	6.63	陕西	6	0.90
安徽	43	6.48	八旗	5	0.75
福建	37	5.57	蒙古	5	0.75
奉天	31	4.67	广西	4	0.60
四川	26	3.92	不详	13	1.96
江西	19	2.86	总计	664	100
河南	14	2.11			

资料来源：（1）刘寿林：《民国职官年表》（中华书局 1995 年版），张朴民：《北洋政府国务总理列传》（台湾“商务印书馆”1984 年版），杨大辛主编：《北洋政府总统与总理》（南开大学出版社 1989 年版），李新等主编：《民国人物传》（1—12）（中华书局 1978—2002 年版），徐有春主编：《民国人物大辞典》（河北人民出版社 1991 年版），［美］包德华主编，沈自敏译：《民国名人传记辞典》（中华书局 1981—1986 年版），周棉主编：《中国留学生大辞典》（南京大学出版社 1999 年版），房兆楹：《清末民初洋学生题名录初辑》（台北“中央研究院”近代史研究所 1982 年版），卞孝萱、唐文权编：《辛亥人物碑传集》（团结出版社 1991 年版），樊荫南：《当代中国名人录》（良友图书公司 1935 年版），敷文社：《最近官绅履历汇编》（沈云龙主编《近代中国史料丛刊》45 辑，文海出版社 1970 年版），厂民：《当代中国人物志》（沈云龙主编《近代中国史料丛刊续编》50 辑，文海出版社 1978 年版），佚名编：《清末各省自费、官费留日学生姓名表》（沈云龙主编《近代中国史料丛刊续编》50 辑，文海出版社 1978 年版），佚名编：《清末民初留日陆军士官学校人名簿》（沈云龙主编《近代中国史料丛刊》67 辑，文海出版社 1971 年版），朱宝炯、谢沛霖：《明清进士题名碑录索引》（上海古籍出版社 1980 年版），吴成平主编：《上海名人辞典》（上海辞书出版社 2001 年版），吴相湘：《民国人物列传》（传记文学出版社 1986 年版），黄季陆等编：《革命人物志》（1—15）（“中央文物供应社”1969 年版），刘绍唐：《民国人物小传》（1—11）（传记文学出版社 1977 年版），刘国铭主编：《国民党百年人物全书》（团结出版社 2005 年版），中国社会科学院台湾所编：《中国国民党全书》（陕西人民出版社 2001 年版），王俯民：《民国军人志》（中国广播电视出版社 1992 年版），贾逸君：《中华民国名人传》（北平文化学社 1932 年版），张在普：《中国近现代政区沿革表》（福建省地图出版社 1987 年版），以及各地文史资料及地方志等，因数目较多，为免庞杂，不一一列明。

（2）本书所用图表数据来源如无特别说明，均与此表同，不再一一列明。

就表2—1来看，民初中央政府文职官员的籍贯分布以江、浙为最，广东、直隶次之。若就南北论之，以秦岭、淮河为界，则南方远远超过北方，南方诸省中，安徽、江苏、浙江、广东、广西、贵州、云南、四川、江西、湖南、湖北、福建中官员数为504人，占统计总人数的75.90%，而北方诸省中，直隶、山西、奉天、顺天、陕西、山东、甘肃、河南、蒙古、八旗、新疆仅有官员147人，占总人数的22.14%。

2. 军职官员的地理分布

表2—2 **北京政府任职军事部门中央官员的地理分布（1912—1928）**

籍贯	人数	比重（%）	籍贯	人数	比重（%）
直隶	108	16.56	山西	11	1.69
山东	60	9.20	陕西	9	1.38
湖北	51	7.82	云南	8	1.23
安徽	51	7.82	江西	7	1.07
奉天	36	5.52	广西	7	1.07
四川	34	5.21	甘肃	6	0.92
江苏	33	5.06	八旗	4	0.61
福建	32	4.91	蒙古	3	0.46
湖南	22	3.37	贵州	2	0.31
广东	19	2.91	新疆	2	0.31
顺天府	19	2.91	不详	95	14.57
河南	18	2.76	总计	652	100
浙江	15	2.30			

王继平先生曾统计过晚清新军将领的籍贯分布，从而得出新军将领集中在长江中下游和华北两大区域，就省份而言，则以湖北、山东、直隶、安徽四省为最多；东南沿海地区和西南人数相当；东北和西北人数较少。[①]就表2—2来看，虽然四省排名先后发生变化，但基本结论仍可成立。民初中央政府各机关中军职人员的地域来源主要以直隶为最，占总统计人数

① 参见王继平《晚清人才地理分布研究（1840—1912）》，中国社会科学出版社2012年版，第266页。

的16.54%，山东、湖北、安徽、奉天等省次之，似乎亦反映了皖、直、奉等军事派系称霸于民初政坛与军界的显著特征。直隶地处京畿，更是军队现代化的重要区域之一，晚清最早的陆军军事学堂——北洋武备学堂即肇建于此。袁世凯早年在小站编练新军时即曾上奏指出，“各国兵学皆本专门，军中自排长以上大率由学堂出身”，因而要求“此后创练新军，所有军中委用人员，应先尽曾习武备暨曾带新军者选择委用……迨成军以后，遇有官弁出缺，仍先尽学堂毕业之员选充”。[①] 民国初年军人多曾任职于清朝各级军队之中，袁世凯就任大总统后，北洋及后来的皖、直诸军事派系皆同出一脉，故直隶籍军官为多，似不难理解。若以南北论之，则来自北方诸省者278人，来自南方各省者280人，南北基本持平。然与表2—1相比较，则“南人尚文，北人尚武”的地域区分仍然相当清晰。

3. 全体中央官员的地理分布

表2—3　　北京政府中央官员的地理分布（1912—1928）

籍贯	人数	比重（%）	籍贯	人数	比重（%）
直隶	152	11.76	江西	26	2.01
江苏	141	10.90	山西	19	1.47
浙江	125	9.67	陕西	16	1.24
湖北	93	7.19	云南	15	1.16
安徽	91	7.04	广西	11	0.85
山东	74	5.72	贵州	10	0.77
广东	75	5.80	八旗	9	0.70
福建	68	5.26	蒙古	8	0.62
奉天	66	5.10	甘肃	6	0.46
湖南	66	5.10	新疆	2	0.15
四川	59	4.56	不详	99	7.66
河南	32	2.47	总计	1293	100
顺天府	30	2.32			

① 上海商务印书馆编译所编纂：《大清新法令（1901—1911）》（点校本）第3卷，商务印书馆2011年版，第660页。

整体来看，民国初年中央官员的地域来源以江、浙、直隶为最，安徽、福建、湖北、广东次之。表2—3中，江、浙、直隶三省中央官员人数合计占总数的32%，而江、浙、直隶、安徽、福建、湖北、广东七省中央官员人数合计则要占到总数的57.99%，远远超过其他省份中央官员总数之和。

若就南北论之，北方诸省共有官员418人，占统计总人数的32.28%；而南方诸省共有官员778人，占统计总数的60.08%。由此可见，民国前期官员地域分布中，南多北少区分较为明显。从区域上看，民初中央官员的地理分布主要以东南沿海（苏、浙、粤、闽）与长江流域（湘、鄂、皖）为多，而西北、西南、东北等边远地区的人数较少，较为形象地反映了中国沿海、沿江与内陆、边陲之间的差别。

二 南京国民政府时期

为便于展示国民政府时期各类中央官僚的地域分布，笔者将对国民政府2349名文职官员、971名军职官员以及全体3218名中央官员群体进行统计（分类统计时互有重复）。具体见表2—4。

（一）文职官员的地理分布

表2—4 南京国民政府时期文职中央官员的地理分布（1927—1949）

籍贯	人数	比重（%）	籍贯	人数	比重（%）
广东	297	12.64	贵州	32	1.36
江苏	285	12.13	蒙古	32	1.36
浙江	275	11.71	云南	29	1.23
湖南	180	7.66	吉林	21	0.89
福建	142	6.05	甘肃	21	0.89
湖北	138	5.87	西藏	19	0.81
四川	108	4.60	新疆	11	0.47
安徽	106	4.51	黑龙江	9	0.38
河北	104	4.43	青海	7	0.30
江西	93	3.96	台湾	6	0.26
辽宁	55	2.34	宁夏	5	0.21
山西	52	2.21	西康	4	0.17
陕西	51	2.17	察哈尔	4	0.17

续表

籍贯	人数	比重（%）	籍贯	人数	比重（%）
山东	45	1.92	绥远	4	0.17
河南	43	1.83	热河	2	0.09
广西	33	1.40	不详	136	5.79
总计	2349	100.00			

说明：(1) 本书所指的文职官员和“文官”的概念相区别，仅指在非军事机关任职的中央官员，包括行政、立法、司法、考试、监察等各部院署。(2) 具体统计中文职与军职互有重复。如蒋中正，既为国民政府主席，又为军事委员会主席，则在统计文职与军职时各统计一次。

与北京政府相比，南京国民政府时期，文职官员的地理分布仍以广东、江苏、浙江居前三甲，三省官员数占文职官员总数的36.48%。若以南北论之，南方诸省文职官员数几占全体文职官员总数的71.98%，北方诸省则仅占22.19%，充分说明了南北区域分布的不平衡性。

（二）军职人员的地理分布

表2—5 南京国民政府时期任职军事部门中央官员的地理分布（1927—1949）

籍贯	人数	比重（%）	籍贯	人数	比重（%）
湖南	120	12.36	河南	21	2.16
浙江	104	10.71	山西	20	2.06
湖北	89	9.17	辽宁	19	1.96
河北	81	8.34	陕西	18	1.85
广东	69	7.11	贵州	16	1.65
江苏	61	6.28	广西	16	1.65
安徽	58	5.97	吉林	9	0.93
四川	43	4.43	甘肃	5	0.51
福建	42	4.33	黑龙江	2	0.21
江西	31	3.19	绥远	2	0.21
山东	28	2.88	蒙古	1	0.10
云南	27	2.78	不详	89	9.17
总计	971	100.00			

说明：军事部门包括军事委员会、国防部、军政部、海军部、航空委员会、参谋本部、军令部、训练总监部、军训部、政治部、后方勤务部、兵役部、军事参议院、战略顾问委员会。

由于部门职能的要求，任职于国民政府时期中央政府军事部门的官员，大多为现役军人。从表2—5来看，湖南、浙江、湖北占据前三甲位置，三省官员数占总人数的32.24%。就南北论之，南方诸省如浙江、湖南、湖北、江苏等省军职官员数为669人，北方如河北、山东、陕西等地军职官员数213人，已然改变了北京政府时期南北均衡的军职人员的地理分布。

与北京政府相比，在军职人员籍贯分布上，湖南人后来居上，显然与湖南“无湘不成军”的传统有关。有研究表明，在黄埔军校1—7期的学生中，来自湖南的最多；而在国民党的高级将领中（中将、上将），最多的也为湖南人。[①] 值得注意的是，在军事领域向来并不占优的浙江人，在国民政府时期却能跻身三甲，位居次席，显然与作为浙江人且为军人的国民党最高领袖人物蒋介石密切相关。

（三）全体中央官员的地理分布

表2—6　**南京国民政府中央官僚地理分布（1927—1949）**

籍贯	人数	比重（%）	籍贯	人数	比重（%）
广东	364	11.31	云南	53	1.65
浙江	362	11.25	广西	44	1.37
江苏	338	10.50	贵州	43	1.34
湖南	300	9.32	蒙古	34	1.06
湖北	221	6.87	吉林	29	0.90
福建	185	5.75	甘肃	26	0.81
河北	177	5.50	西藏	19	0.59
安徽	161	5.00	新疆	12	0.37
四川	145	4.51	黑龙江	10	0.31
江西	126	3.92	青海	7	0.22
山东	77	2.39	台湾	6	0.19
辽宁	73	2.27	宁夏	5	0.16
山西	70	2.18	绥远	5	0.16
陕西	65	2.02	察哈尔	4	0.12

① 参见王奇生《中国近代人物的地理分布》，《近代史研究》1996年第2期。

续表

籍贯	人数	比重（%）	籍贯	人数	比重（%）
河南	63	1.96	西康	4	0.12
不详	188	5.84	热河	2	0.06
总计	3218	100			

整体来看，南京国民政府中央官员的地域来源以广东、浙江、江苏为最，表2—6中，江、浙、粤三省中央官员人数合计占总数的33.06%，而江、浙、粤、湘、鄂、闽、冀七省中央官员人数合计则要占到总数的60.50%，远远超过其他省份中央官员总数之和。

若就南北论之，北方诸省共有官员725人，占统计总人数的22.53%；而南方诸省共有官员2304人，占统计总数的71.6%。由此可见，这一时期的官员地域分布中，南多北少现象仍较为明显。从区域上看，中央官员的地理分布仍主要以东南沿海（苏、浙、粤、闽）与长江流域（湘、鄂、皖）为多，而如青海、宁夏、绥远、察哈尔、新疆、黑龙江等西北、西南、东北等边远地区的人数依然较少。

三　分析与小结

据丁文江的研究，影响人才成长的因素大致有五个方面：一是建都的关系；二是皇室籍贯的关系；三是经济发展状况的关系；四是生存优点之变化的关系；五是移民与避难的关系。[①] 前两点归结起来即为政治方面的因素，后三点则可归结为经济与文化的因素。一般而言，都会为政治之所在，文化聚集之地，往往四方人才辐辏。[②] 民初，直隶地处京畿，故直隶籍中央官员位居前三甲，实与北京既为前朝都会，又是现朝京都之故。1927年国民政府定都南京，政治中心逐渐南移。因而南京国民政府时期，河北籍中央官僚占总数的百分比要比北京政府时期下降一半。

广东为近代革命的发源地，从孙中山时起，他的身边围绕着的几乎都是广东人，国民党的重要领袖亦多为粤籍。而到了蒋介石时，与领袖籍贯相同的浙江人则成为国民政府中一支举足轻重的力量，并最终占据次席。

① 参见丁文江《历史人物与地理的关系》，《东方杂志》1923年3月10日第20卷第5号，第128—130页。

② 参见王奇生《中国近代人物的地理分布》，《近代史研究》1996年第2期。

领袖的籍贯固然重要，但经济实力也是不容忽视的因素。宋元以来，中国的经济重心逐渐南移，江、浙一带逐渐成为中国经济中心所在，并逐渐成为全国人才的渊薮。有资料显示，自清代始，江苏、浙江、安徽、直隶、山东五省获中会元、三鼎甲和传胪的人数就为最多；而此五省中，又依次以江苏和浙江为盛。[①] 清人刘声木在评价历史上各地人文情况时说："历代声明文物之盛，多在大河以北，即所谓中原是也。自南宋偏安于杭，声明文物，转为江南。我朝学术之盛，超轶前代，综其人物，大约不外江浙数省，地实江南北一隅。"[②] 可见江南人才之盛，并不仅仅是近代之事。

近代以降，社会发生急剧变化，学校代替科举，新学取代旧学，传统的士绅阶层正逐渐退出历史舞台，而受过新式教育的新型知识分子则开始从幕后走向台前。东南沿海又是最先与外界接触，开留学之先的地区，从而为新型人才的成长提供了有利的地理环境和人文环境。因此家境富裕者，纷纷留学。1936 年，全国学术工作咨询处曾对民国以来的归国留学生进行过一次调查，调查显示，在总计 4933 名归国留学生中，江苏为 775 人，浙江为 648 人，广东为 633 人，分居前三甲；河北、福建、湖南、江西、安徽等地次之；西北、西南、东北等边远地区仍为最少。[③] 江苏一地因其人才产出之盛，自古即有士林渊薮之称。由此可见，在教育机会尚未能均等的国家或地区，经济发展对于人才之培养有相当大的影响。[④]

1933 年考试院铨叙部秘书处曾对 1930 年 6 月至 1933 年 6 月国民政府暨各院部会及直辖籍贯现任公务员籍贯人数作过统计并加以说明，该统计结果与表 2—6 大致相同，即是时服务于中央行政机关者，以江苏、浙江、广东、湖南、安徽、福建、河北等省为多；其他边远地区如西藏、新疆、青海、甘肃等省几为"天荒"。究其原因："其一，以属于文化发达，教育普及，地近首都，交通便利，如江苏、浙江、广东、湖南等省者为最多。其二，凡一机关之公务员，恒以主任长官为转移，其主任长官属于某省者，即以某省公务员为多。……至于边远各省，如新疆、甘肃、青海、黑龙江、绥远、宁夏、察哈尔等省，在中央及直辖籍贯服务者为数颇少，甚

---

① 参见王德昭《清代科举制度研究》，中华书局 1984 年版，第 157 页。

② 刘声木：《苌楚斋随笔》（上），中华书局 1998 年版，第 104 页。

③ 《回国留学生统计表》，《全国学术工作咨询处月刊》1937 年 4 月第 3 卷第 4 期。

④ 官吏勿论，就社会科学与自然科学人才而言，亦是如此。1948 年 9 月，中央研究院的院士 81 人中，其籍贯分布仍以浙、苏、粤为多，沿江与沿海富庶地区要远远高于内地及偏远地区。参见曹伯言整理《胡适日记全编》第 7 册（1938—1949），1948 年 9 月 24 日，安徽教育出版社 2001 年版，第 716 页。

或有无一公务员者。推其原因，可知该省等一则路途遥远，往返不便；二则教育幼稚，人才稀少有以致此也。”[①] 近代新式教育的发展大抵是从经济发达的沿江、沿海及政治都会等地区开始的，边远省份由于自然环境恶劣，交通不便，以致经济贫瘠，教育落后，故有此致。

第二节　任职年龄与任职时间

一　年龄结构

科举时代，对于官员的选拔是非常严格的，这不仅表现在科考的录取人数上，也表现在三年一轮的时间间隔上。读书人由生员到举人，由举人而至进士，在读书上往往要花费很长的时间。根据张仲礼的研究，清代读书人考中生员、举人、进士时的平均年龄约为 24 岁、30 岁和 35 岁。[②] 据此推算，除一部分入仕较早的官员外，其他做到高级官吏时，显然已不再年轻。[③] 科举废除后，尤其是辛亥革命后，由于革命导致了政府机构及当权者的全面更换，故官员多从学校出，晋升亦无须循阶而上，官员逐渐呈现年轻化趋势。

南京临时政府成立时，包括临时大总统，副总统，秘书长，各部总、次长及法制局、印铸局、公报局、参军长、卫戍总督在内共计 28 人[④]，其平均任职年龄只有 38.34 岁。其中年龄最小者为海军次长汤芗铭，只有 25 岁，年龄最大者为司法总长伍廷芳，已有 70 岁，两者相差 45 岁。这种爷辈与孙辈同场为官且职务相当的现象在现代国家官僚体系中相当罕见。辛亥革命后，同盟会由革命党一跃而为执政党，部分革命党人也由职业革命家转变为政府要员，这种从体制外向体制内的迈进，并不存在年龄、资历的限制，因此才会有 25 岁海军次长、27 岁的财政次长，甚者 31 岁的外交总长。由于南京临时政府采用“总长取名，次长取实”的组织原则，总长

① 《国民政府暨各院部会及直辖机关现任公务员家庭状况统计说明》，载铨叙部秘书处第三科《铨叙年鉴续编》(1931—1933)，第六类，铨叙行政，南京大陆印书馆 1934 年版，第 629—630 页。

② 参见张仲礼《中国绅士——关于其在十九世纪中国社会中作用的研究》，李荣昌译，上海社会科学院出版社 1991 年版，第 103、138、134 页。

③ 清末，地方督抚 118 人中，进士、举人、贡生、荫生等正途出身者有 89 人，占总数的 75.4%，而其平均在职年龄，总督为 58.5 岁，巡抚为 53.7 岁。参见李细珠《清末新政时期地方督抚的群体结构与人事变迁》，载《中国社会科学院近代史研究所青年学术论坛》2005 年卷，社会科学文献出版社 2006 年版，第 150—152 页。

④ 参见刘寿林主编《民国职官年表》，中华书局 1995 年版，第 3—4 页。

多为前清旧臣所得，故这批人的年龄较大，平均任职年龄达到 48.22 岁；而各部次长则不同，除海军次长汤芗铭外，皆为同盟会的骨干，平均任职年龄只有 29.78 岁[①]，在清代还不到一个生员中举时的平均年龄。有研究表明，袁世凯时代（1912—1916），内阁各部官员的平均年龄亦呈普遍年轻化的趋势。除教育部平均任职年龄为 40.14 岁外，其余各部官员的平均任职年龄均未超过 40 岁，如工商部 35.27 岁、司法部 35.5 岁、农林部 37.27 岁、外交部 37.58 岁、陆军部 37.79 岁、财政部 38.29 岁、农商部 39.14 岁、内务部 39.26 岁、交通部 39.88 岁。[②] 显然，这样的统计，因其取样范围太过狭窄，并不足以反映民国中央政府行政精英的年龄结构，故笔者试图对北京政府（1912—1928）和南京国民政府（1927—1949）内阁全体官员的任职年龄进行统计，力图对整个民国时期中央官僚的年龄结构有一个轮廓性认识。具体如图 2—1 所示。

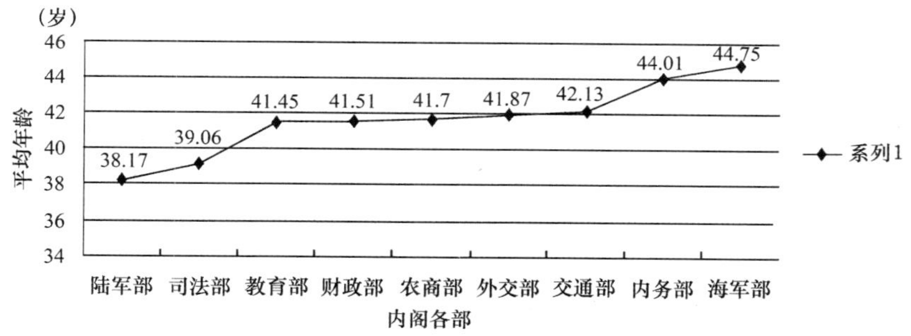

图 2—1　北京政府中央各部官员任职平均年龄（1912—1928）

说明：（1）本图主要考察北京政府内阁各部官员（包括各部总次长、参事及各司司长）的平均任职年龄。民初，内阁分为外交、内务、财政、海军、陆军、司法、教育、农林、工商、交通十部。二年袁世凯修改官制，把农林、工商合为农商部，共为九部。十六年张作霖成立军政府，将海军、陆军合为军事部、农商分为实业、农工部，仍为九部。故本文中内阁各部主要是民国二年规定的官制，之前以及十六年后内阁中的农林、工商、军事、农工、实业等部不作统计。（2）官员的选取标准包括任、兼代、署理，未就者不予统计，其中同一人在同一职务上既有署理、兼代以及任者，即以“任”为标准。（3）同一人在同一部中在不同时期任有不同职务者则以其初任职务时年龄计算之，如在不同部门任有职务者，分别计之。（4）各部官员、出生年月不可考者人数如下：内务部共 84 人，其中出生年月不详者 13 人；财政部 102 人，不详者 23 人；陆军部 70 人，不详者 25 人；教育部 73 人，不详者 6 人；司法部 62 人，不详者 6 人；农商部 62 人，不详者 4 人；交通部 81 人，不详者 8 人；海军部 35 人，不详者 11 人；外交部 53 人，不详者 0 人。

---

① 该计算只包括陆军、海军、外交、交通、教育、司法、内务、财政、实业九部总、次长。

② 参见解学兰《袁世凯时代北京政府中央官僚构成之研究（1912—1916）》，硕士学位论文，上海师范大学，2004 年，第 15 页。

如果说民初中央官僚的普遍年轻化是得益于20世纪上半叶中国国家政治结构发生的剧烈变化所带来的种种机会的话，那么当这种剧烈变化在趋于平缓，其所带来的种种机会日渐消退后，年轻人已很难在既有政治结构中得到“老人”的欣赏。当国家政治结构逐渐稳定后，官员晋升亦须循阶而上，因此图2—1、图2—2显示的北京政府与南京国民政府中央各部官员的平均任职年龄要比民初大得多。就北京政府而言，除陆军部、司法部外，其余各部官员的平均任职年龄均已超过40岁。陆军部的平均任职年龄最小，只有38.17岁，而海军部的平均任职年龄最大，达到44.75岁。显然这与陆军部、司法部官员多出自学校，很少有旧官僚有很大关系；而海军部则多为前清旧人，且闽人把持部务，很少补充新人，故其平均任职年龄亦显得较大。

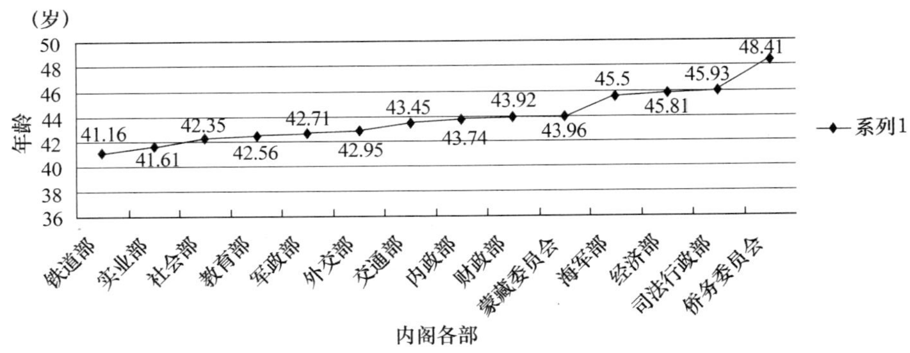

图2—2　南京国民政府中央各部院官员平均任职年龄（1927—1949）

说明：（1）本图主要考察国民政府行政院各部、会官员（总、次长、秘书长、参事、各司司长）的平均年龄。由于部分部门的隶属关系及创设与裁撤日期均不统一，存在时间较短，故未作统计，如卫生部、农林部、粮食部、审计部、国防部。其他如实业部等（1930—1937）则只统计了从创设年至裁撤年的官员任职年龄，社会部（1940—1949）、海军部（1929—1938）、军政部（1928—1945）、经济部（1938—1949）、铁道部（1928—1935）。（2）官员的选取标准包括任、兼代、署理，未就者不予统计，其中同一人在同一职务上既有署理、兼代以及任者，即以任为标准。（3）同一人在同一部中在不同时期有不同职务者则以其初任职务时年龄计算之。（4）各部官员总数及出生年月不可考者人数如下：海军部共25人，出生年不详者5人；教育部77人，不详者5人；外交部110人，不详者17人；内政部122人，不详者33人；财政部133人，不详者41人；交通部109人，不详者31人；军政部147人，不详者30人；铁道部48人，不详者10人；司法行政部59人，不详者18人；社会部26人，不详者9人；实业部51人，不详者13人；经济部59人，不详者12人；蒙藏委员会107人，不详者27人；侨务委员会157人，不详者49人。

与北京政府相比，1927 年国民党胜利后组织的政府虽然亦因国家政治结构的变化而导致当权者与统治机构的更替，但因国民党是从同盟会改组而成，党内的精英亦多为同盟会时的骨干，故国民党从革命党转变为执政党后，大多数党内精英亦补充到政府行政机构中，且南京国民政府大量延用北洋官僚（很多国民党人都曾在北京政府任职），故南京国民政府成立后，这批人的平均任职年龄较大，平均任职年龄均已超过 41 岁。而部分部门因裁撤时间较早，故该部门官员的平均任职年龄较小，如铁道部、实业部。但海军部是个例外，显然这与海军部有大量的北洋旧官僚有着密切的关系。

上述统计尽管可以对民国中央各部官员的年龄结构有一个大概了解，但却模糊了这些官员因连续任职而造成的实际年龄的增长，为弥补这种统计的缺陷，笔者将对民国中央各部官员的出生年份进行分段统计。

表 2—7　　**北京政府中央各部官员出生年代分段统计**（1912—1928）

部别 / 人数 / 出生年代	内务部	外交部	农商部	交通部	教育部	陆军部	海军部	司法部	财政部	总计
1850—1860	0	3	1	4	1	1	3	0	3	16
1861—1865	9	4	3	6	3	3	6	1	0	35
1866—1870	10	7	4	5	5	3	2	1	10	47
1871—1875	14	7	7	13	7	9	5	8	14	84
1876—1880	21	14	16	16	23	9	0	17	25	141
1881—1885	8	6	21	14	18	12	5	14	16	114
1886—1890	3	12	1	11	6	4	2	9	8	56
1891—1895	2	0	0	1	2	2	1	3	0	11
1896—1900	0	0	0	2	0	0	0	0	1	3
不详	13	0	5	8	6	25	9	8	23	97

说明：（1）外交部 1855—1860 年段出生者 3 人，其中伍廷芳生于 1842 年。

（2）农商部 1855—1860 年段出生者 1 人为张謇，生于 1853 年。

表 2—8　南京国民政府中央各部官员出生年代分段统计（1927—1949）

出生年代＼部别、人数	内政部	外交部	实业部	交通部	教育部	军政部	海军部	铁道部	财政部	社会部	司法行政部	经济部	蒙藏委员会	侨务委员会	总计
1865—1870	3	1	0	0	1	1	1	0	0	0	0	0	2	9	18
1871—1875	1	0	0	0	0	1	1	0	2	0	1	0	3	9	18
1876—1880	7	7	3	3	3	1	4	4	8	0	7	0	3	8	58
1881—1885	11	6	5	10	4	15	5	2	8	0	8	3	15	13	104
1886—1890	19	23	9	14	11	28	3	15	21	0	7	5	7	21	183
1891—1895	13	18	14	17	12	25	3	10	22	3	8	15	17	20	197
1896—1900	15	15	2	23	21	23	2	6	14	4	5	12	15	15	172
1901—1905	12	17	4	9	15	16	1	1	9	4	4	9	9	9	119
1906—1910	4	5	1	1	5	7	0	0	7	5	0	2	5	3	45
1911—1915	1	1	0	1	0	0	0	0	0	1	0	1	4	1	10
不详	32	17	13	31	5	30	5	10	41	9	18	12	27	49	299

说明：（1）蒙藏委员会 1911—1915 年段出生者 4 人中，其中一人出生于 1923 年。（2）侨务委员会 1865—1870 年段出生者 9 人中，其中 5 人出生于 1855 年、1859 年、1862 年、1863 年。（3）表 2—8 的“总计”一栏包括上表各相同年龄段数据。

1933 年铨叙部亦曾对国民政府暨院部会公务员年龄结构进行过统计，具体如表 2—9 所示。

表 2—9　国民政府暨院部会公务员年龄结构统计（1930.6—1933.6）

年龄	人数	百分比（%）
60 岁以上	18	0.23
51—60 岁	418	5.27
41—50 岁	1692	21.35
31—40 岁	3011	37.99
21—30 岁	2737	34.53
20 岁及以下	50	0.63
合计	7926	100.00

资料来源：铨叙部秘书处第三科：《铨叙年鉴续编》（民国二十年至二十二年），南京大陆印书馆 1934 年，第 633 页相关附表整理而成。表 2—10、表 2—11 资料来源与此表相同。

表 2—10　国民政府暨院部会及直辖机关公务员年龄结构统计（1930.6—1933.6）

年龄	人数	百分比（%）
60 岁以上	54	0.31
51—60 岁	1061	6.08
41—50 岁	3937	22.57
31—40 岁	6561	37.60
21—30 岁	5710	32.73
20 岁及以下	124	0.71
合计	17447	100.00

表 2—11　国民政府暨院部会直辖机关公务员年龄结构统计（1930.6—1933.6）

年龄	人数	百分比（%）
60 岁以上	36	0.38
51—60 岁	643	6.75
41—50 岁	2245	23.53
31—40 岁	3550	37.28
21—30 岁	2973	31.23
20 岁及以下	74	0.78
合计	9521	100.00

如果将民国中央官僚按代际划分的话，大约可分为 19 世纪 60 年代、70 年代、80 年代与 90 年代四代人。[①] 其共同点是，他们都出生在前清，大部

---

① 在代际划分及对代际的描述上，本文参考了黎安友的一些方法，但仍有不同。参见 Andrew J. Nathan, *Peking Politics, 1918 - 1923: Factionalism and the Failure of Constitutionalism*, Berkeley: University of California Press, 1976, pp. 10 - 13。但这一划分实际上并未完全将民国官员完全包括在内，而那些出生于 19 世纪 60 年代之前的官僚尽管在民国中央政府中有着举足轻重的作用，但因其数量不多，年龄更接近 19 世纪 60 年代生人，亦可归入，这批人包括伍廷芳（1842）、李经羲（1857）、汪大燮（1859）、张謇（1853）、梁敦彦（1857）、刘冠雄（1858）、萨镇冰（1859）；而那些出生于 20 世纪 10 年代的年轻官僚，无论是在北京政府还是在南京国民政府都无法扮演十分重要的角色。

分或多或少受到过传统教育，且很多人都是清朝的教育政策方式的直接产物，但其服务对象却是中华民国。他们的不同点在于不同代际的人在知识结构、心理与行为特征、经验程度以及精力等方面所表现出来的差异。

生于19世纪60年代的民国官僚，从小接受的是传统教育，四书五经是其必读书目，科举入仕则是其终极目标。这个年代出生的人，最早接受新式教育的人基本上是军人，且多为北洋武备学堂出身，如段祺瑞、王士珍、鲍贵卿、田中玉等，他们基本上是这个代际中最具专业化的人才。除军人及部分既通过科举考试又曾出国游历或曾在京师大学堂及各地广方言馆学习的官僚（如董康、唐绍仪、梁善济等）外，他们当中的大部分官僚仍缺乏新知识，但因曾在清政府任职多年，具有丰富的行政经验，他们处世圆滑，然因年纪偏大，顾虑亦多。

生于19世纪70年代的，属于新旧过渡的一代。年轻时大多亦从事举业，多数官员仍具有举人乃至进士身份，但相比60年代的人而言，他们当中接受新式教育与新知识者的比例却要大得多，是一些如教育家、律师、银行家、商人、记者等具有专业才能组成的专业官僚群体，其中较有代表性的人物有范源濂、张国淦、黄炎培、汤化龙、梁启超、陈锦涛、周自齐、熊希龄、王克敏、颜惠庆、古应芬、郑洪年等。他们办事沉稳，但略显得有些保守。

生于19世纪80年代的官员基本上属于新一代人，他们在童年时虽亦曾接受过传统教育，但多数人在稍大以后即转往新式学堂求学，这并不是他们或其家长都有着放眼看世界的宽阔视野，而是1905年科举制的废除，迫使他们不得不放弃举业，他们当中很多人都到日本留学，留学欧美者亦有，但因费用昂贵，故人数不如日本。他们正值壮年，年富力强，具有新思想，因此亦更激进，其中留日士官派在推翻清王朝的革命中亦是一股不可小觑的力量，但头脑中仍有着挥之不去的传统左右着他们。其代表人物有易培基、黄郛、蒋介石、顾维钧、王正廷等。

而生于19世纪90年代的人物，属于新的一代，他们当中大部分人出生或启蒙时，科举已经废除，科举对这一代人来说并无负担。但因社会发展并不平衡，对于个体来说，出人头地的方法并不太多，读书做官仍是最好的出路，而其最捷径者莫过留学，故留学生是这代人的标签。这个代际出生的人吸取了前辈们留日速成教育的教训，往往选择去欧美留学，故欧美人强调自由、平等、共和的观念深入其心。他们年轻，精力旺盛，意气风发，但缺乏经验却是其致命的弱点。其中代表人物如宋子文、孙科、钱昌照、何廉等人。

从表2—7与表2—8观之，北京政府中央官员中1876—1880年与1881—1885年是两个较为醒目的年龄段，而南京国民政府中央官员中

1886—1890 年与 1891—1895 年是人数相对较多的年龄段，充分显示了在政府更迭过程中官员的代际更替。前两个时期出生的官员，在北京政府任职的时间基本为 20 世纪 10 年代末与 20 年代初期，即使到了 1927 年，其年龄也只为 42—51 岁；而 1886—1890 年与 1891—1895 年出生的官员，在南京国民政府任职的时间基本为 20 世纪 30 年代初至 40 年代中期，如以 1933 年为参照年的话，则这个年龄段出生的人为 37—47 岁，如以 1940 年参照，则其年龄为 45—54 岁。

从表 2—9、表 2—10、表 2—11 观之，21—30 岁、31—40 岁与 41—50 岁三个年龄段的官员占绝对的优势，考虑到其统计对象除荐任、简任以上等高级官员外，还包括委任、雇员等低级官吏，故按年资论，这一级别中 21—30 岁这一年龄段的人数较多也就不奇怪。但 31—40 岁、41—50 岁这两个年龄段的官员合计起来均超过 50% 的现象则说明，国民政府中央官员以 30—50 岁中年人为主，而这一现象与笔者的统计亦十分吻合。30—50 岁的官员既有了行政经验，亦未到垂暮之年，显然是为官当政的最佳年龄。① 而北京政府中央官员中出生于 1850—1860 年、1861—1865 年、1891—1895 年、1896—1900 年年龄段者与南京国民政府中央官员出生于 1865—1870 年、1871—1875 年、1906—1910 年、1911—1915 年年龄段的数量偏少，则实属可喜之现象，年纪过大与年纪太小都不足以应付繁重而复杂的行政事务。

若以代际划分，南京国民政府各部中出生于 19 世纪 80 年代官员占总数（不包括不详者）的 31.06%，出生于 90 年代的官员则更高，为 39.94%，两者总计高达 71%，而其他年代出生的人总计只占总数的 29%，可见其代际更替之缓慢。因体制内补充的新人较少，故政府各部人员俱为从政长达数十年的旧人，由此带来的问题则如王子壮所言："机关太久，办事人员不免厌倦怠一，且多见因循。人员俱为老人，且无大错，不过松懈而不负责耳。"王有此叹，盖因其所在的监察委员会秘书处若干人"实在太差"，因而急需"干练之青年"。② 尽管从政多年，但 34 岁即出任铨叙部政务次长的王子壮，正是年轻一代迫切希望通过代际更迭而进入体制内的代表。其实，"机关太久"固然会出现王子壮所担心的因循守

---

① 有研究表明，民国时期，中国农村人口的平均寿命三四十岁，而如南京、上海、天津、青岛等大城市的人口中 51 岁以上的人口平均只占到各城市总人口的 10%。可见民国时期 50 岁以上者在中国人口的年龄结构中已步入老龄化的行列。参见国民政府主计处统计局编《中国人口问题之统计分析》，正中书局印行 1936 年沪一版，第 36 页。

② 《王子壮日记》第 6 册（1940 年 9 月 17 日），台北"中央研究院"近代史研究所 2001 年版，第 261—262 页。

旧之现状，但官员更换太勤恐亦难免不影响工作效率。

二 任职时间

官吏任期长短，对于其政绩影响至深。就本文而言，要对近5000名官员进行任期统计显然不太现实，故笔者将对北京政府、南京国民政府内阁成员以及内阁各部参事、司长的任期进行统计，以一斑而窥全豹，希能对民国中央官僚群体的任职时间作一大概了解。

表2—12 北京政府内阁阁员任期统计

部别	时段	0.5年以下	0.5—1年	1—1.5年	1.5—2年	2—2.5年	2.5—3年	3—3.5年	3.5—4年	4年以上	平均任职年数
国务总理	1912—1928	33	9	2	0	0	0	0	0	0	0.36
外交部	1912—1928	16	5	2	2	0	1	0	0	0	0.62
内政部	1912—1928	18	5	4	0	0	1	0	0	0	0.57
财政部	1912—1928	30	5	4	0	0	0	0	0	0	0.41
陆军部	1912—1927	11	5	5	0	0	0	0	0	0	0.71
海军部	1912—1927	1	1	3	0	1	0	1	0	1	1.88
教育部	1912—1928	25	4	4	1	0	0	0	0	0	0.47
农商部	1914—1927	14	4	4	0	1	0	0	0	0	0.57
交通部	1912—1928	16	6	5	1	0	0	0	0	0	0.57
司法部	1912—1928	19	6	2	0	2	0	0	0	0	0.55
总计		183	50	35	4	4	2	1	0	1	

说明：（1）因内阁倒台或改组造成阁员更迭，但前任阁员在现任内阁中仍任原职者，其任期以其初任时算起，国务总理仍以其组阁期间为算。（2）包括任、兼、署理以及代者，未就者不作统计。

1912—1928年的16年间，有29人先后44次担任国务总理，平均任职年数只有0.36年。而包括国务总理及各部部长总共10个主要官职在内，有138人先后280次供职于这10个职位，任职人数是官职的13倍，官员的平均更换率为0.77年。而从表2—12来看，各部中，除海军部的平均任职年在1年以上，其余均在1年以下。在总共的280人次任职中，有

183 人次的任职时间低于 0.5 年，占总数的 65.36%。由此可见，北京政府内阁更迭频率之快、内阁官员任期之短，实为世之罕见。

表 2—13 北京政府中央各部司长任期统计

部别	时段	0.5 年以下	0.5—1 年	1—1.5 年	1.5—2 年	2—2.5 年	2.5—3 年	3—3.5 年	3.5—4 年	4—4.5 年	4.5—5 年	5 年以上
外交部	1912—1928	4	2	1	1	0	0	2	0	0	0	3
内政部	1912—1928	7	11	2	2	2	2	3	0	2	2	6
财政部	1912—1928	25	16	6	0	3	0	1	1		1	3
陆军部	1912—1927	3	2	4	3	5	4	2	0	1	0	9
海军部	1912—1927	7	2	2	1	2	0	2	2	2	2	4
教育部	1912—1928	6	6	3	0	3	0	1	1	0	0	2
农商部	1914—1927	3	3	1	0	1	0	5	1	0	0	5
交通部	1912—1928	13	13	8	4	6	0	2	1	0	2	0
司法部	1912—1928	3	5	3	3	0	0	0	0	1	0	3
总计		71	60	30	14	22	6	18	6	6	7	35

相对于内阁部长而言，各部参事、司长的任期相对要长。从上表观之，1912—1928 年，北京政府内阁阁员中只有一人的任期超过 5 年，而各部司长中任职时间超过 5 年者有 35 人次之多。盖官吏有政务官、事务官之分，政务官因政局变化可随时更调，而事务官却不同，一般而言，非因违法失职不得随意免职和停职。“司长办署司务，如无过失，依向来惯例，颇难随意变动也。”① 总、次长更换频率较高，而各部参事、司长则相对稳定，因此久居部中之参事、司长往往可以把持部务。北京政府司法部“司员承前清刑部之习，把持盘踞，不必随堂官为进退。任用法官、参事、司长皆得预议。”财政部“司员中亦蔚为风气，其把持部务，大有清同、光间户部四大金刚之风，虽党势不若交通之炽，而总次长必与之客气周旋”②。

尽管如此，各部中任期低于 0.5 年及 0.5—1 年者仍占有较大比重。究其原因，则由于民国时期，各部总长皆不免任用私人，以致内阁改组时，部中事务官如司长、参事等亦随之更换。如 1920 年夏，任鸿隽本已接受

① 《王迺斌到任后之农商部》，《申报》1920 年 8 月 24 日第 4 版。

② 沃邱仲子：《民国十年官僚腐败史》，中华书局 2007 年版，第 30、20 页。

北大之聘，后又受教育部长范源濂的邀请，辞北大教授而担任专门教育司司长之职。然任事不到一年，范源濂即因教育经费风潮而去职，任亦因此离职他任。[①] 罗文干谈及此事时说："元年官制初定，有政务官、事务官之分，政随阁员进退者，惟秘书耳。二年熊内阁成立，次长遂随总长而进退，五年以后，参事、司长亦因内阁而迁调，至今则科长亦不得为事务官矣。一阁倡之，其继者随之，势所必然。盖一部之事务官既为前阁之私人，且非无于其事者，则为公为私不可不更易。晚近，总长以军阀之拥戴，议员之条件而登台者，则军阀议员之条子尤奉命维谨，故内阁变更愈密，则员司之更调愈多。"[②] 事务官更调频率过高，自然不利于政务的展开，南京国民政府建立后曾试图改变这种状况。

表 2—14　　　　**南京国民政府内阁阁员任期**

部别	时段	0.5 年以下	0.5—1 年	1—1.5 年	1.5—2 年	2—2.5 年	2.5—3 年	3—3.5 年	3.5—4 年	4—4.5 年	5 年以上	平均任职年数
行政院长	1928—1949	3	2	2	3	1	0	0	1	0	1	1.62
内政部	1927—1949	7	4	4	2	1	0	0	1	0	1	1.1
外交部	1927—1949	9	1	1	1	1		2	1	1	0	1.29
财政部	1927—1949	8	0	0	1	0	0	0	2	0	1	1.83
军政部	1928—1946	5	0	0	0	1	0	0	0	0	1	2.57
海军部	1929—1938	0	0	0	0	1	0	0	0	0	1	4.5
交通部	1927—1949	2	1	2		2	1	0	0	3	0	2
铁道部	1928—1938	3	1				1	2				1.43
教育部	1928—1949	4	5			1				2	1	1.62
司法行政部	1928—1949	4		2			2				1	2.33
实业部	1930—1937			1		1			1			2.33
国防部	1946—1949	4	0	0	0	0	1	0	0	0	0	0.6

① 参见任鸿隽《五十自述》，载樊洪业、张久春选编《科学救国之梦：任鸿隽文存》，上海科技教育出版社、上海科学技术出版社 2002 年版，第 686 页。

② 罗文干：《狱中人语》，载沈云龙主编《近代中国史料丛刊》第 2 辑，文海出版社 1966 年版，第 124 页。

续表

部别	时段	0.5年以下	0.5—1年	1—1.5年	1.5—2年	2—2.5年	2.5—3年	3—3.5年	3.5—4年	4—4.5年	5年以上	平均任职年数
经济部	1938—1949	3	2								1	1.83
社会部	1940—1949	0	0	0	0	0	0	0	0	0	1	9
蒙藏委员会	1928—1949	2	2	3	0	1	0	1	0	0	1	2.1
侨务委员会	1928—1949	0	2	1	0	0	1	0	0	0	1	4.2
总计		54	20	16	7	10	6	5	6	6	11	

说明：(1) 本表包括兼、代、署以及任者，未就者不予统计。(2) 因各部隶属行政院时间不一，此处不作区分，即以该部的起止年月算起。

相较北京政府走马灯式的换人而言，表2—14所展示的南京国民政府时期的内阁相对要稳定，在1928—1949年的21年间，只有10人先后13次担任行政院长，平均任职时间为1.62年，且只有141人次先后供职于内阁的16个主要职位。但值得注意的是，任职时间低于0.5年的任职次数仍然为各年数段之最，占到总数的38.30%。各部中平均任职年数最长的部长为社会部，这是因为该部从创设至1949年，部长自始至终都由谷正纲一人担任；位居其后则是海军部，该部的平均任职年数为4.5年，和北京政府时期的海军一样，该部一直为闽人掌控，而海军又是一种专业化较强的军种，人才稀少，故更换频率亦低。总体而言，除国防部因存在时间只有3年却有5人担任该职，故平均任职年数只有0.6年，其余各部总长的平均任职年数均超过1年。

即连教育部长1.62的平均任职年数，与前相比，也已有了大幅提高。曾任教育部长的王世杰曾对1898—1933年（1898年清政府设立管学大臣起至1933年王就任教育部部长之日止）教育部长的任期做过统计："前后四十年，中枢教育长官凡六十余任；除未就任者若干人不计外，平均每任任期九月而弱"，而王的四年任期已为最高纪录。[①] 不仅如此，南京国民政府时期，各部部长中连续任职时间超过10年的亦有之，如孔祥熙从1933年11月担任财政部长一职，至1944年11月卸任，长达11年；何应钦在

① 林美莉编辑、校订：《王世杰日记》上册（1937年5月8日），台北"中央研究院"近代史研究所2012年版，第16—17页。

军政部长一职上则盘踞了14年之久，显然在蒋氏大权独揽的南京国民政府，像孔、何这样的中央大员的去留只能凭蒋氏之喜好决定。何为蒋的嫡系，故能长期执掌军政部；与其前任宋子文不愿充当蒋的“军需主任”相比，孔祥熙在赴部视事第一天，即表示，要尽先为蒋充实“剿匪”经费。[①]故而深得蒋之欢心，孔亦因此得安其位数十年。

表2—15　　**南京国民政府中央各部参事任期统计**

部别	时段	0.5年以下	0.5—1年	1—1.5年	1.5—2年	2—2.5年	2.5—3年	3—3.5年	3.5—4年	4—4.5年	4.5—5年	5年以上
内政部	1927—1949	6	6	5	0	4	4	0	2	1		5
外交部	1927—1949	7	6	3	6	3	0	2		1	1	6
财政部	1927—1949	11	2	3	3	1	1	2	2	2	3	8
军政部	1928—1946	8	5	2	2	9	0	1	1	0	1	7
海军部	1929—1938	1	0	0	0	0	0	0	0	0	0	4
交通部	1927—1949	3	6	10	3	4	0	2	3	0	1	3
铁道部	1928—1938	10	3	1	3	0	0	1	0	0	0	4
教育部	1928—1949	7	2		2	2	2	3	0	1	0	5
司法行政部	1928—1949	2	1	4	3	2	0	2	1	0	0	5
实业部	1930—1937		3		2	2	0	1		1	0	3
经济部	1938—1949	1	6	1	4	0	0	0	1	1	0	0
社会部	1940—1949	1	2	1	2	0	0	1	0	0	0	2
蒙藏委员会	1928—1949	3	1	3	1	3	1	0	0	2	0	3
总计		60	43	33	31	30	8	15	10	9	6	55

从表2—14和表2—15观之，南京国民政府时期，内阁阁员中则有11人次的任职时间超过5年，而各部参事中任职时间超过5年的，则高达55人次，但仍有60人次任职时间低于0.5年，高于其他任何年数段。

南京国民政府时，对于公务员的类别划分中，亦有政务官与事务官之

① 孔认为，他此次任职，“为公为私均义不容辞……为蒋剿匪前途计，故即有任何牺牲，亦在所不惜”。参见《爆竹声中孔接财长》(1933年11月)，《国闻周报》第10卷第44期。

别。1929 年国民党三全大会时，即有党员提案要求行政机关因事择人，事务官无故不得随政务官而进退。[①] 而在这之前，南京国民政府亦曾通令："近查各机关往往因政务官更动，而事务官员亦纷纷随之更动，不特远大计划，莫由实行，即日常事务，亦往往因之停顿。嗣后事务官不应随政务官而更易。"[②] 但这些皆不过是一纸具文而已。1932 年 12 月 21 日，宁粤对峙结束后不久，蒋汪合作，欲以立法院院长为安抚孙科计，故当时代理立法院院长的邵元冲不得不让位于孙。邵在与蒋介石的谈话中虽表示对于"个人去就无成见，对孙之来院亦无成见"，但仍希望孙到任后不要对其任命的官员进行更换。在邵氏看来："事务官必须保障，已为中央三令五申之事。况院中事务官多系熟谙案卷及议程者，如调动过多，必发生许多障碍，而编译处方面，自处长以下多有相当之学力，亦未便率意更易。……若将原有人员大批更动，则为立法工作进行计，殊期以为不可也。"为立法院工作计，邵氏有此看法并未失当，但却因此触及了权力的禁区。盖民国时期用人权为部门领袖形成其班底的重要基础，如若邵氏建议得以实行，对孙而言无疑为釜底抽薪，将使其处孤家寡人之境地。故次日，孙对邵"遽诩然谓，彼之来京为促成全会，而京中人又促彼任立法院事，然既任事则必有全权，否则宁不任事云云"。语气悻悻，颇为不满，傍晚即欲束装离京返沪。[③] 1933 年孙科正式就职后，立法院人事自然不免有所更动。如前任秘书长张维翰被免，以孙氏亲信梁寒操继之，即连邵氏一再强调的编译处处长一职也在孙上任后以谢保樵替换了朱君毅。[④]

有统计表明，1933 年中央退职公务员中任职不到一年者占 39.10%，在职 1—3 者则占到 40.29%，两者总计近 80%。[⑤] 至 1940 年左右，国民政府行政院所属各部会职员仍以任职一年者最多，达 55%。其原因仍由于主管长官之更调，大多数事务官均不能久于其位。[⑥] 故时人称"更换一次

---

① 《三全大会各方提案》（续），《中央日报》1929 年 4 月 6 日第 2 张第 1 版。

② 《事务官不随政务官更易令》（1928 年 3 月 1 日国民政府令第 62 号），铨叙部秘书科第三科《铨叙年鉴续编（1931—1933）》，第五类，铨叙法规，南京大陆印书馆 1934 年版，第 212 页。

③ 王仰清、许映湖标注：《邵元冲日记》（1932 年 12 月 21 日、22 日），上海人民出版社 1990 年版，第 939—940 页。

④ 参见刘寿林主编《民国职官年表》，中华书局 1995 年版，第 405 页。

⑤ 参见《中央公务人员进退统计表》，铨叙部秘书科第三科《铨叙年鉴续编（1931—1933）》，第六类，铨叙行政，南京大陆印书馆 1934 年版。

⑥ 《王子壮日记》第 6 册（1940 年 3 月 7 日），台北"中央研究院"近代史研究所 2001 年版，第 67 页。

首长，荐信三尺，带员数十，赶走一半”。[①] 早在1934年，南京中央政治大学教授薛伯康即对此批评道：民国官僚“进退随爱憎之情，取舍系异同之趣，奖惩陟黜，率不由章，因之各机关之在职人员只以奔走逢迎为能事，以求其位置之巩固；若无门径可寻者，则抱五日京兆之心，穷年累月，皆惶惶然于患得患失之中，何能望其兢兢业业供职，又何能望吏治之清明，办事精神之振作，行政效率之提高乎！”[②] 时任国民党中央党部秘书的王子壮认为，事务官地位无保障，不仅是政府效率下降之要因，更与官员腐败有直接关系。其云：“吾国事务官制度未确立，实为政治上腐败之一因也。如一部之长官更迭，即易一大批人员，失业者累累，在位者不安，工作之无效率，成绩之难表现，俱因于此。如因地位不固，而大事搜刮，其危害公务之程度，更不可胜言。故今日各机关之腐败与事务官地位之不确定，实有因果之关系，而不容否认者。”[③]

综观民国中央官员任职时间的长与短，更换频率的快与慢，其中既有官员自身的因素，亦有社会环境与体制的制约。一般而言，官员任期的长短与官员队伍的稳定性有着直接的关系，而稳定的官员队伍又是政府工作效率提高的有效保证。北京政府时期，政局变幻莫测，内阁更动不休，造成了内阁及各部官员的任期十分短暂，从而不利于政府行政效率的提高。相对而言，南京国民政府时期，因为制度的进一步完善，军阀割据的局面有所好转，中央政府可控制的地盘增大，因而内阁阁员及参事的任期相对较长，从而保持了相对的稳定性，而各部部长及参事任期的增长，对于保持该部政策的连续性和工作效率的提高无疑有一定积极作用，但亦相当有限。[④] 至于一般职员，往往因长官不断更换，很少能够安稳于位，数年即出现全部更替的情况往往在所难免。

---

① 湖南安乡县政府编：《安乡示范县政纪实》，长沙新中国书店1948年版，第200页。

② 薛伯康：《全国考铨回忆之我见》，《行政效率》1934年第11号，第484页。

③ 《王子壮日记》第2册（1935年12月27日），台北“中央研究院”近代史研究所2001年版，第549页。

④ 曾任“教育部”部长的王世杰即曾以教育为例，谈及任期与效率的关系，其云：“教育工作必经长期始能获相当效益，而吾国任中央或地方教育之责者，往往短期即去，诚为教育效能不易提高之一因。余平昔尝言，任何一种教育事业，若于数年之内更动主办者二三次，即令此二、三任均为头等人才，其功效或不若将此数年时间，悉数给予一个二等人才。”尽管任期已达四年的王，任教部“为时已较此前诸人均长”，但令其不安的是，仍觉其贡献与任期不相称。参见林美莉编辑、校订《王世杰日记》上册（1937年5月8日），台北“中央研究院”近代史研究所2012年版，第17页。

第三节　教育背景与家庭出身

前述可知，无论是北京政府还是南京国民政府对各类官员的选任皆有严格的制度要求。然现实中，制度设计与实践往往出现背离，因此进一步深入探讨民国中央官员都受过何种教育、毕业于哪些学校、留学于哪些国家，以及支撑其教育背后的家庭出身，对于构建民国中央官僚的群体结构具有重要意义。

一　学历结构

辛亥革命后，除了以“皇帝”为中心的普遍王权崩溃外，其所派生出的一整套文化/权力体系也逐渐崩塌。在从专制王朝向现代国家过渡的过程中，作为“管治精英”的受教育程度，不仅决定其个人素质与知识结构，更深刻地影响着新生的民主共和国的成长。

（一）北京政府中央各类官员的学历结构

表2—16　**北京政府中央文职官员受教育程度**（1912—1928）

总类	教育类别	人数（次）	占全体官员总数（%）
国外教育	大学	242	36.44
	师范	14	2.11
	专门	27	4.07
	军警	19	2.86
	不详	24	3.61
	留学生总数	326	49.10
国内教育	大学	26	3.92
	师范	8	1.20
	专门	55	8.28
	军警	24	3.61
	国内学生总数	109	16.42

续表

总类	教育类别	人数（次）	占全体官员总数（%）
科举出身	进士	81	12.20
	举人	102	15.36
	秀才、贡生、监生等	54	8.13
	不详	4	0.60
	旧功名者总人数	241	36.30
家庭教育（私塾）		6	0.90
未受教育（行伍、绿林等）		2	0.30
教育背景不详者		58	8.73
全体文职官员总数		664	100

说明：（1）既曾就读于国内学校又曾就读于国外学校者，则只以国外教育记之；科举出身者只记其最高功名。（2）本表系采用重复计算法而得，科举出身者，后曾留学或就读于国内学校者，则分别记一次；在国内或国外受教育不止一所学校，且类别不一者，亦分别记之，如既曾就读国外师范学校，又曾就读于国外专门学校或大学、军警者，分别记一次。（3）家庭教育乃指，无上述出身者，但曾接受过私塾或家庭成员指导者。（4）凡科举废除后由清政府奖励或授予的科名皆不计入内。（5）下表同。

就表2—16而言，民初文职官员大多具有现代教育背景，文职官员中接受军事教育者所占比例并不大。其中国外留学者较多，占全体官员总数的一半左右，达49.10%。科举出身者亦有不少，占文职官员总数的36.30%。

比较而言，这一时期军职官员的教育背景较为简单，大多出身国内外各种军事院校，以文人而任军职者并不多见。据笔者统计①，在652名军职官员中，在国内接受军事教育者有173人次，接受大学教育者5人次，接受专门教育者10人次，有科举功名者达23人次；在国外接受教育者达122人次，接受大学教育者达5人次，专门教育者3人次，行伍与绿林出身者达33人。

再具体看整体情况。

---

① 由于笔者的统计中包括了将军府的全体将军，但因年久资料散佚，很多将军已经很难找到其详细的资料，故此次统计中，教育背景不明者达315人。

表 2—17　　**北京政府中央官员受教育程度（1912—1928）**

总类	教育类别	人数（次）	占全体官员总数（%）
国外教育	大学	246	19.03
	师范	15	1.16
	专门	35	2.71
	军警	133	10.29
	不详	32	2.47
	留学生总数	458	35.42
国内教育	大学	33	2.55
	师范	9	0.70
	专门	62	4.80
	军警	193	14.93
	国内学生总数	292	22.58
科举出身	进士	85	6.57
	举人	104	8.04
	秀才、贡生、监生等	67	5.18
	不详	4	0.31
	拥有旧功名者总数	261	20.19
家庭教育（私塾）		6	0.46
中学教育		3	0.23
未受教育（行伍、绿林等）		35	2.71
教育背景不详者		324	25.06
获得博士学位者		23	1，78
获得硕士学位者		16	1.24
全体官员总数		1293	100.00

表 2—18 北京政府中央官员留学国家分布(1912—1928)

留学国家	人数(次)	占留学生总数比例(%)	留学国家	人数(次)	占留学生总数比例(%)
日本	357	77.95	德国	20	4.37
美国	53	11.57	比利时	10	2.18
英国	42	9.17	俄国	3	0.65
法国	17	3.71	瑞士	1	0.22

说明:(1)本表系采用重复计算方法所得,即同时留学于两个国家者,各计一次。(2)下表统计原则同。

美国政治学者普特兰指出:“无论是共产党国家或资本主义国家,管理与技术的训练逐渐被重视。一个文盲的农民革命分子在今日苏俄无法爬到权力顶端,同样白手起家却没受过教育的人在美国企业也无法出头。”① 对于任何一个现代政府而言,大学教育依然是成为权力体系中一员的重要条件。

整体而言,对于民初中央官员的教育背景,我们大致可以得出以下几点看法。

第一,具有现代教育背景的中央官员居多,尤以留学生为最。总体来看,民初中央官员具有留学经历者高达 458 人,在国内接受现代教育者亦有 292 人,两者合计 750 人,占全体官员总数的 58%。这一结果完全可以看作晚清教育现代化的积极呈现。

第二,相较具有现代化教育背景的官员而言,科举出身者仍有不少。表 2—17 表明,科举出身者甚至超过了在国内接受现代教育者。总体来看,旧功名出身者占全体官员数的 1/4 以上。说明在科举已废的民初,科名的社会功用仍然有效。因此正如斯特劳斯(Julia Strauss)所说:“民国初年的政府,只能在两个领域中找寻有潜质的管治精英,即有经验的官僚和国内新式学校及海外院校的毕业生。”②

第三,官员中曾在国内外接受军事教育者达到 326 人次,而民初中央政府文职官员和军职官员人数旗鼓相当的现象,也表明了民国十六年以来的“军阀统治”及其“军治”特征。

第四,留学国别的单一化。在有资料可查的 458 名留学生中,留学日

① Robert D. Putnam, *The Comparative Study of Political Elites*, N. J: Prentice-Hall, 1976, pp. 57-58,转引自彭怀恩《透视台湾内阁精英》,洞察出版社 1986 年版,第 46 页。

② Julia Strauss, *Strong Institutions in Weak Politics. State Building in Republican China, 1927-1940*, Oxford: Clarendon Press, 1998, pp. 30-31.

本者达357人次，占留学生人数的77.95%，美、英、法、德次之。值得一提的是，在有资料可查的民初中央官员中，曾取得博士学位者23人，获硕士学位者16人，考虑当年日本高等教育中并无学位授予制度，故这一数字的实际意义应该更大。

（二）南京国民政府各类中央官僚的学历结构

辛亥革命16年后，民国政权再次易手。随着现代教育的发展，南京国民政府的“管治精英”的受教育程度又有了大幅度提高。

表2—19　**南京国民政府中央文职官员受教育程度（1927—1949）**

总类	分类别	人数（次）	占全体文职官员比例（%）
国外教育	大学	793	33.76
	师范	26	1.11
	专门	62	2.64
	军警	86	3.66
	不详	105	4.47
	留学生总数	1014	43.17
国内教育	大学	235	10.00
	师范	71	3.02
	专门	213	9.07
	军警	124	5.28
	不详	7	0.30
	国内学生总数	609	25.93
科举出身	进士	10	0.43
	举人	27	1.15
	秀才及其他	66	2.81
	旧功名者总人数	103	4.38
家庭教育（私塾）		39	1.66
寺庙教育		12	0.51
中学		2	0.09
未受教育（行伍、绿林等）		15	0.64
不详		621	26.44
官员总数		2349	100.00

从表2—19来看，与北京政府类似，中央政府中从事文职工作的官员大多具有国内外现代教育经历，其中尤以留学教育为最。在国内外接受现代教育者累计达1623人，占文职官员总数的69.1%。文职官员中，接受国内外军事教育者不足10%，曾获取科举功名者103人次。由于国民政府时期设立“蒙藏委员会”，主要掌理“关于蒙古、西藏之行政事项”和“各种兴革事项”，且由于西藏本为政教合一的地区，政府吸纳了部分僧侣加入其中，故表2—19中寺庙教育者12人皆由此而来。

与文职官员相比，军职官员的教育背景较为简单，大多出身国内外各种军事院校，以文人而任军职者亦不多见。971名军职官员中，在国内接受军事教育者532人次，接受大学教育者14人次，接受专门教育者15人次，有科举功名者达9人次；在国外接受军事教育者达157人次，接受大学教育者达40人次，专门教育者7人次，行伍与绿林出身者达60人。值得一提的是，军职人员中获博士学位者15人，硕士学位者7人。

再具体看整体情况。

表2—20　**南京国民政府中央官员的受教育程度（1927—1949）**

总类	分类别	人数（次）	占全体官员总数比例（%）
国外教育	大学	849	26.38
	师范	28	0.87
	专门	76	2.36
	军警	218	6.77
	不详	128	3.98
	留学生总数	1227	38.13
国内教育	大学	251	7.80
	师范	78	2.42
	专门	249	7.74
	军警	617	19.17
	不详	7	0.22
	国内学生总数	1142	35.49

续表

总类	分类别	人数（次）	占全体官员总数比例（%）
科举出身	进士	10	0.31
	举人	28	0.87
	秀才及其他	71	2.21
	旧功名者总数	109	3.39
家庭教育（私塾）		40	1.24
寺庙教育		12	0.37
中学		3	0.09
未受教育（行伍、绿林等）		60	1.86
不详		695	21.60
获得博士学位者		233	7.24
获得硕士学位者		178	5.53
官员总数		3218	100.00

表2—21　**南京国民政府中央官员留学国家分布**（1927—1949）

留学国家	人数（次）	占留学生总数比例（%）	留学国家	人数（次）	占留学生总数比例（%）
日本	518	42.22	意大利	2	0.16
美国	453	36.92	泰国	2	0.16
法国	118	9.62	澳大利亚	2	0.16
英国	117	9.54	越南	1	0.08
德国	79	6.44	叙利亚	1	0.08
苏联（俄国）	31	2.53	土耳其	1	0.08
比利时	14	1.14	捷克	1	0.08

续表

留学国家	人数（次）	占留学生总数比例（%）	留学国家	人数（次）	占留学生总数比例（%）
瑞士	8	0.65	荷兰	1	0.08
加拿大	3	0.24	不详	9	0.73
奥地利	3	0.24	留学生总数	1227	100.00

毫无疑问，拥有现代教育经历是成为权力体系中一员的重要条件。从国民政府时期各类中央官僚的受教育程度，大致可以看出以下几个特点。

第一，整体来看，南京国民政府中央官僚大多受过新式教育，其中尤以留学教育为最，分别为39.68%和35.49%，两者合计达75.17%。与民初相比，在受过新式教育的中央官员中，留学国外者与国内受教育者几乎持平的现象，则说明自晚清以来现代高等教育成效已初步显现。[①]

第二，尽管南京国民政府时期的中央官员受新式教育比重要高于北京政府，但前者中未受教育者却要高于后者，而这一现象在很大程度上是分赃政治所导致的结果，其中较为著名的是曾担任国民政府赈济委员会委员的杜月笙。杜是上海流氓出身，1927年曾帮助蒋介石清党，故而得有政府席位。

第三，科举出身者已不占优势，仅有109人拥有旧功名，其中进士10人，举人28人，而获得秀才及其他低级别功名者达71人，仅占总数的3.39%。说明了士绅阶层已经出现整体性的没落，并逐渐开始退出了官僚政治的舞台。

第四，尽管在文职官员的统计中，受军事教育者并不占优势。但整体来看，受军事教育者达835人次，占到全体官员总数的25.94%，而该统计还未包括在国内曾受过军警教育而到国外留学未再学习军警者，由此可见军人在国民党政治舞台上的重要性和独特地位。

第五，从表2—21来看，南京国民政府时期，中央官员的留学国家则较民初较为分散，但仍集中在亚洲的日本，以及美洲的美国，欧洲的英、法、德等国。苏联紧随英、法、德等国家之后，究其原因则是由于国共两

① 笔者统计的官员级别多数为荐、简任级，一般而言，在民初（1912—1928）任职的大部分中央官员，其完成学业的时间大多在辛亥革命前；而南京国民政府时期大部分中央官员完成学业的时间则多为民初。

党早年在广州的合作是在苏联的帮助下达成，故其对国民党政权的影响在31名留苏者身上得到了体现。

留学既是一种文化传播过程，也是一种意识塑造过程。且这种过程对人的思维模式、价值取向、人生信仰与行为规范具有潜移默化的作用，足以使其对自己留学国家的文化产生亲和感，并因此反映到政治层面。① 正是如此，由于留日与留美者在任何时期均为多数，故掌权者的留学背景自然成为其“亲日”与“亲美”政治态度的最好诠释，而这一现象在外交界表现得尤为突出。由于外交人才的特殊性，故无论北京政府还是南京国民政府外交部门中留学生比例都为最高，这样的结果一方面使外交部门的专业化水平得以提高，但另一方面也因留学生留学国家之不同产生利益集团和派系纷争。“往往以留学国家之不同，有亲甲袒乙之嫌”，于是“外交上种种措施因人而异，因外长之更迭，而忽也亲甲以抵乙，忽也联乙以制丙。措置不常，举棋不定”。② 其结果则往往使得外交陷入困境。

第六，拥有高学历者远远超过北京政府。其中获博士学位者高达233人次，获硕士学位者178人，两者合计占到总人数的12.77%。考虑到近代留日教育并无学位授予制度，而本研究对象也不包括“中央研究院”这样的学术机构，故这一比例的实际意义更大。由此可见，南京国民政府官员群体学历层次之高，着实令人吃惊。

二　学校来源

法国社会学家布尔迪厄认为，权力场域既是不同权力的持有者们为了争夺权力而展开斗争的场域，同时又是一个竞技的空间。在这个空间中，行动者和机构共同拥有大量的足以在各自的场域中占据支配性位置的特殊资本，尤其是经济资本和文化资本。③ 显而易见的是，在文化资本的争夺中，拥有名牌大学的学业证书无疑将成为最具竞争力的砝码。

（一）北京政府中央官员的学校来源

晚清以来，随着科举制度的废除，科举功名的再生产机制中断，作为“功名”替代物，学校逐渐成为无数读书人上升性社会流动的基本渠道。尽管斯时的现代学校教育刚刚起步，但作为除高校以外，容纳读书人最多

① 参见岳谦厚《民国外交官人事机制研究》，东方出版社2004年版，第168页。

② 徐景薇：《外交人才之训练与培养》，载外交评论社主编《外交之基本知识》，正中书局1936年版，第107页。

③ 参见〔法〕P. 布尔迪厄《国家精英——名牌大学与群体精神》，杨亚平译，商务印书馆2004年版，第457页。

的官场还是为我们展示了其丰硕的成果。

表2—22　北京政府中央文职官员主要学校来源（1912—1928）

类别	学校名称	人数（次）	占留学生总数比例（%）
国外学校	日本早稻田大学	56	17.18
	日本法政大学	43	13.19
	东京帝国大学	30	9.20
	日本明治大学	18	5.52
	日本宏文书院	12	3.68
	哥伦比亚大学	11	3.37
	美国耶鲁大学	10	3.07
	日本陆军士官学校	9	2.76
	日本中央大学	8	2.45
	英国伦敦大学	7	2.15
	德国柏林大学	7	2.15
	东京高等师范学校	6	1.84
	日本振武学校	5	1.53
	巴黎大学	5	1.53
	日本东京高等工业学校	4	1.23
	哈佛大学	4	1.23
	东京高等商业学校	4	1.23
	英国伯明翰大学	4	1.23
	英国牛津大学	4	1.23

续表

类别	学校名称	人数（次）	占留学生总数比例(%)
国外学校	日本成城学校	3	0.92
	宾夕法尼亚大学	3	0.92
	美国康奈尔大学	3	0.92
	加利福尼亚大学	3	0.92
	巴黎政治大学	3	0.92
	美国密歇根大学	3	0.92
	东京第一高等学校	3	0.92
	大阪高等工业学校	2	0.61
	美国华盛顿大学	2	0.61
	英国剑桥大学	2	0.61
	英国林肯法律学院	2	0.61
	日本大学	2	0.61
	留学生总数	326	100.00

类别	学校名称	人数（次）	占国内学生总数比例(%)
国内学校	京师大学堂（北京大学）	28	25.69
	京师同文馆	14	12.84
	北洋大学	14	12.84
	天津武备学堂	9	8.26
	上海南洋公学	7	6.42
	上海广方言馆	5	4.59
	两湖书院	4	3.67
	上海圣约翰大学	4	3.67
	时务学堂	4	3.67
	天津水师学堂	3	2.75
	江阴南菁书院	3	2.75
	清华学校	3	2.75
	江西高等学堂	2	1.83
	香港皇仁书院	2	1.83
	奉天法政学堂	2	1.83
	南京陆军讲武堂	2	1.83
	国内学校学生总数	109	100.00

说明：（1）因部分官员接受的高等教育不止一所学校，故表中学校数据皆采用重复计算方法。如同一人既在京师大学堂学习过，又在美国哈佛大学留学，则分别计之。（2）学校选取标准为：毕业生中至少有两名及以上者在中央政府任职。（3）下表同。

从表2—22观之，从其主要就读的学校而言，留学日本的官员集中于日本的著名高校，如早稻田大学、日本法政大学、日本明治大学、日本宏文书院等；留学美国的官员集中就读的高校则有哥伦比亚和耶鲁大学。而在国内接受教育的官员中，则集中于京师大学堂和京师同文馆这两所学校。

军职人员的学校来源显示，其主要来自日本陆军士官学校、天津武备学堂、福州船政学堂、保定陆军军官学校、北京陆军大学等学校，大体上反映了近代各军事派系的学历渊源。[①] 再具体看整体情况。

表2—23 **北京政府中央官员的主要学校来源（1912—1928）**

类别	学校名称	人数（次）	占留学生总数比例（%）
国外学校	日本陆军士官学校	98	21.40
	日本早稻田大学	56	12.23
	日本法政大学	44	9.61
	东京帝国大学	24	5.24
	日本明治大学	18	3.93
	宏文书院	14	3.06
	日本振武学校	12	2.62
	哥伦比亚大学	11	2.40
	耶鲁大学	10	2.18
	日本中央大学	8	1.75
	伦敦大学	7	1.53
	柏林大学	7	1.53
	日本成城学校	7	1.53
	东京高等师范学校	6	1.31
	巴黎大学	6	1.31
	日本东京高等工业学校	5	1.09
	格林威治皇家海军学院	5	1.09

① 以学校出身而命名的军事派系有“士官系”“北洋武备系”“陆大系”“保定系”等。

续表

类别	学校名称	人数（次）	占留学生总数比例（%）
国外学校	东京高等商业学校	4	0.87
	哈佛大学	4	0.87
	英国伯明翰大学	4	0.87
	英国牛津大学	4	0.87
	日本陆军大学	3	0.66
	宾夕法尼亚大学	3	0.66
	美国康奈尔大学	3	0.66
	大阪高等工业学校	3	0.66
	加利福尼亚大学	3	0.66
	巴黎政治大学	3	0.66
	美国密歇根大学	3	0.66
	东京第一高等学校	3	0.66
	美国华盛顿大学	2	0.44
	英国剑桥大学	2	0.44
	英国林肯法律学院	2	0.44
	日本大学	2	0.44
	比利时黎业斯大学	2	0.44
	留学生总数	458	100.00

类别	学校名称	人数（次）	占留学生总数比例（%）
国内学校	天津武备学堂	47	16.10
	京师大学堂（北京大学）	29	9.93
	保定军官学校	18	6.16
	北京同文馆	16	5.48
	福州船政学堂	15	5.14
	北洋大学	14	4.79
	北京陆军大学	13	4.45
	天津水师学堂	13	4.45
	保定陆军速成武备学堂	11	3.77
	江南水师学堂	7	2.40

续表

类别	学校名称	人数（次）	占留学生总数比例（%）
国内学校	上海南洋公学	7	2.40
	时务学堂	6	2.05
	上海圣约翰大学	5	1.71
	上海广方言馆	5	1.71
	两湖书院	4	1.37
	江阴南菁书院	3	1.03
	清华学校	3	1.03
	江西高等学堂	3	1.03
	威海水师学堂	2	0.68
	香港皇仁书院	2	0.68
	烟台海军学校	2	0.68
	奉天法政学堂	2	0.68
	国内学校学生总数	292	100.00

从表2—23观之，整体而言，北京政府中央官员的学校来源呈现出如下几个特点。

第一，就国内学校毕业生来看，毕业于京师大学堂（北京大学）者在文职官员的统计中独占鳌头，在全体官员的统计中依然占据前三甲，表明了北京大学及其前身京师大学堂，作为一所中国著名的高等学府，对中国现代政治有极为深远的影响。①

① 关于北京大学早期历史及其对中国政治文化的影响，可参见〔美〕魏定熙《北京大学与中国政治文化（1898—1920）》，金安平译，北京大学出版社1998年版。接受大学教育固然是现代国家政治精英的重要条件，但对于某些国家的政治精英而言，进入特别优秀的大学更是成为政治领袖的前提，有研究表明，英国的牛津、剑桥，法国的巴黎大学，日本的东大法科，墨西哥市国立大学，土耳其卡拉大学政治系，都是培养政治领袖的重要场所。参见彭怀恩《透视台湾内阁精英》，洞察出版社1986年版，第48—49页。

第二，从国外学校的毕业生来看，以日本陆军士官学校、日本早稻田大学及日本法政大学为最，而东京帝国大学、明治大学、日本宏文学院、振武学校以及美国哥伦比亚大学等次之，前三甲占留学生总数的43.21%，几乎达到留学生总数的一半。

第三，两所军事院校天津武备学堂和日本陆军士官学校独占鳌头的现象，再次表明了作为早期现代化产物的现代军事教育对政治的影响和军人在民初政治场域中的特殊地位。天津武备学堂是中国最早的陆军军官学校，有研究表明，早期的北洋集团的89名重要人物中，出身天津武备学堂的达33人，武备派几乎垄断了北洋新军6镇中的标统以上军职，牢牢控制着北洋军权。[①] 随着北洋军阀控制民国军政大权后，“武备系”也逐渐成为民初军政两界的重要派系。而日本陆军士官学校毕业生之多，亦于早期军事留学政策相关。事实上，自中日甲午战争后，向日本学习军事的愿望在朝野得到共识：“日本陆军经营数十年，成效最著。中国似宜添派学生来东，专送入陆军各学校，以期成就远大，用济时艰。”[②] 此后，中国开始按年派遣大批学生至日本学习军事，先进振武学校（士官学校的预备学校），后分批进入日本陆军士官学校。有资料显示，1900年至抗日战争，日本陆军士官学校的知名中国毕业生便有1600余人，其中晚清有600余人，北京政府时期为200余人，南京国民政府时期为700余人。[③]辛亥以后，随着军人社会地位的进一步提升，大量留日士官生不仅在军界形成一股“士官系”势力，更有相当数量的士官生进入各级权力机构。

（二）南京国民政府中央官员的学校来源

辛亥十六年后，政权再度易手。比较而言，南京国民政府的优势在于，自晚清以来现代教育所培养的人才在经过10年以上的沉淀后，恰是崭露头角的时候。

---

① 参见张华腾《北洋集团崛起研究（1895—1911）》，中华书局2009年版，第238页。

② 杨枢：《奏请选派陆军学生分班游学折（附章程）》（1904年5月19日），载陈学恂、田正平编《中国近代教育史资料汇编·留学教育》，上海教育出版社1991年版，第23页。

③ 据佚名编《清末民初留日陆军士官学校人名簿》，载沈云龙编《近代中国史资料丛刊》第67辑，文海出版社1971年版，第1—45页；郭荣生校补《日本陆军士官学校中华民国留学生名簿》，载沈云龙编《近代中国史资料丛刊续编》第37辑，文海出版社1977年版，第1—97页。

表 2—24　　南京国民政府中央文职官员的学校来源（1927—1949）

类别	学校名称	人数（次）	占留学生总数比例（%）
国外学校	美国哥伦比亚大学	111	10.95
	日本早稻田大学	62	6.11
	巴黎大学	58	5.72
	哈佛大学	57	5.62
	伦敦大学	55	5.42
	东京帝国大学	48	4.73
	日本明治大学	44	4.34
	日本陆军士官学校	35	3.45
	柏林大学	35	3.45
	芝加哥大学	33	3.25
	美国康奈尔大学	27	2.66
	日本法政大学	26	2.56
	加利福尼亚大学	23	2.27
	美国伊利诺大学	20	1.97
	耶鲁大学	18	1.78
	威斯康辛大学	17	1.68
	美国密歇根大学	16	1.58
	纽约州立大学	15	1.48
	莫斯科中山大学	14	1.38
	日本宏文书院	14	1.38
	华盛顿大学	14	1.38
	剑桥大学	14	1.38
	日本振武学校	13	1.28
	日本中央大学	13	1.28
	麻省理工学院	12	1.18
	法国里昂大学	12	1.18
	斯坦福大学	12	1.18
	日本大学	9	0.89
	英国爱丁堡大学	9	0.89

续表

类别	学校名称	人数（次）	占留学生总数比例（%）
国外学校	英国伯明翰大学	9	0.89
	宾夕法尼亚大学	9	0.89
	英国牛津大学	8	0.79
	美国俄亥俄州立大学	7	0.69
	日本陆军大学	5	0.49
	东京高等师范学校	5	0.49
	成城学校	5	0.49
	东京第一高等学校	5	0.49
	美国密苏里大学	5	0.49
	布鲁塞尔大学	5	0.49
	柏林工业大学	5	0.49
	德国莱比锡大学	4	0.39
	美国匹兹堡大学	4	0.39
	瑞士日内瓦大学	3	0.3
	美国霍布金斯大学	3	0.3
	德国慕尼黑大学	2	0.2
	加拿大多伦多大学	2	0.2
	东京高等商业学校	2	0.2
	大阪高等工业学校	2	0.2
	留学生总数	1014	100

类别	学校名称	人数（次）	占留学生总数比例（%）
国内学校	北京大学（京师大学堂）	143	23.48
	清华学校（清华大学）	65	10.67
	陆军大学	34	5.58
	北洋大学	33	5.42
	保定军官学校	31	5.09
	上海圣约翰大学	27	4.43
	复旦公学、复旦大学	26	4.27
	黄埔军校	25	4.11

续表

类别	学校名称	人数（次）	占国内学生总数比例（%）
国内学校	金陵大学	23	3.78
	东南大学	22	3.61
	北平师范大学	19	3.12
	中国公学	15	2.46
	山西大学	14	2.30
	交通大学（包括各地）	14	2.30
	北平朝阳大学	13	2.13
	中央大学	13	2.13
	南京高等师范学校	13	2.13
	同济大学	13	2.13
	北平中国大学	10	1.64
	上海南洋公学	8	1.31
	保定陆军速成武备学堂	7	1.15
	中山大学（包括各地）	7	1.15
	上海沪江大学	6	0.99
	东北讲武堂	5	0.82
	江南水师学堂	5	0.82
	中央政治大学	5	0.82
	两湖书院	4	0.66
	齐鲁大学	4	0.66
	中央党务学校	4	0.66
	云南讲武堂	3	0.49
	浙江武备学堂	3	0.49
	上海广方言馆	3	0.49
	安徽法政专门学堂	3	0.49
	天津水师学堂	3	0.49
	河南大学	3	0.49
	东北大学	3	0.49
	江阴南菁书院	3	0.49

续表

类别	学校名称	人数（次）	占国内学生总数比例（%）
国内学校	烟台海军学校	2	0.33
	山西武备学堂	2	0.33
	国内学校学生总数	609	100

从表2—24来看文职中央官员的学校来源，国外学校中以美国哥伦比亚大学、日本早稻田大学、法国巴黎大学、美国哈佛大学为最，分别为111人次、62人次、58人次和57人次，分别占到留学生总数的10.95%、6.11%、5.72%、5.62%。比较而言，北京政府文职官员的国外学校来源中，排名前五者全部为日本高校。南京国民政府时，则呈现出美、日、欧三足鼎立的趋势，故从求学区域和学校来看，南京国民政府时期较为分散和均衡。

国内高校中，以北京大学、清华学校（大学）、北洋大学为多，分别为143人次、65人次和33人次，分别占到国内学校学生总数的23.48%、10.67%和5.42%。相比较而言，任职于军事部门的官员，其学校来源较为单一，国外以日本陆军士官学校为主，国内则以陆军大学、保定陆军军官学校、黄埔军校为主。

表2—25　**南京国民政府中央官员的学校来源（1927—1949）**

类别	学校名称	人数（次）	占留学生总数比例（%）
国外学校	日本陆军士官学校	116	9.45
	美国哥伦比亚大学	112	9.13
	日本早稻田大学	65	5.30
	巴黎大学	63	5.13
	哈佛大学	61	4.97
	伦敦大学	55	4.48
	日本帝国大学	64	5.22
	日本明治大学	49	3.99
	芝加哥大学	36	2.93
	柏林大学	38	3.10

续表

类别	学校名称	人数（次）	占留学生总数比例（%）
国外学校	日本法政大学	32	2.61
	美国康奈尔大学	28	2.28
	日本振武学校	26	2.12
	日本陆军大学	23	1.87
	莫斯科中山大学	21	1.71
	美国伊利诺大学	20	1.63
	加利福尼亚大学	21	1.71
	美国密歇根大学	19	1.55
	麻省理工学院	17	1.39
	威斯康辛大学	17	1.39
	日本宏文书院	16	1.30
	耶鲁大学	18	1.47
	纽约州立大学	15	1.22
	华盛顿大学	15	1.22
	剑桥大学	14	1.14
	日本中央大学	12	0.98
	法国里昂大学	12	0.98
	斯坦福大学	12	0.98
	日本大学	9	0.73
	英国爱丁堡大学	9	0.73
	英国伯明翰大学	8	0.65
	英国牛津大学	8	0.65
	美国俄亥俄州立大学	7	0.57
	东京高等师范学校	6	0.49
	成城学校	7	0.57
	东京第一高等学校	5	0.41
	美国密苏里大学	6	0.49
	德国莱比锡大学	5	0.41
	布鲁塞尔大学	5	0.41

续表

类别	学校名称	人数（次）	占留学生总数比例（%）
国外学校	宾夕法尼亚大学	4	0.33
	美国匹兹堡大学	4	0.33
	柏林工业大学	4	0.33
	瑞士日内瓦大学	3	0.24
	格林威治皇家海军学院	4	0.33
	美国霍布金斯大学	3	0.24
	德国慕尼黑大学	2	0.16
	加拿大多伦多大学	2	0.16
	东京高等商业学校	2	0.16
	大阪高等工业学校	2	0.16
	法国南锡大学	3	0.24
	日本炮兵学校	2	0.16
	留学生总数	1227	100.00

类别	学校名称	人数（次）	占留学生总数比例（%）
国内学校	陆军大学	298	26.09
	保定军官学校	261	22.85
	北京大学（京师大学堂）	151	13.22
	黄埔军校	72	6.30
	清华学校（清华大学）	72	6.30
	中央陆军军官学校	33	2.89
	北洋大学	35	3.06
	上海圣约翰大学	32	2.80
	震旦大学	13	1.14
	复旦公学、复旦大学	28	2.45
	云南讲武堂	23	2.01
	金陵大学	23	2.01
	东南大学	24	2.10
	北平师范大学	22	1.93
	北平朝阳大学	17	1.49

续表

类别	学校名称	人数（次）	占国内学生总数比例（%）
国内学校	中国公学	16	1.40
	中央大学	15	1.31
	山西大学	15	1.31
	交通大学（包括各地）	15	1.31
	南京高等师范学校	13	1.14
	同济大学	12	1.05
	福州船政学堂	11	0.96
	东北讲武堂	12	1.05
	上海沪江大学	11	0.96
	中山大学（包括各地）	9	0.79
	上海南洋公学	9	0.79
	北平中国大学	11	0.96
	浙江武备学堂	7	0.61
	烟台海军学校	6	0.53
	北洋武备学堂	5	0.44
	两湖书院	5	0.44
	江南水师学堂	5	0.44
	山西武备学堂	5	0.44
	中央政治学校	13	1.14
	南苑航空学校	4	0.35
	上海广方言馆	4	0.35
	齐鲁大学	4	0.35
	中央党务学校	4	0.35
	安徽法政专门学堂	4	0.35
	天津水师学堂	4	0.35
	安徽武备学堂	3	0.26
	河南大学	3	0.26
	东北大学	3	0.26
	江阴南菁书院	3	0.26
	中央训练团	41	3.59
	国内学校学生总数	1142	100.00

整体来看，从表 2—24、表 2—25 观之，除军事院校外，国外以美国哥伦比亚大学为最，而国内则以北京大学为最。尤其是北京大学，在民初和南京国民政府两个时期皆独占鳌头的现象也说明了作为中国高等教育的发端，其对中国政治的影响力。时人谓“十年来之干部政治人才，十之八九皆出于北京大学”①，可见北大毕业生在政府中所占比重之大。曾为北大校长的蔡元培死后，北大出身的中央党部秘书王子壮曾评价曰：“党国今日之干部，半出先生之门下，是先生对于教育最伟大之贡献也。”②

与民初就读于哥伦比亚大学仅 11 人相比，南京国民政府时期则增至 112 人，增长 10 倍之多，而这种现象的出现又与国内另外一所高校——清华学校关系密切。清华学校作为留美预备学校，培养了大量人才，故表 2—25 中毕业于清华学校者居国内同类学校次席，高达 72 人次。成立于 1911 年的留美预备部虽于 1929 年结束，但因其严格的学业要求，淘汰率达 1/3，近 20 年间真正由清华学校毕业者仅 972 人，而清华留美者有 969 人，故其毕业生十之八九皆有留美经历。③ 依照 1918 年外交部和教育部会订的《清华游美毕业生回国安置办法》，毕业生回国后应到清华报到，校长每年于归国学生到齐后，将其所学科目和履历咨送教育部，由教育部派员到外交部会同考核，认为可以分送相当之机关练习任用者，“得酌予分别咨送”。④ 但此项办法在政局动荡时代并未能得到切实执行，故 1923 年清华毕业生留美回国者，在政界工作者仅 36 人。而 1926 年的统计则表明，清华毕业生在外交界与政界工作者达 50 余人，呈逐年上升趋势。

就各军事院校毕业生在中央政府所占比重而言，以推翻“军阀政治”而跃居正统的南京国民政府似比北京政府还要高。究其原因，一方面是因为南京国民政府中的军事机关要远远多于北京政府，而另一方面多设军事机关的背后则是因为战事频繁的需要。有人曾做过统计，北京政府在其统

---

① 陈方正编辑、校订：《陈克文日记（1937—1952）》上册（1938 年 1 月 8 日），社会科学文献出版社 2014 年版，第 159 页。

② 《王子壮日记》第 6 册（1940 年 3 月 23 日），台北“中央研究院”近代史研究所 2001 年版，第 83 页。然王氏所谓的“伟大贡献”恐非蔡所愿意看到，盖蔡任北大校长时即要求学生以学术为重，非以求官为重。参见蔡元培《就任北京大学校长之演说》（1917 年 1 月 9 日），收入高平叔编《蔡元培全集》第 3 卷（1917—1920），中华书局 1984 年版，第 5 页；然在蔡氏看来，其在任北大校长之前，北大确为学生以升官为目的的“老爷学堂”。参见《王子壮日记》第 3 册（1936 年 2 月 16 日），台北“中央研究院”近代史研究所 2001 年版，第 47 页。

③ 参见苏云峰《从清华学堂到清华大学（1911—1929）》，三联书店 2001 年版，第 339—340 页。

④ 同上书，第 342 页。

治时期内总计打内战的时间为885日，仅占其统治时期的7.01%；而南京国民政府却从其成立至1933年的6年间，打内战所耗时日就为3028日，远远超过了其统治时间。[①] 因战争频繁，大量现役或退役军官因军功进入中央或地方的行政部门，从而造成了南京国民政府中受军事教育者的比重增加，这种现象亦充分地说明南京国民政府“马上治天下”的显著特征。

日本陆军士官学校在民国两个时期皆能占据第一的现象也说明，该校毕业生在中国军政两界有一定的影响。有资料显示，从民初至抗战前，毕业于日本陆军士官学校的学生仍有近1000人，加上晚清时期的600余人仍未出军政各界，故留日士官生仍为南京国民政府时期最为显目的“学缘”群体。比较而言，留学日本者应比毕业于国内军事院校者在作战思路、战术理念上更为先进。但有意思的是，抗战时期，在美的前东江大使馆武官萧叔宣曾对胡适抱怨国内军人，对其战绩颇不满意。对此胡适解释道：“其实他不知道，陈诚、卫立煌、胡宗南诸人所以能战，正因为他们不求深知日本的军备情形，他们若知道太多，也都成为了何应钦、陈仪一流人了。”[②] 胡适所谓“不求深知”，盖意指这些能战诸将皆未曾留学日本，故对日军战术、军备不甚了解，反而能胜，反之如何应钦、陈仪等留日士官生者则无法胜出。胡适所指的能战者中陈诚、卫立煌皆为保定军校毕业，陈诚还曾为黄埔军校教官，而胡宗南则为黄埔军校一期生。

国内学校中则以保定军官学校、黄埔军校和中央陆军大学最为出众。保定军官学校创办于1912年10月，至1923年结束，历时11年，培养了9期学生。由于军人需依军功而升，故大批保定军校毕业生在南京国民政府时期崭露头角。有统计显示，在国民党最高军事统率机构中，保定军校毕业生占据大半。各个时期国民军队中保定军校毕业生占据领导职位的30%—50%，是其他国内军校无法相比的。[③] 国民党拥有直接掌握的军队始于1924年5月在广州黄埔创办的“中国国民党陆军军官学校”（黄埔军校）。由于创办时间较晚，且师资构成上基本以保定陆军军官学校毕业生为主。故黄埔军校固然因蒋介石而名声在外，然就各军校毕业生在军队高层中的数量与职务而言，保定军校依然占据优势。如1944年国民政府曾对4188位少将以上现役军管的军衔、履历、籍贯、年龄和受教育情况进行登记，对这一资料进行统计，从毕业学校的学生总数看，4188名将军中

---

① 参见李芦洲《国民政府的政绩》，真理社1946年翻印，第63页。

② 《胡适日记全编》第7册（1938—1949）（1938年2月20日），安徽教育出版社2001年版，第41页。

③ 参见李金铮《论保定陆军军官学校》，《近代史研究》1995年第1期。

黄埔军校毕业者为1177人，保定毕业者则为1015人。但从军衔上看，黄埔毕业授上将衔者仅9人，中将为153人，少将则为1024人；而保定军校毕业生中授上将衔者28人，中将371人，少将616人。[①] 尽管黄埔系跻身高级军官者属于少数派，但仍不能忽视其作为新兴军事力量在军界与政界的茁壮成长。

陆军大学的前身为1906年的陆军随营军官学校，成立于保定。1912年改名为陆军军官大学，迁往北京。民国建立后，由于陆军大学对于学员资格有着严格规定，必须是“现任陆军步、骑、炮、工、辎各兵科上校以下军官”，且“曾毕业于陆军军官学校或与此相当之学校；服军职二年以上，身体健康，勤务热心、才学开展、操行高尚者”。[②] 故大部分陆大学员均为各军校毕业生，前期以保定军官学校为最，后期则以黄埔军校为多。南京国民政府成立后，陆大于1931年迁往南京，蒋介石亲自担任校长。比较以前，陆大招生入学考试更为严格，故陆大毕业证书也就水涨船高，成为军政两界任职的重要敲门砖。是故社会上流传有“黄马褂（黄埔），绿（陆之谐音）袍子（陆大）缺一不可”，所以考取陆大，就有“一登龙门，身价百倍”的气概。因而尽管陆大每次招生有限，但军官报考者趋之若鹜。有统计显示，陆大办学47年，共毕业正则班23期，毕业生人数达2438人，将官甲乙两班，共657人。[③] 由此看来，陆大毕业生因为早年多毕业于各军事院校，故陆大实际上是一所将官进修学校，入校学习者大多带有相当职务，毕业后拿着陆大这块敲门砖，晋升自然也就容易得多。也正是如此，南京国民政府的中央官员中陆大毕业生稳居国内学校来源之首位，占国内学生总数的26.09%。

综上而言，自晚清的天津武备学堂到民初保定军官学校，再到国民党在广州创办的黄埔军校以及陆军大学，不仅展示了不同时期中国军事教育的变化轨迹，更为我们呈现了不同军事院校在不同时期所代表的文化资本与象征资本的高下。陈灨一在论及清末民初东北人多习军事时曾谓：“辽东三省之士，习陆军者为多，东北讲武堂不足，进而趋保定军官学校，此犹不足更进而入中央陆军大学，此复不足，远而之日本士官。几造为风

---

① 参见国防部编《陆军军管处组织部》第1卷，重庆，1944年，转引自齐锡生《国民党的性质》（下），载《国外中国近代史研究》第27辑，中国社会科学出版社1995年版，第122—127页。

② 戚厚杰、林宇人：《陆军大学校发展史略》，载《民国时期的陆军大学》，《江苏文史资料》第79辑，1994年，第10页。

③ 同上书，第19、49页。

气，成为习惯，大抵羡军阀之得畅所欲为。”① 其实，陈瀚一所谓“不足”者，恐非指讲武堂、保定等军校不足容纳斯人，而是指各级军校所代表之权势不能满足这些人的要求，故这些人亦不得不“芝麻开花节节高”。如此，文武关系的逆转，即导致了“居今之世，求今之官，非雄纠纠［赳赳］不易得；而文绉绉者固多居高位，泰半雄纠纠［赳赳］所提携。”②

法国社会学界布尔迪厄曾说：“任何一种贵族头衔本身都不足以在那些公开主张拒绝贵族的社会里授予某人贵族身份。因此，最高级别的学业称号便成为进入权势集团的必要条件。”③ 显然在科举已废、帝制崩溃的民国，公开的权力世袭已经被打破的情况下，接受现代教育和名校出身成为这一时期进入权力体系的必要条件。尽管家庭出身的好坏和拥有的财富状况也是维持其社会持续的重要条件，但正如布尔迪厄所言：“如果仅凭财富而不给财富配上适当的‘风度’，就更不足以进入权势集团了。”④ 这里的“风度”即是名校所颁发的毕业证书，而权势集团中名校毕业生的聚集，又进一步通过其毕业于名校的“学缘”关系加强其所拥有的社会持续，甚至延续到下一代。在这种情况下，考察其家庭出身就显得更为重要。

三　家庭出身：以内阁阁员为对象的考察

早在20世纪三四十年代，政治学家莫斯卡在研究政治精英时即认为：“理论上，政治精英的考试与竞争是对每一位人民开放，但对大多数人而言，可能根本没有‘资源’去参与角逐，也可能没有‘关系’去走到适当的晋升之路。”⑤ 政治学家普特兰则指出：“假如教育是成为政治精英的必要条件，学校又是影响政治精英的视野之场所，惟若是接受教育的前提是依赖社会地位，那么甄选教育优良的精英，其实就局限在高的社会阶层的人们了。”⑥

① 陈瀚一：《睇向斋谈往》，《睇向斋秘录》（附二种），中华书局2007年版，第162页。

② 同上。

③ ［法］P. 布尔迪厄：《国家精英——名牌大学与群体精神》，杨亚平译，商务印书馆2004年版，第551页。

④ 同上书，第551—552页。

⑤ Gaetano Mosca, *The Ruling Class*, ed. Arthur Livingston, trans. Hannah D. Kahn, New York: Mcgrraw - Hill, 1939, p. 50，转引自彭怀恩《透视台湾内阁精英》，洞察出版社1986年版，第58页。

⑥ Robert D. Putnam, *The Comparative Study of Political Elites*, N. J: Prentice - Hall, 1976, p. 28，转引自彭怀恩《透视台湾内阁精英》，洞察出版社1986年版，第58页。

就中国而言，也有论者认为，科举出身者，功名与财富往往结为一体。贫寒者固然有获得功名的机会，财富则直接或间接给予争取功名者若干便利。由于应考者的基本要求为儒家经典，非长期的培育不可，自义学、私塾发蒙以至书院攻读，家境若不富裕，绝难接近功名阶梯。而我国旧日人口80%为文盲，显示识字已非易事，谈功名更是奢侈。[①] 新式教育同样如此，除部分学习军事者除外，高昂的学费让一般家庭都望而却步，故能在国内外接受新式教育者，其家庭往往非富即贵。[②] 有研究表明，作为留美预备学校的清华学校，其师生尽管尽力否认该校是一个"贵族学校""富人学校"和"官僚子弟学校"，但清华学校也绝不是少数清华人口中所说的"贫人学校"。1924年清华校长曹云祥曾对389名清华学生的家长的职业作过统计：出身官吏家庭者99人，占25.45%；学界120人，占30.85%；实业界78人，占20.05%；铁路界17人，占4.37%；法律界14人，占3.60%；军界9人，占2.31%；医教及其他37人，占9.51%；农业界15人，占3.86%。[③] 由此，即使以出身农业界者全为农民家庭（传统中国人以土地为财富，故读书人往往也称自己出身农家，但其中不乏有地主家庭乃至书香世家），出身官吏、学界、实业界等小资产阶级以上家庭者仍占到了96%。叶文心的研究也表明，位于上海的两所高校——上海交通大学（原南洋公学）和上海圣约翰大学"就其严格的入学标准和学生社会组成这两个方面来说，都是属于精英阶层的。圣约翰大学的学生以富裕的上海工商界为主要来源，而唯才是举的交通大学则以交通大学附属中学的学生为其主要来源——这所附属中学也是上海少数精英中学之一"。而复旦公学的"实用教育是培养各省富裕阶层子弟晋升城市中产阶级的渠道"。[④]

因北京政府和南京国民政府的中央官员大多具有新式教育和旧功名的教育背景，由此推断，可认为民国中央官员的家庭大多为殷实之家甚至富有之家。但由于资料难觅，很难给出精确的统计数据，故这一推断的验证，只能放在内阁阁员群体的小样本中来进行。

---

① 参见张朋园《知识分子与近代中国现代化》，百花洲文艺出版社2002年版，第321—322页。

② 参见王奇生《中国留学生的历史轨迹：1872—1949》，湖北教育出版社1992年版，第169页。

③ 《清华周刊十周年纪念增刊》（1924年3月1日），第67—72页，转引自苏云峰《从清华学堂到清华大学（1911—1929）》，三联书店2001年版，第210页。

④ 〔美〕叶文心：《民国时期大学校园文化（1919—1937）》，冯夏根等译，中国人民大学出版社2012年版，第63、75页。

表2—26　民国时期中央政府内阁阁员群体的教育背景(1912—1949)

教育类别	北京政府内阁阁员数	南京国民政府内阁阁员数
留学国外	68	71
国内教育	25	32
科举	50	14
绿林	1	0
行伍	1	1
私塾	0	1
不详	5	0
总计	150	119

说明及统计原则:(1)对既曾在国内接受新式教育,又有留学经历者,只记其国外教育经历;(2)对于既有国内外新式教育经历,又有旧功名者,则各记一次;(3)北京政府留学国外的内阁阁员中,有9人曾获取科举功名,15人接受国外军事教育;国内接受新式教育的阁员中有3人有科举功名,17人接受军事教育;(4)南京国民政府中留学国外的阁员中有8人有科举功名,10人接受过军事教育,国内接受新式教育的阁员中有2人有旧功名,16人接受过军事教育;(5)私塾一栏的统计不包括有正式教育经历和旧功名者;(6)北京政府内阁阁员总数为138人,而南京国民政府内阁阁员数为109人。

从表2—26来看,无论是北京政府还是南京国民政府,有正式教育经历者(包括科举出身者),皆为大多数。其中北京政府内阁阁员在国内接受新式教育者占阁员总数的67.39%,而科举出身者则占27.54%,绿林行伍及教育背景不详者仅占到5.07%;而南京国民政府内阁阁员中,曾在国内外接受新式教育者占阁员总数的94.50%,科举出身者仅占1.83%,与行伍、私塾出身者相同。故由此推断,上述阁员中,大部分都应该来自殷实之家,属于中上层社会。上述推论是否正确,仍需确切数据加以支撑。

表 2—27　**民国时期中央政府内阁阁员群体家庭出身情况（1912—1949）**

家庭出身	北京政府时期阁员人数	占内阁总人数比例（%）	南京国民政府时期阁员人数	占内阁总人数比例（%）
官宦家庭	24	17. 39	8	7. 34
士人（知识分子）	25	18. 12	22	20. 18
军人	5	3. 62	5	4. 59
商人	8	5. 80	15	13. 76
差役	1	0. 72	0	0. 00
传教士	1	0. 72	2	1. 83
农民	3	2. 17	4	3. 67
地主	3	2. 17	2	1. 83
工人	1	0. 72	0	0. 00
医生	2	1. 45	1	0. 92
贫家	17	12. 32	12	11. 01
富家	9	6. 52	14	12. 84
早年丧父	15	10. 87	12	11. 01
革命元勋	0	0. 00	1	0. 92
不详	52	37. 68	28	25. 69
总计	138	100. 00	109	100. 00

说明：（1）本表对部分栏目采取重复计算方法，即对出生于农民、地主、官宦等家庭且贫困者，分别计两次，余皆单独计算。故北京政府时期阁员中地主出身者 3 人中有 1 人为贫寒，士人（知识分子）中有 2 人，商人中有 1 人，农民中有 2 人，工人中 1 人，早年丧父 15 人中有 10 人出身贫寒家庭；南京国民政府时期阁员中出身军人家庭者 5 人中 2 人贫寒，农民 1 人，官宦家庭 1 人，早年丧父者有 6 人家庭贫寒。（2）受资料限制，部分家庭的经济情况并不完全清楚，故表中“贫家”一栏的统计数据或有遗漏，只有留待日后增补。

家庭是一个人生活的起点，在教育资源并非免费的社会中，家庭出身的好坏往往会影响一个人今后的人生倾向、职业选择乃至受教育程度。在阶级社会中，教育平等从来都是一句不折不扣的空话。从表 2—27 来看，出身官宦、士人（知识分子）、商人、传教士、医生、富家者即分别占各自内阁阁员总数的 50% 和 56. 87% 。良好的家庭出身，使得这些人不仅从小即具备了能接受教育的文化条件，而且大部分亦具备了较好的经济条件，这使得他们比那些贫家子弟更有机会享有成本并不便宜的教育资源，尤其是新式教育。

尽管如此，在表2—27中仍有不少出身贫寒家庭者，表明民国中央的领导阶层并非完全为中上层人士所把持，贫寒家庭出身者仍有向上流动的机会。就出身贫寒家庭者而言，北京政府时期占到总数的12.32%，南京国民政府时期则占到总数的11.01%，而在这些贫家出身的阁员中，出身农民家庭、工人家庭者并不多见，几代一贫如洗者更为罕见，多为家道中落者。而其家道中落的原因尽管多种多样，但早年丧父却是其中较为重要的原因之一。中国长期是一个男权社会，父亲是一个家庭的核心。父亲的早逝会给一个家庭（哪怕是原来的官绅之家）带来几无可免的地位下降。[①]

在我们的统计对象中，北京政府时期的内阁阁员只有17人出身贫寒，但其中10人为早年丧父，南京国民政府时期的内阁阁员只有12人出身贫寒，其中6人早年丧父，早年丧父占贫家出身总数50%及以上的现象说明了早年丧父对其家庭地位及其经济来源的影响之大。然而我们不禁要问，为什么这些“家道中落”、早年丧父家庭出身的孩子反倒能取得如此的政治地位呢？谢泳在《中国文化中的“寡母抚孤”现象》中提出，在中国，当一个家庭由盛而衰，或是发生作为家庭支柱的父亲死去的事情后，这样的家庭往往在寡居母亲的支持下，拼命培养孩子读书。[②] 对这些早年丧父家庭出身的孩子而言，因为能体会到母亲的艰辛，世态的炎凉，往往更能激励他们发愤读书，希望早日出人头地，摆脱窘境。如教育总长马君武，9岁丧父，家庭贫困，“从小读私塾，在严母的督促下，知发愤读书，行路不释卷”。[③] 另一位教育总长范源濂也是如此，13岁父亲病故，只遗下几箱书，别无其他财产，家境贫寒，全靠母亲做些针线杂活糊口，他和弟弟范旭东也做些杂活以贴补家用。由于贫困所迫，范源濂愤世嫉俗，学习勤奋，上进心强。[④] 再如曾任国民政府资源委员会委员长的钱昌照，9岁丧父，家庭顿陷困境，不得不靠变卖田产维持开支。然在其出自名门之后的母亲支持下，钱仍可自费留学英国，尽管待其回国，田产已变卖殆尽。[⑤]

① 参见应星《社会支配关系与科场场域的变迁——1895—1913年的湖南社会》，载杨念群主编《空间·记忆·社会转型——“新社会史”研究论文精选集》，上海人民出版社2001年版，第252页。

② 参见谢泳《中国文化中的“寡母抚孤”现象》，《二十一世纪》（香港）总第24期。

③ 朱信泉、宗志文主编：《民国人物传》（七），中华书局1993年版，第13页。

④ 参见熊尚厚、严如平主编《民国人物传》（十一），中华书局2002年版，第166页。

⑤ 《钱昌照回忆录》，中国文史出版社2000年版，第2—9页。

与钱昌照不同，曾任行政院副院长的张厉生在其父病逝后，家境窘迫，但幸因其学习优良，得到重教励读的亲友们的资助，得以继续读书，并于1920年11月留学法国。[①] 显然，这些“寡母抚孤”中母亲的形象因为其子后来的显赫而显得格外伟大与醒目，但我们仍不能低估从科举时代即一直存在的“集体”帮助的重要作用，对于可以光宗耀祖的孩子，中国的家族从来都不吝惜其钱财，因为一旦成功，其回报是不可估量的。

第四节　社会构成

科举时代，士绅阶层是国家权力的主要支柱，官吏的社会来源亦比较单一。科举废除后，新的职业官僚养成机制尚未建立。官僚的常规社会来源枯竭，做官不再要求统一资格，官僚的来源途径逐渐驳杂。[②] 民国成立后，除部分士绅阶层因其丰富的政治经验得到新政府的垂青外，大量受过新式教育的学生和因军功而得擢升的军人逐渐成为官僚的主要社会来源。

由于缺乏可靠的官方统计资料，今天已经很难查询民国中央官僚群体的家庭出身和社会阶层，但仍可依据已有的统计资料，根据其具备的知识结构、教育程度和在政府中从事的职业属性来进行初步的研究。

一　北京政府中央官僚的社会构成

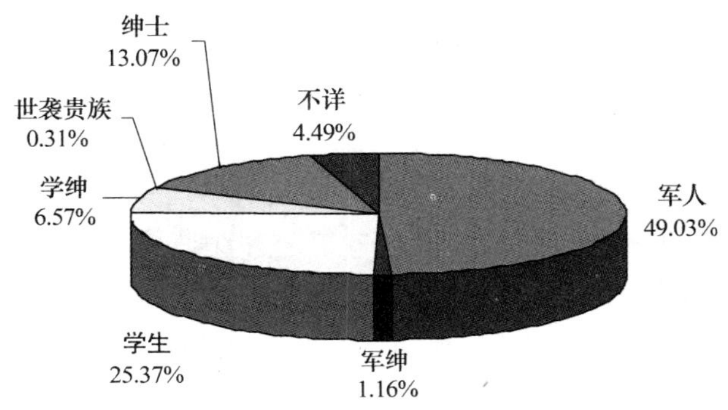

图2—3　北京政府时期中央官僚社会来源（1912—1928）

说明：本图共统计了1293名中央官员。

① 参见严如平、熊尚厚主编《民国人物传》（八），中华书局1996年版，第58页。

② 参见罗志田《清季科举制改革的社会影响》，《中国社会科学》1998年第4期。

说明：(1) 学生有完整的教育经历，曾在国内外等新式学校（非军事学校）受过专科及以上教育的官员。(2) 绅士。即没有过新式学校教育经历，但得有旧功名（科举废除后，清政府赏授者不包括在内）者。(3) 军人。即曾在国内外各种军事学校受过训练且历任军职者。(4) 学绅。即既得有旧功名，又曾接受国内外新式学校（非军事学校）教育者。(5) 军绅。即既曾得有旧功名，又曾接受国内外军事学校训练且历任军职者。(6) 商人。没有完整的教育经历，在国内靠经商致富后闻名后，得进政府者。(7) 宗教人士。包括僧人、经师等。(8) 华侨。旅居国外多年，没有受过高等教育，靠经商致富支持中国革命并得任政府职位者。(9) 会匪。绿林、土匪、会党出身者。(10) 贵族。没有完整的教育资料，为满、蒙或回族且出身王公贵族者。

尽管上述分类标准仍有缺陷，但在资料严重不足的情况下，亦不失为观察民国时期权力组织内官僚主体构成方式的一种方法。

从图2—3来看，军人所占的比重独占鳌头。近代中国，无论思想或社会，都呈现出一种正统衰落、边缘上升的趋势。[①] 清季，军人集团开始从社会的边缘走向中心，即是这种趋势的显著反映。清季，被派小站练兵的袁世凯致信仍在翰林院任职的徐世昌，劝其改任武职，书云：

> 老哥困居翰林院将届十年，虽则得过试差，门墙桃李，遍植九州。而欲望循序升职，限于前辈之当先，缺少人多，擢升之期遥遥无望，不如改弦更张，屈就武职，别图异路功名，较为迅速也。弟之练兵处月饷十万左右，需人佐理，拟奏调老哥为练兵处提调，兼任饷糈事宜，虽属大材小用，而建功列保却较在翰院中容易十倍也。[②]

听从建议后的徐世昌，其人生发展际遇为袁言中，一路飞黄腾达。

科举废除后，政府官员的传统来源途径被切断，“传统的官吏生成方式即只剩‘出将入相’。军人在近代中国的兴起似乎已成必然之势”。[③] 科举废除后，读书人普遍感觉没“戴顶子的命了”[④]，读书无用论呼之欲出，“弃文习武的新风气已经弥漫全国”[⑤]。后曾为国民政府军事委员会委员、安徽省省长的李品仙在回忆其参加清廷最后一次科举考试落第后的心情时道：“我这躬逢最后一次科举考试的落第考生，觉得读书人的唯一出路既

① 此点罗志田曾反复论及，参见罗氏著《权势转移：近代中国的思想、社会与学术》，湖北人民出版社1999年版，第320页。

② 袁世凯：《与徐菊人书》，《袁世凯家书》，中央书店1936年版，第32页。

③ 罗志田：《清季科举改革的社会影响》，《中国社会科学》1998年第4期。

④ 参见萧华清《四川辛亥革命见闻》，载《重庆文史资料》第12辑，中国人民政治协商会议四川省重庆市委员会文史资料研究委员会1981年版，第14页。

⑤ 陶菊隐：《武夫当国——北洋军阀统治时期史话》(1)，海南出版社2006年版，第10页。

然发生了问题，同时又受了当时经过八国联军之役以后，全国上下高唱尚武精神的怂恿，于是便促成了我以后投笔从戎的决心。”① 李宗仁则是在科举废除三年后进入广西陆军小学堂学习，当时的录取率即高达30∶1。入学后看到校方的教官“走起路来，刀声靴声，铿锵悦耳，威风凛凛”，让其羡慕不已。看到总办蔡锷来校视察，亦有“人中吕布，马中赤兔”之感。②

而军人晋升之快，亦令士子趋之若鹜。范腾霄本已考取武昌文普通学堂，犹豫不决之际，曾与黎元洪商量，黎谓“一介寒酸，且有养家责，入文普通前途殊杳茫，不若将弁之直截了当也”。黎的一席话，一下子道破了军人入仕的天机，使范茅塞顿开，遂弃文从武。③ 有统计资料表明，1901 在日本 21 所陆、海军高等院校毕业的中国留学生为 39 人，1902 年为25 人，1904 年为93 人，但1907 年则迅速上升为254 人，为 1904 年的 2. 73 倍。④

辛亥革命后，军人地位更是不断得到提高，成为社会举足轻重的决定性政治力量。北京政府时，中央政府组织机构中军事部门所占比重就相当的大。其中内阁九部中，纯军事部门就占了两个——海军部与陆军部，其中还不包括准军事单位——内务部，而内阁之外仍还有参谋本部及将军府这样的军事部门。

民初，著名报人王新命之友与王在谈及挑女婿的条件时要求：“第一，年龄须在三十岁以下，第二须已经成名成业，第三须非军人。”王在告辞时即对友人直言不讳地说：“这三个条件，不算苛，不过在科举已废的今天，三十岁以下能够成名成业的非军人，实不可多得。”王的话不幸言中，王之友始终未能找到符合上述条件的女婿。⑤ 费行简所谓的“军焰熏天”⑥，正是这一时代的真实写照。

除上述因素外，近代以来，新式学堂、大学（非军事）以及留学的高额费用也让大多数家庭在教育费用的支出上心有余而力不足。据张謇估算，江苏南通，在 20 世纪初，一个家庭要送一个孩子上初等小学，每年需花 35—50 元的总学费。当时一个普通农民每年平均收入仅 12—15 元，

---

① 李品仙：《李品仙回忆录》，中外图书出版社 1975 年版，第 3 页。

② 李宗仁口述，唐德刚撰写：《李宗仁回忆录》（上），广西师范大学出版社 2005 年版，第 32—33 页。

③ 范腾霄：《辛亥首义前后》，载中国人民政治协商会议湖北委员会编《辛亥首义回忆录》，第 3 辑，湖北人民出版社 1958 年版，第 64 页。

④ 参见董守义《清代留学运动史》，辽宁人民出版社 1985 年版，第 242—243 页。

⑤ 王新命：《新闻圈里四十年》（上），龙文出版社 1993 年版，第 149 页。

⑥ 参见沃邱仲子《民国十年官僚腐败史》，中华书局 2007 年版，第 23 页。

在张謇工厂的工人每年也只有50—100元的收入。而湖南西路学堂每学期的膳宿及杂费就高达50元，一年即要100多元。① 30年代华中地区，家有良田30亩才能供给两个子弟进小学。殆至民国二十四年，有50亩地才能供给一个子弟进高小；两顷以上的人家，只能供给一个子弟进初中。② 20年代，在北京清华学校读书的张忠绂回忆道，清华每年学杂费为200元，每年膳食费也要150元，这样的花费，“一般家庭是付不出来的”。③ 而30年代在上海读大学，平均每年约500元。宣统元年留学美国，除旅费、医药费不计外，每年约需2035元；民国十二年（1922）则需2025元；二十二年（1932）需3280元。同一时期留学英国的费用则分别为2150元、2160元、4104元。有调查显示，民国十六年（1927）至三十六年（1947），中国工人在200万—500万元。自民国六年（1917）至二十年（1931），其每年的收入均介于100—400元之间，而每户花在教育上的数目只有7角7分或1元4角5分。④ 显然，对于占中国人口大多数的农民与工人家庭而言，要培养一个新式学校的学生是非常困难的，而留学简直就是天方夜谭了。因此晚清至民国年间，能入大学或留学者大多是富人子弟。⑤ 1924年据清华校长曹云祥对清华在校学生的家庭背景所做的调查显示，近400名学生中，大多出身官吏、学界、实业界、法律界、铁路界，农民仅占3.86%。⑥ 著名报人王新命在同文书院念书时就曾感叹道：“富人子弟有钱读书却不肯读，穷人子弟要读书却偏没有一笔读书钱。”⑦

而军事学堂则不一样，晚清的军事学堂多为免费（军事留学生亦多为官费留学），一旦录取，其衣、食、住、行、用等费用皆有政府供给，

---

① 参见应星《社会支配关系与科场场域的变迁——1895—1913年的湖南社会》，载杨念群主编《空间·记忆·社会转型——“新社会史”研究论文精选集》，上海人民出版社2001年版，第253—254页。

② 参见汪一驹《中国知识分子与西方》，梅寅生译，久大文化股份有限公司1991年版，第91—92页。

③ 张忠绂：《八载清华》，《清华校友通讯》1969年1月31日第26—27期，第1—9页，转引自苏云峰《从清华学堂到清华大学（1911—1929）》，三联书店2001年版，第212页。

④ 参见汪一驹《中国知识分子与西方》，梅寅生译，久大文化股份有限公司1991年版，第92页。

⑤ 李宗吾即曾批评道：“现在的学校的组织，完全是家资饶裕的占便利，学校的等级越高，肄业其中的，所需的费用越多，于是乎高深的学问，就成为家资饶裕的私有物了。贫苦人的子弟，是终身不能求得的。”参见李宗吾《考试制之商榷》，成都日新1936年版，第6页。

⑥ 参见苏云峰《从清华学堂到清华大学（1911—1929）》，三联书店2001年版，第209—210页。

⑦ 王新命：《新闻圈里四十年》（上），龙文出版社1993年版，第216页。

甚至每月还“给银四两俾赡其家”。[①] 李宗仁之所以由“省立公费纺织习艺厂”转投广西陆军小学，亦因其“待遇甚优”，每人每月都发有零用钱，“一年级新生每月领八钱银子的补助金，成绩优异的可增至一两，考上最优等的可得一两二钱。二年级生每月例发零用银一两，成绩优秀的可得一两二钱，最上等的可得一两四钱。三年级生每月例发一两二钱，成绩优异的可增至一两四钱，乃至一两八钱”。由于当地物价较低，这些零用钱每月都有剩余。[②] 显然，对于没钱走读书入仕这条路的家庭来说，让孩子进入军事学堂学习或是当兵入伍应该是个不错的选择。据生于 1893 年的蒋鼎文将军回忆，他 9 岁启蒙，小学却读了 9 年，因无法拿出 120 元现大洋做学费和生活费，一直未能到绍兴去读中学，1912 年才进入绍兴军事学堂，开始了军旅生涯。后来绍兴军事学堂并入大通陆军学堂，蒋每月仍有七块半钱的津贴，除去三块钱的伙食费，剩下四块半钱也已经够零用了。[③] 由于军事教育的费用及其成本较低，且近代军人地位呈不断上升的趋势，故无经济能力供孩子读书的家庭往往会选择这条捷径。陈孝芬回忆亦证实了这一点，他说，科举废除后，一般读书的知识分子只得另谋出路，有出洋留学的，有入省城学校的，而多数贫寒子弟则投入新军。[④]

除军人外，学生所占比重亦较为显著。这种现象说明科举废除后，新式学校的教育经历替代科名从而成为一种新的文化资本，并在国家权力场域内体现出了一种新的支配结构。而这正验证了张之洞等人在废科前即提出的“时势阽危，非人莫济，除兴学堂外，更无养才济时之术”[⑤]，使得“天下士子，舍学堂一途，别无进身之阶”[⑥] 主张。既然学校与科举并无二致，则学生毕业后就业首选即为党政机关。早年跻身政界的曹汝霖分析其原因道：“由于不事建设，事业不能平均发展，致有

① 左宗棠：《详议创设船政学堂章程购器募匠教习折》，载舒新城编《中国近代教育史资料》（上），人民出版社 1961 年版，第 131 页。

② 李宗仁口述，唐德刚撰写《李宗仁回忆录》（上），广西师范大学出版社 2005 年版，第 23、31、35 页。

③ 参见李毓澍访问《蒋鼎文先生访问记录》，《口述历史》第 9 期，台北“中央研究院”近代史研究所 1999 年版，第 4—6 页。

④ 参见中国人民政治协商会议湖北省委员会编《辛亥首义回忆录》第 1 辑，湖北人民出版社 1958 年版，第 68 页。

⑤ 张百熙、荣庆、张之洞：《奏请递减科举注重学堂折》（1903 年），载舒新城编《中国近代教育史资料》（上），人民出版社 1961 年版，第 60 页。

⑥ 袁世凯、张之洞等：《请递减科举中额专注学校折》（1903 年），载天津图书馆、天津社科院编《袁世凯奏议》下册，天津古籍出版社 1987 年版，第 738 页。

能之人，舍仕途外，无它路可进。”[①] 1919 年任鸿隽即曾向胡适抱怨重庆学界较之以前，大有每况愈下之势，“大约从前稍好的先生、学生，都做知事、科员、局员去了”。[②] 除国内培养的大批受过新式教育的学堂学生进入政界外，大量走出国门并学成归来的留学生亦将文凭当作进入官场的名刺，纷纷涌入。而就政府本身而言，由于部门分工日益细化，也需要大量具有现代专门知识的学生补充进官僚队伍中。由此可见，学生比重独占鳌头，实乃大势所趋。

尽管科举制的废除导致了士绅阶层再生产机制的断裂，但士绅并未完全退出政治舞台。从图 2—4 来看，绅士所占的比重仅次于学生与军人，这种现象说明绅士阶层因科名而累积的文化资本在他们多年的政治生活和社会交往中不断地被转化成了政治资本与社会资本，从而使得他们成为新的权力结构中的重要力量。值得注意的是，学绅与军绅的出现，说明在仕途壅塞的近代中国，士绅在科举废除前后就已经开始了自我分化，他们中的一些人或成为新式学堂的学生，或当兵入伍，另寻他路。有研究表明，科举制度废除后，最早拥有新文化资源的人，基本上还是原来掌握科场资源的人。[③] 如京师大学堂师范馆，1902—1906 年共毕业师范学生 512 人，其中 422 人有传统功名（其中举人 62 人、贡生 48 人、生员 232 人、监生 84 人），占总数的 82%。[④] 而 20 世纪 20 年代，湖南军界及政界则有“三个秀才携手合作，可以统一中国”[⑤] 之说，由此可见学绅、军绅阶层在近代中国的重要性。

二　南京国民政府中央官僚的社会构成

从图 2—4 来看，国民政府时期官僚来源中，学生的比例独占鳌头，其次为军人。学生与军人比重达到了 74% 以上，这种现象说明了作为现代化教育的受益者，这两类人已经逐渐成为各类军政权力机构的宠儿。由于高

① 曹汝霖:《曹汝霖一生之回忆》，传记文学出版社 1980 年版，第 84—85 页。

② 《任鸿隽致胡适》（1919 年 5 月 28 日），载中国社会科学院近代史研究所中华民国史组编《胡适来往书信选》（上），中国社会科学出版社 1979 年版，第 52 页。

③ 参见应星《社会支配关系与科场场域的变迁——1895—1913 年的湖南社会》，载杨念群主编《空间·记忆·社会转型——“新社会史”研究论文精选集》，上海人民出版社 2001 年版，第 246—253 页。

④ 贺跃夫:《清末士大夫留学日本热透视——论法政大学中国留学生速成科》，《近代史研究》1993 年第 1 期。

⑤ 三个秀才乃指吴佩孚、赵恒惕、陈炯明。参见陶菊隐《记者生活三十年》，中华书局 1984 年版，第 55 页。

等教育的迅速发展，使得大量毕业生涌入社会，然因社会实业仍不发达，故进入党政机关依旧为大多数毕业生的职业选择。1929 年一位在北平读书即将毕业的大学生就感叹道："某省政府招考录事先生，报名的据说有两千多人，名额只得十四位；某市党部缺一名干事，竞争的多至七八十人。不消说其中也有咱大学生！今生之世，学生出路，非党即政。"①

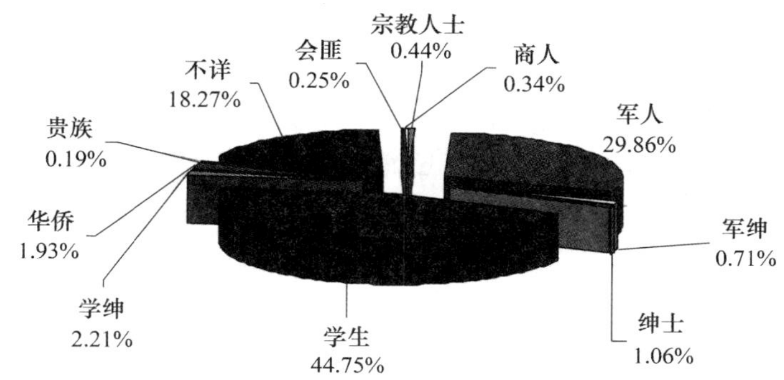

图 2—4　南京国民政府时期中央官僚社会来源（1927—1949）

说明：本图统计了 3218 名中央官员。统计原则同图 2—3。

与北洋军阀统治时期政局轮流把持于各派军阀之手不同的是，南京国民政府在成立后，不仅需要面对各军事派系和地方军阀的挑战，更面临着日本的侵略威胁。因此，为适应战争需要，南京国民政府不得不增加各种军事机构和人员的设置。在国民党统治的 22 年内，不同时段内曾有军政部、海军部、国防部、军令部、军训部、国防部、军事委员会、军事参议院、参谋本部、训练总监部、航空委员会、政治部、后方勤务部等军事或准军事部门。

相较而言，绅士阶层在此时的权力结构中基本已被取代，其重要性已经到了不足被人注意的程度，反映了绅士阶层的整体性没落。据张仲礼研究，绅士死亡的平均年龄为 57—58 岁，而绅士获得功名的平均年龄为 24 岁、30 岁和 35 岁②，以最后一代绅士来计算的话，一二十年后，即使在世

① 芳：《接到父亲的信以后》，《大公报》1929 年 7 月 10 日第 15 版。

② 参见张仲礼《中国绅士——关于其在十九世纪中国社会中作用的研究》，上海社会科学院出版社 1991 年版，第 103、138、134、105 页。

的绅士数量也所剩不多，还活跃在政坛上的就更少。[①] 故20世纪30年代，那些具有科名的绅士开始逐渐退出历史舞台，而填补他们空位的正是日益兴起的学生与军人。

除绅士比重变化较为明显外，华侨、宗教人士及商人的出现反映了因社会变迁而导致的统治阶级结构的变化。中山先生曾言华侨为革命之母，国民党自同盟会起即在海外发展党员，其在国内革命的成功与华侨的大力支持是分不开的。但华侨在国民政府内的职务较为单一，主要是在全国侨务委员会任职。而宗教人士的加入，虽然有笼络西藏、新疆等地方宗教领袖的意味，但无疑显示了国民政府对边疆、民族问题的重视，对于改善中央与边疆之关系不无益处。王世杰在日记中曾记载："今日应喜饶嘉错［措］之宴，此君为西藏佛学专家。去年予在教部时，曾聘其来内地各大学讲学，以疏通中央与西藏之隔阂，近复为参政会参政员。为人甚通达，识大体；在内地虽仅一年，对于中央与西藏关系之增近，颇有裨益。"[②] 喜饶嘉措从小即出家为僧，精通佛学，为当地著名的活佛，抗战时曾任参政会参政员，后来还当过蒙藏委员会副委员长。实际上，派驻官员进藏与任命边疆政要、僧侣在中央政府任职都是加强边疆对中央向心力的主要措施，故喜饶嘉措的经历亦可看作国民政府对边疆、民族乃至宗教问题的缩影。

值得一提的是，北京政府时代的高层政治中，女性参政仍然是某种禁忌，而南京国民政府时代，女性已然活跃于政治舞台的高层。在笔者所考察的3218名南京国民政府的中央官僚中，女性约有33人，占总数的1.03%。其共同点为：（1）皆受过新式教育，且大半有过留学经历，是为

---

① 当然，这也不能一概而论，直至20世纪40年代，国民政府中仍有为数不多的科举出身者。如1940年12月，63岁的贾景德以进士出身任铨叙部部长，故时任铨叙部政务次长的王子壮即有"科甲出身者现已不多"之感叹。有意思的是，受过现代大学教育的王子壮并未对这位旧功名出身的部长产生不适感，反而是贾对于科举时代掌故的如数家珍，以及其相命之术等使得王"顿如十余岁坐听父亲所谈诸端"。（参见《王子壮日记》第7册，1942年1月9日，台北"中央研究院"近代史研究所2012年版，第378页。）由此可见，这些旧功名出身者所具备的知识结构虽与现代教育出身者完全不同，但其自中国传统中继承的文化余韵以及其圆滑的处世方式都是这些人久宦的重要原因。如初为贾氏所吸引的王子壮在一年后即有"贾部长以宦海四十余年之经验，对于上峰之应付已入化境"之体会，故王感叹贾虽因"用人不公"、嬉笑怒骂为一部人所不谅解，"乃以应付总裁、院长甚得欢心，大致亦不生问题，宦海前途必益光明也"。参见《王子壮日记》第8册（1943年2月3日），台北"中央研究院"近代史研究所2012年版，第51—52页。

② 林美莉编辑、校订：《王世杰日记》上册（1938年11月26日），台北"中央研究院"近代史研究所2001年版，第161页。

知识女性。(2) 丈夫多为有权势之人，她们以姻亲为纽带，故可轻松活跃于政坛。其著名人物有宋美龄、宋庆龄、崔震华、张默君、郑毓秀等。(3) 就其职务而言，大多为监察委员和立法委员，在行政部门任职且负实际责任者几乎没有。尽管性别不是笔者考察民国中央官僚群体社会构成的一部分，但作为一种自然构成，在男人为中心的政治舞台上女性群体的出现，亦是社会变迁的切实体现。

莫斯卡在研究政治精英时，曾提出一项假设：政治体系中的精英具有不同于社会大众的特质，而这些特质即来源于他们的出身背景。莫斯卡的观察被许多后继的研究所证实，即大多数政治体系精英并不是由社会各个阶层等比例产生的，社会较高地位所产生政治精英的比例要远远高于社会低阶层的比例。[①] 就该点而言，这一时期的中国自然亦不例外。但与西方国家的政治精英并不完全相似的是，民国时期的政治精英并不是以其出身的阶层/背景来选择其政策倾向与政治归属，这个尽管同质性很高的精英群体在达成某种政治共识时很大程度上却是基于彼此间“关系”的考量[②]，而“关系”的基础则取决于双方是否具有共同的认同对象。这些认同的对象即如地缘、血缘、学缘、同事、结拜兄弟、姻亲、同事僚属等关系，不仅是获取政治权力的重要工具，亦是官僚间结成派系的重要纽带。

---

① Gaetano Mosca, *The Ruling Class*, p. 53，转引自彭怀恩《透视台湾内阁精英》，洞察出版社1986年，第35页。

② 关于中国的政治文化以及“关系政治”的阐述可参见彭怀恩《中华民国政治体系》，台北风云论坛出版社有限公司2003年版，第61—76页。

第三章　社会结构与社会网络
——民国中央官僚的关系网络与政府人事

科举时代，以知识作为进入仕途的凭资虽不能完全杜绝血缘等社会关系对国家权力的渗透，但整个帝制时代对于地缘、学缘等私人关系的限制亦将科举制试图维系的社会流动及平等机制延续下来。然而1905年科举制度的废除，斩断了经过多年逐渐加强起来的社会整合制度的根基①，导致了维系官僚体制顺利运转体系的崩溃。与此同时，新的官僚选拔机制又非朝夕可成，因此从晚清到民国，中国在官僚的选拔机制和人事制度建设上始终无法取得满意的效果。由于传统政治道德崩溃及制度缺失（或有制不遵以及执行得不到保障），从而导致了以亲属、私交为特征的社会关系在民国时期不断地向国家权力侵蚀，成为官僚间拉帮结派、构建属于自己的关系网络的重要基础。

实际上，无论是在波澜不惊的日常生活里，还是在尔虞我诈的权力斗争中，对于以“关系主义”为取向的中国人而言，任何时期，构建属于自己的关系网络都是十分必要的。而这对于权力行使的主体——官僚而言，又显得尤为重要。有的政治学家在研究中国政治联盟中的特殊关系模式时曾指出，任何特殊关系的形成都是基于两个或两个以上的人之间所拥有的共同的认同对象，而在中国的政治文化中的关系基础主要包括地缘、血缘、同事、同学、结拜兄弟、同姓以及师生等。② 社会学家也早已发现，在中国社会，拉关系过程中最具共同的归属性特征的就是地域（籍贯）、亲族、同事、同学、结拜兄弟和师生关系。③ 本章试图以地缘、学缘、血缘、姻亲、结拜兄弟、朋友、僚属等社

---

① 参见〔美〕吉尔伯特·罗兹曼等编《中国的现代化》，国家社会科学基金“比较现代化”课题组译，江苏人民出版社2003年版，第230页。

② J. Bruce Jacobs, “A Preliminary Model of Particularistic Ties in Chinese Political Alliances: Kan-ch’ing and kuan-his in a Rural Taiwanese Township”, *The China Quarterly*, No. 78, Jun., 1979, pp. 243-251.

③ 《关系和网络的构建——一个社会学的诠释》，载《金耀基自选集》，上海教育出版社2002年版，第100页。

会关系为基础，对民国中央官僚间的关系网络进行论述，以揭示这些关系网络在个人政治地位取得过程中所起到的重要作用。

第一节　部门长官与同乡网络的构建

中国人乡土意识相当浓厚。“家乡在传统中国是个人身份的关键部分……籍贯是某个人姓名、字号以外第一个特征记录，在法律面前需要确认某人身份的首要事实。”① 所以当我们“遇见了一个生人，问了他的尊姓大名，就要问他是那一省那一县的人，因为我们的脑筋里头觉得‘湖北人’、‘广东人’、‘江苏人’、‘山西人’……这种名词是代表了这几省的特性。知道一个人的籍贯，就知道他是我们心里头的那一类”。② 费孝通的研究表明，在封闭并不流动的乡土社会中，地缘还没有独立成一种构成团结的关系。因而一个人无论在何地出生或居于何地，他所继承的只能是其父亲的籍贯，故从某种意义上言，籍贯只能是“血缘的空间投影”。③ 随着社会的发展，人口流动的频繁，对于离乡他住的人而言，地缘亦逐渐独立并构成一种团结力的关系。对于同居京城的中央官僚而言，他们即是来自自然条件、社会经济和风俗习惯各不相同的地域社会。因此，对同乡观念的认同，地缘即成为官僚之间相互帮助与提携，甚至是拉帮结派的重要纽带。

中国人重乡谊，严省界。同乡观念虽非中国所独有，但在中国却发展得最为充分。不知有国，只知有家，几乎是传统社会中中国人所特有的思维方式。清季欧榘甲即批评道：“夫治公事者不如治私事之勇，救他人者不如救其家人亲戚之急，爱国者不如爱其所生省份之亲，人情所趋，未如何也。”④ 中国人这种浓厚的恋土、恋乡情结，使得地缘关系成为政治上的一大可用资本。科举时代，新中式举人，必须同乡京官印结，才能入场复试，若同乡京官不出印结，则不得复试。因此“来京覆试举人，他事犹轻，独求同乡京官印结为重”。⑤ 此种惯习延续至民初的文官考试。考生还

---

① 〔美〕顾德曼：《家乡、城市和国家——上海的地缘网络与认同：1853—1937》，宋钻友译，周育民校，上海古籍出版社 2004 年版，第 3 页。

② 丁文江：《历史人物与地理的关系》，《东方杂志》第 20 卷第 5 号，1923 年 3 月 10 日，第 125 页。

③ 费孝通：《乡土中国　生育制度》，北京大学出版社 1999 年版，第 71 页。

④ 欧榘甲：《新广东》，载张枬、王忍之编《辛亥革命前十年间时论选集》第 1 卷上册，三联书店 1960 年版，第 270 页。

⑤ 刘大鹏：《退想斋日记》（1895 年 3 月 10 日），乔志强标注，山西人民出版社 1990 年版，第 40 页。

未得进仕途，却已为日后同乡官僚间建立关系网打下了基础。清前期，对于同乡关系的防范非常严格，地方官的任命有回避制度，同籍保举官员也是不被允许的。但是晚清以降，在社会秩序严重失范的情况下，这些制度也只能成为一纸空文而已。晚清之时，任用乡人几为普遍之事，唐绍仪清末得志之时，便“引用其同乡梁如浩、梁士诒、陈昭常等，皆列要位”[①]，他的英国朋友莫理循曾言及此事：“他在海关或铁路或邮传部里的空缺，只要能捞到手的都安插了他自己的亲属和姻亲，或是他的广东同乡，他在邮传部任职期间任命的四百人中，有三百五十个是他安插进来的。”[②] 以清流著称之李鸿藻“引拔多直隶同乡，世称北党”[③]；李鸿章晚年“坐镇北洋，凡乡人有求，无不应之”，以至“外省人几无容足之所”[④]。正是因此，有人攻击李鸿章滥用乡人，然李却有自己的一套说辞，他说：“孔子曰：举贤才举尔所知，未有不知而举者。同乡则知之尤真，自无避嫌不举之理。”[⑤]

入民国以来，在各种制度还不完善的情况下，这种非制度化的惯习遂畅行无忌。用人既无固定标准，自己较为熟悉的同乡自然成为首选，本地同源关系从而成为影响一些高层领袖人物选择下属的主要因素。孙中山谓“同省同县同乡村的人，总是特别容易联络”[⑥]，即为大多数中国人的共识。孙中山在世时，其干部即有所谓“上三”与“下三”之说。“上三”为胡汉民、汪精卫、廖仲恺；“下三”为朱执信、邓铿、古应芬。[⑦] 这六人都是清一色的广东人。1922 年陈炯明叛变后，孙中山电令驻闽各军回师讨伐陈，湖北籍的黄大伟和广东籍的许崇智论资历和功勋皆在伯仲之间，但孙却任命许崇智为总司令，黄大伟为第一军军长。黄屈居许下，本已不满，加之湖北籍同乡居正、郭泰祺等人的暗中挑拨，导致黄大伟认为广东人排外，一怒去沪不返。后陈劭先以此事问于孙中山，孙云：“现在要打陈炯明不得不用汝为（许崇智字），他是广州高弟街人啊！广东人没话说，若

---

① 胡思敬：《国闻备乘》，中华书局 2007 年版，第 91 页。

② 骆慧敏编：《清末民初政情内幕》（上），知识出版社 1986 年版，第 496 页。

③ 胡思敬：《国闻备乘》，中华书局 2007 年版，第 64 页。

④ 同上书，第 13 页。

⑤ 李鸿章、李国杰：《李鸿章全集》（三）卷 42，海南出版社 1997 年版，第 1287 页。

⑥ 《三民主义》（1924 年 1—8 月），载广东省社会科学院历史研究所、中国社会科学院近代史研究所中华民国史研究室、中山大学历史系孙中山研究室合编《孙中山全集》第 9 卷，中华书局 1986 年版，第 238 页。

⑦ 参见沈云龙访问、谢文孙记录《傅秉常先生访问记录》，台北“中央研究院”近代史研究所 1993 年版，第 22 页。

是用外省人，陈炯明会煽动说外江人来抢广东了。”[①] 这虽是迫于形式不得已而为之的行为，但却可说明当时畛域之见之深。[②] 故时人谓“江南歧视‘江北老’，广东人排斥‘外江老’”[③]，大约不出此举。

一　部门长官与同乡分布

1933 年，清华大学教授蒋廷黻写道：“中央政府的各部，无论在北京时代，或在现在的南京，部长是那一省的人，部中的职员就以他同省的人居多，甚至于一部成为一省的会馆。”[④] 同年，国民政府在统计各院部会公务员籍贯时亦发现：“凡一机关之公务员，恒以主任长官为转移，其主任长官属于某省者，即以某省公务员为多。”[⑤] 蒋氏的观察与国民政府的统计实际上提醒我们，这种部门长官与职员籍贯相一致的现象早已有之，且愈演愈烈。例如，1921 年 12 月 25 日，陆军总长鲍贵卿就任几天后，即提拔其在部内一直任参事的同乡韩麟春为次长，同时免去的是上任陆军总长蔡成勋的同乡、直隶籍次长何恩溥。[⑥] 1930 年 1 月湖北人张难先为铨叙部部长时，部中湖北籍最多，达到 28 人，占总数的 32.18%。1930 年 12 月张卸任后，湖北籍人员骤减，到 1932 年时只有 8 人。而江苏人钮永键继任部长后，江苏籍职员数量迅速增长，1930 年只有 4 人，一年后即增至 27 人。1933 年，福建人林翔继钮永键任部长后，福建籍职员亦大增，从 1932 年的 4 人增至 19 人。1935 年 7 月湖北人石瑛任铨叙部部长时，湖北籍人数再次大增，达到 33 人，石氏委任的 4 个荐任秘书皆为湖北人。[⑦]

---

① 陈劭先：《辛亥革命后孙中山在广东的几起几落》，《中华文史资料文库·政治军事编》第 2 卷（20—2），中国文史出版社 1996 年版，第 169—170 页。

② 民初省籍意识兴起，各省要求自治的呼声渐高，其中虽不乏军阀、政客的利益需求，但对于中央政府来说，如若处置不当，则会引起政治乃至军事冲突，故各省督军、省长后来基本皆为本省人，省界森严，狭隘的地域观念日趋严重。

③ 杨荫杭：《乡曲主义与大一统主义》（一），《申报》1920 年 7 月 3 日，载杨绛整理《老圃遗文辑》，长江文艺出版社 1993 年版，第 43 页。民初，唐绍仪内阁失败之际，有人即曾以原因告时任外交次长的颜惠庆，其中之一即为袁氏疑惧唐氏与孙中山同隶粤籍，“乡情必笃”，遂益增戒心。参见《颜惠庆自传》，姚崧龄译，传记文学出版社 1982 年再版，第 77 页。

④ 蒋廷黻：《论专制并答胡适之先生》，《独立评论》1933 年 12 月 31 日第 83 号，第 3 页。

⑤ 《国民政府暨各院部会及直辖机关现任公务员家庭状况统计说明》，载铨叙部秘书处第三科《铨叙年鉴续编（1931—1933）》，第六类，铨叙行政，南京大陆印书馆 1934 年版，第 629—630 页。

⑥ 参见娄献阁、朱信泉《民国人物传》（十），中华书局 2000 年版，第 266 页；刘寿林主编《民国职官年表》，中华书局 1995 年版，第 34 页。

⑦ 转引自肖如平《国民政府考试院研究》，社会科学文献出版社 2008 年版，第 71 页。

1949 年，湖北人朱树声即受同乡部长张知本的邀请而担任司法行政部常务次长①，而曾担任国民政府行政院参事长达 13 年的陈克文即因与甘乃光为小同乡，入党与从政皆为甘之介绍与扶掖故也。②

中央如此，地方亦然。民初，四川人程德全出任江苏省都督。在北京的江苏公会竟然公开提出“非江苏省不得在江苏为官”的议案。其理由为：“各省都督皆本省人为之，江苏人之在各省做官者俱受极端之排斥，则江苏人做官之地方只在江苏本省，而本省之官仍为他省人做去，不几绝我江苏人做官之路乎。”③ 地域观念之严重，由此可见一斑。1930 年 12 月，湖北人张难先改任浙江省政府主席，“省政府秘书处及其兼长之民政厅，鄂籍人员占数甚伙。秘书处职员原仅九十余人，张氏到任后，除开除十余人外，新委职员三十六人，其中鄂籍占二十六人。原设七科，全体职员为一百六十四人，而张氏虽并为五科，职员反增至一百八十三人，新委人员鄂籍占四十三人。”④

部门长官喜用同乡之人，已为不争事实。具体见下列各表。

表 3—1　北京政府中央各部部门长官与在职官员籍贯一致率⑤（1912—1928）

部门	同乡 1	同乡 2	同乡 3	总计	总长属于三省者比例	一致率
外交部	江苏 30.19%	浙江 28.30%	广东 16.98%	75.47%	92.86%	84.17%
内务部	浙江 15.85%	湖北 10.98%	直隶 9.76%	36.59%	50%	43.30%
财政部	浙江 26.47%	江苏 21.57%	直隶 9.8%	57.84%	65.38%	61.61%
农商部	江苏 26.22%	浙江 9.84%	湖北 9.84%	45.9%	35%	40.45%
交通部	广东 17.28%	浙江 16.05%	直隶 13.58%	46.91%	50%	48.46%
教育部	浙江 20.83%	江苏 15.28%	湖南 11.11%	47.22%	42.31%	44.77%
司法部	浙江 16.39%	安徽 11.48%	湖南 11.48%	39.35%	27.78%	33.57%
陆军部	直隶 24.29%	安徽 18.57%	湖北 17.14%	60%	64.29%	62.15%
海军部	福建 60%	广东 14.29%	江苏 8.57%	82.86%	100%	91.43%

① 参见湖北省地方志编纂委员会编《湖北省志·人物志稿》第 1 卷，光明日报出版社 1989 年版，第 1141 页。

② 陈方正编辑、校订《陈克文日记（1937—1952）》上册，社会科学文献出版社 2014 年版，陈克文先生年表及注释 2 甘乃光条，第 4、20 页。

③ 《呜呼江苏公会》，《申报》1912 年 9 月 17 日第 2 版。

④ 此处引文乃为监察院弹劾张之原文，参见李芦洲《国民政府的政绩》，真理社 1946 年翻印，第 94 页。

⑤ 所谓的“一致率”主要是以三省在职官员籍贯总计百分比与总长属于三省者百分比相加后除以 2，平均后所得数据大体可判断出各部总长与在职官员的籍贯一致性之高低。

表 3—2　南京政府中央各部部门长官与在职官员籍贯一致率（1927—1949）

部门	同乡 1	同乡 2	同乡 3	总计	总长属于三省者比例	一致率
内政部	湖南 11.67%	山西 10.83	安徽 8.33%	30.83%	37.5%	34.17%
财政部	江苏 21.05%	浙江 20.30%	广东 18.80%	60.15%	60%	60.08%
交通部	浙江 22.94%	江苏 13.53%	广东 12.03%	54.13%	60%	57.07%
经济部	江苏 20.34%	浙江 15.25%	湖北 11.86%	47.46%	50%	48.73%
教育部	江苏 25.97%	浙江 25.97%	安徽 7.79%	59.74%	60%	59.87%
军政部	浙江 29.25%	湖南 8.16%	河北 8.16%	45.58%	50%	47.79%
实业部	广东 19.61%	江苏 13.73%	浙江 11.76%	45.10%	66.67%	55.89%
司法行政部	浙江 16.95%	湖北 15.25%	江苏 15.25%	47.46%	50%	48.73%
铁道部	广东 39.58%	江苏 14.58%	浙江 12.5%	66.67%	85.71%	76.19%
社会部	湖南 23.08%	江苏 19.23%	安徽 15.38%	57.69%	0	28.85%
海军部	福建 80%	江苏 12%	安徽 4%	96%	100%	98.00%
外交部	广东 24.45%	江苏 18.18%	浙江 18.18%	60.91%	75%	67.96%
蒙藏委员会	蒙古 15.89%	四川 11.21%	西藏 10.28%	37.38%	20%	28.69%
侨委会	广东 56.05%	福建 21.02%	江西 3.18%	80.25%	100%	90.13%

说明：（1）本表“同乡 1、2、3 各栏”主要为各部中籍贯占据前三甲省份之人数分别占各部总人数比例。（2）本表总长包括任、兼、署，但不包括代以及未就者。（3）表 3—1 同。

从上列两表观之，尽管并不是所有的部门长官都是以本地同源关系作为其组织班底的基础，但这种部门首长与下属官员籍贯如出一辙的现象仍给我们带来不小的震撼力。从表 3—1、表 3—2 来看，北京政府时期，总长与在职官员籍贯一致率较高的部门主要有外交、财政、陆军与海军各部；而南京国民政府时期则以交通、财政、教育、铁道、海军、外交以及侨务委员会等部门较高。其中，在两个不同政权中都保持高一致率的外交部与海军部既与首长的籍贯有关，亦与该部的历史传统及地域差异相涉。另外如南京国民政府时期的侨务委员会，委员长以及委员的出生地本即被列为其政治晋升的重要因素，故其多出生于广东、福建等侨乡之地。和侨务委员会一样，蒙藏委员会的委员长及委员的政治甄补，籍贯本来也是一项重要因素，尽管从表 3—2 来看，委员长与委员的籍贯的一致性并不太高，但委员长多出生于西北以及东北等边疆之地。显然，我们的这种统计仍有可能忽略了那些一致率较低部门中亦存在着部门首长与在职官员籍贯如出一辙的现象。以北京政府交通部为例，如表 3—3 所示。

表 3—3　北京政府交通部曹汝霖、叶恭绰两任总长时期主要官员籍贯

曹汝霖的交通部			叶恭绰的交通部		
曹汝霖	总长	江苏上海	叶恭绰	总长	广东番禺
陆梦熊	参事	江苏崇明	郑洪年	次长	广东番禺
周家义	电政司长	江苏宝山	关赓麟	参事	广东南海
胡礽泰	航政司长	江苏太仓	陆梦熊	参事	江苏崇明
姚国桢	参事	安徽贵池	胡礽泰	航政司长	江苏太仓
叶恭绰	次长	广东番禺	雷光宇	参事	湖南浏阳
关赓麟	路政司长	广东南海	刘符诚	邮政司长	直隶天津
雷光宇	参事	湖南浏阳	王景春	参事	直隶滦县
曾毓隽	次长	福建闽侯	刘景山	路政司长	直隶天津
蒋尊祎	参事	浙江海宁	祝书元	航政司长	顺天大兴
刘符诚	邮政司长	直隶天津			

说明：（1）曹汝霖 1917 年 7 月 17 日至 1919 年 1 月 11 日任交通总长。（2）叶恭绰 1921 年 12 月 25 日至 1922 年 5 月 6 日任交通总长。

从表 3—3 中我们可以看到，在曹汝霖和叶恭绰分别任交通总长时期，交通部的人员变化并不太大，两人虽然没有完全以同乡人为基础，但各自的江苏和广东同乡均要比其他省的人员为多。曹汝霖在谈到他此次走马上任时的情况说：“余长交通，次长自非誉虎（叶恭绰）莫属。（他）这次对我，总算客气，还留两司一局由我派人。四司司长，他先派定铁路、电政两司，承他以邮政、航政两司，留给我派。铁路局，只留了京绥路一局。”① 曹汝霖所谓的叶恭绰事先已安排好的铁路、电政两司，其中一个即是用非专业出身的广东人关赓麟②任路政司长，取代了专业出身的湖南人曾鲲化，因为路政司长居全国铁路督办之地位，极为重要，叶恭绰当然不愿其落入外人之手。曹汝霖亦不甘示弱，随即也用江苏人胡礽泰取代了皖

① 《曹汝霖一生之回忆》，传记文学出版社 1980 年版，第 131 页。

② 关赓麟（1880—1962），字颖人。广东南海人，1904 年甲辰科进士，后赴日留学，毕业于日本宏文师范学校，回国后又入北京大学政治科毕业。参见徐有春《民国人物大辞典》，河北人民出版社 1991 年版，第 1654 页。

籍航政司长刘蕃。

另一个有趣的现象则发生在同是广东番禺人的郑洪年与叶恭绰之间。郑生于1886年，毕业于两江法政学堂，曾任两江学务处文案，后加入同盟会。[①] 叶恭绰生于1881年，1916—1928年，曾三任交通总长，郑均与叶共进退。1920年8月11日，叶署交通部总长，原任路政司长黄赞熙被免，郑洪年继任。1921年5月14日，叶被免职，5月21日，郑亦被免；1921年12月25日，叶再任交通部总长，12月27日，郑即被任命为交通部次长。1922年5月6日，叶再次免职，5月8日郑亦免职；1924年11月24日，叶恭绰第三次任交通部总长，郑随即于11月28日再次被任为交通部次长。1925年11月28日叶下台后，郑也于当天被免。[②] 如此反复，不能说与郑洪年和叶恭绰为小同乡没有关系。正如安克强所说："依傍于这些身居高位的中国政府的领袖人物，是属于小圈子里昔日陪伴自己的追随者，或者是在他政治生涯的某些关键时刻再次相遇的同路人（正好还有赐予的位子）。"[③] 对叶恭绰来说，同省同县的郑洪年正是这样的人。

正是由于部门首长对同乡人的偏爱，从而形成一段时间内某省或某县的人在某部任职密集的现象。民初教育部人员多来自江浙，曾亲历其事的王云五对此解释道："由于江浙为文化最发达之区，教育界的杰出人物，往往不能舍江浙二省而他求。因此，教育部此时的高级职员中，包括次长和四位参事中的三位与三位司长中的两位，都是籍隶江浙两省。"但情况之严重，由参事、司长集体辞职迫走兼署的粤籍总长陈振先，改换浙籍的汪大燮可见一斑。[④] 此后的教育部，江、浙二省籍官员的势头亦不曾稍减。1916—1928年，北京政府教育部53名简任及以上官员（包括总长、各司司长及参事等）中，江、浙籍官员即占到19人，其中包括5位总长、4位次长。比较而言，南京国民政府时期的教育部，江、浙籍官员亦不稍逊，77名简任以上官员中，江、浙籍即占到40人，超过半数。其中包括9名部长中的5位，9名政务次长中的7位以及8名常务次长中的5位。[⑤]

---

① 参见徐有春《民国人物大辞典》，河北人民出版社1991年版，第1485页。

② 参见刘寿林主编《民国职官年表》，中华书局1995年版，第52—53页。

③ 〔法〕安克强：《1927—1937年的上海——市政权、地方性和现代化》，张培德等译，上海古籍出版社2004年版，第79页。

④ 参见桑兵《晚清民国的国学研究》，上海古籍出版社2001年版，第33页。

⑤ 根据刘寿林主编《民国职官年表》、徐有春《民国人物大辞典》、刘国铭《中国国民党百年人物全书》等资料统计。

外交部与海军部的情况也与前述各部相似，具体见表3—4。

表3—4 **北京政府外交部官员及其籍贯（1912—1928）**

姓名	官职	籍贯	姓名	官职	籍贯
胡惟德	总长	浙江吴兴	顾维钧	总长	江苏嘉定
王正廷	总长	浙江奉化	陆征祥	总长	江苏上海
孙宝琦	总长	浙江杭县	夏诒霆	总长	江苏江阴
施肇基	总长	浙江钱塘	吴晋	次长	江苏武进
汪大燮	总长	浙江钱塘	刘式训	次长	江苏南汇
沈瑞麟	总长	浙江吴兴	曹汝霖	次长	江苏上海
施绍常	政务司长	浙江吴兴	颜惠庆	总长	江苏上海
王廷章	通商司长	浙江绍兴	嵇镜	政务司长	江苏无锡
钱泰	条约司长	浙江嘉善	朱鹤翔	政务司长	江苏宝山
章祖申	参事	浙江吴兴	周传经	通商司长	江苏嘉定
岳昭燏	参事	浙江嘉兴	朱寿朋	条约司长	江苏上海
曹云祥	参事	浙江嘉兴	朱文黻	条约司长	江苏江阴
吴尔昌	参事	浙江吴兴	许同范	庶政司长	江苏无锡
戴陈霖	参事	浙江海盐	唐在复	参事	江苏上海
严鹤龄	参事	浙江余姚	唐在章	参事	江苏上海
陈锦涛	总长	广东南海	王曾思	参事	江苏南汇
梁如浩	总长	广东香山	张庆桐	参事	江苏上海
唐绍仪	总长	广东香山	陈箓	次长	福建闽侯
罗文干	总长	广东番禺	高而谦	次长	福建长乐
蔡廷干	总长	广东香山	曾宗鉴	次长	福建闽侯

续表

姓名	官职	籍贯	姓名	官职	籍贯
伍廷芳	总长	广东新会	王继曾	政务司长	福建闽侯
饶宝书	通商司长	广东兴宁	刘崇杰	参事	福建闽侯
张煜全	参事	广东南海	陈懋鼎	参事	福建闽侯
刁作谦	参事	广东兴宁	王景岐	参事	福建闽侯
伍朝枢	参事	广东新会	袁克暄	参事	河南项城
陈恩厚	交际司长	顺天宛平	邵恒浚	参事	山东威海
黄宗法	参事	安徽无为	王荫泰	总长	山西临汾

说明：本表包括发表未就者，重复任职者，原则上只统计一次。表3—5同。

表3—5　　南京国民政府外交部官员及其籍贯（1927—1949）

姓名	官职	籍贯	姓名	官职	籍贯
叶公超	部长	广东番禺	顾维钧	部长	江苏嘉定
傅秉常	部长	广东南海	谢维麟	参事	江苏松江
陈友仁	部长	广东宝庆	许念曾	参事	江苏无锡
罗文干	部长	广东番禺	诸昌年	参事	江苏吴县
伍朝枢	部长	广东新会	陈一麟	参事	江苏江宁
王宠惠	部长	广东东莞	王曾思	参事	江苏南汇
宋子文	部长	广东文昌	甘介侯	常务次长	江苏宝山
吴铁城	部长	广东香山	董霖	常务次长	江苏海门
林椿贤	参事	广东新会	何杰才	第三司司长	江苏上海
关霁	参事	广东南海	嵇镜	第一司司长	江苏无锡
林春贤	参事	广东新会	朱鹤翔	国际司长	江苏宝山
余铭	参事	广东香山	吴颂皋	国际司长	江苏吴县
谭绍华	参事	广东新会	凌其翰	礼宾司长	江苏上海
刁敏谦	参事	广东兴宁	沈昌焕	礼宾司长	江苏吴县
刘锴	常务次长	广东香山	吴南如	欧美司长	江苏宜兴

续表

姓名	官职	籍贯	姓名	官职	籍贯
唐悦良	常务次长	广东香山	张祥麟	情报司长	江苏川沙
朱兆莘	次长	广东花县	张维城	情报司长	江苏青浦
李骏	礼宾司长	广东梅县	王化成	条约司长	江苏丹徒
张谦	美洲司长	广东新会	徐谟	政务次长	江苏吴县
伍大光	秘书长	广东新会	徐公肃	总务司长	江苏吴县
梁龙	欧美司长	广东梅县	张群	部长	四川华阳
钟荣光	侨务局长	广东香山	冯飞	参事	四川江安
张似旭	情报司长	广东汕头	陈钦仁	参事	四川崇庆
胡庆育	条约司长	广东山水	李惟果	总务司长	四川南充
徐淑希	亚西司长	广东饶平	陈英竞	总务司长	四川长寿
李景纶	政务次长	广东台山	潘连茹	参事	山西临汾
宋子良	总务司长	广东文昌	尹葆宇	欧美司长	山东掖县
汪兆铭	部长	广东番禺	李圣五	总务司长	山东泰安
施肇基	部长	浙江钱塘	邹尚友	亚西司长	辽宁沈阳
黄郛	部长	浙江绍兴	程希孟	美洲司长	江西南城
王正廷	部长	浙江奉化	刘师舜	政务次长	江西宜丰
陶履谦	参事	浙江绍兴	许士廉	参事	湖南湘潭
朱履和	参事	浙江嘉兴	陈介	常务次长	湖南湘乡
钱泰	常务次长	浙江嘉善	唐有壬	常务次长	湖南浏阳
胡世泽	常务次长	浙江吴兴	何凤山	情报司长	湖南益阳
袁良	第二司司长	浙江杭县	朱世明	情报司长	湖南湘乡
金问泗	第一司司长	浙江嘉兴	卜道明	亚西司长	湖南益阳
汪希	秘书长	浙江杭县	郭泰祺	部长	湖北广济
樊光	秘书长	浙江缙云	王世杰	部长	湖北崇阳
邵毓麟	情报司长	浙江鄞县	丁绍伋	参事	湖北应山
黄正铭	亚东司长	浙江海宁	张忠绂	参事	湖北武昌
高宗武	亚洲司长	浙江乐清	李迪俊	情报司长	湖北黄梅
张歆海	总务司长	浙江海盐	时昭瀛	情报司长	湖北枝江
徐东藩	总务司长	浙江金华	涂允檀	条约司长	湖北黄陂
施肇夔	总务司长	浙江绍兴	吴国桢	政务次长	湖北建始
应尚德	总务司长	浙江奉化	吴其玉	参事	福建闽清
王启江	参事	河北束鹿	刘崇杰	常务次长	福建闽侯

续表

姓名	官职	籍贯	姓名	官职	籍贯
朱敏章	参事	河北大兴	沈觐鼎	亚洲司长	福建闽侯
赵泉	参事	河北遵化	胡适	部长	安徽绩溪
祝惺元	参事	河北大兴	张我华	常务次长	安徽凤阳
杨云竹	亚洲司长	河北蠡县	周龙光	第二司司长	安徽定远
郭斌嘉	参事	不详	段茂澜	美洲司长	安徽合肥
张源长	参事	不详	朱绍阳	参事	黑龙江龙江
曾镕浦	常务次长	不详	王家桢	常务次长	黑龙江双城
林佑根	总务司长	不详			

民国时期的外交官多有相同或相似的成长经历和生活环境，即多生活在东南沿海一带，家境要么是比较殷实富裕的商人或官宦家庭，要么是较为开明的传教士家庭。如上海的顾维钧，浙江钱塘的施肇基，广东文昌的宋子文、宋子良等即生于富商家庭，广东新会的伍朝枢和广东番禺的叶公超都生于官宦家庭；而颜惠庆、王正廷等人则同属于传教士家庭。这样的家庭背景和生活环境，使他们从小就能得风气之先，青年时代还可以出国留学，从而更系统地、全面地了解世界。外交官本是一个对新知识要求较高的职业，因而在西学东渐刚刚展开之际，这些人要比普通人成为外交官的机会大得多。从这一点来看，民国外交部的官员多为江、浙、广东人，似乎也是无可厚非。从表3—4、表3—5观之，1912—1928年的16年间，北京政府外交部54名官员中，江苏人17个，浙江人15个，广东人10个，占总数的77.78%，如果再加上沿海的7个福建人，则内地只有顺天、安徽、河南、山东、山西等省各一人，其他省份及边远地区则无一人。且16年间，除苏、浙、粤三省外，外省人担任过外交总长的只山西人王荫泰一人而已，且不足一年，故日人园田一龟在《分省新中国人物志》中品评江、浙近代人物时云，“现代中国之外交官，几为江浙人所独占”①，所言并不为过。

1927—1949年的22年中，南京国民政府外交部111个官员中，广东人28个，江苏人20个，浙江人20个，占总数的61.26%，其他省份如湖

① 〔日〕园田一龟：《分省新中国人物志》，黄惠泉等译，良友图书印刷公司1930年版，第149页。

南、湖北、四川、福建、安徽、河北、江西等省官员数量虽少，但亦有之，且边远省份如黑龙江、辽宁等省亦列名其中，则不能不说是一大进步。然22年间，在总共17任部长中，只四川的张群、湖北的王世杰、郭泰祺和安徽的胡适（未就）而已。综上来看，南京国民政府外交部官员的地域分布虽稍与北京政府外交部不同，但苏、浙、粤人把持外交的现状并未改变，这种总长的籍贯与下属的籍贯如出一辙的现象，明白无误地说明了苏、浙、粤籍等部门首长想把本省的亲信都团结在自己的周围。[①]

中国官场，喜用同乡，其结果：某部中人员多为福建人，人或目为“福建会馆”；又某部重要人员多广东人，或目为“广东会馆”。[②] 南京国民政府时期，财政部重要人员多为江苏武进人，故财政部当时即有“常州同乡会”之称。[③] 而海军部即因部中人员多为福建人，故有“福建会馆”之称。

表3—6 北京政府海军部官员及其籍贯（1912—1927）

姓名	官职	籍贯	姓名	官职	籍贯
刘冠雄	海军总长	福建闽侯	许继祥	军法司长	福建闽侯
萨镇冰	海军总长	福建闽侯	林葆怿	参事	福建闽侯
李鼎新	海军总长	福建闽侯	施作霖	军学司长	福建闽侯
林建章	海军总长	福建长乐	吕德元	军需司长	安徽休宁
杜锡珪	海军总长	福建闽侯	吴纫礼	次长	安徽合肥
谢葆璋	海军次长	福建闽侯	徐兴仓	参事	直隶平乡
刘传绶	海军次长	福建闽侯	刘永谦	海军次长	山东牟平
饶怀文	军衡司长	福建闽侯	高心源	军需司长	江苏江宁
甘联璈	军学司长	福建古田	吴振南	参事	江苏仪征
李景曦	军学司长	福建闽侯	许凤藻	参事	江苏无锡
曾瑞祺	军需司长	福建闽侯	汤芗铭	次长	湖北蕲水
陈恩焘	军务司长	福建闽侯	王会同	军需司长	广东花县
王兼知	军衡司长	福建闽侯	程璧光	总长	广东香山
蒋拯	军衡司长	福建闽侯	徐振鹏	次长	广东香山

---

① 实际上，这种现象并不仅出现在外交部内，甚至在其派出的驻外各外交机构中也是如此，同乡关系从而成为使团或使馆组织班底的重要方式。参见《顾维钧回忆录》第2册，中国社会科学院近代史研究所译，中华书局1985年版，第31页。

② 参见杨荫杭《乡曲主义与大一统主义》（一），《申报》1920年7月3日，载杨绛整理《老圃遗文辑》，长江文艺出版社1993年版，第43页。

③ 参见钱靖远《盐务机构人事的回忆》，《上海文史资料存稿汇编·经济金融》卷4，上海古籍出版社2001年版，第143页。

续表

姓名	官职	籍贯	姓名	官职	籍贯
何品璋	军衡司长	福建闽侯	曹嘉祥	次长	广东顺德
陈寿彭	军法司长	福建闽侯	李和	次长	广东三水
郑宝菁	军法司长	福建闽侯	刘华式	参事	湖南新化
曾兆麟	军法司长	福建闽侯			

说明：1927 年 6 月，北京政府国务院改官制，海军部并入军事部。

表 3—7　　　　**南京国民政府海军部官员及其籍贯（1929—1938）**

姓名	官职	籍贯	姓名	官职	籍贯
陈绍宽	部长	福建闽侯	林永谟	参事	福建闽侯
杨树庄	部长	福建闽侯	任光宇	参事	福建闽侯
陈季良	政务长	福建闽侯	周光祖	参事	福建闽侯
陈训泳	常务次长	福建闽侯	杨庆贞	总务司长	福建闽侯
李世甲	常务次长	福建闽侯	谢葆璋	巡防处长	福建闽侯
贾勤	军务司长	福建闽侯	李孟斌	均衡司长	福建闽侯
唐德炘	舰政司长	福建闽侯	罗序和	军需司长	福建闽侯
许继祥	海政司长	福建闽侯	吴振南	巡防处长	江苏仪征
吴光宗	海道测量局长	福建闽侯	朱天森	参事	江苏江都
林献炘	军械司长	福建闽侯	夏孙鹏	编译处长	江苏江阴
沈德燮	航空处长	福建闽侯	余振兴	编译处长	山东颐山
刘德浦	海道测量局长	福建建瓯	吕德元	军学司长	安徽休宁
陈文麟	航空处长	福建南安			

说明：南京国民政府海军部于 1929 年筹建，1938 年裁撤。

从表 3—6、表 3—7 观之，北京政府 35 名海军部官员中，福建人即占到 21 人，且都为福州人，占总数的 60%，其中闽侯籍为 19 人，占福建人的 90.48%；南京国民政府 25 名海军部官员中，闽籍亦占到 20 人，占总数的 80%，其中闽侯籍亦为 18 人，亦占到福建人总数的 90%。从两表所体现出的惊人相似的信息来看，则不能不说明福建人尤其是闽侯人在民国海军中的地位根深蒂固，且有一脉相承的意味。故时人有“海军部者，易名即福建会馆，盖闽人之私产也”① 之叹，以是观之，此言非虚。

实际上，“闽”人在海军中自成一系的情况并非民国始见，“闽”系一

① 沃邱仲子：《民国十年官僚腐败史》，中华书局 2007 年版，第 27 页；1936 年，初到行政院任职的何廉亦观察到：“事实上，中国海军一开始就完全由福建籍人垄断了。我去海军部多次，发现那实际上是个福建同乡会！”参见《何廉回忆录》，朱佑慈等译，中国文史出版社 1988 年版，第 96 页。

词的来源，最早可追溯至光绪十六年（1890）北洋海军总教习琅威理（William M. Lang）在向英海军部报告中所使用的“Fuchinese Clan”（福建帮）一词。琅氏于北洋海军初建之时，两次受聘来华，担任北洋舰队的训练工作，后因“香港升旗事件”被迫辞职。琅氏在同一报告中认为“升旗事件”乃系林泰曾（左翼总兵）、刘步蟾（右翼总兵）以及李鸿章的英文秘书罗丰禄和北洋水师学堂总教习严宗光（严复）等福建人故意排斥他的一项阴谋，故而使用“福建帮”一词。其云“该舰队即将为他们的亲族所充满；而训练有素的北方人也将被他们所踢开”。琅氏之言，虽有一时之激愤，但却不幸言中几十年后中国海军为闽人所独占的情形。① 那时，海军中即有闽籍与粤籍之别，清政府为制衡闽系，故粤籍将领亦得重用。② 然辛亥之后，形势大变，闽人在海军中日益坐大。

福建人在海军部如此集中，究其原因，一则因福建地靠东南沿海，其山地多田少，自古闽人多善于海上谋生，尤精于海战。有研究表明，清代东南沿海各省水师总兵提督等高级将领绝大多数为闽省的水师将领所出任。③ 近代绿营水师没落之后，新式海军兴起，海军成为现代化程度较高的兵种，因而入海军者必须要经过新式专门学堂训练乃至外国留学才可。闽侯濒临大海，人多识水性。且闽侯又是福建较富有的县之一，为福州治所，自古即有“八闽首邑”之称，故有财力者入新式学堂学习者众，且尤以习海军者为多。④ 二则是因福州船厂及马尾船政学堂皆设在福州之故。福州船政学堂实为我国近代海军奠定之基础，其招生对象多以本地资性聪颖粗通文字子弟为主。⑤ 因此赵尔巽在《清史稿》中谓：“（福州）船政学堂成就之人才，实为中国海军人才之嚆矢。学堂设于马尾，故清季海军将领，亦以闽人为最多。”⑥ 民国时期的海军人亦多为晚清时所培养，虽非全部出自福州船政学堂，却多为闽籍。实际上，闽系海军中以学校出身论，

---

① 本段论述及引文皆转引自王家俭《近代百年中国海军的一页沧桑史——闽系海军的兴衰》，《近代中国》第151期。

② 参见张侠、杨志本等编《清末海军史料》（下），海洋出版社1982年版，第739页。

③ 参见王家俭《近代百年中国海军的一页沧桑史——闽系海军的兴衰》，《近代中国》第151期。

④ 且这些人一开始即以海军为登龙门的捷径，第一批留学英法的“闽厂生徒”回国之前，即表现的“贪慕荣利”，声言：“创办铁甲，正我辈富贵之日，苟非高官厚禄，切不可就。”参见李鸿章《朋僚函稿》，光绪七年二月初二日，《复黎召民廉访》。转引自王家俭《近代百年中国海军的一页沧桑史——闽系海军的兴衰》，《近代中国》第151期。

⑤ 参见左宗棠《详议创设船政学堂章程购器募匠教习折》，载舒新城编《中国近代教育史资料》（上），人民教育出版社1961年版，第130页。

⑥ 《清史稿》卷107，志八二，《选举志》，《学校》（二）。

则又有“船政系”与“非船政系”之分。但截至1922年，陆续设立于全国的水师学堂或海军学校，几乎全部由闽籍人所主持，故部分海军人士虽非福州船政学堂出身，或非闽籍人士，仍会被认为是该系之人。[①]

闽人重乡谊，对于外省人则极力排斥。费行简即谓：“海部以纯粹乡谊结合而成，凡事略分言情，不拘仪式。诸员出入总次长之门，如家人子弟焉。”“为科长者，皆总长心腹上。”[②] 以至于“将之非闽者去之，兵之客籍者逐”，“内而海部，外而舰队，其位置略重要者，悉用闽人充之，不问其才不才，称不称也”[③]，以致海军中即有“非闽籍不得为司令等要职的说法”[④]。从表3—7来看，此言显然并不为过，恐更有非闽籍不得为海军部长之谓。民初，唐绍仪组阁时，本拟用程璧光掌海军，然“福建人攻之谓，唐总理多用粤人，偏于桑梓”，故易以刘冠雄。[⑤] 而刘以闽人执掌海部，历数阁不倒，前后达六年七个月之久[⑥]，可谓民国政坛上的不倒翁。民国五年（1916），程璧光以粤人而任总长一年有余，虽“实为唯一之例外”[⑦]，却“不能指挥如意”[⑧]。1929年4月12日，国民政府明令设立海军部，以同属福建籍的杨树庄、陈绍宽分任部长与常务次长，然因杨忙于福建省政，故实际部务全由陈绍宽代理，1931年杨辞陈继，直至1938年海军部被裁撤，前后达9年之久。[⑨] 海军部上至部长，下至属员，多为闽人，故“权力亦随而归之，势所必至也”。[⑩] 20年代，杨荫杭即曾对海军中的地域观念讽刺道：“海军阀重乡谊。唐朝宦官多闽人，海军阀似之。”[⑪] 语虽尖刻，但海军多闽人，确是事实。

事实上，作为浙江奉化人的蒋介石，早年留学日本，其后发迹于上海，崛起于广东。对蒋而言，早年结识的同乡如陈其美、黄郛、周骏彦、张静江、戴

---

① 参见陈景芗《旧中国海军的教育与训练》，《福建文史资料》第8辑，福建人民出版社1984年版，第91页。

② 沃邱仲子：《民国十年官僚腐败史》，中华书局2007年版，第28页。

③ 张晞海、王翔：《中国海军之谜》，海洋出版社1990年版，第354页。

④ 张侠、杨志本等编：《清末海军史料》（下），海洋出版社1982年版，第742页。

⑤ 《新内阁之内幕》，《申报》1912年4月12日第2版。

⑥ 参见〔日〕园田一龟《分省新中国人物志》，黄惠泉等译，良友图书印刷公司1930年版，第294页。

⑦ 同上书，第393页。

⑧ 参见沃邱仲子《民国十年官僚腐败史》，黄惠泉等译，良友图书印刷公司1930年版，第27页。

⑨ 参见熊尚厚、严如平主编《民国人物传》（十一），中华书局2002年版，第190页；刘寿林主编《民国职官年表》，中华书局1995年版，第468—470页。

⑩ 刘以芬：《民国政史拾遗》，上海书店出版社1998年版，第51页。

⑪ 杨荫杭：《海军阀》，《申报》1921年9月4日，载杨绛整理《老圃遗文辑》，长江文艺出版社1993年版，第406页。

季陶等人，有些对蒋有提携扶持之功，而有些则成为其日后重要的事业伙伴。[①] 在成为国民党的最高领袖后蒋也非常善于利用同乡关系，奉化城中，溪口故里随蒋荣升者，不知多少。如俞飞鹏、毛思诚、朱孔阳等。替他办党务的陈果夫、陈立夫兄弟，特务头子戴笠、徐恩曾、文胆陈布雷，军队中的宠臣陈诚、胡宗南，及侍从室替其在军事上出谋划策的林蔚等皆是浙江人。甚至连蒋介石的近卫系统，几乎皆由浙江子弟充任。故政治领袖与部门长官所操有的用人权以及传统观念对其深刻影响实成为政府各部中同乡泛滥的肇因。

二　方言、派系及其他

有意思的是，蒋廷黻对中央各部已成为各省“会馆”实缘于“中国人有省界县界的观察”[②] 却为胡适所批评，胡适认为“省界是人人都有的，并不限于中国人”，美国人也有，“不过他们的国家有较好的制度，所以他一日做了部长，他决不能把他的贵部变成他的同乡会馆”。故胡适指出：“蒋先生指出的笑柄，只消一点点制度上的改革就可以消灭了。”[③] 胡适所指出的中央各部成为各省“会馆”缘于国家在制度上的缺陷固然不错，但中国却有着区别于西方国家的历史文化传统，因生活环境、风俗习惯的不同而形成的各种方言，在客观上亦是导致地域集团形成的重要因素。同乡间亲密关系的形成，往往从他们所共同使用的方言开始。

那时，京城之中，各方人士荟萃，如不是久居京城者，其说“官话”之能力恐亦需打一折扣，故操方言者不在少数。然中国之大，南北方言迥异，非家乡人恐难完全明白，故部门首长喜择同乡人为下属，恐亦有出于此点之考虑。清末，河南人赵秉钧“官畿辅典史，世凯耳其操汴音，知为乡人，倍切亲近，累试以事，许为大器”。[④] 入民国后，赵氏更是在袁的栽培下官至内务总长、国务总理。

民国以来，各军阀派系的形成虽不囿于地域，然地域观念在其中的影响却是相当之大，其地盘的选择亦往往以其家乡乃至附近所在。[⑤] 蒋介石之所以迁都南

---

① 参见杨维真《蒋介石的地缘关系》，载汪朝光主编《蒋介石的人际网络》，社会科学文献出版社2011年版，第232—233页。

② 蒋廷黻：《论专制并答胡适之先生》，《独立评论》1933年12月31日第83号，第3页。

③ 胡适：《政治统一的途径》，《独立评论》1934年1月21日第86号，第5页。

④ 陈灨一：《睇向斋逞臆谈》，《睇向斋秘录》（附二种），中华书局2007年版，第128页。

⑤ 杨荫杭即谓：“昔之皖派、粤派，今之直系、皖系，其相互结合，虽由于利害之关系，亦未始不本于乡土之感情。其流弊所及，乃酿成今日之大政争。”参见杨荫杭《乡曲主义与大一统主义》（一），《申报》1920年7月3日，载杨绛整理《老圃遗文辑》，长江文艺出版社1993年版，第44页。

京，虽因革命势力从珠江流域转移至长江流域，然与粤籍领袖在广东把持党政，重用粤人恐亦不无关系。[①] 故在军人心中，同乡观念恐更为根深蒂固。阎锡山（山西五台人）在山西经营多年，山西省内更是盛传“学会五台话，就把洋刀挎”的顺口溜[②]；湖南军阀何键（湖南醴陵人）则是本着“非醴勿听，非醴勿用”的原则，选任干部；黔系军阀固西城在控制贵州期间，把家乡桐梓县能识字的人几乎都拉出去做了官，以致乡间连个能写信的人也找不到。张作霖是辽宁海城人，习惯使用方言“妈拉巴子”和“后脑勺子”，故奉军中一直流行“妈拉巴子是护照，后脑勺子是路条”的笑话。[③] 杨荫杭说：“中国官场，皆引同乡，往往不论其人之能否，而以援手乡人为一种之道德。”[④] 此言不虚。

20 年代，时人在官场中观察到：

> 某部中人员可分为三等：其第一等则与总长同乡，比之清制，则旗人也；其第二等则虽非同乡，而能操其乡语，比之清制，则汉军也；第三等则既非同乡，又不解乡语，比之清制，则汉人也。此三等人或同集于总长之室，总长或作土语，两等人同声应之，一时支离駃舌之音振动堂壁，而所谓第三等者，乃如聋如哑，不能赞一辞。[⑤]

当时间进入 30 年代，仍有观察家言道：“常常某部长登台，上自次长，下至门房，有时全体都得改易。最奇妙的是部长为某省人，则该部便

---

① 30 年代蒋介石在日记中即记载：“粤人重地域而排外，其私心较任何一省为甚也。”《蒋介石日记》，1930 年 11 月 17 日，载黄自进、潘光哲编《蒋中正总统五记·困勉记》卷 16，世界大同出版有限公司 2011 年版，第 268 页。

② 参见蒋曙晨《傅作义传略》，中国青年出版社 1990 年版，第 65 页；张鸣《武夫专制梦——中国军阀势力的形成及其作用》，国际文化出版公司 1989 年版，第 27 页。

③ 参见张鸣《武夫专制梦——中国军阀势力的形成及其作用》，第 27 页；蒋廷黻《论专制并答胡适之先生》，《独立评论》1933 年 12 月 31 日第 83 号，第 3 页。

④ 杨荫杭：《乡曲主义与大一统主义》（一），《申报》1920 年 7 月 3 日，载杨绛整理《老圃遗文辑》，长江文艺出版社 1993 年版，第 43 页。

⑤ 同上书，第 43—44 页。其实不懂长官乡语者，固不足怪，然不善说“官话”者恐亦不能得到长官的待见。据时人回忆，孔祥熙 64 岁生日时，设宴祝贺，财政部秘书陈仲询当时正谋当税务局局长，为讨孔之欢心，于是写了“当代圣人”字句的寿屏，孔十分高兴，即叫陈见面。然陈操一口湖南桂阳土音，所谈孔多不懂。孔一时的高兴很快消失了，斥之说：“你怎么当局长？连话也说不清楚！”后经人斡旋，才派为广东曲江税务局长。参见周树嘉《孔祥熙二三事》，载全国政协文史资料委员会编《文史资料存稿选编精选·民国高端群像》第 2 卷，中国文史出版社 2006 年版，第 224—225 页。

成为某省人的地盘。只消一听部中人说话的口音，便可知晓。”[1] 此语当为切实之言。早在1926年国民党第二次代表大会召开时，广东籍代表陈其瑗、吴永生竟然不约而同地要求将大会上的重要报告用广州话翻译。吴永生向大会提议：“大会中许多广东同志都是不懂各省方言的，本席在代表团时屡经提出要翻译粤语，何香凝同志亦曾说过，但未见实行。现请主席团以后对于各项重要报告及决议，都要翻译粤语。”于是会议当天主席邓泽如即请陈其瑗将北方省籍代表于树德、丁惟汾的报告译成粤语。[2] 桂系领袖李宗仁曾谓：“国民党自有史以来，粤籍要员最具畛域之见，其原因或者是由于方言的关系。他们彼此之间，平时虽互有猜忌，然一有事变，则又尽释前嫌，作坚固的团结。”[3] 故前引蒋氏日记中“粤人重地域而排外，其私心较任何一省为甚”之说，实可看作非粤籍人士对粤人的一贯看法。而李氏提出的方言问题，虽未能切中要害，但亦并非没有道理。[4]

国民党自改组以来，广东即被认为是“革命策源地”，故当时粤籍领袖多以党内正统自居。然当蒋介石以浙江人开始与党内粤籍领袖胡汉民、汪精卫争夺党内正统地位时，党内因地域观念而造成的派系冲突则更加严重。[5] 中原大战之后，蒋、胡之间因约法问题意见相左，蒋因之囚禁胡汉

---

① 闵仁：《为什么我们的政府不能做出像样的事业》，《独立评论》第92号，1934年3月18日，第19页。

② 《中国国民党第二次全国代表大会会议记录（第六日第十一号）》，1926年1月11日，载中国第二历史档案馆编《中国国民党第一、二次全国代表大会会议史料》（上），江苏古籍出版社1986年版，第244—245页。

③ 李宗仁口述，唐德刚撰写：《李宗仁回忆录》（下），广西师范大学出版社2005年版，第477页。

④ 李氏所在的广西集团，即可以语言、区域、文化等因素分为四类。（1）白话系统：分布在桂省东南部西江流域，以梧州为中心，说粤语，故与广东关系密切。因西江水运交通便利，此区域人民得风气之先，思想、行事较活泼权变，代表人物如李济深、黄绍竑等。（2）官话系统：分布在桂省东北部，以桂林为中心，操普通官话，受湖南影响大，民性也较坚忍固执，主要人物如李宗仁、白崇禧等。（3）土话系统：分布于桂省的西半部，以南宁为中心，多为汉化僮人或僮化汉人，因地理位置封闭，故倾向于保守质朴，以岑春煊、陆荣廷等为代表。（4）客话系统：为从东北、东南两方进入桂省的客家人后裔，分布地域甚广，但在各处均为少数，故有时被视为不利团结的因素，重要人物有俞作柏、吕焕炎等。在一致对外、实现共同理想和利益之际，桂系内部差异几乎不存在，但在涉及权力分配和意识形态时，方言问题固然不能上升至高级层面，但其重要性亦不能忽视。参见吴振汉《国民政府时期的地方派系意识》，文史哲出版社1992年版，第127—128页。

⑤ 参见吴振汉《国民政府时期的地方派系意识》，文史哲出版社1992年版，第72—117页；金以林《地域观念与派系冲突》，《历史研究》2005年第3期。本段及上段皆参考了金以林的文章，但凡金先生已先用过的材料，皆注明转引自该文，以尊重金先生之原创。

民，导致党内粤籍中委强烈不满，纷纷南下，在广东竖起反蒋大旗。蒋在这一年11月的日记中充满了对广东人的愤恨之情，称广东人为“粤寇”，广东俨然成为一“粤国”，甚至多次写下了“胡逆汉民之肉，不足食矣”“胡、汪、孙肉，不足食矣”之类愤愤之语。[①] 1931年12月15日，蒋在各方压力下不得不宣布下野。12月24日，蒋在日记中对广东籍党国要人再次进行了一一批判，甚至连孙中山（引文中的“老者”——引者注）也没放过：

> 今次革命失败，是由于余不能自主。始误于老者，对俄对左，皆不能贯彻本人主张，一意迁就，以误大局；再误于本党之历史，允纳胡汉民、孙科，一意迁就，乃至于不可收拾；而本人无干部、无组织、无情报，乃致外交派唐绍仪、陈友仁、伍朝枢、孙科勾结倭寇以卖国，而未预知。陈济棠勾结左桂各派，古应芬利用陈逆，皆未能信，乃至陷于内外夹攻之境，此皆无人之所致也。而对于反动知识阶级之不注意教育，仍操于反动者之手，此亦本人无干部、无组织之过。[②]

1931年12月12日四届一中全会时，中山之子孙科被粤方推举为行政院院长，尽管粤籍领袖胡汉民对这次“政治分配”提出“院部以粤人越少越好”，恐“示人以不广”[③] 的意见，但新组阁的成员大多还是以粤人为主。

表3—8　　**孙科内阁成员籍贯**（1931.12.28—1932.1.28）

官职	姓名	籍贯	官职	姓名	籍贯
行政院长	孙科	广东香山	交通部长	陈铭枢（兼）	广东合浦
行政院副院长	陈铭枢	广东合浦	侨务委员长	吴铁城	广东香山

① 《蒋介石日记》1931年11月25日、27日、30日。原件藏美国斯坦福大学胡佛研究所，感谢台湾文化大学教授张瑞德提供。

② 《蒋介石日记》1931年12月24日。参见周美华编《蒋中正总统档案·事略稿本》（12）台湾“国史馆”2006年版，第482—483页。

③ 《胡汉民致孙科伍朝枢李文范电》，《民国档案》1997年第4期，转引自金以林《地域观念与派系冲突》，《历史研究》2005年第3期。

续表

官职	姓名	籍贯	官职	姓名	籍贯
内政部长	李文范	广东南海	蒙藏委员长	石青阳	四川南充
外交部长	陈友仁	广东宝庆	财政部长	黄汉樑	福建思明
铁道部长	叶恭绰	广东番禺	海军部长	陈绍宽	福建闽侯
司法行政部长	罗文干	广东番禺	军政部长	何应钦	贵州兴义
实业部长	陈公博	广东乳源	教育部长	朱家骅	浙江吴兴
禁烟委员会	刘瑞恒	河北天津			

资料来源：张朋园、沈怀玉主编：《民国职官年表》（1925—1949）第1册，“中央研究院”近代史研究所1987年版，第58—59页；刘国铭：《中国国民党百年人物全书》，团结出版社2005年版；金以林：《地域观念与派系冲突》，《历史研究》2005年第3期。

从表3—8来看，15名内阁成员中，粤人即占有9个，朱家骅则作为唯一一个浙江人而入选。五院中，为院长者，粤人即占有两席，浙江人则完全被排斥出局。且粤人入主中枢之后，大肆更换部内人员，无论政务官还是事务官，皆以粤人替之。内政部李文范上任伊始，即将部内人员大量免职，结果造成民愤，以致张庆春等免职人员联合起来向行政院控诉李滥用职权。控诉文云：

> 尝读国民政府第一三零号训令，各机关对于甄别合格之现任公务员不得任意更调，无故撤换，庶无甄别审查不至等于虚设。而用人行政亦简，跻于清明，其各机关如有因缩减事务或变更组织而须裁员，亦应分别各员成绩之优劣资格之浅深，在职之久暂，以为去留之标准，庶足以昭平允等语。仰见政府慎重用人，杜绝奔竞，祛除积弊，昭示大公之至意，无论任何机关均有敬谨遵守之必要。乃新任内政部长李文范于就职之次日，即将内政部各司司长全数撤换，并将命令公布内政部组织法所规定之编审、视察、技术各员一律裁撤，科长、科员以下撤换至数十人之多。凡所引用大率粤籍私人，驵侩列于仕版，亲故尽任要职，群情惶惶惑诧为异闻。窃以事务官不随政务官为进退，中外本系一律。此次京粤两方中委团结一致，同赴国难，来京合作，自非某派征服某派，某系打倒某系。而实行所谓俨同敌视，划出异己之政策，可比今李部长于旧有公务员不问其职务大小、成绩优

劣，一律罢免。实系破坏纪纲，滥用职权，影响国家行政，殊非浅尠……①

浙、粤中委之争，竟殃及部内普通职员，恐是张庆春等下级官吏始料未及。在行政院档案同一卷宗中，张庆春等人详细叙述了李文范裁撤民政、土地、统计等司、科长的情况：李“乃于就职之日即将该司（民政司——引者注）司长、科长及办事得力人员全数免职，换以新人，至今茫无头绪，无所适从，事务停顿，治照益棼；土地司关系极重，水利各事尤须专门人材，李部长既将该司长免职，复将科长撤去其三，专门人员全数撤去……国事于儿戏尤可异者，统计司第三科科长免职，以二科科长兼代，不数日，二科科长又免职矣”。② 李氏此次改组内部，其动作之大，实非一般人所能料及，以致遭遇众怒。被免职的吕达等 28 人呈文，谓李氏铲除异己，布置私人的手段，“较之专制军阀更变本加厉”。③ 时任内政部参事的湖南人龚德柏，亦认为这根本不是合作，简直就是广东派征服浙江派，欲把内政部变为广东同乡会。龚本人虽未遭到清洗，但因对李氏行为不满，愤而辞职。④

然而浙、粤之争并未到此结束，粤人因无江浙财团及蒋氏的支持，孙内阁迅速垮台。蒋介石虽重返中央，但亦不得不与汪、孙等粤籍领袖合作，此时他还无法建立一个无广东要人的新革命正统。⑤ 此后，浙江人与广东人虽彼此妥协，分位要津，但随着蒋介石地位的巩固，浙人逐渐占据优势。1933 年，时任中央党部秘书的王子壮即感叹广东人的式微：“现中央以浙江人为中心，对于海外同志不得已则以二等之广东人物如萧吉珊、

---

① 《内政部免职人员张庆春等控诉部长李文范滥用职权》（1932 年 1—5 月），行政院档案，中国第二历史档案馆藏，全宗号：2（4），案卷号：41，缩微胶卷：16J—2068。

② 《内政部被裁人员张庆春等呈为李部长破坏法纪滥用职权再行恳迅予撤职查办》，行政院档案，中国第二历史档案馆藏，全宗号：2（4），案卷号 41，缩微胶卷：16J—2068。

③ 《内政部被非法免职人员：李昌熊、吕达、雇员周志立等 28 人呈》，行政院档案，中国第二历史档案馆藏，全宗号：2（4），案卷号：41，缩微胶卷：16J—2068。

④ 参见龚德柏《龚德柏回忆录》（中），收入张玉法、张瑞德主编《中国现代自传丛书》第 1 辑（4），台北龙文出版有限公司 1989 年版，第 328—329 页。其实有此看法者，固不止龚德柏一人，有人甚至认为这次内阁更迭，实为“中国的两个经济势力——江浙帮和广东帮的斗争”。参见刘叔模《一九三一年宁粤合作期间我的内幕活动》，载中国人民政治协商会议全国委员会文史资料委员会编《文史资料选辑》（合订本）第 5 卷第 17 辑，中国文史出版社 2000 年版，第 110 页。

⑤ 参见吴振汉《国民政府时期的地方派系意识》，文史哲出版社 1992 年版，第 116 页。

谢作民等以羁縻。”① 而待至一等人物如胡汉民去世、汪精卫叛逃，另立山头，只剩一个孙科独撑门面，广东人亦不得不让出党内正统的地位。

三 地缘关系与职官资源

同乡作为拉关系过程中最具共同的归属性特征的一种，从而成为官场之中建立关系网络的重要媒介。同乡关系不仅让具有权力的核心人物能建立起具有较高同质性的社会网络组织，对个体而言，同乡关系更是其获取职官资源的重要工具。下面的两个案例即能更好地说明问题。

孙丹林、高恩洪与吴佩孚即为一例。三人皆为山东蓬莱人，有“小同乡”之谓。孙丹林生于 1886 年，1904 年考入山东大学堂，后经徐镜心介绍加入同盟会。辛亥革命爆发时参加烟台起义，任烟台军政府秘书长兼军事参议。1912 年后任山东章丘及高苑县知县。后入吴佩孚幕，任直鲁豫巡阅使署秘书长，1922 年 6 月任北京政府内务次长，8 月任总长。② 高恩洪，上海电气测量学堂毕业，后赴英国皇家学院留学，1900 年访问英法等国，1907 年参加英藏边界谈判。辛亥革命后，任交通部秘书，1912 年任川汉铁路局秘书，兼汉口电报局长，1914 年任川藏电报局局长，1915 年任交通部驻上海电料管理局局长。③ 吴佩孚（1874—1939），字子玉，23 岁中秀才，后投笔从戎，入聂士成武卫军当兵，旋入开平武备学堂，1902 年又入保定陆军速成学堂测绘科学习。1915 年任陆军第三师第六旅旅长，随曹锟入川镇压护国军。三年后即署陆军第三师师长兼前敌总指挥，战功显赫，为直系中坚。④

生于 1875 年的高恩洪要比孙大上整整 11 岁，几乎成为隔代人，但这并没有妨碍两人因乡情而产生好感。1915 年孙在高苑知县任上因事返家乡蓬莱，在从蓬莱回烟台的小轮船上结识了高恩洪，这时的高恩洪已从四川调回交通部。到达烟台后，高即拉孙参加其把兄弟——太古洋行买办杨海

---

① 《王子壮日记》第 1 册（1933 年 5 月 13 日），台北“中央研究院”近代史研究所 2001 年版，第 366 页。

② 参见刘国铭主编《中国国民党百年人物全书》（上），团结出版社 2005 年版，第 686 页。张宪文、方庆秋主编《中华民国史大辞典》，江苏古籍出版社 2001 年版，第 833 页。上两书皆以孙生年为 1872 年，卒年不详。而王晋邦《同盟会会员孙丹林事略》则谓孙之生年为 1886 年，卒年为 1971 年。因该文系依据孙之自述稿而作，故应较为可信。见政协蓬莱县文史资料委员会编《蓬莱文史资料》第 7 辑，1992 年，第 48 页。

③ 参见张宪文、方庆秋主编《中华民国史大辞典》，江苏古籍出版社 2001 年版，第 1524 页。

④ 参见徐有春主编《民国人物大辞典》，河北人民出版 1991 年版，第 353 页。

南为当地军政长官曲同丰所设的宴席。之后，两人各自分手。不久孙即收到高的来信，信中除充满了殷殷惜别之情外，并谈到政府筹议收复外蒙古的问题。此举令孙对他产生好感，认为“高恩洪到过英国，英文很好，对英国国情也有些了解，又能关心地方事业和国家大事，是个人才”。1919年孙赴湖南衡阳，参加了同乡吴佩孚的戎幕，一天吴佩孚谈到交通系贪婪渎职，愤慨道：“有朝一日，如能过问中枢政局，一定要打倒交通系。”孙于是乘机将高介绍给了吴，希望打倒交通系后，使高恩洪能担当重任。1920年直皖战争前，高因孙曾在吴佩孚面前为他游说，故时常与吴通信。高利用职务之便，把段祺瑞、徐树铮从上海购买外国军火和向日本进行军械借款的消息透露给吴，吴因此很高兴。战争发动后，溽暑蒸人，高从上海携带电扇和文与可、苏东坡墨竹赝品到保定送与吴，吴特设宴款待，对其信赖有加。直皖战争结束后，吴即推荐高恩洪任交通总长，然因高资历太浅，总统徐世昌与国务总理靳云鹏对交长一席，皆属意广东人叶恭绰，吴佩孚因此大加反对。后叶向吴进行疏通，允为吴修建金谷园车站及必须经过蓬莱县的烟潍汽车路，方达成妥协，高仍任上海电料局局长。[①] 1921年，第一次直奉战争前，“高以与吴佩孚同乡故，故意扣压政府电报，以见好于吴”[②]，终因事情败露而黜职。后粤人梁士诒任国务总理，梁与叶恭绰假手卢永祥逮捕高恩洪，高携眷逃往庐山。[③] 好在吴佩孚在随后的直奉战争中取胜，已能“过问中枢”，高也因祸得福。直奉战争后，“吴乃荐高长交通，历颜惠庆、王宠惠两内阁未迁调”。[④]

综上所述，从交通部一驻外机构的局长，跃居交部部揆，高恩洪可谓一步登天，而供其攀登的正是他与孙、吴的同乡关系。不仅如此，高在就任交通总长后，立即以山东人劳之常取代鄂籍次长权量[⑤]，但情况之严重，“部中凡籍广东者均被免职”[⑥] 的现象则反映了高恩洪狭隘的地域观念，他将对广东人梁士诒和叶恭绰的不满，发泄到了交通部无辜粤籍职员身上，

---

① 参见孙丹林《我所知道的高恩洪》，《文史资料存稿选编》（晚清·北洋）（下），中国文史出版社2002年版，第728—729页。

② 李振华：《国闻周报：名人录、时人汇录》，载沈云龙主编《近代中国史料丛刊续编》第84辑，文海出版社1981年版，第19页。

③ 参见孙丹林《我所知道的高恩洪》，《文史资料存稿选编》（晚清·北洋）（下），中国文史出版社2002年版，第729页。

④ 李振华：《国闻周报：名人录、时人汇录》，载沈云龙主编《近代中国史料丛刊续编》第84辑，文海出版社1981年版，第19页。

⑤ 参见刘寿林主编《民国职官年表》，中华书局1995年版，第52页。

⑥ 严如平、宗志文主编：《民国人物传》（九），中华书局1997年版，第394页。

并试图借此铲除交通系中粤人的势力。

同为上海人的陆征祥与颜惠庆也是一例。陆征祥（1871—1949），字子欣，出生于上海的一个传教士家庭，自幼便入基督教。幼年时入上海江南制造总局附设的广方言馆读书，继往北京总理衙门所办的同文馆学习法文，1892 年被派往彼得堡任驻俄、德、奥、荷四国公使许景澄的翻译。1903 年任驻俄公使胡惟德的参赞。1906 年升任清驻荷兰公使。1911 年转任驻俄公使。[①] 因此，陆在晚清时期便是一名具有丰富外交经验的外交家。生于 1977 年 4 月 2 日的颜惠庆，亦成长于上海的一个传教士家庭，早年就读于圣约翰书院、英华书塾，后又入英国人开办的同文书院。1895 年赴美留学，并于 1897 年升入弗吉尼亚大学，1900 年毕业回国。1906 年颜惠庆参加第一次留学欧美毕业生考试，列第二名，授翻译科进士出身，分学部工作。1907 年，颜作为中国驻美二等参赞，随公使伍廷芳赴美。1910 年奉调回国，充外务部主事。[②] 在此期间，颜即深切地感受到了同乡之间的热情与友好。他回忆道："我在部中，有不少江苏同乡，均对我很好。我原籍上海，民国前属松江府，故松江同乡，对我尤为亲热。"[③]

1910 年，陆征祥从海牙回到北京，以清政府出使荷兰大臣的身份与荷兰驻华公使贝拉斯谈判两国互设领事条约。颜作为外务部的代表亦参与此次谈判，并与陆一见如故。两人既是同乡，又都笃信基督，长期的国外生活使他们有很多共同的语言。1912 年陆在被任命为外交总长后，立即想到老乡颜惠庆正可倚重。[④] 于是陆便向袁世凯提出了三个条件，其中之一便是外交次长应为一谙英文者，并提名颜惠庆。[⑤] 正是由于陆征祥的极力推荐，颜惠庆才得以顺利留任。1913 年春，颜又经陆的推荐，出任中国驻德、意、丹三国公使。[⑥] 1920 年 8 月，靳云鹏二次组阁之时，周自齐出任新内阁的财政总长，陆征祥被任命为外交总长，但陆因为身体健康原因，拒不到任，于是周自齐和陆征祥都向靳云鹏推荐颜惠庆，8 月 11 日

---

① 参见李新、孙思白主编《民国人物传》（一），中华书局 1978 年版，第 227 页。

② 《颜惠庆自传》，姚崧龄译，传记文学出版社 1982 年再版，第 1、24、38、43、52 页；严如平、熊尚厚主编：《民国人物传》（八），中华书局 1996 年版，第 89—90 页。

③ 《颜惠庆自传》，姚崧龄译，传记文学出版社 1982 年再版，第 53 页。

④ 参见陈雁《颜惠庆传》，河北人民出版社 1999 年版，第 50 页。

⑤ 参见石建国《陆征祥传》，河北人民出版社 1999 年版，第 88 页；《颜惠庆自传》，姚崧龄译，传记文学出版社 1982 年再版，第 73 页。

⑥ 《颜惠庆自传》，姚崧龄译，传记文学出版社 1982 年再版，第 78 页；严如平、熊尚厚主编《民国人物传》（八），中华书局 1996 年版，第 92 页。

颜惠庆受命署理外交总长。[①] 至此，颜惠庆因与陆征祥的同乡关系，累积了足够的政治资本，在北京政坛上站稳了脚跟。在随后的两年中，颜历萨镇冰、靳云鹏、梁士诒等内阁未迁调。1924 年 1 月，颜惠庆入孙宝琦内阁任农商总长，9 月内阁改组，颜复任总理，且兼内务总长。同时，他还任中华教育文化基金会董事等不少兼职，声望日隆。1926 年 5 月，颜惠庆在直系军阀吴佩孚的支持下再任阁揆，并摄行总统职权，后因张作霖反对，6 月即下台。此后颜移居天津，不复问政事。1931 年九一八事变后，颜惠庆、顾维钧等民国史上的外交闻人应南京政府外交部长王正廷电邀至南京，并受聘为“对日特种委员会”委员，不久颜即奉派为驻美公使，11 月前往华盛顿赴任。1933 年颜又被南京政府特派为驻苏大使，三年后，已届六旬的颜惠庆，自觉精力不济，卸任归国。[②] 综上来看，尽管引导颜惠庆步入政坛还有其他重要因素，但同乡陆征祥的提携与照顾却是其能在政坛积累政治资本的开始，亦是其崭露头角的肇因。颜也因此感激道：“他（陆征祥）对我个人，情挚谊厚，关于人生哲学，尤不断予以高明的指教。”[③] 从这一点看，与陆的同乡关系使颜惠庆在政治上受惠颇多。

在中国漫长的历史中，“同乡关系潜在影响力从地方文武官僚机构中的籍贯派系一直扩伸到移居他乡的农民，这些移民尽管在一个新的省份繁衍生息了几个世纪，但依然与其祖籍地保持着认同感”[④]。而正是这种对祖籍地的认同感成为中国官僚们构建关系网络的重要基础之一。白坚武即曾批评道：“凡用乡人者必不可言大度，鄂人得志而用鄂人，鲁人得志即用鲁人，是非足以言天下事者也。……天下尽多贤者，何必乡人用而限之乡人，此其往往所以为乡人也狭矣，哀哉！”[⑤] 但仍须指出的是，传统中国人的这种浓郁的“省籍认同”（亦即蒋廷黻所提出的“省界”意识）在代际传承与特定的历史背景下，亦会呈现出某种程度上的淡化。抗战时期，祖籍浙江而生长于四川的任鸿隽即曾言：“吾父在时，无日不思返浙江原籍。吾辈则乡土观念甚轻，以为吾中国人自命为中国人足矣，

① 参见陈雁《颜惠庆传》，河北人民出版社 1999 年版，第 86 页。

② 参见严如平、熊尚厚主编《民国人物传》（八），中华书局 1996 年版，第 93—97 页。

③ 《颜惠庆自传》，姚崧龄译，传记文学出版社 1982 年再版，第 78 页。

④ 〔美〕吉尔伯特·罗兹曼主编：《中国的现代化》，国家社会科学基金“比较现代化”课题翻译，江苏人民出版社 2003 年版，第 152 页。

⑤ 杜春和等整理：《白坚武日记》第 1 册（1922 年 8 月 15 日），江苏古籍出版社 1993 年版，第 373—374 页。

于此中复自画为某省某县人，有何意义?"[①] 在民族危机日益加深的民国，以“国家认同”取代“省籍认同”从某种意义上而言是知识分子救国情怀的一种体现，然斯时显然只是少数知识精英的不同认知，并未能成为大多数人的共识。[②] 但同乡观念在不同的时空背景下所呈现出浓淡以及从知识精英试图改造这一中国传统观念来看，又显示了这一时期国家与社会在现代化即“去传统”过程中所迈出的艰难步伐。

第二节 同年到同学：学缘关系网络的构建

“学缘关系”是指基于同学、师生之情而形成的社会关系网络。与地缘关系一样，学缘也是官员在官场上相互提携、拉帮结派乃至相互党援的重要关系。科举时代，传统意义上的学缘关系主要有同年、“座主”与“门生”以及书院中的同门弟子。然而，近代以来，随着科举制度的废除，新式学堂、学校的兴起，学缘关系又衍生为同校之校友，同期、同科之同学以及授业恩师等。

一 同年

同年又称同岁，汉代以同举孝廉为同岁。《三国志·魏武帝纪》云：“公与韩遂父同岁孝廉。”顾炎武谓：“其云同岁，盖即今之同年也。”而“今人以同举为同年”。[③] 顾炎武又云：“同榜之士，谓之同年。”[④] 故科举时代，以同科考中者为同年。然唐时以同举进士为同年，而明、清两代乡试、会试同榜考中以及同入翰林者皆称为同年。在昔日官场中，同年与同乡俱被认为是两种重要的社会关系网络，并被用作互助、援引、朋比的资本。[⑤] 故同岁登科者常作“同年录”，序以年齿，以兄弟相称，作彼此间之

① 《五十自述》，载樊洪业、张久春选编《科学救国之梦：任鸿隽文存》，上海科技教育出版社、上海科学技术出版社2002年版，第677页。

② 家乡观念与国家观念关系在近代中国错综复杂，但爱国本由爱乡发展而至，这样一个西方民族主义的重要观念在晚清及民国一直传承下来。（参见罗志田《二十世纪的中国思想与学术掠影》，广东教育出版社2001年版，第122—123页。）30年代“国难”的背景下，知识分子本即认为中国人像一盘散沙，重乡土观念而缺乏全国性的民族自觉意识，故此时在知识分子看来，对家乡的认同实已变为国家的对立面，故以“国家”的大认同取代“家乡”的小认同，即成为读书人试图改造中国传统观念的一种思路。

③ （清）顾炎武著，周苏平、陈国庆点注：《日知录》卷17同年，甘肃人民出版社1997年版，第775、776页。

④ （清）顾炎武：《亭林文集》卷1《生员论》，四部丛刊本。

⑤ 《颜惠庆自传》，姚崧龄译，传记文学出版社1982年再版，第53页。

相互联系。顾炎武对此评价曰："私恩结而公义衰，非一世之故矣。"①

1905 年科举制度废除后，但并不意味着科举功名的社会价值完全丧失，民国时期，有功名的人仍然得到社会垂青，且居高位者亦不乏其人。

表 3—9　　**北京政府时期中央官员同年关系**

进士				举人			
科别	姓名	出生年份	籍贯	科别	姓名	出生年份	籍贯
己丑科（1889）	李盛铎	1859	江西德化	乙酉科（1885）	张一麐	1867	江苏吴县
	周树模	1860	湖北天门		张謇	1853	江苏南通
	李映庚	1845	江苏宿迁		王芝祥	1858	顺天通县
	张元奇	1865	福建闽侯		周树模	1860	湖北天门
庚寅科（1890）	董康	1867	江苏武进	戊子科（1888）	傅增湘	1872	四川江安
	齐耀珊	1865	吉林伊通		胡惟德	1863	浙江吴兴
	聂宝琛	1862	顺天大兴		夏曾佑	1863	浙江杭州
	陈懋鼎	1871	福建闽侯		周登皞	不详	福建侯官
	夏曾佑	1863	浙江杭州		恽毓龄	1857	江苏武进
	俞明震	1860	浙江山阴	己丑科（1889）	梁启超	1873	广东新会
壬辰科（1892）	熙彦	不详	满洲正白旗		汪大燮	1859	浙江钱塘
	饶宝书	1858	广东兴宁		梁士诒	1869	广东三水
甲午科（1894）	吴笈孙	1874	河南固始		金兆蕃	1869	浙江嘉兴
	梁士诒	1869	广东三水		曹葆珣	1871	直隶武清
	周绍昌	1880	广西灵州				
	达寿	1870	旗人	辛卯科（1891）	刘庆镗	1875	江西南城
	谢远涵	1872	江西兴国		杨寿枬	1868	江苏无锡
	熊希龄	1870	湖南凤凰		姚鹏图	不详	江苏镇洋
	张謇	1853	江苏南通		王式通	1864	山西汾阳
	王瑚	1865	顺天定州		胡翔林	不详	安徽泗州
	吴敬修	1862	河南固始		冯元鼎	1865	广东高要

① （清）顾炎武著，周苏平、陈国庆点注：《日知录》卷 17 同年，甘肃人民出版社 1997 年版，第 776 页。

续表

进士				举人			
科别	姓名	出生年份	籍贯	科别	姓名	出生年份	籍贯
戊戌科(1898)	胡大崇	1872	湖北武昌	癸巳科(1893)	沈铭昌	1871	浙江绍兴
	赵椿年	1866	江苏武进		张一鹏	1873	江苏吴县
	钱能训	1869	浙江嘉善		周绍昌	1880	广西灵州
	王式通	1864	山西汾阳		周学熙	1866	安徽建德
	傅增湘	1872	四川江安		程崇信	1864	湖南衡阳
	吴震春	1869	浙江杭县	甲午科(1894)	高凌霨	1870	直隶天津
	王守恂	1865	直隶天津		许士熊	1875	江苏无锡
	孟锡珏	1874	顺天宛平		吴廷燮	1865	江苏江宁
	潘昌煦	1874	江苏吴县		高步瀛	1876	直隶霸县
	王炽昌	不详	湖南湘潭		徐绍桢	1861	广东番禺
	施愚	1875	四川涪陵		杜关	1864	四川兴宁
	杜关	1864	四川长宁	丁酉科(1897)	苏锡第	不详	安徽太平
	魏震	1868	直隶天津		夏寿康	1871	湖北黄冈
	麦秩严	不详	广东南海		曾毓隽	1865	福建闽侯
癸卯科(1903)	郭则沄	1885	福建闽侯		祥寿	1864	旗人
	林步随	1872	福建闽侯		梅光远	1880	江西南昌
	刘焜	1867	浙江兰溪		关文彬	1875	广东南海
	田步蟾	1868	江苏淮阴	庚子、辛丑科(1900、1901)	罗振方	1877	浙江上虞
	马振宪	不详	安徽桐城		卢学溥	1877	浙江桐乡
	杨熊祥	不详	湖北武昌		沙彦楷	1875	江苏宜兴
	关文彬	1875	广东南海		王杜	1878	浙江杭县
	徐谦	1871	安徽歙县		马邻翼	1864	湖南邵阳
	夏寿康	1871	湖北黄冈		陈廷杰	不详	四川巴县
	恩华	1879	江苏镇江		汪士元	1877	安徽盱眙
	徐彭龄	1872	江苏青浦		吕铸	1879	云南大理
	尚秉和	1870	直隶行唐		曾维藩	1878	四川永川
					许宝蘅	1875	浙江杭县

续表

进士				举人			
科别	姓名	出生年份	籍贯	科别	姓名	出生年份	籍贯
癸卯科（1903）	王扬滨	1882	湖北武昌	庚子、辛丑科（1900、1901）	刘焜	1867	浙江兰溪
	朱寿朋	1868	江苏上海		王克敏	1873	浙江杭县
	何启椿	1871	福建闽侯	庚寅科（1902）	夏仁虎	1874	江苏江宁
甲辰科（1904）	饶孟任	1882	江西南昌		覃寿堃	1878	湖北蒲圻
	袁永廉	不详	贵州贵阳		张国淦	1876	湖北蒲圻
	汪士元	1877	安徽盱眙		谭延闿	1880	湖北茶陵
	李景铭	1878	福建闽侯		陈任中	1875	江西赣县
	谷芝瑞	1875	直隶临榆		刘文炳	1876	山西徐沟
	张名振	1875	四川仁寿		胡仁源	1883	浙江吴兴
	关赓麟	1880	广东南海		恩华	1878	江苏镇江
	龙建章	1872	广东顺德	癸卯科（1903）	任可澄	1879	贵州安顺
	蒋尊祎	1876	杭州海宁		吴乃琛	1882	浙江崇德
	蒲殿俊	1875	四川广安		涂凤书	1877	四川云阳
	谭延闿	1880	湖南茶陵		沈家彝	1882	江苏江宁
	汤化龙	1874	湖北蕲水		吕复	1887	直隶涿鹿
	覃寿堃	1878	湖北蒲圻		尹朝桢	1882	四川乐山
	章祖申	1879	浙江吴兴		梁鸿志	1882	福建长乐
	邢端	1883	贵州贵阳		于右任	1878	陕西三原
	张国溶	1876	湖北蒲圻		毕维垣	1886	吉林长春
	曲卓新	1877	山东牟平		钱锦孙	1888	浙江嘉兴
	江绍杰	1876	安徽旌德		饶汉祥	1884	湖北广济
	方贞	不详	河南商城		袁思亮	1881	湖南湘潭
	王揖唐	1877	安徽合肥		梁善济	1862	山西崞县
壬辰科（1892）	蔡元培	1868	浙江绍兴		史纪常	1868	江苏宜兴
	熊希龄	1871	湖南凤凰		张继煦	1876	湖北枝江

表 3—10　　南京国民政府中央官员同年关系

<table>
<tr><th colspan="4">进士</th><th colspan="4">举人</th></tr>
<tr><th>科别</th><th>姓名</th><th>出生年份</th><th>籍贯</th><th>科别</th><th>姓名</th><th>出生年份</th><th>籍贯</th></tr>
<tr><td rowspan="2">戊戌科（1898）</td><td>王廷飏</td><td>1866</td><td>浙江金华</td><td rowspan="2">庚寅科（1902）</td><td>沈家彝</td><td>1881</td><td>江苏江宁</td></tr>
<tr><td>吴震春</td><td>1869</td><td>浙江余杭</td><td>谭延闿</td><td>1880</td><td>湖南茶陵</td></tr>
<tr><td rowspan="6">甲辰科（1904）</td><td>贾景德</td><td>1880</td><td>山西沁水</td><td rowspan="6">癸卯科（1903）</td><td>周钟岳</td><td>1876</td><td>云南剑川</td></tr>
<tr><td>覃寿堃</td><td>1878</td><td>湖北蒲圻</td><td>劭力子</td><td>1882</td><td>浙江绍兴</td></tr>
<tr><td>关赓麟</td><td>1880</td><td>广东南海</td><td>耿觐文</td><td>1883</td><td>湖北安陆</td></tr>
<tr><td>谭延闿</td><td>1880</td><td>湖南茶陵</td><td>贾景德</td><td>1880</td><td>山西沁水</td></tr>
<tr><td></td><td></td><td></td><td>李思浩</td><td>1882</td><td>浙江慈溪</td></tr>
<tr><td></td><td></td><td></td><td>石瑛</td><td>1879</td><td>湖北阳新</td></tr>
</table>

就地域层次来看，会试之同年与乡试之同年显然有所不同。明人杨廉曾谓："夫自有科目以来，有乡试之同年，有进士之同年。进士同年，四海九洲之人；乡试同年，如浙江，则一省一邑之人。四海九洲之人本疏，而同年则亲矣。一省一郡一邑之人较之四海九洲之人则亲矣，而同年则愈亲矣。"① 但是笔者在表3—9、表3—10中乡试之同年的选择范围上并未局限于一省一郡一邑，而是以"四海九洲"为本。即使是"四海九洲"之人，一旦同做京官，因同科中举，为政府同年所荐举之人才，亦会互叙"同年情谊"，因而也是不能忽视的。从表3—9、表3—10来看，部分官员既有乡试之同年亦有进士之同年，对于这部分官员来说，乡试之同年显然没有进士之同年重要，因为举人一旦考中进士之后，便自然疏于举人圈的交往。② 而对于那些没有考中进士的官员来讲，乡试之同年则是弥足珍贵的。

科举时代，同年关系因座师相同，所以十分重要。同年之间相互帮助、提携并结成朋友关系，在传统社会也是十分自然的事。唐宪宗问李绛曰："人与同年，固有情乎？"对曰："同年乃九州四海之人偶同科第或登科，然后相识，情于何有？"然唐穆宗欲诛皇甫镈，而宰相令狐楚、萧俛

---

① 杨廉：《杨文恪公文集》卷39《题浙江乡试序齿录》，《续修四库全书》，转引自钱茂伟《国家、科举与社会》，北京图书馆出版社2004年版，第258页。

② 参见钱茂伟《国家、科举与社会》，北京图书馆出版社2004年版，第258页。

以同年进士保护之矣。① 晚清之际，张一麐1885年应顺天乡试中举，和张謇同榜，从此结下深厚友谊。② 潘复则因其父与江苏布政使陆钟琦为同科进士，遂得入陆幕中任事。③ 入民国后，同年关系在官场中的地位如何，我们可以从一段有误的史料中窥其一二：

> 项城当国，于甲寅间废国务院，仿唐制建置政事堂，起世昌为国务卿，杨士琦为左丞，右丞初拟梁敦彦，而士琦荐其堪膺交通部长之选。一日，项城顾世昌曰："左右丞，宰辅之位也，非资深才裕者莫理，相国于意云何？"世昌知旨，对曰："能训明敏，足膺艰巨。"项城沉思半晌，曰："干丞正贰内部，遽预枢要，不越次躐等耶？"世昌复曰："然则少朴（周树模）何如？"项城曰："少朴方正，虚平正院长一席待之矣。干丞于相国同年（世昌亦丙戌进士），杏城为姻家。西汉方兴，房杜并起，干丞虽资望稍逊，宜为事择人，予始念竟未及此。"世昌退而告能训曰："事谐矣。吾子于项城未尝一日共事，右丞虽尊，不宜越俎，或可久于其位，子毋勿。"能训唯唯。④

上面这段材料，出自民国时期有"消息灵通人士"之称的陈灨一⑤之手，但这则史料显然有误，即钱能训生于1869年，为1898年戊戌科进士；徐世昌生于1855年，为1886年丙戌科进士，显然两人并非同年关系。实际上钱为徐在东三省时之僚属，1907年钱被徐世昌奏调去东三省，署奉天右参赞，1908年实授。⑥ 这里我们姑且不论袁世凯与徐世昌是否有此一段对话（可能性较小，至少徐世昌应该清楚自己是否与钱为同年关系），即以时人陈灨一在写下这段材料时的心态来看，至少在他看来，同年关系仍然是影响民初官场上官员间择人任事的重要因素。

曾在晚清外务部任职的颜惠庆言道：同年"完全为感情作用，各省乡试，同年中式者，何止千人，素不交往，一旦变为同年，遇有共同利害，

---

① （清）顾炎武著，周苏平、陈国庆点注：《日知录》卷17同年，甘肃人民出版社1997年版，第775页。

② 参见严如平、熊尚厚主编《民国人物传》（八），中华书局1996年版，第155—156页。

③ 参见杨大辛《北洋政府总统与总理》，南开大学出版社1989年版，第451页。

④ 陈灨一：《睇向斋逞臆谈》，《睇向斋密录》（附二种），中华书局2007年版，第120—121页。

⑤ 陈灨一出生官僚世家，与民初显宦杨士琦有表亲之谊，得杨氏的援引，曾在袁世凯幕中办文案，后来又在张学良幕中参与机要多年，此之谓"消息灵通人士"也。

⑥ 参见徐有春《民国人物大辞典》，河北人民出版社1991年版，第1530页。

即属痛痒相关"。[①] 1904 年甲辰科进士，汤化龙、蒲殿俊、贾景德与方贞四人之关系即是最好的例证。四人同榜中试，结为同年。然入民国后，因机缘之故，各人之命运不同。1917 年 7 月汤化龙、蒲殿俊以研究系入阁，分长内务部总长与次长之职。1916 年贾景德则从山东济宁道尹任上回山西，投靠阎锡山任秘书监，后张勋复辟时兼任山西警务处处长。[②] 方贞则在中第之后，任过礼部候补主事，1914 年曾任袁世凯政府肃政厅肃政使。袁死后，该厅即被裁撤。1916 年第一次恢复国会时，方任众议院议员。[③]

1917 年，山西督军阎锡山暂兼省长一职，时段祺瑞以再造共和之功，重长阁揆。阎即拟趁此实任省长，因而谴使入京游说，通过当时陆军部军需司长罗开榜的帮助，得到段的许可。段并且说："各省军政都系一人荐任，山西当然不必例外。"然在阎使从京返回后，阎之省长令迟迟未能下达。时任山西警务处处长的贾景德侦知系内务部部长没有副署的原因，因他与总长汤化龙、次长蒲殿俊皆有同年关系，故自请入京疏通。结果汤等要求，只要阎锡山给他们的另一个同年方贞以雁门道尹一职，即可副署。阎立即应允，并正式下达命令。[④] 之后不久，阎锡山即正式兼任山西省长，山西自此后即成阎氏的独立王国。

同年关系作为官僚间仕路联系的关系网，不仅对互为同年者自身产生重要影响，还会对其下一代的仕途产生影响。前引潘复即是一例。晚清重臣李鸿章，即因其父与曾国藩为同年好友，在中举后，以年家子身份拜列曾国藩门下，并蒙曾氏推荐，馆于何仲高幕府。后在曾的大力提携下，飞黄腾达。[⑤] 1924 年，张国淦任孙宝琦内阁教育总长时，同年贺升平即致函张，向其荐子。其云："小儿前于赈务项下，承治芗同年之保荐，现已以荐任职见之，鉴叙故人情重，泽及豚儿，感佩奚似。函分发一层，鄙意拟不作外省之想，外僚龌龊，京当清高，此中干枯，明眼人类能知之，伏祈调归贵部差遣，俾举以子弟之情，备员司之位，他日朝夕承教左右，则感荷……"[⑥] 父辈间因同年登科而养成之情感，致使他们对同年的子侄，亦

① 《颜惠庆自传》，姚崧龄译，传记文学出版社 1982 年再版，第 53 页。

② 参见徐有春《民国人物大辞典》，河北人民出版社 1991 年版，第 1277 页。

③ 同上书，第 124 页。

④ 参见南桂馨《辛亥革命前后的回忆》，载《山西文史资料全编》第 1 卷第 2 辑，1998 年，第 120 页。

⑤ 参见雷禄庆《李鸿章新传》，载沈云龙主编《近代中国史料丛刊续编》第 99 辑，文海出版社（出版年不详），第 36 页。

⑥ 《各方面向教育总长张国淦请求工作信函》1924 年，北洋政府教育部档案，中国第二历史档案馆馆藏，全宗号：1057，案卷号：336。

以子弟待之，然最终目的仍须“备员司之位”。

然值得注意的是，从北京政府到南京国民政府，同年关系数量的下降，一方面说明了拥有旧功名的绅士数量已经不多，另一方面亦表明了同年关系的重要性正日益呈下降之趋势。实际上，因科举制度的废除，同年关系的再生产机制已经不复存在，进入民国后，同年者因其座师多已不在政位，因而无法形成一种有效的关系网络，故其重要性亦今不如昔[①]，科举时代的同年关系正逐渐地被新式学堂中同学关系和师生关系所取代。

二　师生

传统社会中师生关系，主要是指“座主”与“门生”的关系。科举考试中，考生一旦及第，便会与考官结成永久的师生关系。座主以门生为荣，门生依座主而达，两者相互依存，结为一体。清同治三年（1864），李鸿章即曾致函其座师福济，对其在咸丰年间的照顾表示感谢：“丁未榜途大佳，现膺疆寄者五人，仰托庇荫，均能树立。而鸿章辱知爱，训植尤深且厚，比年视师吴会，忝奏薄效，皆缘患难相从，千磨百折而出。感念旧恩，惧有陨越，日夕悚惴。”[②] 光绪末年，袁世凯虽然不是科目出身，但是“遇投帖称门生者，大喜，必力授之”。[③] 前清时期的座主，多为朝中重臣。民初政权交替之时，这部分人大多退出官场。因而，自隋唐时期形成的“座主”与“门生”的庇荫关系至民国时期就已基本瓦解，取而代之的是近代新式学堂或学校中形成的师生关系。

近代中国，由于实业不发达，当官与教书基本是知识分子的首选，由师而官，或由官而师的角色变化亦十分迅速，故师生同场为官的现象在民国时期屡见不鲜，师生间即可相互帮助、互通声气。由于不带任何的政治色彩，因此师生间关系一般不会因为政治观点的不同而发生变化。[④] 因而

---

① 吊诡的是，民国时期的文官考试及格人员所编的通讯录仍以“同年”名之。如北京政府第二次文官高等考试之后不久，全体考试及格人员便在当时考试成绩位列第一的励平带领下，编就《己未同年录》，并邀请周树模等当时曾任典试委员的考官作序，俨然将其看成是这批人的座师。见励平编《己未同年录》，载沈云龙主编《近代中国史料丛刊》第87辑，文海出版社1973年版。

② 《复会办西藏事务福元修宫保》（同治三年七月初三），收入吴汝纶编《李文忠公（鸿章）朋僚函稿》，载沈云龙编《近代中国史料丛刊》第4辑，文海出版社（出版年不详），第414页，

③ 胡思敬：《国闻备乘》，中华书局2007年版，第91页。

④ 参见〔美〕齐锡生《中国的军阀政治（1916—1928）》，杨若云等译，中国人民大学出版社1991年版，第36页。

相对于其他关系（除血缘关系）而言，师生关系是一种较为稳定的社会关系。尽管坚强的师生关系必须建立在双方长期且亲近的接触中才能发展，但基于“差序格局”与“威权文化”的制约，学生必须永远尊重老师传统，使得近代中国许多的政治领袖都刻意建立这种关系。以兼任学校校长、讲习班、训练会等方式，从而建立属于自己的政治班底。[①]

表 3—11　　民国中央政府官员师生关系

政府	老师			学生			备注
	姓名	籍贯	官职	姓名	籍贯	官职	
北京政府	王闿运	湖南湘潭	国史馆馆长	杨度	湖南湘潭	参政院参政	
	张謇	江苏南通		袁世凯	河南项城	大总统	
	段祺瑞	安徽合肥	国务总理、陆军总长	徐树铮	江苏萧县	陆军次长	皆北洋武备学堂师生
				傅良佐	湖南乾城	陆军次长	
				靳云鹏	山东济宁	陆军总长	
	梁启超	广东新会	财政总长	范源濂	湖南湘阴	教育总长	时务学堂师生
				蔡锷	湖南邵阳	陆军部编译处副总裁	
				蒋方震	浙江海宁	总统府顾问	
	萨镇冰	福建闽侯	海军总长	黎元洪	湖北黄陂	大总统	江南水师学堂师生
				吕德元	安徽休宁	军需司长	
	曲同丰	山东福山	航空署长	吴佩孚	山东蓬莱	陆军总长	
	钟观光	浙江镇海	教育部参事	蒋维乔	浙江诸暨	教育部参事	南菁书院师生
	蔡元培	浙江绍兴	教育部长	项骧	浙江温州	财政部参事	上海南洋公学
				胡仁源	浙江吴兴	教育部长	
	谢远涵	江西兴国	内务次长	王扬滨	湖北武昌	警政司长	投书拜师

① 参见彭怀恩《中华民国政治体系》，台北风云论坛出版社有限公司2003年版，第66页。

续表

政府	老师			学生			备注
	姓名	籍贯	官职	姓名	籍贯	官职	
南京国民政府	蔡元培	浙江绍兴	国民政府委员	蒋梦麟	浙江余姚	国民政府委员	北京大学师生
	蒋介石	浙江奉化	国民政府主席	胡宗南	浙江安吉		黄埔一期
	颜惠庆	江苏上海	驻苏大使	周诒春	安徽休宁	政务委员	上海圣约翰
	黄琪翔	广东梅县	军训部次长	陈诚	浙江青田	军事委员会委员	
	周诒春	安徽休宁	行政院政务委员	刘师舜	江西宜丰	外交部政务次长	清华大学
	王世杰	湖北崇阳	外交部长	黄正铭	浙江海宁	亚东司长	中央大学
	顾孟余	浙江上虞	行政院副院长	周炳琳	浙江黄岩	教育部常务次长	北京大学
	叶楚伧	江苏吴县	国民政府委员	骆美奂	浙江义乌	教育部蒙藏教育司长	大夏大学
	蒋梦麟	浙江余姚	教育部长	孙本文	江苏吴江	教育部高等教育司长	北京大学
	董显光	浙江鄞县	政务委员	蒋介石	浙江奉化	国民政府主席	中学老师
	毛思诚	浙江奉化	监察委员				幼时老师
	蒋方震	浙江海宁	军事委员会顾问	唐生智	湖南东安	军事委员会委员	
	秦汾	江苏嘉定	国民政府主计官	凌鸿勋	江苏常熟	交通部政务次长	上海交通大学
	周钟岳	云南剑川	内政部长	龙云	云南昭通	军事参议院院长	
	段祺瑞	安徽合肥		蒋介石	浙江奉化	国民政府主席	通国陆军速成学堂
	黄慕松	广东梅县	蒙藏委员会委员长	盛世才	辽宁开原	农林部长	

说明：此表为不完全统计，因资料限制，部分官员之间的关系无法准确认定，故未列入。

诚如美籍华裔学者齐锡生所言："在中国社会，除了家庭关系之外，最重要的无疑是师生关系。有时师生关系在重要性上甚至超过夫妻关系和兄弟关系。"① 显然齐先生是从道德这个角度来说的，因为在中国人的道德观里有"一日为师，终身为父"的观念。杨荫杭深恶此习，他曾评论曰：今日"受人荐举者，呼之曰'老师'，而自称曰'门生'。觊人荐举者，

① 〔美〕齐锡生：《中国的军阀政治（1916—1928）》，杨若云等译，中国人民大学出版社1991年版，第36页。

亦拜人曰‘老师’，而自称曰‘门生’。此科举时代之恶俗。今科举虽废，而此风固未废也”。[①] 王扬滨与谢远涵的关系就是一例。王湖北武昌人，1903 年癸卯科进士，时在内务部任职。谢为江西兴国人，1894 年甲午科进士。袁世凯复辟帝制失败后，孙洪伊任内务总长，谢任次长。“王视为愚懦可欺，遂写门生帖禀，投谒于谢远涵，谢以王在部有年，遇事谦怀下问。王遂乘机运动，于改组部务时……攫得警政司长一席。彼时孙以政务为重，所有一切部务，专责成谢远涵。谢以与王有师生之谊，对于王有所建白，均信以为真，而不知为王所利用也。”[②]

近代新式学堂、学校兴起后，尤其是军事学堂，今之学生，即明日之握有权势者，故老师和学生已不仅仅是传道、授业、解惑的关系，更是政治上的联盟关系。费行简谓：“前代文人重科第，因之师生谊笃，近则文官罕有此习，而移之于武人焉。大约科长科员等，非总长之门生、小门生，即次长之门生，非具渊源者，殆不得入门。”[③] 袁世凯清楚地认识到师生关系在官场中的重要作用，因而对于北洋武备学堂毕业的学生，采用收为义子或门生的方法，加以笼络。[④] 袁世凯在给徐世昌的信中曾言及此事：“此际得收数十武备学生为门下，并得武卫右军全体之归心，已属难得之机会。况北洋系创练新军之模范，苟能不辱君命，成绩客观，则门下军官必得层累而上，将来各省添练新军，必由此班人为教练，弟亦与有荣焉。”[⑤] 晚清之际，段祺瑞曾任北洋武备学堂监督、保定军官学堂总办等职，民初新建陆军军官中，半皆其弟子。[⑥] 用袁世凯的话来说，“现在陆军营队，所用得力学生，亦半皆受其陶熔”。[⑦] 进入民国，段“长陆军时，关于军官进退，恒以陆军总长名义行之，不请示；其所识拔者，多半为其学生部属，隐然成一势力”。[⑧] 此言不虚，表 3—11 中，徐树铮、靳云鹏都为段较得意之门生，并列名“四大金刚”之中，两人的人生际遇也都与他们的老师段祺瑞关系密切。

---

① 杨荫杭：《老师与门生》，《申报》1921 年 5 月 24 日，载杨绛整理《老圃遗文辑》，长江文艺出版社 1993 年版，第 311 页。

② 正群社辑纂：《北京官僚罪恶史》，中华书局 2007 年版，第 130 页。

③ 沃邱仲子：《民国十年官僚腐败史》，中华书局 2007 年版，第 24 页。

④ 参见陶菊隐《北洋军阀统治史话》第 1 册，三联书店 1957 年版，第 14 页。

⑤ 袁世凯：《与徐菊人书》，《袁世凯家书》，中央书店 1936 年第 7 版，第 31—32 页。

⑥ Andrew J. Nathan, *Peking Politics, 1918 - 1923 : Factionalism and the Failure of Constitutionalism*, Berkeley: University of California Press, 1976, p. 226.

⑦ 《袁世凯奏议》下册，天津古籍出版社 1987 年版，第 1465 页。

⑧ 张国淦：《北洋述闻》，上海书店出版社 1998 年版，第 81 页。

徐树铮（1880—1925），字又铮，江苏萧县人，1901 年他到济南上书山东巡抚袁世凯，企图以此谋取出路，未成。但却无意间结识段祺瑞，受其赏识，当了书记官，拜于段门下，成为段的亲信人物。1905 年由段保送去日本士官学校，毕业后入段幕府，先后任第六镇军事参议、第一军总参谋。1912 年 3 月段祺瑞任北京政府陆军部总长，派徐任陆军部军学处处长，9 月调任军马司司长兼管总务厅事。两年后即升为陆军部次长，时年方三十四。1915 年袁世凯复辟帝制，徐力劝段抵制，6 月段称病辞职，徐亦因此被免职。1916 年，袁世凯死后，段祺瑞任国务总理，以徐为国务院秘书，后因参战问题发生“府院之争”，总统黎元洪和内务总长孙洪伊结合以抗段、徐，势如水火，后经徐世昌调解，以孙与徐同时免职而告终。1917 年，黎、段矛盾终不可调和，5 月黎下令免段职，张勋借调和之名，进而复辟，段祺瑞于天津马厂誓师，徐以“讨逆军”总部参赞名义追随其后。不久段重任国务总理兼陆军总长，徐即被任命为陆军部次长。1918 年，徐又与王揖唐等人组织“安福俱乐部”，通过贿选，包办新国会，把持北京政府。段祺瑞的重大措施，大半皆出自徐之策划，人称“小扇子军师”。①

段的另一位门生靳云鹏（1877—1951），字翼青，山东济宁人。靳 18 岁时，因生活所迫，投奔袁世凯在天津小站督练的“新建陆军”。先在段祺瑞部下为炮兵，因头脑聪颖被选入附设炮队随营武备学堂第一期学习，从而得定军学基础。段祺瑞在当时为该学堂监督，靳于是成为段的学生，因毕业成绩优秀被段保入北洋武备学堂，毕业后即被留任教习。后列为段手下“四大金刚”之首。1909 年，经段荐举，靳云鹏调任云南清军十九镇总参议。1912 年秋，又经段祺瑞向袁世凯保荐，任北洋军第五师师长，升山东都督，授陆军中将。1917 年“府院之争”后，段重掌大权，靳云鹏也从山东回到北京仍旧追随老师段祺瑞，并借参战之名，编练参战军，扩充皖系势力。11 月间又赴日考察，推行亲日外交。次年，靳云鹏升任参战督办公署参谋长。这样靳云鹏在老师段祺瑞的庇护下，在军界、政界均顺利地站稳了脚跟。1919 年段祺瑞下台后，徐世昌任大总统，靳初入钱能训内阁便任陆军总长，此后还曾于 1919 年和 1920 年三度组阁，到达其政治生涯的巅峰。②

不仅段祺瑞懂得师生关系在民国官场中的重要性，蒋介石亦能识得此

① 参见徐有春《民国人物大辞典》，河北人民出版社 1991 年版，第 724 页；李新、孙思白《民国人物传》（一），中华书局 1978 年版，第 204—205 页。

② 参见杨大辛《北洋政府总统与总理》，南开大学出版社 1989 年版，第 320—327 页；宗志文、严如平《民国人物传》（六），中华书局 1987 年版，第 102—107 页。

中奥妙。蒋偏爱黄埔学生，认为“学生之奉令不二，亲爱无比，焉得不令我不爱”。[①] 何廉回忆道：“黄埔毕业生和委员长的关系极为密切，他们称委员长为校长而不称委员长或总裁，表示他们和委员长的关系超过上级和下级的关系”，因“在旧中国，师生关系被认为如同父子关系或兄弟关系”。[②] 1936 年，国民党高级将领杨杰即曾明确指出：“委员长的成功的秘诀就是‘作之君，作之师’。所以，至今他还兼任陆大、中央军校及各军事学校校长。”[③]

实际上，利用曾经办理过学校而累积的师生关系，而将学生作为自己日后政治生涯的基础，并不仅仅只有段祺瑞、蒋介石等军人。发迹前，曾在山西办理过“铭贤学校”的孔祥熙亦是如此。[④] 作为孔氏事业的“发祥地”，孔祥熙一生对铭贤学校都十分重视。自 1919 年后，孔很少顾及校务，亦很少在校，但校长之位始终不曾让予他人，因为铭贤学校为其在国内赢得了不少名声，为其政治发迹做了组织上的准备。而铭贤学校的学生因为有了这样一个声名显赫的校长，亦受益匪浅。[⑤] 时人回忆道：“孔到国民政府做官，手下的人大都是铭贤学校的毕业生，在国民党政府中形成了一支‘铭贤派’势力。象蒋守一、戎叶厚、乔辅三等人都先后在蒋政府担任要职。他们和孔祥熙既是上下级关系，又是师生关系，言听计从，配合默契，大有一损俱损，一荣俱荣之势。”[⑥] 曾任孔祥熙官邸秘书的夏晋熊回忆说，孔在担任中央银行总裁之际，“中央银行里塞满了孔的山西同乡，

---

① 《蒋介石日记》，1927 年 7 月 30 日。

② 《何廉回忆录》，朱佑慈等译，中国文史出版社 1988 年版，第 208 页；易劳逸也认为黄埔的毕业生不称蒋为“委员长”或“总裁”而称其校长，是意味着他们与蒋维持的关系是深远和无法取代的。参见〔美〕易劳逸《流产的革命——1927—1937 年国民党统治下的中国》，陈谦平等译，中国青年出版社 1992 年版，第 51 页。

③ 杨以此来劝时在陆军大学学习的郭汝瑰，并让其留在陆大任教官。他直截了当地对郭说：“如果你在陆大教几年书，结交些师友门生，会对你一生事业，有很大帮助。”参见《郭汝瑰回忆录》，四川人民出版社 1987 年版，第 90 页。

④ 生于山西太谷的孔祥熙因早年得到教会的帮助而被资送至美国欧柏林大学留学，后来欧柏林大学的传教士重来太谷，想为庚子年被害的传教士留些纪念，即征求了当时正在美国留学的孔，孔建议办一所纪念学校，得到欧柏林大学的赞同，并要孔回国担任校长。1907 年孔从美国回到太谷，即创办起了学校，自任校长。因该校是为了纪念庚子年“为道殉难”的先贤，故名“铭贤”。参见徐有春《民国人物大辞典》，河北人民出版社 1991 年版，第 136 页；吴克明《孔祥熙与铭贤学校》，载寿充一编《孔祥熙其人其事》，中国文史出版社 1987 年版，第 37 页。

⑤ 参见赵荣达《孔祥熙早年在太谷》，《山西文史资料》第 38 辑，第 176 页。

⑥ 同上书，第 177 页。

其中以太谷铭贤中学的学生最吃得开”。① 铭贤的毕业生“最低限度也可以在中央信托局或者中央银行当一名专员”。②

除了孔祥熙以外，替蒋介石办理党务的陈果夫，亦曾办理过“中央政治学校”校务多年，故陈以中央政治学校为CC系干部的培养所。不但CC的嫡系要从此出身，就是高考及格人员在“中央训练团党政班”受训后，也须再入中央政治学校的研究部受半年复训。③ 萧赞育后来在谈及此事时说：“因他（陈果夫）的人事政策着重自己从党务学校训练出来的学生办党务，致被恶意批评的人称国民党为‘陈家党’。”④ 1939年，考试院与中央政治学校商讨改革考试办法及政校改组案，拟政校改组后，变该校完全为训练公务员之机关，其科目包括普通行政、财政、教育、经济、会计、统计、司法、外交等项。⑤ 高考初试及格人员须经过政校“公务员训练部”的“高等科”训练一定时期取得政校毕业生资格，即“再试”及格以后，才正式分发任用。⑥ 鉴于“考试及格人员每不为分发机关之实际任用”的现状，时任铨叙部政务次长的王子壮担心入校受训的高考及格人员的出路亦得不到保障。对此，陈果夫表示：“绝对不成问题，再试及格后分发各地，必能尽先任用。”政府多年未能解决积弊，陈氏为何如此信誓旦旦地保证呢？王子壮在日记中透露：“果夫此项表示，盖鉴于中央政校生之出路无问题，因有若干学校教授已任民政厅长，对于政校学生自所欢迎。将来与政校合作后，或者分发任用问题较易解决未可知也。”⑦ 当时社会上即流传这么一句话：“天子门生出黄埔，CC党徒在政校。”⑧ 政校出来的毕业生，工作于同一部门者往往自成一派。⑨ 因与陈果夫乃至政校其他教授有

① 夏晋熊：《在孔祥熙官邸的见闻》，载寿充一编《孔祥熙其人其事》，中国文史出版社1987年版，第24页。

② 文思主编：《我所知道的孔祥熙》，中国文史出版社2003年版，第70页。

③ 参见杨铎《孔祥熙与陈果夫的微妙关系》，载寿充一编《孔祥熙其人其事》，中国文史出版社1987年版，第280页。

④ 此为30年代初，陈果夫任国民党中央组织部部长时期。邓元忠：《三民主义力行社史》，台北实践出版社1984年版，第96页。

⑤ 《王子壮日记》第5册（1939年6月30日），台北“中央研究院”近代史研究所2001年版，第243页。

⑥ 参见金绍先等《国民党文官考试内幕》，《文史资料选辑》第36辑，中国文史出版社1999年版，第97页。

⑦ 《王子壮日记》第5册（1939年6月30日），台北“中央研究院”近代史研究所2001年版，第243页。

⑧ 李海生、张敏：《民国两兄弟：陈果夫与陈立夫》，上海人民出版社2000年版，第98页。

⑨ 沈云龙访问，谢文逊记录：《傅秉常先生访问记录》，台北“中央研究院”近代史研究所1993年版，第103页。

师生之谊，且又为陈氏做 CC 系干部而刻意培养，故其境遇实比高考及格人员要好得多。CC 分子刘不同回忆说：国民政府时期，“一般大学毕业就是失业，可是未闻中央政治学校毕业生失业”。① 学生毕业后的出路好，学校自然亦受欢迎。② 1943 年程天放接任政校教育长，“每年招生，总有万人投考”，但录取的只有 500 名左右③，录取率只有 5%，比当时的文官高等考试的录取率还要低得多。然高考变成中央政校的入学考试，这恐亦非王子壮等人改革考试办法及改组政校的初衷。

政校改组后不久，一直为二陈所把持的国民党中央组织部于 1939 年 12 月一度易主，由曾任中山大学与中央大学校长的朱家骅担任部长。朱在上任后即开始清洗二陈所留下的旧属，任用了大量的中山大学和中央大学的毕业生。这一举动无疑激怒了陈果夫，于是 1942 年 6 月 12 日，陈给蒋介石写了一封告状信，其矛头直指朱家骅。陈在告状信中报告了旧组织部人员被排挤的情形：“中央党务学校及政校出身之同志已陆续被撤”，仅余二十余人。取而代之的，是朱家骅有意扶持的“新党校”——中山大学及中央大学的毕业生。不仅“组织部之旧人已所剩无多”，科长以上人员“四十余人中，大约尚有四五人而已”，而且组织部于数月前还有密议，“三年计划统一系统”，希望“半年内将部内旧人肃清，一年内将各省干部肃清”，以便“下次全国代表大会可以全部运用”。故陈认为现在全国各地党务并无进步，亦有不如前者。而追根究底，实道因于朱家骅在组织部“从衣着漂亮选人，不次之拔又太多，同志做下层工作努力者愈无出路，考核无效，训练毫无，有之不过攻讦他人之训练，有利于中山、中央大学生之出路而已”。④

在陈的告状信递交后，朱家骅树立“新党校”的势头依然未减。1942

---

① 刘不同：《国民党的魔影——“CC”团》，载柴夫编《CC 内幕》，中国文史出版社 1988 年版，第 46 页。

② 但因 CC 系与新桂系之间的矛盾，中央政校毕业生在广西的境遇并不好过。抗战期间，陈果夫曾以中央政校名义推荐了一批毕业生给广西省主席黄旭初，请其录用。黄派他们到各省府各厅处当实习科员，一律以委任八级支薪，他们很不满意，干了几个月后，即纷纷辞职。而抗战时期政校在桂林的招生，响应者亦寥寥无几。参见阳叔葆《CC 与新桂系的明争暗斗》，《文史资料存稿选编》（军事派系下），中国文史出版社 2002 年版，第 237 页。

③ 《程天放回忆录》，传记文学出版社 1968 年版，第 97 页；政校受欢迎的另一个原因恐还在它是“党立”的最高学府，一切皆为官费。参见明毓《中央政治学校的学生生活》，《独立评论》1936 年 1 月 19 日第 186 号，第 14 页。

④ 《陈果夫上蒋中正函》（1942 年 6 月 12 日），《蒋中正总统文物·特交档案》“一般资料·书翰”，台北“国史馆”藏，档号 0802200 第 62 卷，目次 50，毛笔原件，转引自冯启宏《〈蒋档〉书翰中的国民党派系倾轧》，《民国档案》2007 年第 1 期。

年7月他在中山大学同学会举行的欢迎会上公开地发表演讲，声称“中山大学是党的大学”，认为：“中大所负的使命和其他的国立大学，是有点不同。总理首创的大学，总理在那里演讲三民主义的大学，本党第一次全国代表大会也是在那里举行的大学，所以中山大学的同学对主义的认识要特别深刻，奉行主义要特别具有热情，中山大学的历史背景使中大成为党的大学。”① 朱氏如此急切地抬高中大的地位，其目的主要是对抗二陈的中央政治学校，而中大若成为“新党校”，则曾为中大校长的朱家骅自然可以抬高身份。诚然，上述事件固不乏二陈与朱家骅相互之间的派系倾轧，然陈、朱二人皆利用“老师”的身份来培植其在国民党中的势力，则不能不说明师生关系在政治上的重要性。战后，曾担任过武汉大学校长及北京大学教授的王世杰出任外交部长，外交部“‘人事关系中’最吃香的，除王部长同乡近亲外，厥为武汉大学毕业的，其次是北京大学毕业的”。② 何氏之语并不意外，早在王世杰任教育部长时，司法院院长居正即指责其在教育经费上偏袒武汉大学③；而曾任四川大学校长的任鸿隽则指责王在任职教育部时以“北大派”自居。有意思的是，王氏自己却从不承认。④

民国本是一个新旧转型时期，尚新与守旧亦只是一念之间，社会权势的转移并不以常态进行。因而民国年间，师生之间的权势移位较为迅速，青出于蓝而胜于蓝者并不鲜见。故不仅是老师影响学生，学生亦可影响老师。蒋介石与董显光的师生关系即是一例。

董显光（1887—1971），浙江宁波人，7岁入私塾读书，1899年随父迁往上海，遂入中西书院上学，因家境贫寒，次年转入收费较为低廉的清心中学读书。中学毕业之际，其父病逝，董不得不挑起全家生活的重担，接受浙江奉化龙津中学堂的邀请，担任英文和数学教员。其时，蒋介石为龙津中学的学生。那时，在董显光的英文课堂上，蒋介石并不是一位理想的好学生，成绩平平，也不太聪明。然通过一年的接触之后，董即认为蒋是一位“态度严肃，人格卓越”的人。⑤ 1909年董赴美留学，1912年进入

---

① 朱家骅：《中山大学是党的大学》（1942年7月4日），载王聿均、孙斌合编《朱家骅先生言论集》，台北“中央研究院”近代史研究所1977年版，第282—283页。

② 何凤山：《外交生涯四十年》，香港中文大学1990年版，第201页。

③ 参见林美莉编辑、校订《王世杰日记》上册（1937年5月5日），台北“中央研究院”近代史研究所2012年版，第16页。

④ 同上书（1938年1月21日），第84页。

⑤ 董在后来的回忆录中写道：“就在奉化教书时，我遇到了将来影响我整个生活的蒋委员长。”此语大约可见，两人这短短一年的师生关系对董日后的影响。载秦孝仪主编《革命人物志》第22集，“中央文物供应社”1977年版，第341页。

哥伦比亚大学帕利策新闻学院深造，1913 年回国担任英文《北京日报》(*Peking Daily News*) 主笔，1925 年在天津创办《庸报》，1927 年蒋介石进行“四·一二”反革命政变时，董站在蒋介石一边。1929 年夏，董受聘到上海任英文《大陆报》总经理兼总编辑。是年 11 月，随海军上将杜锡圭出国考察各国海军状况，董任考察团秘书长。归来后受到蒋介石的接见，蒋认出董是龙津中学的老师，并说了在龙津受教之事，关系又深了一层，于是交往日趋紧密。1934 年，董经蒋介绍加入国民党。1935 年董辞去《大陆报》职务，接受国民党军事委员会上海办事处主持检查外国新闻电讯的任命。1937 年抗日战争爆发后，董出任国民党军事委员会第五部副部长，负责国际宣传。珍珠港事变发生后，董曾随同蒋介石夫妇访问印度和缅甸。1942 年 11 月，董又陪同宋美龄赴美就医。开罗会议举行时，董又为蒋介石的随员之一。1947 年 5 月，董显光在南京就任行政院政务委员兼新闻局长，1948 年卸任。[①] 然董在同僚中的评价并不高，陈布雷即曾对唐纵说：“董显光之浅薄狂妄，令人愤慨，而彼不知天之高，地之厚，洋洋乎天之骄子”，乃小人也。[②] 小人能得势，自然离不开助其得势的学生。

实际上，师生关系的重要性有时并不在于老师或学生有多大的政治能量，作为社会关系的一种，师生关系往往可以起到一种“交往”的媒介，成为改变人生的一种机遇。甘乃光即是一例。甘为广西岑溪县人，1922 年毕业于广东岭南大学，毕业后即任该校附属中学教员，以学生廖梦醒介绍，得识其父——党国要人廖仲恺。时廖任商民部长，即以甘任商民部秘书，甘从此步入仕途。1925 年廖仲恺被刺后，甘为国民政府委员长汪精卫器重，得代商民部长，复兼宣传人员养成所所长，及国民新闻社社长诸职。国民党第二次全国代表大会，选为中央执行委员，复兼任监察院委员，南路行政委员及广东省政府委员。1927 年又被任命为广州市市长。[③] 生于 1897 年的甘乃光即使在其被任命为广州市市长时亦不过才刚到而立之年，显然甘与廖仲恺女儿的师生关系充当了其与国民党内重要官僚间交

---

① 参见秦孝仪主编《革命人物志》第 22 集，“中央文物供应社”1977 年版，第 332—341 页；朱信泉、严如平主编《民国人物传》（四），中华书局 1984 年版，第 144—146 页；柳长《董显光传略》，《民国档案》1989 年第 2 期；王维礼《蒋介石的文臣武将》，河南人民出版社 1989 年版，第 131—133 页；王舜祁《蒋氏故里述闻》，上海书店出版社 1998 年版，第 215 页。

② 公安部档案馆编注：《在蒋介石身边八年——侍从室高级幕僚唐纵日记》（1942 年 10 月 25 日），群众出版社 1992 年版，第 314 页。

③ 参见贾君逸编《中华民国名人传》（上）卷 2“甘乃光”条，北平文化学社 1937 年版，第 24 页。

往的媒介，成为其发迹的重要因素。和甘乃光关系极好的行政院参事陈克文晚年回忆说："在我国的传统政治风气之下，人事关系极端重要。甘氏虽年少英俊，坚忍卓绝，若果没有廖汪的关系，大概不会以一个离开大学不久的青年，很容易便爬到党政的高位。"①

读书期间所培养的师生之情固然可贵，然这种关系被带入到政治中后，单纯的师生关系则会变成契约性的上下级关系，情感在其中只能成为某种点缀。且当学生与老师权势地位发生转移，老师反居学生之下，则师生之情是否如昔亦属疑问。袁世凯早年投身父执吴长庆军中，时张謇居吴幕内。"吴见袁雄姿英发，卓荦不群，窃喜故人有子；又以其正在英年，遂命与其公子辈同肄业于张謇门下。"②后"尺笺往还，项城向以'夫子'称之。既显贵，改称曰'季老'。迨为元首，更易称为'季兄'。"张謇因而"以书诘之曰：'公之地位逾高，对某之称谓亦逾卑。师降为老，老易为兄，不知兄又将变为何？'项城不能答。"③ 由此可见，昔为师而今做臣者，显然是今不如昔。

除此，则当双方发生冲突时，师生之情亦常常需为利益让路。黄慕松为盛世才老师，盛在赶走新疆军阀金树仁后，成为名副其实的"新疆王"。为得到中央政府的认可，盛打电报给蒋介石，要求中央派人去新疆，并指定要求指派陈立夫和立法委员齐世英去，但两人皆因事忙未能成行，蒋于是派其师黄慕松去。然黄不太懂得政治，未去之前接受记者访问，被记者以"治新方针"作为其谈话标题加以发表。而盛是位多疑之人，他要求中央派人只是希望得到中央的承认，而不是希望中央派人去领导他，加之黄为乃师，更加重了盛的猜疑之心，故黄一到新疆，即遭到盛的软禁④，师生关系亦不得不在此打上了休止符。

三 同学

法国社会学家布尔迪厄在研究精英阶层与法国教育体制之间的关系时曾指出："在所有的社会群体中，通过某一称号或某一共同身份对个体（他们是由于极大的社会相似性而聚集起来，并因此得到认同和合法化的个体）的强制作用而建构起来的以学业为基础的群体，或许就是那些与他们家族性质最接近的人。"因而"青年学生之间必然会建立起一种浓厚而持续的兄弟般

① 陈克文：《国民党左派三杰：甘乃光与顾孟余》，载陈方正编辑、校订《陈克文日记（1937—1952）》下册，社会科学文献出版社 2014 年版，第 1274 页。

② 〔日〕佐藤铁治郎：《一个日本记者笔下的袁世凯》，天津古籍出版社 2005 年版，第 6 页。

③ 陈灨一：《睇向斋秘录》（附二种），中华书局 2007 年版，第 74—75 页。

④ 《成败之鉴——陈立夫回忆录》，正中书局 1994 年版，第 209—210 页。

的情感联系，正是这些情感联系构成了群体成员之间连带关系的基础”。①

晚清以降，学校教育和留学教育的兴起，改变了科举时代读书人“十年寒窗无人知”的情形，从单独授课的私塾教育向集体学习的学校教育转变，学生因而得以聚集于一个学校，甚至一个班级。长期的共同生活、学习，使得他们结成了较为亲近的友谊，毕业后的同窗之情自然会成为值得回味的记忆。而在拥有学历或学位即拥有政治权力的中国，同学关系更是可以利用的社会关系资源。

学堂取代科举后，统治阶级的社会来源亦从士绅转向接受过新式教育的学生。既然官员多从学校出，则如上文所述，老师可以影响学生，学生亦能影响老师，而同学自然也可以影响同学。从狭义上说，同学即同班、同期之学生，抑或同出一师门者；从广义上讲，同学关系则又不限于一班、一期，同校但不同班、期者亦可谓之同学。

表3—12　**民国中央政府官员同学关系**

政府	学校名称	同学	备注
北京政府	日本陆军士官学校第一期	张绍曾、贾宾卿、陆锦、唐在礼、蒋雁行	蒋雁行为步科，余为炮科
	日本陆军士官学校第三期	贾德耀、曲同丰、潘矩楹、宫邦铎、吴光新、汪庆辰、田书年、傅良佐、林摄	贾、曲、潘、宫为步科，傅、吴为炮科、田为骑兵科、汪为辎重科、林为工科
	日本陆军士官学校第四期	蒋作宾、吴经明、翁之麟、史久光、汪树璧、金永炎、沈郁文	沈、史为炮科、翁为工科、蒋、金、吴为步科，汪为骑兵科
	日本陆军士官学校第五期	袁华选、李书城、雷寿荣	李、雷为步科、袁为骑兵科
	日本陆军士官学校第六期	李烈钧、韩麟春、朱绶光、王桂山、张济元、龚维疆、李根源、孙传芳、李根源、杨文恺黄慕松	三人为炮科、余下六人为步科、黄为工科
	日本陆军士官学校第七期	徐树铮、尹同愈、邓翊华、杨宇霆、张宣	徐为步科、邓、杨为炮科、尹为骑兵科、张为工科
	日本陆军士官学校第八期	于珍、王树常、张群、于国翰、张厚琬、王坦、尹凤鸣	前四人为步科、余为炮科
	北洋武备学堂	段祺瑞、王士珍、冯国璋	

① 因此在布尔迪厄看来，“教学机构实施的聚合性隔离或许就是情感社会构造的最有力的操纵者，而同窗之间的友情或爱情，正是社会资本这一珍贵资本类别在结构上呈现的一种最可靠、最隐秘的形式；这里的社会资本就是同学关系，就是‘同届学生’这个名称下所包含的同一年级同学之间所有交流和联系的永久之源。”参见〔法〕P. 布尔迪厄《国家精英——名牌大学与群体精神》，杨亚平译，商务印书馆2004年版，第315页。

续表

政府	学校名称	同学	备注
北京政府	北洋武备学堂	靳云鹏、傅良佐、曲同丰、吴光新	
	上海广方言馆	刘式训、陆征祥	
	京师大学堂	刘式训、王之栋	
	湖北方言学堂	易培基、赵恒惕	
		徐振鹏、唐绍仪	同属第三批留美幼童
	天津水师学堂	陈杜衡、谢葆璋	
	日本成城学校	宫邦铎、傅良佐、田书年	
	日本成城学校	贾德耀、朱文藻、马廉溥、卢金山、潘矩楹、曲同丰	
	江南水师学堂	杜锡珪、林建章	
	清华学校	张殿玺、陆梦熊、李士熙	
	东京帝国大学	石志泉、邢之襄	
	京师大学堂	梁鸿志、姚国桢	
	日本东京法学院	曹汝霖、夏循垲	
	东京高等商业学校	钱懋勋、曹汝霖	
	东京帝国大学	朱深、余启昌	
	广州青云书院	梁启超、梁士诒	
	日本早稻田大学	刘崇杰、金邦平、曹汝霖、汪荣宝、陆宗舆	
	北洋大学	王宠惠、王正廷、金邦平	耶鲁大学校友
	耶鲁大学	王景春、王宠惠	与王正廷有耶鲁三王之称
	上海圣约翰大学	颜惠庆、施肇基、顾维钧	
	天津水师学堂第二届驾驶班	蒋拯、饶怀文	
		汪有龄、章宗祥	私塾同窗十年
	日本早稻田大学	杨勉之、覃振、宋教仁	

续表

政府	学校名称	同学	备注
南京国民政府	日本振武学校	蒋介石、张群、王柏龄、杨杰、张为珊、	皆为炮科
	广西陆军小学	黄绍竑、李宗仁、白崇禧、黎行恕、黄旭初	
	保定陆军军官学校第六期	薛岳、李汉魂、顾祝同	
	保定陆军军官学校第八期	陈诚、罗卓英、马法五、周至柔	
		邱昌渭、何廉	留美同学
	上海震旦大学	李璜、曾琦、左舜生	
	莫斯科中山大学	谷正纲、蒋经国、刘咏尧、邓文仪	
	日本陆军士官学校第六期	唐继尧、阎锡山、程潜、朱绶光、叶荃、温寿泉	
	日本陆军士官学校第十一期	何应钦、朱绍良、贺耀祖、谷正纶、辜仁发	
		吴尚鹰、孙科	留美同学
	保定陆军军官学校第五期	段宏纲、傅作义	
	上海广方言馆	贺国光、陈大齐、张家璈	
	陆军大学第四期	林蔚、徐永昌、熊斌、贺国光、项雄霄、王文宣、朱为钐、陈凤韶、黄菊裳、周亚卫、张寿桐、黄旭初、王普、陈琢如	
	莫斯科中山大学	郑介民、康泽	
	黄埔军校第五期	陈春霖、郭汝瑰	
	黄埔军校第六期	戴笠、唐纵	
		毛人凤、戴笠	小学同学
	上海圣约翰大学	王家骧、宋子良、刘鸿生	
	保定陆军军官学校第三期	徐培根、张治中、徐庭瑶、潘宜之、白崇禧	
	北洋大学	徐谟、金问泗	
	美国匹兹堡大学	曾养甫、陈立夫	
		张慰慈、胡适	留美同学
	上海浦东中学	王崇植、钱昌照、钱昌祚	
	上海交通大学	王崇植、恽震	

续表

政府	学校名称	同学	备注
南京国民政府	日本东京高等商业学校	钱新之、吴鼎昌	
	美国康奈尔大学	邹秉文、杨铨、任鸿隽	
		凌鸿勋、陈体诚	留美同学
	德国柏林工业大学	李祖冰、俞大维	
	北洋大学	陈泮岭、陈立夫	
	中国公学	杨铨、任鸿隽、张奚若	
	哥伦比亚大学	陈雪屏、胡适	
	美国依阿华大学	余井塘、陈立夫	
	两广方言学堂	陆嗣曾、林云陔	
	两广高等工业学堂	刘侯武、姚雨平、黄慕松、简又文	
		朱仲尊、于右任	早年私塾同学
	保定陆军军官学校第二期	叶琪、李宗仁、白崇禧、黄绍竑、何键	
	天津水师学堂第二届驾驶班	林永谟、饶怀文、蒋拯、曾兆麟	
	黄埔海军学堂第八期	林献炘、杨树庄	
	东京法政大学	胡汉民、古应芬	
	浙江高等师范学校	邵元冲、陈布雷	
	上海圣约翰大学	宋子文、陈行	
		宋子文、张福运	留美同学
	哥伦比亚大学	孙科、黄汉樑	
	北京大学	罗家伦、段锡朋	
	江阴南菁书院	吴稚晖、钮永键	
	日本山口高等商业学校	李铭、钱永铭	
	同济德文医学校	朱家骅、张修枬	
	广东高等师范学校	陈克文、李朴生	
	清华学校	陈之迈、郭斌佳	
		胡汉民、叶恭绰	同就学于任慕臣门下

说明：此表为不完全统计表，仍有大量同学关系因资料不详未曾列入。

从第二章的第三节和表3—12来看，民国时期中央政府任职官员中具有同学关系的以军人为主，且以日本陆军士官学校为多，反映了日本陆军士官学校毕业生在近代中国军界与政界的影响。故时人言："现在执军权之军人，十之七八可以从日本士官丙午录与振武学校一览中求得其姓名。"① 此言确实不虚。晚清以来，由于国内军事教育并不发达，且以陆军为主。除留学日本外，国内只保定陆军军官学校、北洋武备学堂、黄埔军校及陆军大学等较为突出，民国军官多从此出，相互间有同学关系者亦多。故民国史上的"士官系""保定系""北洋武备系""黄埔系""陆大系"皆因此而来，以致造成了同校毕业生排斥外校毕业生，国外留学生排斥国内毕业生的现象，虽并不仅限于军人之间，但表现得却更为明显。② 1927 年 9 月 20 日，蒋介石第一次下野前，针对"现在同学中或有以为保定学生要排挤黄埔"的说法，告诫黄埔学生，不要中了野心家离间革命势力的毒计。③ 可见当时黄埔与保定两校学生的畛域之见已然存在。④

布尔迪厄言道："同窗学友之间以学校和群体的连带性为基础的自行遴选同样也能够发挥任人唯亲和联姻的作用。"⑤ 同学关系之重要，我们或可从陈灨一对杨宇霆的一段描述中窥之一二，其云：

> 宇霆字邻葛，辽宁法库人……以茂才投日本士官学校，卒业归，任乡里，莫能遂所志。已而为陆军部曹，隶军械司，司长翁之麟、科长韩麟春皆其同学友，宿有谊交，累揄于官长。次长徐树铮纳韩之请，试以事，奇赏之，以告总长段祺瑞，以其为辽人，且知辽事，每有故辄遣之出关作说客。时张作霖方任廿七师师长，与语颇嘉其机警善辩。宇霆自是往来京辽间，至必居作霖所，益亲近。作霖既为督，将大用之，复因树铮言，畀宇霆以参谋长，宠信冠同僚，军旅之事悉以咨之。⑥

---

① 舒新城：《中国近代留学史》，上海文化出版社 1989 年版，第 212 页。

② 如南京国民政府时期，铁道部内即有留学生派与非留学生派之分。参见曹伯言整理《王徵与蔡增基》（剪报 1929 年 9 月 6 日），《胡适日记全编》第 5 册（1928—1930），安徽教育出版社 2001 年版，第 492 页。

③ 周美华编注：《蒋中正总统档案·事略稿本》（2），"国史馆" 2003 年版，第 36—37 页。

④ 蒋氏下野，究其原因固然复杂。然当时即有舆论认为，蒋之部下，有"保定"和"黄埔"两系，因蒋厚"黄埔"而薄"保定"，故保定系积怨尤深。亦可谓蒋氏下野原因之一说。参见《蒋介石下野之因果》，《大公报》1927 年 8 月 21 日第 2 版。

⑤ 〔法〕P. 布尔迪厄：《国家精英——名牌大学与群体精神》，杨亚平译，商务印书馆 2004 年版，第 495 页。

⑥ 陈灨一：《睇向斋谈往》，《睇向斋秘录》（附二种），中华书局 2007 年版，第 175 页。

其实，翁、韩、杨三人并非同期，严格意义上讲，他们只是毕业于同一学校的校友，为广义上的同学。但正是在他们的推荐下，杨宇霆才有被试用的机会，因而发迹于军旅。当然发迹后的杨宇霆也没有忘记他的老同学，1922 年 5 月 2 日，当韩麟春被免去陆军次长职务之后不久，经杨宇霆推荐，韩即被张作霖任命为东三省兵工厂督办。随后又任“东三省陆军整理处”（整编奉军的最高指挥机构）副统监，因为统监孙列臣常不到任，实权掌握在杨宇霆、韩麟春等士官系之手，他们既排斥旧派，也排斥新派之陆大系，而竭力提拔重用士官系，一时间杨、韩等人在奉军集团中占据重要地位。[①]

同校相亲，毕业于同一学校的官员之间自然有着学缘上的情感联系，他们在掌握了军事力量和权力资本后，在选择下属时自然会想到任用与自己同校毕业的官员。民初曹汝霖担任外交次长时，袁世凯曾问曹之同学中是否有外交人才，曹以“章宗祥、陆宗舆、汪荣宝、刘崇杰、金邦平诸人对”，后章、陆皆得以任驻日公使，汪则出使比利时[②]，刘、金二人在政府中亦官居显要。曾任国民政府侨务委员会委员及侨民教育处处长的陈克文与李朴生同为广东高师毕业，李于 1925 年参加国民党，后两度经商，皆未成功。1932 年经陈克文推荐，入侨务委员会任委员，后官至侨委会副委员长。[③]

民国年间，新旧政权交替之际，政府用人多凭熟人引荐，同学关系不失为仕进的一条捷径，宋子良与王家骧例子即是同学关系网络运用得最好诠释。宋子良（1899—1987），广东文昌人，宋子文二弟，孔祥熙妻弟，早年就读于上海圣约翰大学，后赴美凡顿贝特大学攻读政治经济学，获博士学位。[④] 王家骧（1898—1975），江苏宝应人，王与宋为上海圣约翰大学同学，1928 年由同学宋子良介绍给其姐夫孔祥熙，到孔任部长的工商部任职，此后受到孔的赏识，先后任科员、科长、秘书等职。1930 年，王由孔祥熙引荐给蒋介石、宋美龄，蒋宋夫妇见其风度翩翩、文采非凡，即委派他到浙江奉化创办蒋氏子弟学校——武领学校，并为其子蒋纬国、外甥竺培风单独补课。此后王家骧仕途大振。1932 年，蒋介石自兼参谋本部参谋总长，遂委王家骧为参谋本部上校秘书。1933 年国民政府成立航空委员

---

① 参见娄献阁、朱信泉《民国人物传》（十），中华书局 2000 年版，第 266—267 页。

② 《曹汝霖一生之回忆》，传记文学出版社 1980 年版，第 115 页。

③ 参见陈方正编辑、校订《陈克文日记（1937—1952）》上册，社会科学文献出版社 2014 年版，第 6 页。

④ 参见刘国铭主编《中国国民党百年人物全书》（上），团结出版社 2005 年版，第 746 页；符国华、王京《宋子良的宦海生涯》，《海口文史资料》第 13 辑，第 135 页。

会，蒋亦自兼委员长，遂委任王家骧为第五处处长。后来，宋美龄任秘书长，因蒋宋对王有特殊好感，主任换了好几个，第五处也几次改组，但王的第五处处长一职一直未曾更动。1938 年航空委员会改组，蒋介石不再兼任委员长，宋美龄亦退出，王因平时受蒋宋宠信，恐蒋宋离去后受他人中伤，故亦辞去航空委员会的一切职务，并回到孔祥熙所在的财政部任职，担任财政部特务秘书、中信局秘书等职。[①] 显然，王的发迹固然有其自身的优势（如风度翩翩、文采非凡），然若非同学宋子良的推荐，恐王与孔及蒋宋等上层人士认识的机会不会太大。

毕业于上海圣约翰大学的王家骧之所以能以同学关系而改变际遇其实并不仅仅是个个案，上海圣约翰大学自 1900 年建立的中国第一个校友会，成功地为圣约翰大学的毕业生们搭建一个人际网络平台，营造了一个同学间互帮互助的传统，“它使圣约翰在民国时期的本埠名人和国家要人中一直保持着影响力”。[②] 民初政局变幻莫测，但外交界始终为颜惠庆、顾维钧、施肇基、王正廷等为首的圣约翰校友所把持的现象即可说明问题。而毕业于圣约翰的火柴大王刘鸿生与许多政要的交往都与圣约翰校友有关，刘更是通过同为校友的宋子良与宋子文的介绍，认识了孔祥熙，并来往密切。1929 年孔任国民政府工商部部长后，介绍刘鸿生出任招商局总经理一职。[③]

类似上述例子还有很多。再如陈诚于 1928 年任海陆空总司令部警卫司令时，对司令部重要军职人员均安插了亲信，参谋长、参谋处长等职皆为其同乡同学。只经理处长一职则任用了黄埔毕业的黄揆章，以示经济公开，取信于蒋。然该处实际权力却操纵于会计科长——陈的师范同学赵志垚之手。[④]唐纵在戴笠的大力推荐下进入侍从室第二组工作[⑤]，两人同为黄埔六期同学。1931 年宁粤冲突，蒋氏下野，孙科出任行政院院长，便邀其同学黄汉樑出任财政部部长。[⑥] 钱昌照与王世杰都曾在伦敦大学政治经济

① 参见张金生《王家骧先生传略》，载中国人民政治协商会议江苏省宝应县文史资料研究委员会编《宝应文史资料》第 6 辑，第 72—74 页。

② 〔美〕叶文心：《民国时期大学校园文化（1919—1937）》，冯夏根等译，中国人民大学出版社 2012 年版，第 42 页。

③ 关于上海圣约翰校友会及其同学网络的构建，参见饶玲一《从“同年”到“同学”——圣约翰大学校友会与近代中国社会新型人际网络的建构》，《史林》2010 年第 6 期。

④ 参见邱行湘《随陈诚十九年所见》，《中华文史资料文库·政治军事编》第 2 卷（20—2），中国文史出版社 1996 年版，第 570 页。

⑤ 《在蒋介石身边八年——侍从室高级幕僚唐纵日记》（1938 年 5 月 6 日），群众出版社 1992 年版，第 74 页。

⑥ 沈云龙访问，谢文孙记录：《傅秉常先生访问记录》，台北“中央研究院”近代史研究所 1993 年版，第 136 页。

学院读过书，虽不同专业，但亦为同学。1933 年，在钱昌照的建议与推荐下，蒋同意让王任汪精卫内阁的教育部长。①

更甚者，虽非同学，然却同留学于一国者，彼此间亦会产生亲切感。据时人回忆：某日，孔祥熙接待一持吴铁城介绍函来谒的青年，因同留学于美国，于是攀谈起某教授与孔之交谊，不过数语，即派为中央银行专门委员。② 动作之迅速、爽快，令人惊叹。而毕业于同济德文医学校并留学德国的朱家骅，对于同济校友和留德学生更是情有独钟。1926 年朱家骅在入职中大不久，学校决议壮大医科。医科从前教师多留学英美，改革后，转而面向德国。朱家骅执掌校务后，即通过他在德国的人脉关系邀请七位德国医学专家来中山大学任教，不仅如此连医科主任陈元喜也是德国柏林大学毕业。他聘用了七个助教，都是同济大学毕业生，也属德国学派。③毕业于同济德文医学校的张修梆，与朱为同学，1928 年朱家骅调任浙江省民政厅厅长职，遂以张修梆为民政厅总务科长。1931 年 12 月 30 日朱调任教育部部长职，第二年 5 月 19 日即以张修梆为教育部总务司司长。④

然有因同学关系网络而受益者，亦有为同学关系网络所累者。民初，梁启超初掌司法，昔日同学纷纷前来要求予以安置，梁颇感困难，不得不于任职之初发表告乡中父老书，谢绝请托。其在告乡中父老书中即云："启超顷以时局艰难，勉负职任，只图负责，不敢怙权。顷在中央整躬率物，谢绝请托，破除情面，冀励末俗，咸与维新，仰乡中父老兄弟等人，共体此意。"乃师康有为仍然对其施压，曾要求梁氏荐举万木草堂同学徐勤任广东民政长。梁颇感困难。1913 年 11 月，梁作长书于其师康有为，详述荐用之难。梁认为广东情形复杂，"若如尊电所举，同门数子无论，总统不肯简也"。且"即如以去争勉为粤长，弟子敢谓其决无价值，勉亦自谓无价值。勉果能了粤事耶？稍知事实必不敢为此大言矣"。对于同门党人李福基来电责其不用党人，梁氏说："须知吾非总统，岂能为所欲为，保荐一人亦当量其才所得逮，庶不授人口实。他人可以不顾名誉，我能尤而效之耶？人之所以责备我辈者严于他人万万也。即如福基之忠诚，岂弟

---

① 《钱昌照回忆录》，中国文史出版社 2000 年版，第 143 页。

② 参见周树嘉《孔祥熙二三事》，载全国政协文史资料委员会编《文史资料存稿选编精选 · 民国高端群像》第 2 卷，中国文史出版社 2006 年版，第 224 页。

③ 参见梁山、李坚、张克谟《中山大学校史（1924—1949）》，上海教育出版社 1983 年版，第 22 页。

④ 参见何祖培《朱家骅的发迹及其他》，《文史资料存稿选编 · 军政人物》（上），中国文史出版社 2002 年版，第 446、451 页；刘寿林主编《民国职官年表》，中华书局 1995 年版，第 607 页。

子犹不知之，然欲推举之作高官，岂非笑话。又如紫珊忠诚而困穷，日日为俾焦急，然有何法可以位置者。”尽管梁氏认为冯紫珊资格不够，但梁仍为其“谋印铸局一官，月可得百五十内外”。梁氏还安置了其他一些万木同学，在谈及此事时，梁氏向乃师坦言其为难之处：“各部用人，皆有部中取定资格……外交部，其资格谨严已甚，此次君勉（徐勤）、法尘（唐才质）任领事，已全部侧目矣。”梁氏在责其师“何苦为此数子谋作五日京兆”的同时，仍为其同门伍庄安排了潮州州尹的位置，也算是对乃师及其同门弟子有个交代。此时，颇感心力交瘁的梁氏感叹云：“弟子今日之出山……一面须荐用万木人才，一面须荐用进步人才，数月来所荐用者亦不少矣。更进于此，只能告才力不及耳。”① 其实，因同学关系受益与所累，本是一个问题的两面，受益者固可以得其所需之人，而所累者即可能如梁氏所言，“授人以可攻之隙……致使弟子以后不复能用一人耳”。故梁氏在信末即对乃师云：“来电所委不敢闻命也。”②

值得注意的是，同学关系在官场上的重要程度显然并不是绝对的，当同学之间发生利害冲突时，同窗之情即要为利益让路。杨宇霆与孙传芳为日本士官学校同学，“同室经年，亲爱若手足。二人既显，政见互异，遂不复相容”。③ 所谓没有永恒的朋友，只有永恒的利益，于此可见一斑。值得注意的是，传统社会中，学缘关系的形成多是地域性的，尤其是书院中的同门弟子（当然科举考试形成的同年、师生关系更多亦是非地域性的），因交通不便，要跨越省界而求学将会是十分困难的事。近代以来，学缘关系则逐渐突破了地缘限制，师生、同学的范围更加广泛，南人与北人同学则并不是十分困难的事情。即使如此，在上文仍可发现同乡与同学并存的现象，且为数亦并不少。同学中的同乡关系不仅会影响到同学时代的友情，也会延伸到毕业以后。④

---

① 丁文江、赵丰田编：《梁启超年谱长编》，上海人民出版社1983年版，第678—682页。

② 同上书，第681、682页。

③ 陈灨一：《睇向斋谈往》，《睇向斋秘录》（附二种），中华书局2007年版，第175页。

④ 在这一方面，军人恐更为注重。吴光新与贾德耀皆为安徽人，1924年，吴任段祺瑞执政府陆军总长一职，贾即“因与吴同乡又是日本陆军士官学校同期同学”，故推贾任陆军次长。参见杨大辛《北洋政府总统与总理》，第435页。后曾在侍从室任要职的唐纵在黄埔军校读书时即十分重视同学中的同乡关系。1927年11月，当他决定北上时，早晨四时即起，留书作别同学中的同乡，其词恳切而伤感：“亲爱同学中各位同乡！我们离别你们了，离开埔岛向着渺不可卜的前途开始猛进了……别了！珍重！拭着目以待那一日来话契吧！千言万语尽在不言中！”参见《在蒋介石身边八年——侍从室高级幕僚唐纵日记》（1927年11月28日），群众出版社1992年版，第4页。

传统社会，中国人安土重迁，读书人尤重师承关系，故民间对地缘与学缘关系相当重视，但反映到政治上则俨然成为官僚之间结纳、援引乃至结成派系的政治资源。清季初入京师当官的颜惠庆即体会到这两种关系的重要性，其云："在昔日中国官场，除系阀阅，或有姻娅背景外，两种人事关系，相当重要。一为'同年'……一为同乡……此种年谊，乡谊，在中国官场，即用作互助，援引，朋比的资本。"[①] 此时尽管距离科举废除已过数年，但传统的惯习与思维，依然深深烙在人们的身上。

第三节　血缘与姻亲关系网络的构建

一　血缘关系

血缘关系是以血统或生理的联系为基础而形成的社会关系。这种社会关系是人们与生俱来的社会联系，如父母与子女、兄弟姐妹关系，个人无法选择。马克思曾谓，家庭起初是唯一的社会关系。[②] 故血缘关系最重要、最直接者即为家庭。因此本文所指的血缘关系主要包括父子、兄弟姐妹、叔侄关系。

科举时代，读书应试绝非士子个人之事，而是关系到一个家庭乃至整个家族的荣辱兴衰，故传统社会中家庭乃至整个家族对于培养出一个能光宗耀祖的人才总是不遗余力地予以支持和帮助，读书人考取功名或多或少皆是在各种"集体"帮助下达成的。[③] 一旦金榜题名，他们也必须承载对其家庭、家族的照顾与提携的义务。在"朕即国家"的帝制时代，尽管血缘仍是国家权力（皇帝）得以家族传递的纽带，然其对于百官的要求却是相当严格的，在官吏的选拔上，对于血缘关系的回避制度亦是健全的，而知识的无法世袭，亦使得科举制度本身有效地阻止了血缘关系在官场内部的盛行。

然而 1905 年科举制度的废除和传统政治道德的败坏，从制度和道德

---

① 《颜惠庆自传》，姚崧龄译，传记文学出版社 1982 年再版，第 53 页。

② 参见《马克思恩格斯选集》第 1 卷，人民出版社 1995 年版，第 80 页。

③ 罗志田即认为，中国传统科举制在理论上是对各阶级开放的，但其开放性常为经济的原因所限制，因为贫富确实可置考生于实际不平等竞争的情形之中。历代穷困者因读书而发迹的故事的背后，都充满了类似的各种"集体"帮助。如无此种"集体"社会作用，科举制的开放性就是一句空话。参见罗志田《再造文明之梦——胡适传（1891—1929）》，中华书局 2006 年版，第 59 页。

上对血缘关系的约束已不复存在，从而使得血缘关系成为直接进入上层政界的有力手段。① 民国时期，血缘关系在中央政府乃至各军阀派系内部广泛流行，父子（女）、兄弟姐妹、叔侄同朝为官者屡见不鲜。

表 3—13 民国中央政府官员血缘关系

类别	关系	父、叔、兄、姐		子、侄、弟、妹	
		姓名	曾任官职	姓名	曾任官职
北洋政府	父子或叔侄	袁世凯	大总统	袁克暄	外交部参事
		伍廷芳	外交总长	伍朝枢	外交部参事
		段祺瑞	陆军总长	段宏纲	陆军部参事
		姚锡光	蒙藏事务局总裁	姚鸿法	将军府将军
		恽毓龄	肃政使	恽宝惠	国务院秘书长
	兄弟姐妹	章宗元	财政次长	章宗祥	法制局局长
		唐在礼	参谋本部次长	唐在章	外交部参事
		张一麐	总统府秘书长	张一鹏	司法总长
		姚震	司法总长	姚国桢	交通次长
		齐耀珊	农商总长	齐耀珹	内务次长
		汤化龙	内务总长	汤芗铭	海军次长
		徐世昌	大总统	徐世章	交通次长
		饶汉祥	总统府秘书长	饶汉秘	国务院参议
		张国淦	教育总长	张国溶	政事堂参议
		颜惠庆	国务总理	颜德庆	交通部参事
		靳云鹏	国务总理	靳云鹗	将军府将军
		梅光羲	交通部航政司长	梅光远	侨务局副总裁

① 参见〔美〕齐锡生《中国的军阀政治（1916—1928）》，杨若云等译，中国人民大学出版社 1991 年版，第 34—35 页。

续表

类别	关系	父、叔、兄、姐		子、侄、弟、妹	
		姓名	曾任官职	姓名	曾任官职
南京国民政府	父子或叔侄	孙中山	临时大总统	孙科	立法院长
		蒋介石	国民政府主席	蒋经国	干部预备局局长
		谭延闿	国民政府委员	谭伯羽	经济部政务次长
		戴季陶	考试院院长	戴安国	交通部民用航空局长
		黄兴	辛亥先烈	黄振华（女）	立法委员、行政院参议
				黄一鸥	立法委员
				黄厚端	内政部参事、统计处长
		陈璧君	监察委员	陈春圃	侨务委员
		陈其采	国民政府主计长	陈希曾	参军处总务局长
				陈立夫	教育部长
				陈果夫	侍从室三处处长
				陈祖平	行政院秘书
		俞飞鹏	行政院政务委员	俞济时	国民政府第三局局长
		于右任	监察院长	于望德	行政院参事
		马君武	南京临时政府实业部次长	马保之	农林部农事司长
		孙科	立法院院长	孙治强	资源委员会参事
		马福祥	蒙藏委员会委员长	马鸿逵	蒙藏委员会委员
				马鸿宾	军事委员会委员
		马麒	军事委员会委员	马步青	蒙藏委员会委员
		戴金华	侨务委员会委员	戴愧生	行政院政务委员
		伍廷芳	广东军政府外交部长	伍朝枢	国民政府委员
		张静江	国民政府委员	张乃燕	大学院参事
		程潜	军事委员会委员	程煜	行政院秘书
		刘文辉	军事委员会委员	刘湘	军事委员会委员

续表

类别	关系	父、叔、兄、姐		子、侄、弟、妹	
		姓名	曾任官职	姓名	曾任官职
南京国民政府	兄弟姐妹	谷正伦	行政院政务委员	谷正纲	行政院政务委员
				谷正鼎	行政院参事
		陈果夫	侍从室三处处长	陈立夫	教育部长
				陈祖平	行政院秘书
		宋子文	外交部长、国民政府委员、财政部长	宋美龄（女）	航空委员会委员长
				宋子良	外交部总务司长
		马麒	军事委员会委员	马鳞	国民政府委员
		胡汉民	立法院院长	胡毅生	国民政府委员
		林森	国民政府主席	林元铨	国民政府参军
		唐生智	军事委员会委员	唐生明	国民政府参军
		许崇灏	考试院秘书长	许崇智	国民政府委员
				许崇清	教育行政委员会委员
				许龄筠	交通部航政司长
		陈布雷	国民政府委员	陈训慈	考试院参事
		柴春霖	立法委员	柴峰（女）	监察委员
		钱用和（女）	监察委员	钱昌照	资源委员会副主任
				钱昌祚	国防部第六厅长
		格桑泽仁	蒙藏委员会委员	格桑悦希	监察委员
		黄慕松	参谋本部次长	黄镇球	国防部次长
		张默君（女）	考选委员会委员	张元祜	参谋本部主任参事
		闻亦有	国民政府主计官	闻钧天	内政部参事
		颜惠庆	国民政府委员	颜福庆	内政部卫生署署长
				颜德庆	铁道部参事
		郭泰祺	外交部部长	郭泰桢	立法委员
		黄一鸥	立法委员	黄厚端	内政部参事
				黄振华	立法委员
		顾毓琇	教育部政务次长	顾毓瑔	资源委员会副秘书长

续表

类别	关系	父、叔、兄、姐		子、侄、弟、妹	
		姓名	曾任官职	姓名	曾任官职
南京国民政府	兄弟姐妹	许世瑾	行政院卫生署统计主任	许世璇	卫生署秘书
		沈士远	考选委员会副委员长	沈尹默	监察委员
		黄正清	蒙藏委员会委员	嘉木样	蒙藏委员
		何应钦	行政院院长	何辑伍	监察委员
		陈天锡	考试院参事	陈仲经	财政部印花税处处长
		罗文庄	司法部次长	罗文干	外交部部长

说明：本表为不完全统计，因资料限制，仍有部分无法确认的血缘关系，未曾列入。

父携其子，兄提其弟，这在中国人看来是最正常不过的事。① 血缘关系之重要，我们可以从刘以芬《民国政史拾遗》记载的一段史料中窥之一二：

> 当杨度等发起筹安会时，有人询袁此是否出自公意。袁答谓："凡欲登帝位者，大抵为子孙万世计。吾环顾诸儿，率庸懦无能，不足以承大业，岂肯冒大不韪，转贻子孙灭亡之祸?"以此言之，则袁亦似深知其子者，然当日推动帝制，其子克定实为最力之一人，而袁不特不之禁，且故纵之，以图逞其大欲，则又似莫知其子者。
>
> 袁素极阴诈，所言或不由衷。若段（祺瑞）子宏业，确为段所深恶，谓其昏庸不足任事，故段虽久秉大权，而其子初未尝稍参帷幄，或任何职务……乃十三年段出任临时执政，忽大信任其子，一时宏业几有左右乃父之势。盖段之亲信，本分皖、闽两派，皖派欲排闽，因拥宏业为重，汤漪、章士钊等悉依附之，日于段前誉宏业能。段亦视彼辈为商山四皓，谓此诸人既归其子，则辅佐有人，或不至贻误大事，因亦渐从而信任之，以此世遂有"太子派"之称。②

其实，袁非不知其子皆庸碌之辈，段亦非未晓其子为昏庸之徒，有此

① 当然在中国传统的儒家伦理中，父子、兄弟是"五伦"中最为重要的两种人际关系，这几种角色关系的互动都必须遵循"尊尊法则"，也就是儒家所主张的"父慈/子孝""兄良/弟悌"，假如"父不慈""子不孝"或是"兄不良""弟不悌"，则其行为即不符合"义"的原则。故"父携其子，兄提其弟"前提即要求父、子、兄、弟的行为符合"义"的标准。参见黄光国《儒家关系主义》，北京大学出版社 2006 年版，第 41—42 页。

② 刘以芬：《民国政史拾遗》，上海书店出版社 1998 年版，第 49—50 页。

举者，非他，父子之情使然。故刘以芬谓段祺瑞非无知子之明，“实则其时段已老迈，舐犊之情渐生，亦欲乘时为其子稍树基业，又以辄经世变，觉惟父子之亲，为较可恃”。[①] 当伍廷芳与黎元洪见面之时，“黄陂问外交人才，伍以子朝枢对”。黄陂微笑曰：“君不及他人而先举令嗣，得毋有私乎?”伍答曰：“昔者晋侯求贤，祁奚举其子午，讵今人之不逮古人耶?”[②] 在伍廷芳看来，自己的儿子确实具有外交才能，因此推荐其子，不过是学学古人举贤不避亲而已。话既然这么说了，黎也只好点头称是。

而孙科如非孙中山的儿子，恐不会在刚毕业不久即被委任为广州特别市市长的要职。[③] 待其势力日益坐大，遂亦有“太子派”之谓。孔令侃乃孔祥熙长子，他在圣约翰大学毕业后，孔祥熙就给了一个财政部特务秘书头衔，但这却是官制上铨叙上从来没有的特殊衔头，由孔特创。他利用这一名义，成为职权无定，爱管即管，事无大小，无不过问。[④] 在其父所掌管的各部门，大有一人之下、万人之上的势头。其所主持之贸易信托局因弊端丛生，颇受外间诟病，甚至被人举报到蒋那里。[⑤] 抗战时期，港澳间流传甚广之口头语即云：“爹爹在朝为宰相，人人称我为小霸王”，“盖指孔院长公子令侃也”。[⑥] 革命功臣黄兴尽管早逝，但因其在同盟会中的崇高地位，依然能对其子女仕途产生影响。[⑦] 为子侄辈谋职的远不止这些，行政院秘书程煜是程潜的侄子，陈祖平则是主计长陈其采的儿子，教育部长

---

① 刘以芬：《民国政史拾遗》，上海书店出版社 1998 年版，第 50 页。

② 陈灨一：《新语林》，上海书店出版社 1997 年版，第 24 页。

③ 1922 年孙科任广州特别市市长时，年仅 31 岁。参见徐有春《民国人物大辞典》，河北人民出版社 1991 年版，第 774 页。

④ 谭光：《孔祥熙集团及令侃令伟兄妹》，《传记文学》第 61 卷第 4 期。1939 年，杜月笙以开玩笑的口气问孔令侃：“像你这样年纪轻轻的，已经会看公事，批得很老到，真是不容易啊!”孔令侃说：“我在圣约翰大学一年级念书的时候，我爸爸已经把财政部和中央银行在上海的一部分公事，让我替他批。我带到课堂里，先生在上面讲课，我就在下面用红笔批公事。”可见，父子间的权力继替，实离不开早年的“特殊”训练，然视国事为儿戏的行为，却不能不让人瞠目结舌。参见徐家涵《孔祥熙家族与中央信托局》，载寿充一主编《孔祥熙其人其事》，中国文史出版社 1987 年版，第 84—85 页。

⑤ 《王子壮日记》第 5 册（上星期反省录），台北“中央研究院”近代史研究所 2001 年版，第 40 页。

⑥ 陈方正编辑、校订：《陈克文日记》上册（1938 年 11 月 28 日），社会科学文献出版社 2014 年版，第 306 页。

⑦ 黄兴长子黄一鸥、次子黄厚端（黄一中）、长女黄振华皆任职于国民政府。黄振华早年任行政院参议，后因抗战迁都为政府遣散停薪，但 1939 年 2 月黄来重庆谒见行政院院长孔祥熙，遂复参议闲职，月支 300 元。参见陈方正编辑、校订《陈克文日记》上册（1939 年 2 月 7 日），社会科学文献出版社 2014 年版，第 347 页。

陈立夫的堂兄弟。在行政院参事陈克文看来，他的职位多半是靠这种关系得来的。① 而对于蒋氏父子间的权力传承，曾任担任过蒋介石私人秘书的吴国桢是这样说的，40 年代初，“他叫经国担任三青团中央干事会的一个干事，这本身似乎无足轻重，但蒋告诉干事会的其他成员说，万一他们要向他呈报什么事，最好先同经国谈谈。这就是奥秘所在”。② 而此时，担任三青团干事的除蒋经国以外，多为党政军中权贵，如陈立夫、朱家骅、张厉生、张道藩、贺衷寒、康泽等人。50 年代，当蒋氏父子败退台湾后，蒋经国更是当仁不让地成为除其父亲之外的最高权力主宰者，故吴国桢称此时的国民党已然变成了“一个人的党——父亲与儿子”。③

父亲能影响儿子，兄长自然亦能影响其弟。清季，杨士骧因袁世凯提携而擢升，复“引其弟士琦入商部”。④ 汤芗铭乃汤化龙之弟，袁氏即因此“颇信之”。⑤ 袁世凯搞起帝制复辟以后，汤化龙曾电劝其退位，并指使其弟（当时为湖南将军）宣布湖南独立，对袁施加压力。徐世章乃徐世昌堂弟，毕业于北京同文馆，后赴比利时留学，获商学士学位。1915—1917 年曾任京汉铁路管理局副局长、津浦铁路管理局局长及浦信铁路督办。1918—1921 年，在其兄徐世昌任大总统期间，由浦信铁路督办兼津浦铁路管理局局长升任交通次长，并兼铁路督办，交通银行副总经理，继而于交通次长任上又兼币制局总裁职，至 1922 年 6 月 1 日（其兄徐世昌离职的前一天）去职，寓居天津⑥。交通部向为交通系所把持，历任次长多为交通系之旧人，且多曾在交通部参事或者各司司长之任上任职多年，徐世章从一个铁路管理局局长直接高升为交通部次长，似乎不能仅仅以巧合来解释。南京国民政府时期，蒋介石侍从室的高级幕僚陈布雷亦曾将其七弟介绍到军委会参事室任干事。⑦ 从美国留学归来的宋子文起初并未涉政界，他回国后曾受聘为汉冶萍公司上海办事处秘书、涵养总公司会计处科长、联华商业银行经理，此后还曾办过实业，但公司因亏损而倒闭。正当宋子文处境窘迫之时，二姐宋庆龄将其引荐给孙中山。孙中山委任他为海陆军

---

① 陈方正编辑、校订：《陈克文日记》上册（1939 年 11 月 15 日、12 月 18 日），社会科学文献出版社 2014 年版，第 478、493 页。

② 〔美〕裴斐、韦慕庭访问：《从上海市长到“台湾省主席”——吴国桢口述回忆》，吴修垣译，上海人民出版社 1999 年版，第 63 页。

③ 同上书，第 226 页。

④ 胡思敬：《国闻备乘》，中华书局 2007 年版，第 91 页。

⑤ 陈灨一：《新语林》，上海书店出版社 1997 年版，第 130 页。

⑥ 参见徐有春《民国人物大辞典》，河北人民出版社 1991 年版，第 706 页。

⑦ 《陈布雷回忆录》，传记文学出版社 1980 年再版，第 132 页。

大元帅大本营秘书，从此步入政坛。[1]

事实上，民初舆论即对政府内流行的血缘关系以《兄弟之间》为题，发表评论予以抨击与讽刺：

> 古人敬其主必及其使，今人爱其兄必及其弟。兄为督军，其弟至少为镇使参谋；兄为省长，其弟至少为厅长道尹。兄官愈大，弟之官亦愈高，此今日待人兄弟之常例也。
>
> 吾于此次阁潮中（靳云鹏第二次组阁）又得一处人兄弟间之权道焉：欲以总统之弟长交通，而总统曰："端甫（徐世章）不与"；欲以曹锟之弟长财政，而曹锟曰："老四（曹锐）不便。"一方之所以为推其弟，与一方所以为其弟辞，各有深意，非寻常之酬应可比。
>
> 齐耀珊不尝欲以内务总长让其兄乎，今命令发表依然齐耀珊，则其兄之必又推让于弟，可想也。以阁员为兄弟间之交让品，是亦从未有之特例。
>
> 赵倜语其弟赵杰曰："汝官也当过了，钱也有了，可退休罢，免得人说我不是。"是赵善于自保，亦即赵之善保其弟，然而人民之损失奈何。
>
> 今之要人待人兄弟之道，与所以自待其弟之道如此，世情与政局之态度均可于此见之矣。[2]

无论是总统徐世昌还是督军曹锟都知道，明目张胆地将家人安排在显要位置虽不合时宜，但一点不安排似乎也说不过去，于是徐世章没当上交通部总长，却被任命为交通部次长，曹锟之弟则依然做他的直隶省长，然这却是个比财政部长更为实惠的位置。其实，徐世昌、曹锟之辈做出如此之举动并不为怪，为革命奔波一生的胡汉民亦不能免俗的情况则说明家庭关系对政治人物影响之深。孙中山即曾说过，"要把汉民的兄与弟都枪毙了，汉民才能真革命"，虽为戏言，然胡氏兄弟对胡汉民形象的负面影响亦可见一斑。[3]

中央如此，地方亦不例外。北洋军阀统治时期，血缘关系在各军阀内

---

① 参见吴景平《宋子文政坛浮沉录》，《传记文学》第61卷第5期。

② （杂评）默：《兄弟之间》，《申报》1921年5月16日第7版。

③ 杜元载主编：《革命人物志》（九），"中央文物供应社"1972年版，第260页；陈红民：《函电里的人际关系与政治——读哈佛—燕京图书馆藏"胡汉民往来函电稿"》，北京三联书店2003年版，第82页。

部要远比在中央政府盛行。所谓“打架亲兄弟，上阵父子兵”，家庭成员往往都能得到超过其能力的重要职务。如曹锟之弟曹锐以清监生的身份坐到了直隶省长的位置，另一个弟弟曹瑛则为第 26 师师长，侄子曹士杰则担任其警卫旅旅长的职务；滇系军阀唐继尧的两个兄弟也是身居要职，唐继禹为云南代理省长以及军队训练的指挥，唐继枝则担任过该部某师的师长。[①] 奉系军阀张作霖“晚年治军，防备周至，恐他人怀二心，故信其长子学良弥专”。[②] 张学良年纪轻轻，即掌握了奉系的军事大权。[③]

南京国民政府时期，江浙一带已属中央控制，即便如此，长官视斯地为家族所有的情况亦难改观。如前引张难先浙省主席任上滥用乡人，其实，其所用之人，除同乡外，多为其兄弟子侄辈。监察院在弹劾张文中即揭露道：“省府秘书处科员张泳穆为张氏之长女，省府通称为大小姐。科员梁荫兰，为张氏之妹，省府通称之为姑太太，又科员张衡平为张氏之兄。张广淘、张钧烈、张仲英，为张氏之胞侄。民政厅张润琛为张氏之侄。”其实，如若张氏的子侄兄弟，确有才能，也就罢了。然“事实并非如此，其女张泳穆备位机要主任科员，月薪一百六十元，终日无所事事。每日必携二子至省府游玩，二孩极顽皮，公事为其破坏，其他职员敢怒不敢言。其妹梁荫兰备位庶务股科员，其性贪小，购物敛钱，人言凿凿，庶务科员张仲英系一恶少，常驾省府汽车，到处招摇，寻花问柳，劣声四播。往西湖娱园游玩，因不肯买票，打伤职员三人，事后未加诸责。”[④] 而更具有讽刺意味的是，这位曾以“两袖清风而来，两袖清风而去”为座右铭的浙省主席乃是在蒋介石标榜“修明地方政治”的情况下被任命的。[⑤]

诚然，这些家庭成员一旦被引入政治或军事领域，父子或兄弟关系间便又介入了上下级关系。一般而言，上下级关系是无法超越血缘关系的，上下级之间往往会因为政治利益的分配或政治观念分歧而产生冲突（一旦上级失去了施恩能力，上下级之间亦会不欢而散），但是家庭成员之间则不易发生，他们往往会团结在家庭核心人物（父亲、兄长）的身边，在政治上保持绝对的一致。正是基于此点，当 1917 年 9 月孙中山在广州建立护法军政府后，伍朝枢便随其父亲一道南下参加护法运动，并在其父掌管

---

① 参见〔美〕齐锡生《中国的军阀政治（1916—1928）》，杨若云等译，中国人民大学出版社 1991 年版，第 34 页。

② 参见陈灨一《睇向斋谈往》，《睇向斋秘录》（附二种），中华书局 2007 年版，第 216 页。

③ 参见徐有春《民国人物大辞典》，河北人民出版社 1991 年版，第 977 页。

④ 李芦洲：《国民政府的政绩》，真理社 1946 年翻印，第 94 页。

⑤ 参见严如平、熊尚厚主编《民国人物传》（八），中华书局 1996 年版，第 134 页。

的外交部担任外交次长。蒋经国在苏联时还称父亲为革命敌人[①]，一旦他从苏联回国，其态度即180度大转弯，不久即得到提携与重用[②]。

由于血缘关系是人类最古老和最基本的一种社会关系，其一方面带有原始与自然的特性，以至于家庭成员之间的任何举动都可被视作血亲关系下的人之常情；另一方面，作为最基本的社会关系，人类几乎全部的其他社会关系都是在血缘基础上的发展与扩大，由婚姻而产生的亲属关系自然也不例外。

二　姻亲关系

《礼记·婚义》中云："婚礼者，将合二姓之好，上以事宗庙，而下以继后世也，故君子重之。"士大夫家族的婚姻，则不仅为了家族的繁衍，而且还包含了以婚姻作为政治关系保证的意义和作为扩大家族地位和政治势力的手段。清末民初，袁世凯即是这方面的高手，他与诸贵显联姻：长子袁克定清末娶湖南巡抚吴大澄的长女为妻，三子袁克良娶张百熙之女为妻，四子袁克端娶天津大盐商、安阳纱厂资本家何炳莹之女，五子克权聘端方之女，六子克恒聘前清江苏巡抚陈启泰之女，七子克齐聘孙宝琦之女，八子克轸聘周馥之女，九子克久定聘黎元洪之女，十子克坚定聘徐世昌之女，长女伯祯嫁张人骏之子张元亮，次女嫁薛福成之孙薛观澜，三女淑祯为杨士骢媳。[③] 除此之外，他让段祺瑞与自己的养女结婚，让冯国璋与自己的家庭女教师结婚，以巩固他与北洋军中这两个最有势力的人物之间的个人联系。[④] 通过子女与达官显宦家族的婚姻，袁世凯形成了一个庞

---

① 1927年蒋介石发动"四·一二"政变时，此时正在苏联留学，且视"蒋介石曾是我的父亲和革命的朋友"的蒋经国，即发表声明称："现在他是我的敌人。"参见余敏玲《俄国档案中的留苏学生蒋经国》，《"中央研究院"近代史研究所集刊》第29期。文中，余敏玲谓蒋经国发表反父声明之举，虽有"不得不为之的求生手段"，但恐亦是其真情的表露，实有所见。

② 1943年三民主义青年团第一次全国代表大会后，不久蒋经国被任命为三青团中央干校教育长，从此由地方进入中央，1945年夏秋之际，三青团组织处处长康泽被迫辞职出国，由蒋经国接任康的职务，蒋经国因此逐步起家，在政治上崭露头角。参见高祖英《为蒋经国进入中央铺平道路的一次会议》，载全国政协文史资料委员会编《文史资料存稿选编精选·派系纷争混战》，中国文史出版社2006年版，第294—300页；康泽《蒋介石培植蒋经国迫我离开——康泽回忆录之五》，《传记文学》第60卷第2期；程思远《政海秘辛》，北方文艺出版社1991年版，第170页；贾亦斌《半生风雨录——贾亦斌自述》，中国文史出版社1996年版，第102页。

③ 参见郑逸梅《艺林散叶续编》，中华书局1987年版，第179页；李宗一《袁世凯传》，中华书局1980年版，第305页；胡思敬《国闻备乘》，中华书局2007年版，第91页。

④ 参见〔美〕齐锡生《中国的军阀政治（1916—1928）》，杨若云等译，中国人民大学出版社1991年版，第35页。

大的家族体系，以控制统治权力，相互支持，一荣俱荣，一损俱损。在袁世凯看来，姻亲关系不仅可以使他与诸显贵建立私人间联系，而且可以形成共同的利害关系，从而结成紧密的政治联盟。

费孝通指出，婚姻的首要目的是在确定社会性的父亲，对生物性父亲的确定反而倒是次要的，其意义旨在确立双系抚育。因此，结婚不是件私事。① 在对待婚姻问题上，中国人十分讲究门当户对，情感不过是其中微不足道的点缀，民间勿论，官场尤其如此。

表 3—14 **民国中央官员间姻亲关系②**

类别	姓名	官职	姓名	官职	姻亲关系
北京政府	袁世凯	大总统	孙宝琦	国务总理	儿女亲家
			黎元洪	副总统	儿女亲家
			徐世昌	国务卿	儿女亲家
			周学熙	财政部长	儿女亲家
			杨士琦	政事堂右丞	儿女亲家
	张作霖	海陆军大元帅	靳云鹏	国务总理	儿女亲家
			曹锟	大总统	儿女亲家
			鲍贵卿	陆军总长	儿女亲家
	靳云鹏	国务总理	潘复	财政总长	儿女亲家
	张绍曾	国务总理	吴佩孚	陆军总长	儿女亲家
			冯玉祥	国民军司令	儿女亲家
	孟恩远	将军府将军	陆建章	将军府将军	儿女亲家
	段祺瑞	国务总理	吴光新	陆军总长	郎舅
			傅良佐	陆军次长	郎舅
	陆荣廷	将军府将军	谭浩明	将军府将军	郎舅
	唐绍仪	国务总理	顾维钧	外交部参事	翁婿
			施肇基	交通总长	翁婿

① 参见费孝通《乡土中国 生育制度》，北京大学出版社 1999 年版，第 127、129 页。

② 严格意义上讲，婚姻关系主要是指父系单系家族中的配偶关系，因此夫妻应属于婚姻关系，而不属于姻亲关系。然民国中央官僚中有夫妻关系者并不太多，故不再另为列表。参见钱杭《血缘与地缘之间——中国历史上的联宗与联宗组织》，上海社会科学院出版社 2001 年版，第 54 页。

续表

类别	姓名	官职	姓名	官职	姻亲关系
北京政府	刘恩元	财政总长	杨寿枬	财政次长	翁婿
	顾维钧	外交部参事	施肇基	交通总长	连襟
	冯玉祥	国民军司令	陆建章	将军府将军	甥舅
	颜惠庆	外交部长	孙宝琦	国务总理	郎舅
	李烈钧	参谋本部总长	刘含章	司法部参事	郎舅
南京国民政府	谭延闿	国民政府主席	陈诚	军事委员会委员	翁婿
	吴稚晖	国民政府委员	于右任	监察院院长	儿女亲家
	唐绍仪	国民政府委员	诸昌年	外交部参事	翁婿
			施肇基	驻美大使	翁婿
			顾维钧	驻法大使	翁婿
	何键	内政部部长	李觉	国民政府参军	翁婿
	张静江	建设委员会委员长	林可胜	行政院政务委员	翁婿
			陈友仁	外交部长	翁婿
	居正	司法院长	朱干青	司法院会计处长	翁婿
			钟孟雄	行政法院评事	郎舅
	陆荣廷	广州军政府元帅	苏希洵	司法院大法官	翁婿
	古应芬	财政部长	刘纪文	审计部政务次长	翁婿
	蒋介石	国民政府主席	宋子文	行政院院长	郎舅
			宋子良	外交部总务司长	郎舅
			宋美龄	航空委员会秘书长	夫妻
			宋庆龄	国民政府委员	妻姐
			孔祥熙	财政部长	连襟
			王震南	军政部军法司长	表兄弟
			俞飞鹏	行政院政务委员	表兄弟
			陈诚	军事委员会委员	翁婿
	陈诚	军事委员会委员	谭伯羽	经济部政务次长	郎舅
	李朴生	侨务委员	易次乾	北京政府蒙藏委员	郎舅
	何应钦	军政部长	王伯群	国民政府委员	郎舅
			王文彦	军政部参事	郎舅

续表

类别	姓名	官职	姓名	官职	姻亲关系
南京国民政府	魏道明	行政院秘书长	郑毓秀	监察委员	夫妻
	陈仪	行政院秘书长	汤恩伯	鲁苏豫皖战区行政长官	汤妻舅
	刘荫远	军事委员会参议	曹承德	监察委员	夫妻
	张导民	财政部国税署长	蔡孝义	监察委员	夫妻
	张继	国民政府委员	崔震华	监察委员	夫妻
	雷震	行政院政务委员	宋英	监察委员	夫妻
	龙云	军委会参议院院长	顾映秋	监察委员	夫妻
	邵元冲	资源委员会副主任	张默君	考选委员会委员	夫妻
			张元祜	参谋本部主任参事	妻郎舅
	郭忏	国防部参谋次长	周凤岐	军事委员会委员	连襟
	沈昌焕	外交部礼宾司长	潘光迥	交通部总务司长	甥舅
	黄郛	外交部长	钱昌照	外交部秘书	连襟
			沈怡	资源委员会委员	郎舅
	盛世才	农林部长	彭吉元	农林部政务次长	连襟
	吴兆洪	资源委员会副委员长	钱昌照	资源委员会委员长	甥舅
			钱昌祚	国防部第六厅长	
	徐恩曾	交通部政务次长	陈立夫	教育部长	表兄弟
			陈果夫	侍从室第三处处长	
	沈百先	行政院水利委员会委员	陈立夫	教育部长	郎舅
			陈果夫	侍从室第三处处长	
	叶楚伧	国民政府委员	沈君匋	中央公务员惩戒委员会委员	表兄弟
	汪兆铭	行政院长	陈春圃	侨务委员会常务委员	妻侄
			陈耀祖	铁道部财务司司长	郎舅
			褚民谊	行政院秘书长	连襟
			陈璧君	监察委员	夫妻
	廖仲恺	广东省省长	何香凝	国民政府委员	夫妻
	胡汉民	立法院院长	陈融	行政院政务处长	郎舅
	伍朝枢	外交部部长	傅秉常	外交部部长	连襟

续表

类别	姓名	官职	姓名	官职	姻亲关系
南京国民政府	傅秉常	外交次长	何君干	行政院参事	郎舅
	伍朝枢	外交部部长			
	翁文灏	行政院秘书长	李思浩	赈济委员会委员	表兄弟
	顾毓琇	教育部政务次长	王汝昌	教育部参事	郎舅
	宋香舟	考试院甄核司长	戴季陶	考试院院长	甥舅
	周伯敏	监察院秘书	于右任	监察院院长	甥舅
	朱家骅	教育部长	伍俶	教育部参事	连襟
	周觉	监察委员	朱家骅	教育部长	朱妻姨丈
	张静江	建设委员会委员长	林可胜	行政院政务委员	翁婿
	曹寿麟	内政部秘书	胡次威	内政部次长	翁婿

因资料限制，尽管我们无法对民国所有中央官僚间的姻亲关系作一整体的描述，然从表3—14来看，婚姻是军阀、官僚、政客之间相互建立政治联系的重要方法。在很多情况下，婚姻关系不仅能使彼此独立的个人之间形成共同的利害关系，而且可使双方结成较为牢固的政治联盟。显然，认识到这一点的并不仅仅只有袁氏一人。

顾维钧因受到唐绍仪的赏识，在博士论文还未曾完成之时，便被唐推荐回国任总统府和国务院的英文秘书。与唐的三女唐梅结婚后，即开始在外交部工作，不久就升任参事。30岁不到便开始了职业外交生涯。[①] 另一个著名的外交家施肇基也是因为年轻之时便被唐看中，“目为佳士，期以远大，遂以其兄之女妻之。施、唐既联姻娅，绍仪益善遇之，先后任英美使馆随员，后以道员指省直隶。绍仪既巡抚奉天，为总督徐世昌言肇基精西文，通时务。世昌疏调入辽，荐授滨江关道，内移外部右参议，历阶至右丞”。入民

① 参见严如平、熊尚厚主编《民国人物传》（八），中华书局1996年版，第79页；《顾维钧回忆录》第1册，中国社会科学院近代史研究所译，中华书局1983年版，第98—112页。

国后，唐绍仪出任国务总理，于是便“引肇基任交通总长”。①

孙宝琦为内阁总理之时，因颜惠庆是孙的妹夫，遂邀颜出任外交总长，但前任外交总长顾维钧少年持重，深得曹锟信任，曹宁可放弃孙宝琦，也一定坚持要由顾执掌外部，孙宝琦只得改任颜惠庆为农商总长。②而曹汝霖在就任交通总长之时，先是派其连襟卫心微为秘书，后又“因京奉铁路为主要之路，人事购料等事不愿有他系外人加入，多一耳目”，下部令任其女婿刘梦飞为京奉铁路局副局长，结果遭北京新闻曝光，不得不撤回任命。在曹看来，他的这项任命仍是合情合理的：“梦飞留学比国习土木工程兼习矿务，时充京汉路工程师，工程师升副局长亦是顺理成章。”③ 因姻亲关系揭露而不得不撤回成命，这在北京政府只是个例外。1924 年 11 月，段祺瑞复出并就任中华民国临时执政，转年便特任其内弟吴光新为陆军总长④，丝毫没有避嫌的意思。

军阀之间亦是如此，他们或是通过缔结姻亲关系来建立派系之间的联系，达到合作的目的；或是通过已有的姻亲关系来强化他们之间的联系。这里面既有不同政治派系与各大军阀之间的婚姻交易，亦有同一军队中上级与下级结成的姻亲关系。⑤ 齐锡生在研究中国的军阀政治时即认为：“已有的婚姻关系可以用来加强派系的联系，或明显地为达到这个目的而缔结婚约。”⑥ 张作霖与曹锟因为子女联姻而建立了更为紧密的联系，1920 年直奉联合打败了皖系。冯玉祥早年为陆建章的部下，因娶了陆的内侄女刘德贞，冯由警官升任团长、旅长，皆是陆建章的关系。因此陶菊隐谓（冯玉祥）“以陕督陆建章力扶摇直上”⑦，所言非虚。而陆建章在被徐树铮杀害后，冯玉祥为报陆建章的提携之恩，亦在北京政变后逮捕并枪毙了徐树铮。

军阀与官员之间的联姻亦带有明显的政治目的，军阀需假政客之手以控制中央，而政客亦需借军阀的军事力量以坐稳高位。民初，财长难

---

① 陈瀚一：《睇向斋逞臆谈》，《睇向斋秘录》（附二种），中华书局 2007 年版，第 137 页。

② 参见陈雁《颜惠庆传》，河北人民出版社 1999 年版，第 134 页。

③ 《曹汝霖一生之回忆》，传记文学出版社 1980 年版，第 131 页。

④ 参见杨大辛《北洋政府总统与总理》，南开大学出版社 1989 年版，第 435 页。

⑤ 齐锡生认为，上下级之间的婚姻在北洋军阀统治时期是很普遍的，因为这是上级同化下级最有效的方法。在这种情况下，他们之间的关系几乎可以等同于父子。参见〔美〕齐锡生《中国的军阀政治（1916—1928）》，杨若云等译，中国人民大学出版社 1991 年版，第 36 页。

⑥ 同上书，第 35 页。

⑦ 陶菊隐：《政海轶闻》，上海书店出版社 1998 年版，第 61 页。

当，然“周缉之（周学熙）长部时，本袁氏姻娅，又敢以长电讯诋黄兴，风采更著”。[①] 直皖战争后，本为段祺瑞手下“四大金刚”之一的靳云鹏却能执掌阁揆，其中一个重要原因就是奉张的支持，因为张作霖与靳云鹏是儿女亲家，而奉张与曹直的联合也是因为两人互为儿女亲家之故。因此当时报纸发表评论戏称奉张、曹直以及靳云鹏为“三角亲家”。其文云：

> 靳之与奉张为儿女亲家，即因之以占倒段之胜利者也。今奉张之与曹直又为儿女亲家，是又欲因之以固今后之势力者也。盖靳、张、曹三人为今日北方所谓有权力者，三人之亲家关系成其意……[②]

由此，姻亲关系在军阀统治时期的政治生活中之重要性可见一斑。而与北京政府同时存在的广州国民政府，则视推翻腐朽的北京政府为己任，并于1926年决定挥师北伐，北伐军所到之处，虽摧毁了北洋军阀的姻亲政治，但建立起来的却又是另外一个姻亲政治，甚至有过之而无不及。

1927年8月，蒋介石在与国民党元老胡汉民等人争夺党内正统失败后，第一次下野。经过这次失败，蒋认识到他在党内资历尚浅，亟须利用孙中山的形象来提高自己的地位。[③] 蒋介石加紧了对宋家三小姐的追求。1927年9月29日，他在上海《申报》刊登启事称：“民国十年，原配毛氏与中正正式离婚，其他二氏本无婚约，现已与中正脱离关系。现在除家有二子外，并无妻女。”[④] 第二天蒋介石赴日本，向在那里休养的宋太夫人提亲，并表示可以接受基督教，终得宋太夫人的允许。其实，蒋氏除仰慕宋美龄之美貌以及宋家与孙中山的关系外，宋氏家族与美国等西方国家非同寻常的关系也是蒋所看重的。故蒋宋之间的联姻从一开

---

① 沃邱仲子：《民国十年官僚腐败史》，中华书局2007年版，第22页。

② （时评）《三角亲家》，《申报》1920年9月4日第1版。

③ 孙中山死后，胡汉民以革命导师的身份，成为孙中山思想的代言人，而汪精卫则以孙中山遗嘱起草人的身份加之其在党内资历，高举“党统”的招牌，高呼“党权”，一时间，以孙中山为招牌的各派系组织，充斥于国民党内。美国人西格雷夫即谓“不能看轻孙逸仙的形象的重要性……政治家或将军只要同孙有一丝关系，也就带上了某种神奇的色彩。包括汪精卫在内的政界人士佩戴孙的头像”。参见〔美〕斯特林·西格雷夫《宋家王朝》澳门星光出版社1985年版，第244页。曾任蒋介石私人秘书的吴国桢亦认为“对蒋来说，娶孙夫人的妹妹，对国民党党员会有显著的号召力”。参见〔美〕裴斐、韦慕庭访问《从上海市长到“台湾省主席”——吴国桢口述回忆》，吴修垣译，上海人民出版社1999年版，第235页。

④ 《蒋中正启事》，《申报》1927年9月29日第2版。

始即打上了深刻的政治烙印，时人评价此次婚姻为“中美结合”，可谓是字取双关，语意深刻。从孙中山的僚属变成为连襟，蒋宋联姻为革命法统平添了一层“裙带关系”，使他更能够将“死中山”作为“活护符”，以号令天下。[①] 而本可与其平起平坐的孙科瞬间即成了蒋介石的侄辈，蒋氏身份转换之迅速，不能不让人瞠目。在得到以宋氏家族为首的江浙财团的支持后，蒋氏不久即再起。

蒋氏再起后，因蒋宋联姻在政治上得益者固不止蒋氏一人。1928 年 1 月 3 日，宋子文出任孙科内阁财政部长。[②] 稍后不久，孔祥熙出任工商部长[③]，当时国民政府与经济直接相关的机构皆操纵于蒋内兄与连襟之手。宋子良虽不如其兄显赫，然亦曾任外交部总务司长、国货银行总经理、中国建设银行公司经理等职。另一个弟弟宋子安，则任淞江盐运副使。宋美龄更是夫贵妻荣，不仅当过立法委员，还曾任航空委员会秘书长之职。故时人讽称南京国民政府是建立在“生殖关系”基础上的。[④] 当时南京市面上即已流传新谣曰：“蒋家天下丁家党，宋氏一门三部长。”[⑤] 而在蒋与孔、宋的关系中，宋家大姐宋霭龄作用颇大。王子壮观察到：“宋氏门中之权威在宋霭龄，孔之夫人也，乃多方设计，由蒋夫人以支持孔之地位，蒋先生对宋子文亦渐淡。”[⑥] 尽管蒋宋联姻，对于蒋自身地位的巩固起到了重要作用，但孔宋两大家族给蒋带来的负面影响也不少，成为蒋日后受人诟病

---

① 当然，因蒋宋联姻，而与美国人挂上了关系，往往有被夸大的嫌疑，其实宋家与美国政界的关系并没有人想象的那么紧密，只是在人际关系上有所沟通而已，但美国对蒋政权的影响与日俱增却是事实。参见汪荣祖、李敖《蒋介石评传》上册，中国友谊出版公司 2000 年版，第 172—173 页。

② 吴景平即认为，宋之所以能任孙内阁财长，与此前新结成的“蒋宋联姻”有着某种关系。在当时情况下，这种婚姻关系使宋子文在蒋介石眼里更为可靠、可信了。参见吴景平《宋子文评传》，福建人民出版社 1992 年版，第 69 页。

③ 在一些国民党内人士看来，孔并不聪明，亦无多大能力，因其当初支持并积极撮合蒋宋联姻，故蒋对孔一直存有好感，而蒋再起后亦对这位连襟另眼相看。参见〔美〕裴斐、韦慕庭访问《从上海市长到“台湾省主席”——吴国桢口述回忆》，第 234—235 页。

④ 参见刘寿林《民国职官年表》，中华书局 1995 年版，第 407、471 页；李芦洲《国民政府的政绩》，真理社 1946 年翻印，第 93—94 页。

⑤ 前句中，丁乃指丁惟汾，时任南京中央党部组织部长，故有丁家党之谓；后句中，宋氏一门乃指宋子文、孔祥熙与蒋介石。参见《金陵新谣》，《大公报》1928 年 4 月 4 日第 2 版。

⑥ 《王子壮日记》第 9 册（1944 年 1 月 8 日），台北“中央研究院”近代史研究所 2001 年版，第 13 页。

的要因。[①] 1942年，蒋介石侍从室的高级幕僚唐纵在日记中即颇有感慨：“自古姻戚无不影响政治，委座不能例外，难矣哉！”[②] 王子壮则直言：“如蒋先生不以亲属当政，公私犹易分明，谤怨之集，当为稍差。”[③]

以学者从政的何廉初到行政院任职即观察到：“行政院的那些高级成员们，之能出任行政院中各项职务，多少都是和行政院中某些官员有个人关系。”[④] 何廉所指的“关系”一词，虽非局限于笔者此处所言之姻亲关系，但恐亦不无关系，且亦不限于行政院一处。从表3—14来看，国民政府各部院中，到处充斥着各种姻亲关系，却不能不令人吃惊。除与蒋有直接姻娅关系的宋氏一族外，蒋在浙江奉化的表兄弟们亦随之而“升天”，其中以官至军政部军需署长、交通部长的俞飞鹏以及军政部军法司长的王震南最为突出。俞尽管“受现代化教育有限”，但因与蒋为表兄弟，“一直和蒋密切合作”。[⑤] 王震南则是蒋母系族亲，王的父亲为蒋之堂舅，早年对蒋有救护之恩，故蒋得势后，对这个表弟一再提拔，直至军政部军法司少

---

① 1947年7月29日时任军令部部长的徐永昌即注意到宋子良、宋子安的中国建设银行公司、孚中公司及孔令侃的扬子公司等借势走私，违反禁令，颇受外人指责。8月1日，曾任国民政府文官长的魏道明与徐谈及此事时即认为蒋受少妻之配，对孔宋的庇护不仅不利于国家，亦不利于孔宋。参见《徐永昌日记》第8册（1947年7月29日、8月1日），台北“中央研究院”近代史研究所1991年版，第462、463页。徐世昌在日记中的记载实与《中央日报》在1947年7月29日第4版发表的一篇揭露孔宋家族公司孚中、扬子等“年来有破坏进出口管制条例之情发生”有关，这则新闻公布了孚中、扬子、建设银行等公司违反禁令，公然套汇的丑行，并公开了具体的套汇数目。此事一经曝光，舆论哗然，蒋氏震怒。7月30日出版的《救国日报》即以《请先没收孔宋豪门资本》为题发表社论，要求政府惩办孔、宋两大豪门资本，否则政府当局“实无以对全国的军民，和一切因保卫国家而牺牲的死难者！”有意思的是，7月31日《中央日报》又在同一版上刊登一则类似更正的启事，声称7月29日公布的孚中、扬子、建设银行等公司结购外汇的数目，有数处漏列小数点，以致误解，遂将各公司套购外汇的数目缩小了百倍，遂逐渐化解了这一政治风波。《中央日报》作为国民党的党报，更正小数点显然是受到了最高当局的指示，故魏道明等谓蒋氏受少妻之配，对孔宋加以庇护。其实，早在此事之前，蒋氏因姻戚而护孔，即遭人诟病。1940年王子壮在日记中记有：“孔夫人宋霭龄及其子女好货特甚丑，广事搜刮，丑声四播，社会侧目。参政会中迭次提出质问孔氏，均由蒋为保护，多方开脱，人以是短蒋，不辨是非，以护近戚也。”参见《王子壮日记》第6册（1940年8月23日），台北“中央研究院”近代史研究所2001年版，第236页。

② 《在蒋介石身边八年——侍从室高级幕僚唐纵日记》（1942年1月27日），群众出版社1992年版，第253页。

③ 《王子壮日记》第9册（1944年5月30日），台北“中央研究院”近代史研究所2001年版，第215页。

④ 何廉：《何廉回忆录》，朱佑慈等译，中国文史出版社1988年版，第92页。

⑤ 同上书，第97页。

将司长。[①] 毛景彪为蒋经国之母毛夫人之同族，1942 年任国民政府军务局少将科长，四年后即升为副局长。时以参军而执行军务局副局长职务的唐纵即谓："毛系奉化人，与毛夫人同族，非彼所保（指时任军务局局长的俞济时，亦与蒋氏有姻亲关系），恐系经国保举者。"[②] 而官运亨通的陈诚，除与蒋为同乡且同出于保定军校以及曾为黄埔教官外，更是与蒋有着"翁婿"关系。[③] 钱昌照则通过他的连襟、蒋介石金兰换帖兄弟——外交部长黄郛，当上了外交部机要室主任，不久又担任了国民政府的简任秘书。钱在回忆录中即坦言："蒋接纳我为他的秘书，自然也因我与黄郛有姻娅关系才信任我。"[④] 而沈怡则是钱妻沈性元的胞兄、黄郛的内弟，与钱昌照一样，两人均"因黄郛的关系得以结识蒋介石，并受到蒋的重用"。[⑤] 曾任资源委员会副委员长的吴兆洪则是钱昌照堂姐的儿子，经其母介绍，由钱派为科员，帮助钱处理私人函件。吴在十几年中从一个普通科员擢升为机要秘书、主任秘书、副主任委员和副委员长，与其自身才能虽不无关系[⑥]，然其堂舅钱昌照的提携却至关重要。1938 年 1 月，时任清华大学教授的顾毓琇被蒋指定出任教育部政务次长。不久，顾的内兄王汝昌即自九江赶来，出任教育部秘书，1944 年晋升为教育部参事。[⑦] 同样的情况还有朱家骅与伍俶，1931 年 12 月 30 日朱调任教育部长，第二年 3 月即任其连襟伍俶为参事，而朱本人早年在广东发迹亦与其妻姨丈周觉有关。[⑧] 曾任国民政府外交部长的傅秉常 1916 年从香港大学毕业后即由其连襟伍朝枢推荐

---

① 参见王舜祁《蒋氏故里述闻》，上海书店出版社 1998 年版，第 155—157 页。

② 《在蒋介石身边八年——侍从室高级幕僚唐纵日记》（1945 年 11 月 1 日、1946 年 2 月 7 日），群众出版社 1992 年版，第 549、588 页。

③ 陈诚的第二任妻子，谭祥（曼意）系已故国府主席谭延闿之女，谭伯羽之妹，乃宋美龄的干女儿，由于蒋对陈诚特别偏爱，于是宋美龄将干女儿许予陈。1932 年 1 月 1 日，两人在上海结婚。从此陈诚与蒋介石结成"翁婿"关系。参见宗志文、严如平主编《民国人物传》（六），中华书局 1987 年版，第 95 页；朱茂凡《陈诚在湖北的二三事》，《湖北文史资料》第 2 辑，第 119 页。

④ 《钱昌照回忆录》，中国文史出版社 2000 年版，第 130—131 页。

⑤ 同上书，第 21 页；沈一夫：《沈怡在南京》，《传记文学》第 81 卷第 1 期。

⑥ 《钱昌照回忆录》，中国文史出版社 2000 年版，第 64 页。

⑦ 王汝昌，别号翰仙，故顾在自述中称其为"内兄翰仙"。参见顾毓琇《顾毓琇自述》（二），《传记文学》第 68 卷第 3 期；刘国铭等编《中国国民党百年人物全书》（上），团结出版社 2005 年版，第 150 页。

⑧ 参见何祖培《朱家骅的发迹及其他》，载《文史资料存稿选编·军政人物》（上），中国文史出版社 2002 年版，第 451、445 页；刘寿林主编《民国职官年表》，中华书局 1995 年版，第 607 页。

至交通部任职，后则一直追随伍廷芳，终至高位。[①]

在“关系”横行的时代，国民政府并无一处净土。曾任司法院会计处会计长的朱干青是司法院院长居正的女婿，对此居正在一次勉励司法院属员的讲话中解释道：“其实会计长当年参加革命，受尽辛苦，国家论功行赏，兄弟才用他的。所以他的出处，决不是私人关系。”[②] 然而这样的撇清，却有欲盖弥彰之嫌疑。而正是这位“一秉至公”的司法院院长，为了推荐其内弟钟孟雄担任行政法院书记官长，与当时的行政法院院长张知本发生龃龉。[③] 另一个例子则发生在考试院院长戴季陶与其外甥宋湜（字香舟）之间，宋在进入国民政府前一直在四川广汉县担任小学校长，1928 年戴任考试院院长以后，宋第一次出川，便以跟随戴革命有功为名，一跃而为铨叙部掌任用大权的甄核司司长。[④] 1940 年叶楚伧再任中央党部秘书长后，因总务秘书处长一职空缺，致事务散漫，精神废弛。叶有意以曾任此职的表弟沈君匋担任，然“叶太太则推荐其弟吴炼才以继，叶先生于表弟、妻弟之间难有取舍之法，于是决定不动”[⑤]。因“表弟、妻弟”难以取舍而不予安排的情况只是个例外，但由此亦可见姻亲关系对于政治人物影响之深。汪精卫因为其妻陈璧君的反对而未与蒋介石换帖结拜，其妻在政治上对汪有颇多影响，故孙中山曾戏言，“要叫精卫与他的老婆离了婚，精卫才能真革命”[⑥]。

其实，上述所举各例中人，亦并非皆无能之辈，前引戴季陶外甥宋湜在甄核司职上任职数年，时任铨叙部政务次长的王子壮即认为宋为“部中最努力之一员”，且为其调任他处鸣不平。[⑦] 但问题是，如若他们无此姻亲关系，其能力是否足以能让他们占据如此高位？

作为血缘关系的延伸，姻亲关系双方因为权势高下的区别，很难遵循

---

① 沈云龙访问，谢文孙记录：《傅秉常先生访问记录》，台北“中央研究院”近代史研究所 1993 年版，第 13—14 页。

② 居正：《在司法院勉励属员讲话》（1940 年 1 月 8 日），载罗福惠、萧怡编《居正文集》，华中师范大学出版社 1989 年版，第 671 页。

③ 参见沈阳《国民政府司法院派系斗争内幕揭秘》，《党史文苑》2007 年第 9 期。

④ 参见金绍先等《国民党文官考试内幕》，《文史资料选辑》第 36 辑，第 93 页。

⑤ 《王子壮日记》第 6 册（1940 年 2 月 16 日），台北“中央研究院”近代史研究所 2001 年版，第 47 页。

⑥ 杜元载主编：《革命人物志》（九），“中央文物供应社”1972 年版，第 260 页；陈红民：《函电里的人际关系与政治——读哈佛—燕京图书馆藏“胡汉民往来函电稿”》，三联书店 2003 年版，第 82 页。

⑦ 《王子壮日记》第 5 册（1939 年 9 月 26 日），台北“中央研究院”近代史研究所 2001 年版，第 343 页。

伦理秩序层面的长幼有序和尊卑有制。如一方势力庞大，则另一方势必仰其鼻息，唯其马首是瞻。袁世凯与蒋介石皆是这一类人，与这类人的联姻，双方权势的优劣顿显，故另外一方必然是作为受惠者而存在。而在当双方涉及政治利益纷争之际，姻亲关系在利益面前通常也会显得苍白无力。张作霖和曹锟为儿女亲家，两人虽然在1920年的直皖战争中有过短暂的合作，但是随后却在1922年和1924年为了争夺地盘和对北京的控制权分别进行了两次直奉战争。宋子文与孔祥熙虽为郎舅关系，但两人因利益冲突直到“老死”而始终“不相往来”的情形亦可说明问题。①

第四节 朋友、结拜兄弟及其他

一 朋友

所谓朋友，多指两个或两个以上的人因共同的理想、志趣、爱好、性格乃至相近的思想基础而结成的相互信赖、相互帮助的关系。《周礼·地官·大司徒》中即有“王曰联朋友”等语，郑玄释注：“同师曰朋，同志曰友。”即泛指相交友好之人。儒家创始人孔子则从道德的方面论述交友之道。《论语·季氏》有云：“益者三友，损者三友。友直，友谅，友多闻，益矣。友便辟，友善柔，友便佞，损矣。”《论语·颜渊》：“君子以文会友，以友辅仁。”孟子更是把“朋友有信”规定为“五伦”之一，《孟子·滕文公上》：“父子有亲，君臣有义，夫妇有别，长幼有序，朋友有信。”《中庸》亦有：“君臣也，父子也，夫妇也，昆弟也，朋友之交也，五者达天下之达道也。”由此可见，注重朋友关系，慎于交友之道，是儒家道德修养学说的主张，古人亦因此而崇尚“君子之交”。

朋友作为传统社会关系的一种，往往却具有其他个人关系所不及的更大的政治力量。② 汤化龙与刘崇佑为相交多年的老友，刘以芬在《民国政史拾遗》中记载曰：“先生于诸人中与刘菘生先生尤莫逆，不特为政治之友，而且属道义之交。……第一次汤先生任教育部长、次长为梁善济先生，第二次汤先生任内务部长、次长为蒲伯英先生，皆刘所推举。”③ 显然

① 参见吴景平《孔祥熙宋子文郎舅关系与政治恩怨——从中枢重要职务彼此取代到老死不相往来》，《传记文学》第66卷第5期。

② 参见〔美〕齐锡生《中国的军阀政治（1916—1928）》，杨云若等译，中国人民大学出版社1991年版，第42页。

③ 刘以芬：《民国政史拾遗》，上海书店出版社1998年版，第24—25页。

刘崇佑并未利用他与汤的“道义之交”直接为自己谋取政治利益，但汤却因为与刘的“莫逆”之交，两次接纳了刘所推荐的人选。

梁启超与徐佛苏亦师亦友。徐佛苏，湖南长沙人，早年留学日本，1904 年加入华兴会，计划在长沙起义，事泄后避走日本。[①] 1905 年梁与徐始以文字相交，乃至 1906 年，两人仍未晤面。1906 年梁在致徐佛苏书中提到和徐氏交谊情形：“弟与公虽至今未相见，然彼此每发一言未尝不契，其交谊，实非由寻常，想我公必不以客套相拒也。”同书，徐氏跋注中，回忆与梁初交时云：“忆戊戌年梁先生在湘讲学倡变法时，余即惊服其学识，亦力持变法维新之说。虽先生之著作数万言，余尽能熟读，然未能奉为师友，极以为恨。余乙巳留日，曾寄《新民丛报》一文，先生奖爱之，至连函约见，故函中有至今未见之语。此余上交先生之始期耳。”[②] 由此，梁与徐何时相见已不重要，重要的是两人从此结为好友，梁氏在其著名长文《异哉所谓国体问题者》中即称“吾友徐佛苏”。[③] 民国建立后，梁氏即向其昔日广州青云书院同学梁士诒推荐徐佛苏，从中亦可见梁、徐关系之一斑。其云：

> 以弟平生所见，人才如佛苏者，实罕伦比。其心思之缜密，手腕之灵敏，气魄之沉毅，一人而已。是真可当大任，无适不宜者。或以彼为理想家，为消极派，皆非能知彼者也。彼徒因前此未尝服官，欲以经验言之，似觉缺乏。然弟窃以为用人之道，什九固当以常格论，其中一二亦不宜以常格论。盖真有才之人遇事自能审分际，而因应曲常，不必曾历其事也。即如觉顿前此岂尝一日服官者，然任事数月，未见其溺职也。弟十年来所敬慕之人佛苏第一，觉顿次之。今觉顿既见录用矣，而佛苏尚废弃。弟在政府数月，常以未能汲引此才引为深疚。故前此府驻命保州尹人才，弟于并时政客不敢滥荐，而独首举佛苏，信其能胜任也。
>
> 以弟所见，如此才者，畀以方面，始足展其骥足耳！若领事等差则是无聊之极。思为彼计，未尝非得为国家计，未免可惜矣！弟深盼府主赏拔此人于牝牡骊黄之外，即公所以报国家也。府主者则力荐此才，亦其一也。惟熟图之。若实未能录拔，则在外领事犹胜于国内闲

① 参见徐有春《民国人物大辞典》，河北人民出版社 1991 年版，第 710 页。

② 丁文江、赵丰田：《梁启超年谱长编》，上海人民出版社 1983 年版，第 358、359 页。

③ 《异哉所谓国体问题者》，《饮冰室合集》专集之三十三，中华书局 1989 年版，第 94 页。

曹，弟将劝其更习外文，广观外政耳！

概观梁氏之推荐函，可谓徐之知音，函中极尽称赞之能事亦说明了梁对徐氏之信任与赏识。梁氏为民初名流，其推荐之人亦多能得政府之重视，袁世凯在阅此荐函后即批曰："徐洵佳才，务记之。"① 1914 年 9 月，徐即被任命为政事堂参议。② 平实而论，徐固有真才，然如非好友梁启超极力推荐，恐亦只能是布衣文人，无法步入庙堂。朋友作为社会交往网络中一项重要纽带，其在职业流动方面的重要性自然亦是不言而喻的。从事国民党党务工作多年的陈立夫回忆其在中央党部工作时说道："那时我年纪轻，交往的人并不多，所以有工作机会时我只好聘用一些所知道的好朋友。"③ 在人事制度还不完善的当时，自己熟悉的朋友自然会成为下级或同事，这在中国是十分普遍而自然的事情。

友谊通常是人与人之间在长期生活、工作以及学习中形成的，作为一种情感上的联系不仅十分主观，这中间还会夹杂着其他各种社会关系。如王宠惠与罗文干就为同事兼朋友关系，1916 年北京政府成立修订法律馆，罗文干在该馆就职，并于 1918 年 7 月在王宠惠手下任副总裁，在修订刑法典过程中，两人成为挚友。在此期间罗文干还在北京大学兼任法学教授、法官训练所讲师。1922 年 9 月 20 日王宠惠负责组阁，使罗文干的前程发生突然的变化，王任命罗在顾维钧、徐谦等人参加的"好人政府"中担任财政总长，同时还兼任盐务督办、币制局长。④ 陆征祥与颜惠庆则是朋友兼同乡关系，陆征祥在回忆录中指称颜是他一生的"四大密友"之一。⑤

傅秉常与伍朝枢、孙科为挚友，其中与伍更有姻戚之谊。纵观傅秉常的从政生涯，与伍和孙的提携关系至深。⑥ 翁文灏与孙越崎则是朋友兼师生关系。1927 年时任地质调查所所长的翁文灏只身下东北，因此结识孙越崎，孙毕业于北京大学，读书时尽管未听过翁文灏的课，但对他的道德学

① 陈奋主编：《北洋政府国务总理梁士诒史料集》，中国文史出版社 1991 年版，第 350 页。

② 参见徐有春主编《民国人物大辞典》，河北人民出版社 1991 年版，第 710 页；刘寿林主编《民国职官年表》，中华书局 1995 年版，第 8 页。

③ 《成败之鉴——陈立夫回忆录》，正中书局 1994 年版，第 139 页。

④ 参见〔美〕包德华《民国名人传记辞典》第六、七、八分册（下），沈自敏译，中华书局 1986 年版，第 119 页。

⑤ 参见陈雁《颜惠庆传》，河北人民出版社 1999 年版，第 50 页。

⑥ 沈云龙访问，谢文孙记录：《傅秉常先生访问记录》，台北"中央研究院"近代史研究所 1993 年版，第 23、10 页。

问也是倾慕已久，因有师生之谊，两人一见如故，“抵掌长谈”，从此定下终身友谊。1934 年 11 月，翁文灏接管中福公司，遂派孙越崎为总工程师。[①] 而也正是因为翁、孙之间的良好关系，抗战结束前夕，钱昌照在接替翁文灏任资源委员会主任委员后，才决定让孙越崎担任副主任委员一职。[②] 张治中与陈布雷、陈诚的友谊亦是其进入侍从室以后与陈诚、陈布雷等共事，接触日多才逐渐形成的。张治中回忆道：“我到侍从室以后，与陈诚的友谊，显然在继续增进。”张并因此屡次向蒋进言，主张陈诚回中枢担负重要任务。[③] 蒋经国与贾亦斌则是上下级兼朋友关系，1946 年 3 月从陆军大学毕业的贾亦斌因拒绝到前线打内战而去向未定，正在此时他接到了他的老上级彭位仁的邀请，担任“青年军复员管理处”第一组少将组长，贾不忍拒绝，随以三月为限赴任。而正是因此贾与时任“青年军复员管理处”副处长的蒋经国认识，并受到了蒋经国的赏识，结下了深厚友谊。蒋不仅主动为其操办婚礼，担任证婚人，还力保其担任国防部预备干部局的副局长，并在其去职后，保荐贾代理局长之职。实际上，在贾自己看来，他的资历还远远不够。因预干局要负责全部青年军的人事、编制和训练工作，责任很重，规格较高。而青年军的军长、师长多是所谓“资深优秀”的黄埔前期生，级别大多是中将，随时可以直接晋见蒋介石。而贾亦斌既不是黄埔出身，且亦不过一个少将而已。故贾能得任，与蒋经国的特别信任有着相当关系。[④]

综上来看，以朋友关系而形成的网络，其边界往往是模糊不清的，网络内的成员成分亦并不单一，同质性并不太高。因友谊往往是人们在学习、工作中养成的，故在朋友关系形成之前，他们大多已是同学、同乡、同事乃至上下级。正如齐锡生所说的那样，友谊的政治意义是很难确定的，“除非两个人是结拜兄弟，否则我们就几乎没有根据去判断其政治关系是否出自友谊”。[⑤]

---

① 参见李学通《书生从政——翁文灏》，兰州大学出版社 1996 年版，第 126—127 页。

② 《钱昌照回忆录》，中国文史出版社 2000 年版，第 163 页。

③ 《张治中回忆录》，华文出版社 2007 年版，第 190—191 页。

④ 据贾回忆，蒋经国在确定推荐贾为预备干部局副局长之后，急于找到贾的履历表，以便上报批准，恰巧贾外出不在办公室，蒋急不可待，竟然将贾的办公室窗门敲开，翻窗而入，取走履历表。为怕在陈诚处通不过（陈时任国防部参谋总长），蒋经国绕开陈诚，直接向蒋介石当面推荐，并请蒋介石直接下手令任命。可见用心之深。参见贾毅、贾维整理《半生风雨录——贾亦斌自述》，中国文史出版社 1996 年版，第 91—94、120 页。

⑤ 〔美〕齐锡生：《中国的军阀政治（1916—1928）》，杨若云等译，中国人民大学出版社 1991 年版，第 42 页。

二 结拜兄弟

所谓结拜兄弟，多指朋友结成的异姓昆仲。结拜兄弟之间以自然的血缘家族关系作为模仿的对象，本是一种虚拟的血缘（也称为拟制血缘、模拟血缘）关系。异姓结拜弟兄的风气在中国虽然由来已久，但至清代时对那些“不序年齿”“歃血结盟”的异姓结拜却是严令禁止的，故这种关系多在一些秘密社会组织中流行。[①] 晚清以降，会党多为革命势力所利用。辛亥以来，此种积习在社会与政界相延。

北京政府时期，结拜兄弟多为军人和旧官僚所推崇。兹列表如下。

表 3—15 北京政府时期中央官僚结拜兄弟关系

<table>
<tr><th>姓名</th><th>官职</th><th>姓名</th><th>官职</th></tr>
<tr><td rowspan="2">袁世凯</td><td rowspan="2">大总统</td><td>徐世昌</td><td>国务卿</td></tr>
<tr><td>唐绍仪</td><td>国务总理</td></tr>
<tr><td rowspan="3">段祺瑞</td><td rowspan="3">国务总理</td><td>冯国璋</td><td>副总统</td></tr>
<tr><td>王士珍</td><td>陆军部总长</td></tr>
<tr><td>许世英</td><td>内务部总长</td></tr>
<tr><td rowspan="3">唐绍仪</td><td rowspan="3">国务总理</td><td>梁敦彦</td><td>交通部总长</td></tr>
<tr><td>梁士诒</td><td>国务总理</td></tr>
<tr><td>伍廷芳</td><td>国务总理</td></tr>
<tr><td rowspan="4">曹锟</td><td rowspan="4">大总统</td><td>靳云鹏</td><td>国务总理</td></tr>
<tr><td>张绍曾</td><td>国务总理</td></tr>
<tr><td>张怀芝</td><td>参谋本部参谋总长</td></tr>
<tr><td>蔡成勋</td><td>陆军部总长</td></tr>
<tr><td>张作霖</td><td>海陆军大元帅</td><td>吴俊升</td><td>黑龙江省督军、省长</td></tr>
<tr><td>靳云鹏</td><td>国务总理</td><td>潘复</td><td>财政次长</td></tr>
<tr><td>吴佩孚</td><td>陆军总长</td><td>赵倜</td><td>河南省督军</td></tr>
</table>

日本学者岸本美绪认为，“模拟血缘的社会关系”在明末的广泛出现意味着：“在安定的乡村秩序解体过程中，被排挤出来的孤立无援的个人

① 参见周育民、邵雍《中国帮会史》，上海人民出版社 1993 年版，第 16、94—95 页。

为了在竞争社会里生存下去，他们首先想到的不是构建新的客观性的整体秩序，而是必须结成基于血缘一体感的人际关系。”[①] 岸本的评论无疑有助于全面认识传统中国社会中异姓结拜的意义。应该予以指出的是，从民间到政界，这种异姓结拜的传统在中国社会一直得以延续，并使得结拜者在今后日常/政治生活中相互援手、互通声气，成为构建关系网络的重要工具。民国社会亦不例外，以段祺瑞与许世英为例。袁世凯镇压二次革命后，派熊希龄组阁，许世英辞去司法总长职，经张锡銮推荐任奉天民政长。这时段祺瑞有意结交许世英，在出关前，特邀至段府，结拜为“盟兄弟”。他们同为安徽人，这次拜盟，与日后政治上的紧密结合有着相当重要的作用。[②] 果然，袁世凯死后，段祺瑞执掌阁揆，随即引许世英掌内务。1924 年 11 月，段祺瑞出任临时执政，转年便任许世英为国务总理。唐绍仪“本起贫乏……与同乡张荫棠、陈昭常、梁敦彦、伍廷芳、梁士诒等结盟为兄弟”[③]，“绍仪既得志，复引用其同乡梁如浩、梁士诒、陈昭常等，皆列要位”[④]。潘复与靳云鹏的结拜兄弟关系中不仅掺杂有同乡还兼有姻亲等关系。潘与靳同为山东济宁人，后来又结为儿女亲家。此外，双方还有一层更为特殊的关系，昔日靳母因家境困难，曾做过潘复的奶妈，从小抚育过潘复。1914 年靳云鹏加封泰武将军衔，督理山东军务，潘复乃登堂拜母，与靳家兄弟结为异姓弟昆之后，两人在政治上的合作便日趋紧密。1919 年 11 月，靳云鹏受徐世昌之命组织内阁，推举潘复做财政次长，自此潘复便正式步入北京政坛。1920 年 8 月，靳云鹏在其亲家张作霖的推荐下，再度组阁，潘复仍为财政次长，并兼盐务署署长。而当潘复做了国务总理以后，便有了“一个妈妈，奶出两个总理的讹传”。[⑤] 生于 1883 年的潘复，1914 年与靳氏兄弟结拜时已 31 岁，故从结拜时间上看，难免会使人觉得有些迟缓，但若以身份言之，时机却恰到好处。可见，潘复的“登堂拜母”确为了某种需要而来。就上述各例来看，他们之间的交往还包含同乡、姻亲等其他社会关系，因此即使是结拜兄弟，我们也无法认定其政治关系是出自真正的友谊。

---

① 岸本美绪：《明清交替と江南社会》，东京大学出版会 1999 年版，第 86 页，转引自孙江《想象的血——异姓结拜与记忆共同体的创造》，载孙江主编《事件·记忆·叙述》，浙江人民出版社 2004 年版，第 196 页。

② 参见朱信泉、宗志文编《民国人物传》（七），中华书局 1993 年版，第 87 页。

③ 胡思敬：《国闻备乘》，中华书局 2007 年版，第 141 页。

④ 同上书，第 91 页。

⑤ 杨大辛主编：《北洋政府总统与总理》，南开大学出版社 1989 年版，第 452 页。

在涉及政治与权力之争时，结拜兄弟间的情谊时常显得苍白无力。唐绍仪与袁世凯是多年的拜把兄弟，但他们看问题的角度不同，一接触实际问题难免冲突。南北议和之后，两人因直隶都督的任命问题，始终无法达成一致。唐与同盟会商议后，提议老同盟会员王芝祥。然袁坚决反对，按照旧制，京畿所在地的都督应由袁的嫡系来担任，故袁推荐当时的内务总长赵秉钧，唐亦拒绝接受，这就成了袁唐之间矛盾激化的导火索，两人因此激烈争吵，无法调和。唐绍仪不得不递交辞呈，而袁亦只是做了一下官场应有的挽留姿态，最终接受了唐的辞职。这件事令初到北京政府任职的顾维钧有些震惊，更使他看到“政治生活中错综复杂的关系——权力之争以及涉及重要职位时的强烈情绪”。[①] 而“绍仪既下野，于项城遂绝音问。癸丑、丙辰两役，绍仪皆与议，连电诋项城甚力”。[②]

这样的结拜弟兄，在南京国民政府的官僚中亦不鲜见。仅蒋介石一人的结拜兄弟就有几十位，其数量之多，在中国近代历史人物中较为罕见。其中包括早年结拜的“十弟兄”，如朱孔阳等；东渡留学时与陈其美、黄郛、张群等结为异姓弟兄；在广州时与孙中山信赖与重用的人如中华革命党财政部长张静江、军事部长许崇智、孙中山的机要秘书邵元冲、大元帅府秘书长戴季陶、粤军将领吴忠信等结盟；在黄埔军校时与王柏龄、陈肇英等结拜；北伐时为寻求支持，与李宗仁、冯玉祥等人结拜；蒋介石在掌握全国政权、跃居党政军首领后，为平息各方的反蒋势力，亦不惜降贵纡尊，与重要的地方将领换帖拜把，如张学良、李宗仁等。此外，还有蒋介石愿意结交但却遭到拒绝的，如 1925 年蒋介石曾想同当时的国民政府主席汪精卫结拜，已送了帖子，汪也承认了，因陈璧君的坚决反对，最后不了了之；1929 年蒋利用唐生智反冯玉祥时，曾想与唐结拜，由戴季陶说合，被唐婉言谢绝。[③]

尽管蒋氏自己曾说过，一生之中最喜“异姓昆弟之交”。[④] 但纵观蒋一生所结拜的异姓弟兄，除早年求学时期的“十弟兄”，多少还带有点少年时代看重情义的江湖气概外，其余之人多是在其“需要”时的产物。尽管蒋与陈其美、黄郛两人情义匪浅，然在结拜当时，陈为沪军都督，黄为沪军师长，身为团长的蒋介石与他们称兄道弟，其目的和意图恐亦非“情

---

① 《顾维钧回忆录》第 1 册，中华书局 1983 年版，第 91 页。

② 陈灨一：《睇向斋逞臆谈》，《睇向斋秘录》（附二种），中华书局 2007 年版，第 115 页。

③ 参见严如平主编《蒋介石与结拜兄弟》，团结出版社 2002 年版，前言第 2—3 页；李若松《蒋介石盟兄知多少》，《传记文学》第 62 卷第 3 期。

④ 李若松：《蒋介石盟兄知多少》，《传记文学》第 62 卷第 3 期。

义”二字所能包含。① 而在这些结拜弟兄中，有的最终成为其政敌，遭到蒋的排挤与打击，如许崇智、李宗仁、冯玉祥、张学良等；有的亦曾在蒋困难时期帮助过蒋，从而得到蒋的重用，如黄郛、张静江、戴季陶、吴忠信、邵元冲等人。当然因与蒋结拜而惠及后人及他人者亦不乏其人，如陈其美的弟弟陈其采及两个侄儿陈果夫、陈立夫，黄郛的连襟钱昌照、内兄沈怡等，皆因之而飞黄腾达。

南京国民政府中，除蒋氏有着众多的结拜兄弟外，其他如林森与魏怀，冯玉祥与邓长耀，李煦寰与余汉谋，周至柔与陈诚、罗卓英，徐培根与俞大维、钱镇亚，石瑛与居正、田桐等皆结为异姓昆仲。他们当中，有的本是同乡，有的早年即为同学。更有甚者，结拜不过是同事间的一时之兴，唐纵与郑介民等人的结拜即是如此。唐与苗剑秋、袁济安、郭一予、郑介民、李元凯、黄维、伍瑾璋、田湘藩、桑宗濂、田耕园等人相约在朱为铃家便饭，席间田湘藩提议结为兄弟，于是众人便即席宣誓。但在唐纵看来，其中不乏违心之人，因“谁也不便反对”②，只好从众而为。从某种意义上讲，这种结拜所显示的政治意义显然要大于“兄弟”之情。而即使是这种微弱的兄弟之情，恐亦只能在双方的政治利益趋同之际方能得到体现，故民国时期那些因利益分歧而导致“朝为友，夕相仇”“兄弟反目”的情形并不难理解。

三 僚属

僚属即上下级关系，亦是一种影响民国中央官僚社会网络构建的重要社会关系，但相较而言，其重要性却有所下降。作为一种职务上的联系，上下级在形式上只是一种单纯的契约关系，故上下级关系对于加强双方政治合作的作用就显得不那么大。但从历史上看，中国的官僚政客常常用施恩于某些年轻部下的办法，来建立其个人的政治势力。一旦这种个人的恩宠超过了保护人公务上的联系，被保护人就会坚定地忠诚于他，以示报答。且这种恩主关系往往是与上下级关系的发展相一致。③ 当然恩主关系的形成，首先需要的是一个具有“施恩能力”的上级，因为只有上级的施

① 参见严如平主编《蒋介石与结拜兄弟》，团结出版社 2002 年版，前言第 2 页。蒋与其结拜弟兄的详细情况亦可参见该书，此处即不再赘述。

② 《在蒋介石身边八年——侍从室高级幕僚唐纵日记》（1941 年 11 月 3 日），群众出版社 1992 年版，第 236—237 页。

③ 参见〔美〕齐锡生《中国的军阀政治（1916—1928）》，杨云若等译，中国人民大学出版社 1991 年版，第 37—38 页。

恩能力越大，才能更好地团结部下。[①] 显然，晚清乃至民国时期的军人与旧官僚更具有这样的能力。

常言曰：一人得道，鸡犬升天。光绪末年，袁世凯任北洋大臣时，位高权重，故其昔日之僚属皆得以重新安置。时人有言：

> ［袁］初莅北洋，梁敦彦方任津海关道，凌福彭任天津府，朱家宝任天津县，杨士骧、赵秉钧均以道员在直隶候补。不二三年，梁敦彦官至尚书，家宝、士骧均跻节镇，福彭升藩司，秉钧内召为警部侍郎……唐绍怡［仪］旧从世凯驻朝鲜，甲午之变，出死力护之以归，故遇之加厚。既夺盛宣怀路政畀之，邮传部开，又用为侍郎，一手把持部务，案卷合同尽为所匿，尚书张百熙虽属世凯姻娅，不能与之抗也……世昌久参世凯戎幕，铁良亦尝从之练兵，既入军机，始稍稍携贰。……方其势盛时，端方、陈夔龙、陈璧、袁树勋无不附之。[②]

袁氏尝谓："天下多不通之翰林，翰林而真能通者，我眼中只有三个半人：张幼樵（佩纶，即李鸿章女婿，袁曾夤缘以结纳李氏——原注）、徐菊人（世昌，袁之私人幕僚）及杨莲府（士骧）算三个全人，张季直（张謇）算半个而已。"对此，萧一山论云："此皆与袁最有关系者，虽不通亦曰通，季直不与合流，故虽通亦只算半个。"[③] 入民国后，袁之僚属除病故者外，多得到重新安置。如江苏吴县人张一麐，"居直督世凯幕，以平和谨厚，为世凯所重……清亡，世凯执国政，延为公府秘书，事靡不预，简授政事堂机要局局长，擢篑教育部"。[④] 而其他如梁敦彦、徐世昌、朱家宝、唐绍仪、赵秉钧等，非为中枢重臣，即为地方大员。[⑤]

北洋军人亦多卵翼于袁世凯，以袁世凯为恩主。时人因此谓："盖北人对长官之忠，非发生于公的意识，全基于私的感情，服从之外，更有'报恩'的观念，牢不可破，只要是'恩上'，或是'恩宪'，无论是否'乱命'，亦需服从，意谓不如此则为'忘恩'，此北洋军人之共同心理，

---

① 参见〔加拿大〕陈志让《军绅政权》，生活·读书·新知三联书店1980年版，第91页。

② 胡思敬：《国闻备乘》，中华书局2007年版，第91页。

③ 萧一山：《清代通史》（四），中华书局1986年版，第2463—2464页。

④ 陈灨一：《睇向斋逞臆谈》，《睇向斋秘录》（附二种），中华书局2007年版，第126—127页。

⑤ 梁敦彦、徐世昌、唐绍仪、赵秉钧等皆曾任中央要职，而朱家宝曾任直隶都督兼民政长。

即此可见其是私的结合。"[①] 除袁氏具有雄厚的施恩能力外，其后继者如段祺瑞、曹锟、张作霖、蒋介石以军人当政时，其僚属亦大量充斥于中央政府中。段祺瑞即曾经常对张国淦说："中国如能用四人，则中国强矣。"张即问何人。段答曰："吴光新、靳云鹏、傅良佐、徐树铮。"[②] 显然中国官僚对自己的下属总是特别关爱，但却不免言过其实。在张氏看来，段所言之四人："徐才气纵横，虽有时偏执，确有果敢过人之处；吴则吾不知；靳好为大言；傅浅躁足以偾事，皆非上驷之才。"[③]

就文官而言，徐世昌亦可算一个具有"施恩"能力的领袖，作为曾开府东北的封疆大吏，他对曾跟随自己的旧部总是念念不忘。"其督东时之幕府僚属，亦多干济之士，乃至入民国后，与之保持联系声息相通者仍不少，徐亦以此官僚集团为其个人政治资本，而负朝野众望。"[④] 而其"最宠信者，嘉善钱干臣（能训——原注，下同）、天门周少朴（树模）、紫江朱桂莘（启钤）、固始吴士湘（笈孙）、闽县张贞午（元奇）"。[⑤] 因此，当徐重新具有"施恩"能力的时候，他的这些旧部亦随之而起。如钱能训、周树模、吴笈孙等皆为徐氏任职中枢时的得力干将。[⑥] 喜用旧时之僚属为传统文官之惯习，实非徐氏一人之好。曾于晚清入云贵总督李经羲幕府的郑谦，民国七年（1918）在李任国务总理后，遂在李的力荐下充任国务院秘书。[⑦]

南京国民政府时期，任用旧时僚属亦为常例。1932 年 1 月 30 日，宋子文复任财政部长后即将其昔日财政部僚属尽数招至幕下。宋在任职当日既下手谕，"着旧有各职员，一律复职，仍还原任"，"以前辞职免职科长科员等，亦令即日复职"，而"所有前任新委人员，一律停职"。[⑧] 何廉 1944 年第二次被任命为经济部常务次长后，亦将其农本局的老部下、同事胡遹、蒋廷甲、康永仁等推荐到经济部，分别担任主任秘书、总务处

① 吴虬：《北洋派之起源及其崩溃》，载荣孟源、章伯锋主编《近代稗海》第 6 辑，四川人民出版社 1987 年版，第 223 页。

② 张国淦：《北洋述闻》，上海书店出版社 1998 年版，第 88 页。

③ 同上。

④ 沈云龙：《徐世昌评传》，传记文学出版社 1979 年版，第 112 页。

⑤ 陈灨一：《新语林》，上海书店出版社 1997 年版，第 8 页。

⑥ 如 1914 年徐氏任国务卿时，即调钱能训为政事堂右丞；1917 年徐当选大总统即任命钱为内阁总理，擢吴笈孙任公府秘书长。

⑦ 参见李振华《国闻周报：名人录、时人备录》，载沈云龙主编《近代中国史料丛刊续编》第 84 辑，文海出版社 1981 年版，第 2 页。

⑧ 《宋子文重长财部后旧有职员均命复职》，《中央日报》1932 年 1 月 31 日第 2 张第 4 版。

业务组长以及出纳组长工作。[①] 而在用人上反对任人唯私的戴季陶在考试院院长任上时，其身边亦有不少早年的僚属，如抗战时期曾担任考试院副院长的朱家骅是戴在广州中山大学时期的忠实部属，后担任过中山大学副校长。1942 年 1 月 27 日被戴任命为考试院秘书长的史尚宽则曾是戴在中山大学时的秘书。故王子壮在谈及此事时，意味深长地说道："昔年之校长、副校长、秘书，今日一律变为院长、副院长、秘书长矣。"[②] 朱家骅与戴季陶既有同乡之情，亦有同僚之谊，故朱受戴之提携也在情理之中。[③]

与戴季陶以中山大学时的僚属为班底相同，蒋介石自任黄埔军校校长开始时身边即积累了一批僚众，因黄埔学生还羽翼未丰，故这批人多为黄埔军校的教官，以及蒋的同学、同乡以及结拜兄弟等，如张群、吴稚晖、邵元冲、张治中等。民国二十年（1931），胡、蒋之间因"约法之争"引起宁、粤间冲突，蒋第二次下野。然蒋在此次下野前已经积累了深厚的基础，行政院各部部长及重要司长，因多为蒋的亲信，蒋离开后，亦纷纷请辞。[④]

对于一个具有施恩能力的领袖来说，其施恩能力的强弱，与其对僚属的控制及僚属的忠诚度有着直接的影响。袁世凯"己酉罢职，星夜奔天津，士骧匿不见。其子克定拟一疏，求士琦代奏，士琦有难色；再请于修，修改削大半，阳袒而阴刺之"。胡思敬论道："凡人以势交者，势逼则争，如徐、铁是也；以利交者，利尽则散，如杨、严是也。观此，可为小人结党营私者戒。"[⑤] 故一般而言，领袖在其施恩有效期内与他的僚属保持两种或两种以上的关系是十分有好处的，此法一方面可以加强领袖对其僚属的信任度，另一方面亦能使得僚属在领袖施恩能力降低时仍然保持对他

---

① 《何廉回忆录》，朱佑慈等译，中国文史出版社 1988 年版，第 255 页。

② 《王子壮日记》第 7 册（1942 年 1 月 31 日），台北"中央研究院"近代史研究所 2001 年版，第 387 页。

③ 据时人观察，朱家骅能够在政治舞台一展身手，"主要的还是戴传贤的支持。戴氏认为中国只有一个半人才，朱家骅是一个，还有半个便是易培基。可以说朱家骅主要还是他提拔起来的"。抗战期间朱家骅被迫辞去组织部部长一职，戴季陶还在蒋介石面前痛哭一场，甚至"跑到成都去隐居，说'再也不做考试院院长了'。足见戴氏爱护朱家骅之深"。参见成都周刊编辑部《国民党内的五大派系》，成都文光出版社 1946 年版，第 9—10 页。

④ 参见吴振汉《国民政府时期的地方派系意识》，文史哲出版社 1992 年版，第 95 页。

⑤ 胡思敬：《国闻备乘》，中华书局 2007 年版，第 91—92 页。

的忠诚。[①] 如吴笈孙“与（徐）世昌有通家世谊，官民政部员外郎。世昌督东，奏调随节莞电兼充秘书。出入徐氏府第，如家人子弟，世昌私事家务，皆倚之料理。……民七，世昌当选大总统，任为秘书长”。[②] 吴炳湘自袁世凯时代起便担任京师警察总监，1916 年袁死黎继，内务总长孙洪伊（为黎元洪推荐）借口整顿北京警察，在国务会议上提议撤换京师警察总监吴炳湘，以何成浚接任。然吴为段的安徽同乡，又是段的亲信，段自然坚决不同意。因而段孙间的矛盾益趋紧张。[③] 在段的庇护下，吴炳湘在京师警察总监的位子上一坐就是七年，直至皖系下台。

蒋介石亦深谙此道，蒋北伐到江西时，其身边之人即多为蒋的乡亲故旧及其子弟。如第一个担任侍从秘书的毛庆祥，乃溪口世交毛颖甫的儿子；另一个侍从秘书汪日章，算起来是蒋的表兄弟；再一个侍从秘书俞国华，是蒋结拜兄弟之子，而俞国华的助手周宏涛则是蒋的老友周骏彦之孙，均为浙江奉化人，这些人后来都成为侍从室蒋身边的亲信人物。[④] 北伐之后，蒋为更好地掌握军队，本着“黄、浙、陆、一”（ 即黄埔毕业、浙江人、陆大毕业、第一军出身）的标准在国民革命军总司令部下成立了一个警备司令部，任命陈诚（浙江人）为警备司令，其所属师、团长也必须由符合以上四个条件之一者出任。曾被很多资料认为是“官邸派”领袖的林蔚因为既是浙江人，又是陆大毕业而受到蒋的重用，被调为警备第一师参谋长。此后，林氏官运亨通，官至军令部次长、军事委员会铨叙厅厅长、侍从室第一处主任、军政部政务次长等职。[⑤] 1936 年 1 月由军事委员会委员长南昌行营侍从室改组而成的国民政府军事委员会委员长侍从室，

① 齐锡生在研究 1916—1928 年的中国军阀政治时，即将维持军阀与其僚属之间的 12 种关系，依据它们对军阀派系组织的结合强度或团结作用分为三类。通过对直、皖、奉各系领袖与其僚属的关系的分析，齐先生认为派系组织结合力的强弱与领袖与其下级保持的关系的多少有着直接的联系，保持关系多，则派系组织力量就更强。这 12 种关系为：第一类：（1）父—子，（2）兄—弟；第二类：（3）师—生（包括确有师生关系或虽未教过他但把他作为学生看待），（4）恩人—被保护人，（5）家族亲人，（6）姻亲，（7）结义兄弟；第三类：（8）直接职务上的上下级关系；（9）同乡或通县，（10）同事，（11）来自一省，（12）同学（同班同学要排得稍微高一些）。参见〔美〕齐锡生《中国的军阀政治（1916—1928）》，杨若云等译，中国人民大学出版社 1991 年版，第 62—69 页。

② 沈云龙：《徐世昌评传》，传记文学出版社 1979 年版，第 113 页。

③ 参见石玉新、杨小波主编《文史资料存稿选编》（晚清 · 北洋）（上），中国文史出版社 2002 年版，第 937 页。

④ 参见汪荣祖、李敖《蒋介石评传》上册，中国友谊出版公司 2000 年版，第 222—223 页；张令奥《侍从室回梦录》，上海书店出版社 1998 年版，第 19—21 页。

⑤ 参见《民国高级将领列传》第 5 集，解放军出版社 1996 年版，第 414 页；杨跃进《蒋介石的幕僚》，中国社会科学出版社 1997 年版，第 104 页。

成为蒋掌控政权的核心机构，侍卫官均与蒋有着更为密切的关系，如曾担任侍卫长的俞济时即为交通部部长俞飞鹏的侄子，而俞飞鹏与蒋介石为表兄弟；副侍卫长兼侍三组组长的蒋孝先，乃蒋的孙辈，蒋孝先在西安事变中殉职后，继任侍三组组长的王世和亦与蒋有着亲戚关系；其他侍卫官，如蒋恒祥是蒋的远房侄儿，蒋孝镇是蒋的侄孙，竺培基、竺培风则是蒋的外甥。[①] 他们人数不多，但根基清楚，可为心腹，外人则绝对不用。[②] 由此可见，亲戚关系、结拜兄弟、浙江人、同学密友、黄埔、陆大等出身，成为蒋介石周围亲信选择的标准。显然，单纯职务上的上下级联系并不能让具有施恩能力的领袖们放心，只有与其保持除上下级以外的某种特殊关系，才能取得信任。

抗战以来，蒋介石声望一时骤升，在一个主义、一个党、一个领袖的呼声下，蒋氏独揽大权。陈布雷谈道："委座处理政治，如同处理家事，事事要亲自处理，个人辛苦固不辞，但国家大事，不与主管官商定，恐将脱节。"[③] 唐纵则指出："委员长相信哪一个人，事情也相信哪一个人办"[④]，"每次开会常多呵斥之言"[⑤]。与这样的领袖共事，必然无法保持正常的上下级关系，久而久之，必然导致上主下奴的主从关系。湖北人郭泰祺与蒋介石早年并无交情，1941 年 3 月初，经王世杰推荐，蒋致电驻英大使郭泰祺，拟以郭继王宠惠任外长。郭在回信中表示："既蒙不弃，亦何敢自弃，惟有遵命，竭其驽钝，勉供驱使，以图报称而效党国耳。"[⑥] 然郭 4 月上任，12 月即在国民党五届九中全会上当场被蒋免职。据时任外交部简任秘书的李铁峥回忆，事前毫无透露，"亲近如王世杰亦无所闻，故宣布之时，如晴天霹雳，全场一震。郭则呆若木鸡，几如不相信自己被解职这一回事"。而其手续则仅是蒋在会场上出示给孙科的一张纸片，上有蒋亲书的"外交部长郭泰祺免职"一行字。[⑦] 愤愤离会的郭泰祺事后曾对人

---

① 参见张瑞德《无声的要角——侍从室的幕僚人员（1936—1945）》，《近代中国》第 156 期。

② 参见张令澳《侍从室回梦录》，上海书店出版社 1998 年版，第 15 页。

③ 《在蒋介石身边八年——侍从室高级幕僚唐纵日记》（1944 年 8 月 15 日），群众出版社 1992 年版，第 451 页。

④ 同上书（1939 年 2 月 17 日），第 85—86 页。

⑤ 熊式辉：《海桑集——熊式辉回忆录（1907—1949）》，香港明镜出版社 2008 年版，第 275 页。

⑥ 蔡盛琦编：《蒋中正总统档案 · 事略稿本》（45），"国史馆" 2010 年版，第 667—668 页。

⑦ 李铁铮：《我所知道的郭泰祺》，《文史资料选辑》（合订本）第 27 卷第 78—80 辑，中国文史出版社 2000 年版，第 131 页。

言:“蒋,封建法西斯的东西都学会了。”[①] 事后,蒋在日记中记道:“外交郭泰祺部长免职,是为生平用人不可操切之一大教训,此人真是小人之尤者,永不能有改变气质之望,于此免职之令,实为余生平最自得安心之一事。”[②] 与蒋非亲非故的郭泰祺只能接受突然被免职的现实。

仍须指出的是,在这种庇护性主从关系的支撑结构中,血缘与姻亲等家族性社会关系显然要比师生、同学、同乡等关系更为稳固。一生为蒋氏办理特务工作的戴笠,即因蒋对其信任的一时动摇而情绪低劣。由于蒋的亲信叶成杀死了其派往福建的军统省站站长张超,为了恳求蒋介石惩办叶成,戴竟然不惜向蒋氏下跪,并递交辞呈。[③] 叶为黄埔三期学生,曾为蒋的侍从副官,亦为蒋之亲信,最终,叶被调到胡宗南部任师长,戴的辞职亦未获准。蒋、戴、叶之间的庇护关系尽管还蒙有一层师生之情,但当涉及家族(血缘、姻亲)利益之际,这种主从关系的作用仍然十分有限。1943 年 7 月这位为蒋鞍前马后效劳的戴将军即因在“林世良案件”中试图打击蒋的姻亲——孔、宋两家,被蒋斥责为“心怀不满和泄私愤而越权行事”并解除了缉私署署长的职务。[④] 这种以私人关系为依托的人治方式,尽管使得蒋的“权力在形式上事务上日见集中,而实质上(如对大员顾虑多而不能加以法律)日见降低”。[⑤] 弊端日益凸显。

传统中国,正常的设官分职与行政上的僚属关系在家国同构的社会政治环境与礼制伦常的制约下,一切都被框进长幼有序、尊卑有制的模式中,从而成为官场中的相处之道。正常且平等的人际关系一旦被引入到官

---

① 《郭泰祺生平纪略》,《武穴文史资料》第 1 辑,第 16 页。

② 《蒋介石日记》1941 年 12 月 23 日。

③ 《在蒋介石身边八年——侍从室高级幕僚唐纵日记》(1938 年 7 月 16 日),群众出版社 1992 年版,第 75 页。

④ 林世良当时任财政部长孔祥熙的机要助理,后曾任中央银行信托局储运处处长,负责在国外订购军火并办理经香港的接运任务。战时,林世良及其助手帮助大成公司不法商人进行走私活动,并将其所得巨款分给孔祥熙的长子孔令侃以及其妹孔令俊,孔祥熙的大女儿及女婿也有牵涉。然这批货的部分在运送过程中为缉私署缴获,并由戴笠将此事告知蒋,蒋得知后大怒,立即逮捕林,判处其 10 年徒刑。但随后戴笠又收集了大批关于林吃喝嫖赌等劣迹的资料并呈给蒋阅,蒋盛怒之下,要将林“立即枪决”。在面临生死之际,林世良不愿替蒋家背黑锅,于是公开揭露孔令侃为走私主要策划人,孔将此事告知宋美龄。一面是自己的姻亲,一面是自己忠诚的僚属,蒋面临艰难的选择,然最终蒋还是站在了自己的姻亲一边,不但处决了林世良,还解除了戴笠的职务。详情可参阅〔美〕魏斐德《间谍王——戴笠与中国特工》,梁禾译,江苏人民出版社 2007 年版,第 469—471 页。

⑤ 《在蒋介石身边八年——侍从室高级幕僚唐纵日记》(1944 年 5 月 7 日),群众出版社 1992 年版,第 429 页。

场中后即可能发生异化，变成出主入奴的主从关系。偶然的例外反倒显得与众不同。1938 年 1 月王世杰在卸去教育部长后，面对其教育部旧同事作过这样一番讲话：

> 予在教部五十六个月，部长与同事之关系，保持着自大学院以来之一种传习，即部长与同事之相处，宛如学校间校长与教员之相处，与其他官厅不同，故彼此相互尊重与推心置腹之程度，实际上远非一般行政官厅长官与僚属之关系所可以比拟。予甚望此种传习，在以后新任部长主持部务之时，仍能继续保持，继续发展。①

王氏的本意是想说明其在任教部部长期间毫无官僚习气，与部下皆能相处友好且处于平等之境地，但无意之间却为我们透露了他所在的教育部仅仅是个例外而已。由此可见，在从传统王朝向现代国家转变过程中，由于惯性使然，附着其上的一些政治惯习依然深刻地影响着现代国家政权建设。

第五节 政治派系与派系政治

派系本是一个复杂的政治权力网络，也是一种由私人关系结成的关系网。派系因成员的教育、职业、社会背景和政见的不同，以及所控制和凭借的政治资源的差异，其表现形态亦纷繁芜杂。但其以地缘、血缘、学缘等各种社会关系为联系纽带的共同特点却显示了派系与传统文化的不解之缘。②实际上，派系一词的含义与我国古汉语中的“党”所引申出的政治意义相近，多指官僚所结成的政治帮派。而近代意义上的政党本是指“基于大家所一致同意的某些特定主义，以共同奋斗来促进国家利益而结合的人们的团体”③。可见，古今相去甚远。派系林立、派系活动频繁是民国政治的显著特点，亦是民国中央官僚群体结构的重要特征，本节主要对民初以来政党派系

① 林美莉编辑、校订：《王世杰日记》上册（1938 年 1 月 13 日），台北“中央研究院”近代史研究所 2012 年版，第 82 页。

② 参见〔加拿大〕陈志让《军绅政权》，三联书店 1980 年版，第 88、163 页；王奇生《党员、党权与党争——1924—1949 年中国国民党的组织形态》，上海书店出版社 2003 年版，第 213 页。

③ 此处乃英国政治学家伯克（E. Burke）对政党的定义。转引自赵晓呼《政党论》，天津人民出版社 2002 年版，第 13 页。

化、派系的内部网络以及各派系在政界斗争的历史形态作一考察。

一 民国政党及其派系化

民国初年，中国有史以来第一次建立了民主共和政治体制，随之兴起的则是各种政治党会。一时间“集会结社，犹如疯狂，而政党之名，如春草怒生，为数几至近百”。① 据不完全统计，1911 年 10 月至 1913 年 4 月的一年半时间内，仅上海、苏州、南京、广州、武汉、天津、北京七地先后成立的党、社，再加上少量于 1911 年 10 月前成立并在这一时期继续活动的团体共计 386 个。其中政党与具有明显政治色彩的社团有 271 个。② 而据张玉法统计，从武昌起义到 1913 年五六月间，全国政治性的党会有 321 个。③

民初政党繁兴，问题也多。“吾国人对于政党政治之观念，极为薄弱。当政党之结合，初不以政见，或臭味相投，或为义气所孚，质言之，感情的结合而已，然其犹其上焉者也。其下焉者也权势的结合而已，金钱的结合而已。”④ 个人入党不是对党主义的认同，而是以感情、权势、金钱为纽带，因此聚也匆匆，散也匆匆。民初政党中的主要人物跨党现象十分严重，如伍廷芳、那彦图、黄兴有 11 个党籍，黎元洪、陆建章有 9 个党籍，熊希龄、赵秉钧有 8 个党籍，陈其美、王人文、唐绍仪、王宠惠、景耀月、张謇、于右任、孙毓筠有 7 个党籍，梁士诒、汤化龙、谷钟秀、杨度、程德全、胡瑛有 6 个党籍，汪兆铭、温宗尧、章炳麟、王赓有 5 个党籍，刘揆一、李平书有 4 个党籍，梁启超、孙洪伊有 3 个党籍。⑤ 这种跨党行为有的并非出自本意，有的则是出于个人本意。前者一般是被拥戴的对象（多为名流），其意欲为本党造势，而后者则是以入党为获得政治资本的捷径。跨有 8 党的赵秉钧即曾不止一次对记者说：“我本不晓得什么叫做党的，不过有许多人劝我进党。统一党也送什么党证来，共和党也送什么党证来，同盟会也送得来，我也有拆开来看看的，也有搁开不理的，我何曾晓得什么党来。”⑥ 赵氏的直言不讳，显然是对如火如荼进行中的政

---

① 善哉（丁世铎）:《民国一年来之政党》,《国是》1913 年 5 月第 1 期。

② 参见杨立强《论民国初年的政党、党争与社会》，载王熙、魏斐德主编《中国现代化问题》，复旦大学出版社 1994 年版，第 144 页。

③ 参见张玉法《民国初年的政党》，岳麓书社 2004 年版，第 33—34 页。

④ 谢彬：《民国政党史》，载荣孟源、章伯锋主编《近代稗海》第 6 辑，四川人民出版社 1987 年版，第 10 页。

⑤ 参见张玉法《民国初年的政党》，岳麓书社 2004 年版，第 35 页。

⑥ 黄远庸:《政坛窃听录》（1912 年 10 月 5 日）,《远生遗著》上册卷 2，商务印书馆 1984 年增补影印，第 155 页。

党政治的莫大讽刺。

“政党群兴，党争随起。”① 有政党，必然有党争。然民国初年党争之尖锐，党派之间甚至相互进行暗杀活动，则至少不能说是正常。正如梁启超对当时各党的批评：“惟以蹙灭他党为惟一之能事，狠鸷卑劣之手段无所不至。”② 问题之严重，舆论甚至出现了毁党的论调。上海《独立周报》有论云：“夫政党何物也？质言之，直可谓为一种垄断国家权利之公司或总会云尔。其商标则所谓国利民福也，其基本金则直接或间接搜刮而得之民脂民膏也，其奔走依附之人，则各欲脔割国家权利之一分而栖息其中以自养者也。故自政党之一怪物呱呱堕地于吾国，而吾国政界遂以多事。一年以来，国事纷扰，政争剧烈。吾民昔昔震恐，恒无宁处之日，盖无所而非政党之为祟也。……苟为救国计，非毁尽一切政党，而本吾真正纯洁之民意以为治，未有能济者。”③ 民初政党政治问题太多，因此有人得出民初政党竞争是一片漆黑的看法。李大钊所谓的“但见吾国今之所谓党者，敲吾骨吸吾髓耳”④ 的感慨，道出了知识分子对政党政治的失望之情。

民初政党政治的失败，为反对政党政治的人提供了口实。一些人甚至认为，袁世凯复辟帝制是“各立党派，分道扬镳，人才不济之结果”。⑤ 加上舆论的渲染，袁世凯死后，政党政治陷入了低谷，不党主义盛行。因此1916年8月1日国会重开之时，为了避免不受欢迎的政党称呼，各党派纷纷冠以“会”“系”等名号。如原进步党先后结成“宪法案研究会”和“宪法研究同志会”，二者后来又合并为“宪法研究会”，时人称为“研究系”。原国民党稳健派张继等组成客庐系，原中华革命党成员马君武、居正等组成丙辰俱乐部，从进步党分化出来的孙洪伊等又组成了韬园系，这三者又联合而成为“宪政商榷会”，从而成为当时国会中的第一大党。但是商榷系组织松散，不久便分裂为以张耀曾为首的政学系和吴景濂为首的益友社，客庐系和丙辰俱乐部又合并为民友社。此外还有以王揖唐为首的安福系和以曹汝霖为首的“新交通系”，这两者皆是以拥护段为主要目的的派系。

从政党名称的变化来看，由“党”向“系”“会”的转变，标志着政党

---

① 谢彬：《民国政党史》，载荣孟源、章伯锋主编《近代稗海》第6辑，四川人民出版社1987年版，第9页。

② 梁启超：《敬告政党及政党员》，《饮冰室合集》文集之三十一，中华书局1989年版，第11页。

③ 少公：《痛哭中华民国之前途》，《独立周报》第二年18、19号，1913年5月11日、18日出版，转引自张玉法《民国初年的政党》，岳麓书社2004年版，第15—16页。

④ 李大钊：《大哀篇》，《李大钊文集》（上），人民出版社1984年版，第5页。

⑤ 《汤化龙宣言不党》，《申报》1916年7月1日第6版。

从有形向无形的蜕变，这种蜕变实际上已经沾染或完全蜕变成为派系。① 美国学者黎安友也注意到，这一时期的政党仅徒有其名，实质上已沦为宪政体制下的派系组织。② 一些从原来政党中游离出来的研究会、学会多不是对“某种主义”之认同而组成的，多以私人意气为纽带，更有甚者完全是军阀、政客为谋取私利而组成的派系。如皖系的御用党安福系，实际上是一个似党非党、非驴非马的怪物，它并没有具体的宗旨和纲领，也没有标榜任何主义，完全是为了反对曹锟，拥护段祺瑞而成立的一个政治集合体而已。时人在评品这段历史曾说：“南北混争时代的政党全然变为个人的私党，除了什么‘韬园’、‘静庐’、‘潜社’，什么胡同十二号，什么大街二百号，什么系的名号外，便只有金钱和官位，党纲两字全然听不到有人说及了。”③ 随着北洋军阀的分裂，各军阀派系的兴起，所谓的政党在日渐派系化的同时，亦不得不与各军阀派系为伍。但仍须指出的是，这一时期的各政治派系仍兼有政党的社会功能，呈现出党与派的双重面相，在国会为争夺席位而大打出手，这也是各派系中人并不讳言其派系身份的主要原因。④

国民党的派系主要是孙中山死后，因继承权危机导致党内分裂而逐渐形成的。早在北伐时期，胡汉民即曾提出“党外无党，党内无派”。所谓“党外无党”不仅是指其他政党不能合法存在，也意味着党内持不同政见者和派系势力不能脱离原党另立新党。而“党内无派”则是指党内派别活动是非法和受到禁止的。⑤ 陈独秀即指出这一主张的自欺欺人之处，他说：“党内有派，乃世界各国大党所不免，惟不若国民党中竟有‘蒋记’、‘唐记’、‘冯记’、‘阎记’（谭延闿语）之分，则未免可笑。”⑥ 除谭氏所说的这些军事类派系外，国民党内还有一类是没有军队、地盘的政治性派系，这类派系主要有西山会议派、改组派、CC 系、力行社和政学系等。这一时期，国民党派系化的主要特征即是“国民党党机器由大革命时期指

① 参见高一涵《二十年来中国的政党》，《东方杂志》1924 年 1 月 10 日 21 卷第 1 号。

② Andrew J. Nathan, *Peking Politics, 1918 - 1923: Factionalism and the Failure of Constitutionalism*, Berkeley: University of California Press, 1976, p. 2.

③ 李剑龙：《中国近百年政治史（1840—1926）》，复旦大学出版社 2002 年版，第 329 页。

④ 曹汝霖在回忆录中谈及他在交通总长任上任命其婿担任要职的原因时即曾透露其新交通系身份，“不愿外系加入，多一耳目”。参见《曹汝霖一生之回忆》，传记文学出版社 1980 年版，第 131 页。

⑤ 参见王奇生《党员、党权与党争——1924—1949 年中国国民党的组织形态》，上海书店出版社 2003 年版，第 213 页。

⑥ 陈独秀：《好一个党外无党党内无派》（1927 年 12 月 31 日），《陈独秀文章选编》（下），三联书店 1984 年版，第 447 页。

导全国政治军事的核心权力组织逐渐蜕变为一个由单一政治派别所独掌和垄断的权力工具。这个单一的政治派别就是 CC 系。在 1929 年至 1949 年的 20 年间，国民党的党机器基本上控扼于 CC 系之手。”①

二　社会网络与派系组织：民国派系的政治阐释

民初政党政治失败后，政党逐渐派系化。1916 年袁死黎继后，军阀气焰日盛，“总统不过军阀之监印官耳，内阁不过军阀之书记官耳”。② 当然军阀势力亦不一而专，始有皖、直二系，皖系衰落后，继之以直、奉，而皖系内部亦有徐树铮派与靳云鹏派之分歧，直系内部也有“保定派”与“洛阳派”之争，保洛之下复有齐、卢。因此各政治派系随时势变化而依附于势力强盛之军阀派系，为争夺北京政权及政府内职务的分配而大打出手。大体而言，这一时期主要派系及其构成特点如下。③

皖系与安福系。民初政治中，安徽人段祺瑞作为一个老练的政治家，他在晚清与袁世凯时代积累了大量的军事资本和政治资本，在袁世凯死后逐渐形成了一支以他为核心的派系势力。皖系以军事为支撑，并聚集了一批文人政客。段系成员的联系纽带以地缘关系和学缘关系为主，如靳云鹏、徐树铮、傅良佐等人为段的学生，吴炳湘、段芝贵、王揖唐、龚心湛、姚震、姚国桢、许世英、方枢等人则都是安徽人，其中姚震与姚国桢为兄弟，吴炳湘、段芝贵、王揖唐、龚心堪与段同为合肥人；吴光新不仅是段的小同乡，更是段的妻弟。而朱深、李思浩、曾毓隽、梁鸿志等人与段虽无直接关系但却与皖系其他成员关系密切，如李思浩与王揖唐同为

① 王奇生：《党员、党权与党争——1924—1949 年中国国民党的组织形态》，上海书店出版社 2003 年版，第 215—217 页。

② 罗文干：《狱中人语》，载沈云龙主编《近代中国史料丛刊》第 2 辑，文海出版社 1966 年版，第 82 页。

③ 笔者主要从“关系网络”的角度对民国各派系核心成员的内部关系特征作一大致介绍，关于北洋时期各派系的由来与演变特征，学界已有较为成熟的研究，可参见来新夏《北洋军阀史》（上、下），南开大学出版社 2000 年版；莫建来《皖系军阀统治史稿》，天津古籍出版社 2004 年版；南海胤子《安福祸国记》，中华书局 2007 年版；华觉明《进步党与研究系》，载刘以芬《民国政史拾遗》，上海书店出版社 1998 年版，第 81 页；毛知砺《梁士诒与交通系的形成与发展》（1906—1916），载“国立政治大学”《历史学报》1984 年第 2 期；麦肯农（Stephen R. Mackinon）《梁士诒与交通系》、戚世皓《官僚资本家的活动——曹汝霖与他的新交通系》（1916—1919），载《中国现代史论集》第 5 辑（军阀政治），联经出版事业公司 1980 年版，第 267—311 页；〔加拿大〕陈志让《军绅政权》，三联书店 1980 年版；Andrew J. Nathan, *Peking Politics, 1918 - 1923: Factionalism and the Failure of Constitutionalism*, Berkely: University of California Press, 1976, pp. 27 - 58, 225 - 260。

1904年甲辰科进士，有同年之谊；梁鸿志与姚国桢则同毕业于京师大学堂；曾毓隽与梁鸿志同为福建人。安福俱乐部成立于1918年3月，从严格意义上讲，它并不是一个政党。除了没有形式上的党纲、党章外，更没有任何主义的信仰可言。“其初实联络私人，为投机之活动而已。其后徐树铮因军事失败，转而谋政治上竞争，以巨款收买议员。”“王揖唐主持于外，曾云沛（曾毓隽——引者注）主持于内，拥戴一徐树铮指挥一切，如斯而已。”“称之为政党，未免过于抬举矣。”① 实际上，除靳云鹏、龚心堪、许世英等段系成员未参加外，安福系与段系并无二致。故丁中江即谓“段系与安福系是二而一，一而二的东西”。②

和皖系一样，直系与奉系都是以军事为主要支撑，以一军事强人为派系领袖兼保护人。直系先后以冯国璋、曹锟为领袖，因冯、曹皆为直隶人，故这一派系即以地名命名。其成员隶属直隶籍者有李纯、曹锐、吴毓麟、陆锦、高凌霨、刘恩源、蔡成勋，其中曹锐为曹锟的弟弟，李纯、陆锦与刘恩源则同毕业于北洋武备学堂，再加上一个曾任币制局副总裁的王毓芝，上述人物被称为直系中的“保派”。除直隶人外，山东人则是直系中较为显目的群体，其中包括吴佩孚、孙丹林、高恩洪、王承斌、孙传芳等人，加上与吴有着姻亲关系的河北人张绍曾，此即所谓直系中之“洛派”。相比于皖、直两系，奉系的人物关系则较为简单，基本上是以地缘关系为纽带的同质性组织。奉系一直以张作霖作为领袖，其主要人物如张学良、鲍贵卿、杨宇霆、张景惠、王永江、王树翰、张作相等人皆为奉天人，其中张作霖与张学良是父子关系，与鲍贵卿是姻亲关系，与张作相、张景惠等则是结拜兄弟关系。综观上述三系，尽管并非都是以地缘为主要联系纽带的同质性组织，但却无疑表明了其派系领袖的个人属性。正如齐锡生所言：“‘皖系’或‘直系’的名称，并不反映出这个派系成员或力量，只是我们把注意力集中到领导人的重要性上去。”③

交通系形成于晚清，发展于民国。交通系有新旧之分，旧交通系以梁士诒、朱启钤等人为首，成员多为粤籍。故时人谓：“交通之属粤系，人多知之。”而这一“传统”自清季唐绍仪任邮传部侍郎时即已开始，“司员多引用粤人，自是为粤籍所垄断”。至北洋时，“而推领袖者，则梁燕孙（梁士诒）也。”“其党中健将则有叶恭绰、龙建章等，近称之为老交通系，其实

① 南海胤子：《安福祸国记》，中华书局2007年版，第20—22页。

② 丁中江：《北洋军阀史话》，中国友谊出版公司1992年版，第249页。

③ 〔美〕齐锡生：《中国的军阀政治（1916—1928）》，杨云若等译，中国人民大学出版社1991年版，第68页。

即粤系也，至今握重权焉。司员等统系分明，外人不得加入，以此根深蒂固。”[①] 有研究表明在可考的旧交通系66人中，广东籍者即占到22人，为总数的1/3。[②] 其重要人物有关赓麟、郑洪年、冯元鼎、袁龄、吴应科、凌鸿勋（以上皆为粤籍）、赵庆华、王景春、梅光羲、梅光远、周自齐等人。周自齐虽为山东人，但自幼即生活在广东，通晓粤语，且周自齐与吴应科同毕业于美国哥伦比亚大学，龙建章与关赓麟则同为1904年甲辰科进士，梅光羲、梅光远兄弟与叶恭绰则为早年在江西结识的好友。[③] 1916年在袁氏帝制复辟失败后，旧交通系梁士诒等因附逆而遭通缉的情况下，以曹汝霖为首的新交通系乘机攫取了交通总长、交通银行这些关键职位，其成员主要有章宗祥、陆宗舆、权量、陆梦熊、汪有龄、吴鼎昌、胡礽泰、曾鲲化等，而这些人不是曹的同乡，就是与曹有着相同的求学背景，即同留学于日本。

研究系则从进步党而来，该系从1916年旧国会恢复开会时兴起到1918年皖系改选国会时失势，在民初政坛上只有两年的时间。研究系以梁启超为首，主要成员有汤化龙、范源濂、蒲殿俊、徐佛苏、蒋方震、林长民、刘崇佑、胡瑞霖等。研究系尽管是民初政坛中少数具有党纲的政党组织，然和组成各派系基础的是私人关系一样，其成员之间亦以此为联系的纽带，以主义而认同者并不多见。如范源濂、蒋方震为梁的学生，徐佛苏与梁则为亦师亦友之关系；林长民与刘崇佑既为同乡亦为同学，两人同毕业于日本早稻田大学；而汤化龙与刘崇佑则为莫逆之交，与蒲殿俊同为1904年甲辰科进士，与胡瑞霖则为儿女亲家。[④] 且值得一提的是，上述各人皆有留日背景。

大体而言，国民党时期的派系，可分为反蒋派系和拥蒋派系。[⑤] 前者

---

① 沃邱仲子：《民国十年官僚腐败史》，中华书局2007年版，第39、40页。

② 参见贾熟村《北洋军阀时期的交通系》，河南人民出版社1993年版，第32—33页。

③ 《叶遐庵先生年谱》，遐庵年谱汇稿编印会1946年再版，第4—5页。

④ 参见杨天石、王学庄《汤化龙密电辨讹》，载《纪念辛亥革命七十周年学术讨论会论文集》，中华书局1983年版，第1262页。

⑤ 关于国民党时期的派系研究，学界也有较为成熟的研究。郭绪印《国民党派系斗争史》（上海人民出版社1992年版）是第一部较为系统地阐释国民党派系及派系斗争的专著；王奇生则在《党员、党权与党争——1924—1949年中国国民党的组织形态》一书中专辟一章对国民党时期的派系斗争及其演变的特征做了精辟的论述，并重点对CC系与力行社做了阐释。还可参见〔美〕齐锡生《国民党性质》（上、下），《国外中国近代史研究》，第26、27辑，中国社会科学出版社1994年、1995年版；另外还有干国勋《蓝衣社复兴社力行社》，传记文学出版社1984年版；孙彩霞《新旧政学系》，华夏文化出版社1997年版；唐德刚《政学系探源》，《传记文学》第63卷第6期；Hung - Mao Tien, *Government and Politics in Kuomintang China 1927 - 1937*, Stanford University Press, 1972, pp. 45 - 73。

主要有居正为首的西山会议派、汪精卫等为首的改组派以及孙科的“太子派”。抗战前这些派系以夺取党内正统为目的，与拥蒋派系斗争。抗战开始后由于蒋介石在党内领袖地位的确立，反蒋派系逐渐退出政治舞台。而汪精卫叛逃之后，剩下以孙科为首的“太子派”亦只能在政府中为攫取有限的政治资源而与其他派系争斗；在拥蒋派系中则以CC系、力行社和新政学系为主要代表，其中政学系一开始即依托于政界，力行社则主要以缔造新党为目的，CC系在把持了党机器后，随着陈立夫执掌教育部，大量CC系分子亦开始向政界进军。除上述这些全国性的派系外，国民政府内还有一些因个人权势的增长而形成的派系，这些派系的共同点即是以一掌握大量政治资源的政府要员为保护人，为政府内职务的分配而相互争斗，这类派系除上文中提到的以孙科为首的“太子派”外，还有从CC系分裂出去的朱家骅系以及宋子文系、孔祥熙系、陈诚系等，它们大多以“名人”命名，“正说明了他们在原则方针上几乎没有分化的可能”。①

与北洋时期的派系多处于明处、派系中人亦不讳言其派系属性不同的是，国民党因高唱“党外无党，党内无派”的口号，派系存在本身即为不合法，故各派系多处于隐秘状态，派系成员对此亦多讳莫如深。据时任中央党部秘书的王子壮观察，整个国民党可以分为四个派系：

> 所谓政学系者，因蒋之信任杨永泰，而于政治上具有极大值潜力。其余如黄埔系本皆军人，蒋亦予以固定经费，使之向下级民众作组织之工作，现且公然在各地与党部为敌矣。其对党部方面虽有怀疑，然对于果夫、立夫亦时表示其信任。此外，如宋子文、孔祥熙之以留美学生而主财政，亦各自成系统，不过尚未冲突而已。总之，以上四派绝对拥蒋者，然各自之主张、立场又各不相同。以予所测，蒋之做法颇类用兵，政、军、党、财各以一路人马为主力，且又可以收互相牵制之效。殆鉴于历来中央政权时有旁落之虑，乃有此发现。②

在王子壮看来，南京国民政府时期的主要派系大体就是政治方面的政学系、二陈在党务系统的“CC系”、军事系统的“黄埔系”和财经系统以孔、宋为核心的“宋子文系”与“孔祥熙系”。尽管王子壮认为这种互相

---

① 〔加拿大〕陈志让：《军绅政权》，三联书店1980年版，第90页。

② 《王子壮日记》第3册（1936年5月3日），台北“中央研究院”近代史研究所2001年版，第125页。

牵制的做法“可取效法”，但四派互相攻击，“究属不伦”之举。

CC 系是国民党时期影响较大的派系组织之一，但一直以来，陈氏兄弟都对此加以否认。陈果夫甚至认为 CC 是中共造出来，用以离间国民党的一个名词，加之改组派等小组织及日本人从中煽动，使 CC 这一名词得以一直流传。他说：

> 当本党统一的局面逐渐完成之际，共产党又造作出大同盟、CC 团，两个名词来离间分化中央的力量。大同盟是指丁先生（丁惟汾）而言，CC 是指我而言。因为当时丁先生任中央党部秘书长，我任组织部长的缘故。他们开始是在党内外散发传单，说我组织 CC 团排挤丁先生，说丁先生组织大同盟来对付我。这种传单，散发得很普遍。……胡展堂、孙哲生两先生返国，第一次参加常会，也因为受此传单影响，竟指我与丁先生组织小组织，向常会提出诘问。我同丁先生均在会说明这回事情，完全是奸人造谣，并申述我们以取消小组织统一于党为主旨，决无自己再组织小组织之理。过几天，我在中央纪念周特别申明，我同丁先生没有大同盟和 CC 团组织。并且说明我的性格，不会用外国字来组织自己团体的道理，以及为党统一组织的原理，和奸人造谣挑拨之用意，与发现的经过等，从此谣言暂息。但是 CC 这个名词没有消灭，以后汪精卫的改组派，以及别的小组织，对于中央党部及我等，亦以 CC 为称。日本人窥伺中国，更从中煽动，一似真有 CC 之组织，甚至为一可怖之组织。①

陈果夫之弟陈立夫晚年在其回忆录和访谈中亦坚决加以否认。② 蒋介石在大陆期间的日记均未涉及 CC，但迁台后却屡次提及 CC，从而证明了 CC 系确实存在。其云：

> 立夫 CC 派对时局危亡之严重性，至今不仅毫无觉悟，且仍以过去大陆捣乱助共自杀之作风，专以个人之权利争夺是务，此风若不能彻底改革，则政治决难安定，政府无法行使保卫台湾反共抗俄之职责，与其因循而亡，则不如革命不成而亡，何况此时如能处置得宜，对外宣传有效，则美国务院反动派不能以专制独裁，法式斯（按：法西斯）复活为辞，而

① 陈果夫：《十五年至十七年间从事党务工作的回忆》，《陈果夫全集》第 5 册（生活回忆），近代中国出版社 1991 年影印初版，第 82—83 页。

② 《成败之鉴——陈立夫回忆录》，正中书局 1994 年版，第 224 页；《陈立夫谈三青团“CC 系”》，鉴岗译，载《近代史资料》总第 97 号，中国社会科学出版社 1998 年版，第 190 页。

借机断绝对华关系也。而且即使其断绝关系，此时尚有半年，自立之道（经济）决以革命独立奋斗方针，不顾一切，先肃清内部，澄清政治，稳定基础，为惟一救亡之道，即使冒险亦应断行，此我死中求生之机也。①

此后蒋又多次表示“非清理CC，无法反共救国”，除CC外，蒋还力图将桂系、孔宋及孙科系等扫除干净。②

关于新政学系及其发展，王子壮在早前的日记中亦有记载。据王观察，政学系杨永泰及其同僚之所以能得蒋之重视，原因在于：

杨本为政学系健将，活动于北方政界既有年，对于政治方面确有若干之应付方法，而为党人所不及者。故自日祸、共祸相迫而至，蒋日处于应付维艰之境，杨得贡其所见以博蒋之欢。尤于整理豫、皖等省之政治财政颇有计划，蒋乃倚为左右手，杨于是得随其发展之计谋，如江西之熊式辉、湖北之张群、应付日本之黄郛，具予沆瀣一气。……蒋与杨之信任关系为何种性质，一说以杨为政客，计划甚周，现为培植羽毛时期。一方面在此时期，竭力交结重要军人（如顾祝同等业已声气相通）及黄埔学生，迨至羽毛丰满，即到揭开真面以毁党而成为彼之天下。其次则以为蒋之用人，向能用其所长，而决不能为人所卖，以其独断之性，固一英雄主义之人物也。彼最初对于共党密切合作，然至必要时，断然予以清除即其明证。蒋之对杨以目前环境需要，彼来协助，故毅然信任之。③

作为体制内一员，王子壮的观察似乎已经确认政学系的存在，但被视为继杨永泰之后成为新政学系首领的张群却对此矢口否认，他说：

所谓政学系，其实并没有组织，更没有纲领政策，只是几个人，行迹比较接近，就被人看成一系了。不过这个名词的形成，是有历史渊源的。在民初旧国会里，有个“政学会”的组织，是李印泉（根

---

① 秦孝仪编：《总统蒋公大事长编初稿》卷9（1950年5月31日），财团法人中正文教基金会2002年版，第168页。

② 秦孝仪编：《总统蒋公大事长编初稿》卷11（1952年12月30日、31日），财团法人中正文教基金会2004年版，第306、309页。

③ 《王子壮日记》第2册（1935年4月13—14日），台北“中央研究院”近代史研究所2001年版，第291—292页。

源）张镕西（耀曾）他们搞的，我跟他们接近，也算入了政学会。我是同盟会的会员，与蒋先生（蒋介石）在保定和日本两度同学，有三十多年的关系，我在国民党里始终隔着一层，是党内的外人。因为当初的政学会是反对孙中山先生的。由“政学会”被转称为“政学系”，是在江西打共产党的时代。那是杨畅卿（永泰）任行营秘书长，熊天翼（式辉）在南昌（江西省主席），我在武汉（湖北省主席），俨然形成一个势力，就特别被人重视了。从这个线索看下来，人们就把政学系愈看愈大了。其实只是一些行迹比较接近的人而已。①

对于别人认为他是政学系首领这一事实②，张群亦断然否认，他说：“有人说我是政学系首领之一，这种传说，是没有事实根据的。我和膺白（黄郛）、畅卿（杨永泰）、达铨（吴鼎昌）、雪艇（王世杰）等是好朋友，交谊很深，这是事实。但我们之间，没有政治组织关系。”③ 王世杰对自己被划分到新政学系，则“时而摇头，时而皱眉，时而噘嘴，大多时间是默不作声”。当被别人当面问及此事时，王世杰的辩解与张群一样，都拿友谊进行搪塞：“张岳军（张群）与他不过是作朋友。”④ 熊式辉在回忆录《海桑集》中亦坚决否认政学系的存在。⑤ 尽管这些派系的首领皆不愿承认其所属派系的存在，但随着派系成员的回忆录及档案资料的公开，国民党内的各主要派系基本上已能大白于天下。⑥

和北洋时期的各派系一样，国民党时期的各派系亦多以私人关系作为

① 王芸生、曹谷冰：《1926 至 1949 年的旧大公报》，《文史资料选辑》第 25 辑，中华书局 1962 年版，第 57 页。

② 陈方正编辑、校订《陈克文日记》下册（1943 年 6 月 13 日），社会科学文献出版社 2014 年版，第 725 页。

③ 艾毓英：《政学系与 CC 在湖北的蜗斗》，《武汉文史资料》1985 年第 1 辑，总第 19 辑，第 126 页。

④ 万亦吾：《王世杰——蒋介石的智囊》，《武汉文史资料》1987 年第 3 辑，总第 29 辑，第 6 页。

⑤ 《海桑集——熊式辉回忆录（1907—1949）》，香港明镜出版社 2008 年版，第 656—657 页。

⑥ 有舆论认为政学系“并无组织”并非虚伪之词，认为政学系确实仅有上层组织的官僚集团，未必有具体形式。（参见文羽《“政学系内幕”补》，《中国政治内幕》，光明出版社 1946 年，第 36 页。）政学系成员何廉也认为政学系实际上是一群朋友的结社，根本没有什么组织，而且肯定没有约束和限制其成员的誓言和象征性的标记。但何廉也透露，政学系确实存在，1944 年他与张群、熊式辉、吴铁城、甘乃光等人还曾在重庆认真讨论，打算把政学系改造成一个组织性派系，最终目标是成为日后能投入宪政选举的独立政党。参见《何廉回忆录》，朱佑慈等译，中国文史出版社 1988 年版，第 210—213 页。

成员间联系的纽带。如以陈立夫、陈果夫兄弟为首的 CC 系，其核心成员徐恩曾与二陈既为同乡又是表兄弟关系，余井塘、张厉生则曾为陈果夫的秘书，曾养甫则是陈立夫在美国匹兹堡大学的同学，萧铮既是二陈的同乡，又是中央政治学校的教授，是为二陈的僚属。此外 CC 主要通过中央政治学校培养人才，中央政校的毕业生毕业后即能走上国民党各级党部和各级行政部门，成为 CC 系在各地的主要力量，故陈果夫作为中央政校的教育长与他们又保持着师生关系。以致当时社会上出现了一种流行的说法："中央政治学校出来的学生，脑门上都刻着 CC 两个字。"①

新政学系成员中，除上述当事人所认为的朋友关系外，张群与黄郛皆是蒋的结拜兄弟，杨永泰则为蒋的亲信，黄郛与钱昌照为连襟，而王世杰与钱昌照则为伦敦政治经济学院的前后同学，刘镇华与杨永泰为好友，翁文灏则与王世杰则同属于学者从政，其余人物则包括陈仪、吴鼎昌、张嘉璈、吴铁城、沈鸿烈等。②

另一个拥蒋派系——力行社亦是一个以黄埔毕业生为主体的秘密政治团体，力行社的主要干部群除刘健群外，滕杰、贺衷寒、刘健群、酆悌、邓文仪、郑介民、桂永清、康泽、潘佑强、杜心如、萧赞育、胡宗南、黄仲翔、葛武启、周复、韩文焕、李一民、曾扩情等皆为黄埔毕业生。③ 作为"天子门生"，他们与蒋介石之间的这种关系，"渗透了很深的个人成分和一种中国人师徒之间互相效忠的关系"。④

在国民党中央委员中属于孙科一派的有一二十人⑤，而孙系中核心成员如马超俊、傅秉常、梁寒操、陈策、钟天心、陈友仁、吴尚鹰、简又文、陈庆云、刘维炽等皆为粤籍的现象，则说明了孙科的太子派是一个以广东籍地缘网络为中心的派系组织⑥。

朱家骅与二陈渊源颇深，既为同乡，又同为 1924 年 6 月在上海成立

---

① 袁英林：《"二陈"与国民党 CC 派》，载柴夫编《CC 内幕》，中国文史出版社 1988 年版，第 79 页。

② 参见程思远《政海秘辛》，北方文艺出版社 1991 年版，第 186 页；《何廉回忆录》，朱佑慈等译，中国文史出版社 1988 年版，第 210—211 页；吉人《政学系内幕》，《中国政治内幕》，光明出版社 1946 年版，第 33—35 页；《中国政治舞台上的十大派系》，载林天行主编《中国政治内幕》，南华出版社 1947 年版，第 17—19 页。

③ 参见干国勋等《蓝衣社复兴社力行社》，传记文学出版社 1984 年版，第 112、117、131 页。

④ 〔美〕易劳逸：《流产的革命——1927—1937 年国民党统治下的中国》，陈谦平等译，中国青年出版社 1992 年版，第 51 页。

⑤ 参见翊勋《蒋党真相》，读者书店 1948 年版，第 133 页。

⑥ 当然孙系中还有一些非粤籍人士，如黄季陆、傅汝霖、周一志等。

的“湖社”成员，故不少人指其为CC系出身。对于派系，朱家骅的看法是：“中国的政治一向很少讲究组织的，近年来到处发展小组织，总是一种讲究组织的进步现象。”然而，朱氏部属则声称朱“既不参加一个小组织，也不组织任何小组织，保持一个超然的态度；所以他在党内是超于本党派系之外。”① 朱家骅未曾加入CC恐为事实，据陈果夫说，1935年他曾委托张道藩邀请朱家骅加入青白社，朱“初则支吾其辞，终未允可”。② 蒋复璁在回忆录中则表示，朱家骅反对党内分派，故朱家骅是因为不愿意加入CC系，故而变成了CC的对立面。而这亦可能是朱家骅系为外界看来确实存在的重要原因。③ 故据时人观察，“朱系”虽无组织之名，“而其实三五成群，朝夕与共。与各党中成为一派，日久功夫深，愈见其力量”，以致当时流行这么一句话“南方有CC，北方有朱家骅”④，足见其势力之雄厚。其成员如杭立武、田培林等多曾留学德国，故又有“留德系”之谓。⑤

以孔祥熙、宋子文命名的孔宋系，尽管孔、宋两人政见不合，但作为蒋的姻亲，却从未将忠诚转移到别的派系。⑥ 孔系班底中以“鲁案”同事高秉坊最早，后高又介绍其同乡山东人李毓万给孔，成为孔系的最早班底。孔任工商部长后由高拉了一批鲁案同事和金陵大学的同学（高毕业于金陵大学）汪汉滔、吕咸、刘奎度、左权、郭公授、鲁佩璋、王钟、黄祖培、牟幼兰、王斌兴等进工商部。高任总务处长兼秘书主任，李任秘书、汪、吕等任参事、科长，最终形成了孔系的班底。⑦ 宋系中陈行、张福运为宋之同学，秦汾与宋亦有着相同的留学背景。

---

① 参见胡颂平《朱家骅先生年谱》，传记文学出版社1985年再版，第40页；《中国现代化先驱——朱家骅传》的作者杨仲揆亦认为朱“没有派系观念，更没有派系野心”。参见氏著《中国现代化先驱——朱家骅传》，近代中国出版社1984年版，第91页。

② 《孔祥熙上蒋中正函》，《蒋中正总统文物·特交档案》“一般资料·书翰”，档号0802200第619卷，目次50，毛笔原件，转引自冯启宏《〈蒋档〉书翰中的国民党派系倾轧》，《民国档案》2007年第1期。

③ 参见黄克武编撰《蒋复璁口述回忆录》，台北“中央研究院”近代史研究所2000年版，第100页。

④ 《成都周刊》编辑部：《国民党内的五大派系》，文光出版社1946年版，第9页。

⑤ 《中国政治舞台上的十大派系》，载林天行主编《中国政治内幕》，南华出版社1947年版，第17页。

⑥ 参见田宏懋《1928—1937年国民党派系的政治阐释》，《国外中国近代史研究》第24辑，中国社会科学出版社1994年版，第77—78页。

⑦ 参见谭光《我所知道的孔祥熙》，载寿充一主编《孔祥熙其人其事》，中国文史出版社1987年版，第15页。

从黄埔系分化出来的陈诚系则以保定同学、黄埔学生以及十一师与十八军的干部（陈曾担任师长和军长）为主要组成人员，故又称为“土木系”，其主要人物有罗卓英、周至柔、郭忏、方天、黄镇球等。[①] 何应钦曾任黄埔军校总教官，是黄埔系中仅次于蒋介石的核心人物，但为蒋介石所猜忌，虽是嫡系，却非亲信。其派系中人多为黄埔教官与黄埔学生，如刘峙、顾祝同、蒋鼎文、钱大钧等毕业于保定，任职于黄埔，被称为何派四大金刚。而关麟征、杜聿明等则为黄埔学生，与何有师生之谊。此外，以何为中心的贵州系，势力范围主要在西北的甘肃、宁夏省和西南的贵州，其骨干成员有谷正伦（中央宪兵总司令、宁夏省政府主席）、朱绍良（甘肃及新疆省政府主席），两人皆为何在日本陆军士官学校的同学；此外曾任贵州省政府秘书长、国民党五届中执委的王漱芳则为何的舅父，曾任贵州省贵阳市市长、监察委员的何辑伍则为其弟以及曾任国民政府委员、交通部长的王伯群则为其妻兄等。[②]

综上所述，地缘、学缘、姻亲、血缘、朋友、结拜兄弟等私人关系是构成民国时期各军、政派系的基础。由于中国人普遍缺乏平等观念，习惯于服从权威，故官僚间尤其是上下级间容易形成不平等的“主从关系”。因此，民国时期各派系首领往往都作为其派系成员的保护人身份出现，而这些私人关系则是他们保护与被保护关系的主要支撑。故而派系首领作为其成员的保护人存在的同时，还作为他们的同乡、同学、老师、亲戚等关系而存在，两者之间不仅没有冲突，派系成员还因此加深了对派系首领的忠诚，而首领亦因此更加信任其成员。当然，除了这些人身依附和效忠准则外，互惠的功利主义动机则是那些与派系领袖没有社会关系的被保护人之间联系的纽带。[③] 因保护人手中往往掌握一些被保护人所需的资源（如职务、晋升、加薪等），被保护人要想得到这些资源就必须向保护人展示

---

① 参见马烈《蒋家父子与三青团》，中国文史出版社 2007 年版，第 31 页；《郭汝瑰回忆录》，四川人民出版社 1987 年版，第 171 页。

② 《关于蒋介石领导下的国民党诸派系的若干考察》（1943 年），国民党中央秘书处档案，全宗号：711（6），案卷号：118，中国第二历史档案馆藏，转引自崔之清《国民党政治与社会结构之演变（1905—1949）》下编，社会科学文献出版社 2007 年版，第 1222 页。这则档案中称“何应钦的舅父王伯祥，曾任过交通部长的职务”，该书的作者在引用这一档案时未能认真辨别，其中“王伯祥”应为“王伯群”之误，王伯群也非何之舅父，而为何之妻兄，笔者在引用时均一一改正。参见刘寿林《民国职官年表》，中华书局 1995 年版，第 583—590 页；厂民《当代中国人物志》，载沈云龙主编《近代中国史料丛刊续编》第 50 辑，文海出版社 1978 年版，第 236 页。

③ 参见田宏懋《1928—1937 年国民党派系的政治阐释》，《国外中国近代史研究》第 24 辑，中国社会科学出版社 1994 年版，第 79 页。

其忠诚。当然，在保护人失去了对政治资源的控制后，单纯的保护人—被保护人关系就变得十分的脆弱，所谓“树倒猢狲散”，大体即为此意。

三　“饭碗”的争夺：民国政界的派系斗争

陈志让在其名著《军绅政权》中曾谓：“派系是同时存在的，同一时期只有一个派系那就不是派系。”① 正是因为同一时期有着不同派系的存在，为争夺有限的政治资源，派系之间的斗争也就不可避免，因为与世无争的“派系”也不能称为派系。网络理论研究表明，网络（派系）发展得好坏，要看网络内核心人员能否将网络外的社会资源带到网络内，并在各成员之间进行分配。故与党争不同的是，派系之间的斗争并非全是政见之争，表现最多的往往是为了争夺有限的政治资源，亦即“饭碗”之争。

（一）北京政府时代的派系斗争

派系具有排他性，在派系领袖掌握政治资源后，派系成员在职务的安排上无疑要比他系成员更加有利，故时人谋取职位的方法之一即是加入握有政治资源的派系。如王扬滨原为内务部职员，民国二年（1913），交通系健将朱启钤掌内务，“王乃百般狗营，始钻入交通系，一跃而升总务厅统计科科长，对于洪宪帝制筹备，颇有建议，得朱宠幸，派为筹备登极仪制委员。洪宪虽未造成，而王亦已加官进爵矣”。② 反之，加入派系的成员如若在派系内无法实现其政治利益，则其对派系的忠诚度便会下降。一直活跃于北京政坛的王正廷，与直系关系相当紧密。1924 年 1 月孙宝琦在直系的支持下组阁。1 月 18 日，王正廷拜访已确定入阁的孙的妹婿——颜惠庆探听孙是否有意请他入阁，可能因入阁无望，王因此含蓄地威胁说要参加别的派系。③

派系的排外性还表现在，对于其控制的政府机关的人事安排拒绝他系染指，如此派系间的人事倾轧则不可避免。北洋军阀统治时期，交通部坐拥财权，费行简曾谓：

> 财政部总综财权，而收入较丰之盐务、海关税，为外人所监督。烟酒公卖又另立专署，视交通之自操主权别无分支者，盖不可同日

---

① 〔加拿大〕陈志让：《军绅政权》，生活·读书·新知三联书店 1980 年版，第 93 页。

② 正群社辑纂：《北京官僚罪恶史》，中华书局 2007 年版，第 130 页。

③ 孙此次组阁确未曾考虑让王入阁。参见《颜惠庆日记》第 2 册（1924 年 1 月 18 日），上海市档案馆译，中国档案出版社 1996 年版，第 111 页。

语。且交通事项，军人外吏都不复干涉，用人之柄总于部长，在国务员中差有独立气象，非与总理有密切关系者，断无此席希望。然有时补助党费、接济军用，亦煞费经营，而应酬尤为繁颐，若迎送显者之专车、权门之免票、文武官署之长电，皆以公款作私情用者，稍悭吝者即开罪于人。①

交通部因财力雄厚，为左右政局之重要机关，故亦被“交通系”视为禁脔之地，“司员统系分明，外人不得加入”。② 从总长、次长、各司司长及各路局局长，大都不出“交通系”的范围。因此无论政局如何变换，其势力都根深蒂固，无法撼动。民元，施肇基为第一任总长，施为唐绍仪姻娅，“既履任，部员多某系爪牙，遇事抗争，肇基几不能堪，愤而欲去，卒与绍仪同时挂冠”。③ 许世英以徐世昌旧僚、段祺瑞嬖臣而任总长时，“偶位置私党数人，众即啧有烦言，紧要关头几无人为之帮忙，后卒失败。以许矮之才调且如此，他可知矣”。④

北洋时期，因军阀当道，故激烈的派系之争往往表现为各军阀派系为争夺地盘及北京政权而进行的斗争，皖、直、奉间的战争自不待言，而战争结束后各军政派系对内阁席位的争夺亦蔚为壮观。然对于政治派系而言，只有顺势依附较为强势的军事派系，才能在战胜后北京政府的职务分配上分得一杯羹。

表3—16　　**北洋军阀统治时期内阁成员派系明细（1912—1928）**

派系名称	人数	占内阁总数比例（%）	备注
直系	18	13.04	其中津保派8人、洛派5人，其余为亲直者
皖系	15	10.87	其中加入安福系者7人
奉系	9	6.52	
安福系	9	6.52	
旧交通系	7	5.07	
研究系	6	4.35	包括原进步党2人

① 沃邱仲子：《民国十年官僚腐败史》，中华书局2007年版，第40页。
② 同上书，第39页。
③ 陈灨一：《睇向斋逞臆谈》，《睇向斋秘录》（附二种），中华书局2007年版，第137页。
④ 沃邱仲子：《民国十年官僚腐败史》，中华书局2007年版，第39页。

续表

派系名称	人数	占内阁总数比例（%）	备注
政学系	6	4.35	其中加入国民党者3人
新交通系	3	2.17	
国民党	18	13.04	曾加入同盟会但未加入国民党者不计入内
同盟会	7	5.07	
无派系或派系不明者	50	36.23	其中包括顾维钧、陆征祥等外交人员，又称为超然派
内阁总人数	138	100.00	

说明：本表包括任、署理、兼代及未就者。

从表3—16来看，北京政府时代的内阁几为派系所把持，无党系者只占到内阁成员总数的36.23%，称为派系内阁亦丝毫不为过。表中派系名目多达9个亦说明，北京政府时代，没有哪一个派系能够长时间、压倒性地控制内阁。通常一届内阁的成立即是派系妥协的结果，从而导致内阁成立后，内阁中派系林立，派系成员尔虞我诈，政潮迭起，而这也是北洋时期内阁更迭频率如此之高的要因。

表中各派系，直、皖、奉三军事派系遥遥领先的事实说明了内阁操纵于军阀派系手中。《申报》主笔杨荫杭即观察到："近日北京阁员，大率皆军人所推荐。……军人以阁员名额为赃品，坐地而分。分之均，则苟安一时；分之不均，偏重甲则乙起而争，偏重乙，甲又起而斗。长此循环，伊于胡底。"① 显然，杨氏之担心是建立在其对政界派系斗争长期观察的基础上。以皖系、研究系、安福系为例：

1917年，以梁启超为首的研究系因讨逆（张勋复辟）有功，而得皖系首领段祺瑞的赏识，"双方关系益大增进"。事后，段以再造共和为名，再次出任国务总理，"因就天津为组阁之准备，拟邀梁（启超）掌财政，汤（化龙）掌内务，林（长民）掌司法。"此举虽出段意，但皖系成员因要职皆为他系占有，愤愤不平。皖系健将徐树铮于是谒段力争，谓：

"我辈冲锋陷阵，始奏肤功，结果乃为几个文人造机会，恐必有愤慨不平者，乞稍加慎重，勿为他人利用。"段不为所动，且力诫其

① 《兵谏与军用内阁》，《申报》1922年1月22日，载杨绛整理《老圃遗文辑》，长江文艺出版社1993年版，第500页。

> 勿得多事。徐因往见梁，谓："先生文章道德，海内同钦，若肯掌内务，我辈极表赞成，至济武则远非公比，只可主持教育，藉资熟手（汤在袁世凯时代曾任教长——原注，下同），内务任重，恐非所宜。"梁笑答："我辈翊赞合肥削平叛逆，本意只在保全国体，岂敢丝毫有所希冀？虽承合肥盛意相邀，仍决辞谢。况组阁权在合肥，君既非衔命而来，更何得私相拟定？"徐乃爽然而去。
>
> 徐去后，梁、汤联袂谒段（时林长民尚在南方未来），坚辞入阁。段曰："此必是又铮（树铮号）从中作祟。"因就电话呼徐严斥之，且曰："如任公、济武不肯入阁，汝此后不必来见我。"梁、汤见段意如此，不便再言，只得允加考虑。然徐、段关系，人所共知，徐性倔强，凡有主张，不达不止，虽一时段意甚决，无可如何，而事后必多方里间，使双方情感，渐趋扞格。①

在段的坚持下，梁、汤、林以及范源廉等研究系成员联袂入阁，分任财政、内务、司法及教育总长，一时间"树政党政治模范"的呼声甚嚣尘上。② 为了控制国会，梁氏甚至力主段祺瑞解散国民党议员占多数的旧国会，而这一切在汤、梁入阁分任内务、财政后更是变得触手可及。③ 研究系满怀信心，希望"名单开往，可操左券"。④ 但这只能是研究系的一厢情愿，皖系成员则因"饭碗"被抢，怀恨在心，并乘机与新交通系结合以抗研究系。"盖徐树铮对梁、汤衔恨甚深，日思乘隙而动，段于汤、梁固始倚畀甚殷，然彼两人亦自有其怀抱，非如一般官僚惟命是听，因之彼此关系亦渐与从前不同。""入阁以后，双方感情乃日趋疏隔……选举本应归内务部主持，而新国会选举乃全由徐树铮等暗中操纵，内汤几不能过问；借款本应由财政部主管，而对日借款乃由曹汝霖（交长）辈秘密办理，财梁几不得与闻。名为阁员，实则等于虚位。"⑤ 据说选拔临时参议员时，梁、汤等曾开一名单征求总统冯国璋和段的意见，结果是"冯颔首，段摇头"，此名单也就

---

① 刘以芬：《民国政史拾遗》，上海书店出版社 1998 年版，第 10 页。

② 如梁启超力主所谓"入阁主义"，声明要"树政党政治模范，实现吾辈政策"，林长民则宣称："此次内阁虽非完全政党内阁，然已极近于政党内阁。"参见邱钱牧主编《中国政党史》，山西人民出版社 1991 年版，第 421 页。

③ 民初内阁中，内务部地位相当重要，故内务总长有小总理之称。内政负责国会选举，而财政部掌有财权，因此在梁、汤看来，解散旧国会后，以财长支持内务选举，故新国会将完全掌握在研究系手中，对于研究系成为新国会中的多数派亦信心十足。

④ 《政界逐鹿谈》，《时报》1917 年 9 月 18 日。

⑤ 参见刘以芬《民国政史拾遗》，上海书店出版社 1998 年版，第 11、17 页。

无疾而终，最终被徐树铮所开之名单替代。[①] 在段系与新交通系的双重打压下，研究系试图扩大组织、组织一党内阁的迷梦与幻想全部化为泡影。研究系参加段内阁仅四个月，该系的阁员们只好愤而辞职。其他如内务次长兼北京市政督办蒲殿俊、财长次长凌文渊以及随梁、汤、林各总长上台的该系次要分子，亦相率与之俱去，研究系与段系的蜜月关系也以此而告终。[②] 在随后进行的参、众两院的议员选举中，安福系以压倒性的优势成为国会中的最大党，而研究系在被皖系抛弃后则再次惨遭羞辱。据张朋园的最新研究，两院 472 席，安福系获得 335 席高达 71%；研究系仅得 21 席，不足 5%。[③]

段系健将靳云鹏曾谓民国初年有"三力"一齐对付国民党，即"北洋系的武力、进步系的智力、交通系的财力"，这三种力量合起来，终于将国民党逼至广东一隅。但"一力既除，三力又分"，然北洋时期为武力称雄的时代，除北洋不易失败外，其他二力则在政潮激荡中分分合合。"'进步'恒能压制'国民'，而'交通'又能压制'进步'。'进步'以智力联北洋武力，故能克制国民党。'交通'以财力接纳武力，不似'进步'专凭三寸不烂之舌，故又能克制'进步'。"[④] 研究系联合北洋武力将国民党赶出北京，而安福系、交通系又联合武力将研究系赶下政坛。故靳氏之言实则说明了北洋时期武力至上这一原则的重要性，任何政治派系如无军阀派系之支持，其结果只能如研究系一般，"旧恨未消，又添新仇"。而安福系在皖系军事失败后，作为保护人的段祺瑞在失去了可供支配的政治资源后，安福系也土崩瓦解，徐树铮等首领则惨遭通缉。有意思的是，待至国民党人取得全国政权后，国民党人却认为，军阀虽然万恶，但若没有这般研究系、安福系、交通系的腐败官僚做帮凶，似乎还未见得作恶做得完全。这一时期，虽军阀势力有所消长，但派系势力却丝毫没有动摇。各派系不仅毫无政治主张，更无道德正义。"甲来便依附甲作恶，乙来又依附乙作恶；今日助甲倒乙，明日又助乙倒甲。甲败乙胜，他们得意；甲胜乙败，他们也得意；甲乙两败均伤，他们更得意。"[⑤] 在国民党人看来，这样的斗争既无原则可依，亦无道义可言。

（二）南京国民政府时期的派系斗争

永无止境的权力欲望是派系的共性，南京国民政府时代的派系也不例

① 《时报》1917 年 10 月 16 日。

② 参见刘以芬《民国政史拾遗》，上海书店出版社 1998 年版，第 91 页。

③ 参见张朋园《中国民主政治的困境》，吉林出版集团有限责任公司 2008 年版，第 148 页。

④ 《政海丛谈》，《时报》1917 年 8 月 7 日。

⑤ 雪崖：《严防北方官僚政客混入本党》，《中央日报》1928 年 6 月 12 日第 1 张第 3 版。

外。初在党内发展势力的CC系，随着首领二陈在政界的崛起，其权力触角也开始不断地向政界延伸。据何廉回忆："1938年陈立夫任教育部部长，到30年代后期，各省省政府教育厅厅长大都是CC系人物。在省一级，CC系分子的势力扩充到民政厅，因为中央政府的省份里，厅长的人选通常是由陈果夫为首的侍从室人事处（第三处）遴选的。CC系也将其势力伸入到外交界，陈果夫是中央政治学校的教育长，校长是蒋介石，该校就成为外交人员的主要输送者。"① 美国驻华大使高思（Gauss）在呈国务卿的报告中亦称，任何时期CC系其他领导人中都会有3—5人位居重庆政府部长或副部长之要职，并且有23—25人是国民党中央执行委员。② 因此，无论是地方还是中央，权力所及之处，即为派系斗争之所。即连何廉所在的经济部亦不能幸免，何廉回忆道："经济部的班子由几个固定单位的人员组成，技术部门和秘书处泾渭分明，干部不是向整个组织效忠，而是忠于部长个人。按照'遗产'分成派系，最大和最重要的一派是来自全国经济委员会的人员，集中在秘书处和副部长秦汾手下。这样的情况很容易引起派系倾轧。"③ 由于各派系的首领皆为党政要人，故作为权力要冲的内阁各部亦很难不为派系所染指。

表3—17 **南京国民政府内阁成员派系明细（1927—1949）**

属性	派系名称	人数	占内阁总人数比例（%）	备注
拥蒋派系	CC系	8	7.34	
	新政学系	17	15.60	
	朱家骅系	2	1.83	
	孔、宋系	3	2.75	孔系2人、宋系1人
	蒋系	3	2.75	
	陈诚系	2	1.83	
	何应钦系	2	1.83	
	元老派、西山会议派	4	3.67	后基本瓦解，大多附蒋

① 《何廉回忆录》，朱佑慈等译，中国文史出版社1988年版，第208页。

② 参见〔美〕齐锡生《国民党的性质》（下），《国外中国近代史研究》第27辑，中国社会科学出版社1995年版，第97页。

③ 《何廉回忆录》，朱佑慈等译，中国文史出版社1988年版，第254页。

续表

属性	派系名称	人数	占内阁总人数比例（%）	备注
反蒋派系	改组派、汪系	7	6.42	
	冯玉祥系	4	3.67	
	阎锡山系	5	4.59	
	胡汉民系	2	1.83	
	孙科系	8	7.34	
	粤系	6	5.50	
	新桂系	2	1.83	
	西北马系	1	0.92	马福祥1人
	盛世才系	1	0.92	盛世才1人
	青年党	3	2.75	
	派系属性不详者	29	26.61	
	内阁人数总计	109	100.00	

说明：本表包括行政院长、副院长及隶属行政院的各部、会的部长及委员会长等，不包括代理者。

从表3—17观之，内阁总共109人中，具有派系属性者即占到了73.39%，拥蒋派系与反蒋派系几乎各占一半的情况则反映了国民政府高层政治中派系制衡的重要作用。1928年6月，谭延闿在日记中就曾记道："终日忧忧，皆为人求饭碗。"① 即将担任行政院长的谭延闿忧得恐不仅仅是"为人求饭碗"，更涉及政治派系纠葛下行政院的人事安排。

抗战前，因为蒋介石的权势未能达到控制中央的程度，为争夺党内正统以及控制中央，拥蒋派系与反蒋派系的斗争无时不在。抗战前，反蒋派系如新桂系、冯玉祥系、阎锡山系、西北马系、盛世才系等因有军队作为支撑，故可割据一方，与中央政府保持若即若离的态势。而蒋为了笼络各军事派系，亦不得不以政府中的高位为馈赠品。1928年10月，蒋以冯玉祥任军政部部长，阎锡山任内政部部长（后冯阎请辞不就，不得已改冯系之鹿钟麟为军政部长，阎系之赵戴文为内政部长），李济深为参谋总长，李宗仁任军事参议院院长，"以冀团结全国之意"。但由于各军阀派系间因

① 《谭延闿日记》（未刊稿），1928年6月13日，台北"中央研究院"近代史研究所档案馆藏，转引自刘大禹《国民政府行政院的制度变迁研究（1928—1937）》，社科文献出版社2012年版，第225页。

军事编遣问题未能谈拢，1929 年 1 月 29 日，李济深想回广州，冯玉祥、阎锡山亦皆有欲回陕、晋之意。① 随后各方为各自利益，与蒋兵戎相见，是为中原大战。

深谙政治内幕的行政院参事陈克文在 1939 年观察到：内政部长从来都是政治上的一个应酬品。② 内政部参事雷啸岑的回忆也证实了此点，1928 年当冯系风头正劲，故内政部部长一职即由冯系亲信人物薛笃弼夺得。到了 1929 年春天，第三集团军总司令阎锡山在政治行市上的价格已高过冯玉祥了，于是，内政部长这份照例送人的礼物，就改送阎锡山的亲信赵戴文。原任薛笃弼又须敷衍安置，于是将内政部下的卫生司改为部，以薛充任部长。后赵升为监察院长，阎系二号亲信人物杨兆泰接任内政部。待至中原大战，阎锡山成了叛乱之徒，部长杨兆泰与政务次长樊象离又悄然离去。中原大战后，张学良以调解有功，内政部这块肥肉又给予奉系人物刘尚清。故雷啸岑感叹道："如其不是对日战争发生，而内战又继续下去的话，内政部所设各司，很可能一律改成部，使内政部本身变成切八块，作为馈赠各个大军头的礼品。"③ 抗战开始后，因云南成为抗战后方重镇，蒋为拉拢龙云，1939 年 5 月将内政部部长一职又给了龙云的老师周钟岳。④

即使如此，蒋与其他军事派系的关系也是貌合神离。1937 年初，新桂系首领李宗仁、白崇禧仍然拒绝服从南京，白甚至拒绝了蒋介石为其提供的军事委员会委员一职。⑤ 战时，阎锡山虽被任命为二战区司令长官、军事委员会副委员长，但抗战八年，阎从未到过重庆，更未同蒋见过一面。而更有意思的是，在阎的敌对花名册上，中央政府的排名要远比日本人高。⑥ 以官位为酬庸，仍是战时蒋氏拉拢各军事派系的主要手段。40 年代初，蒋介石为防止阎锡山与汪伪政府走得太近，不得不与考试院院长戴季陶商量以铨叙部部长一职给予阎的秘书长贾景德，向阎示好，以便笼络。尽管戴表示铨叙部工

---

① 秦孝仪编：《总统蒋公大事长编初稿》卷 2（1929 年 1 月 29 日），中国国民党党史委员会 1978 年版，第 262 页。

② 陈方正编辑、校订《陈克文日记》上册（1939 年 6 月 19 日），社会科学文献出版社 2014 年版，第 414 页。

③ 雷啸岑：《我的生活史》，收入张玉法、张瑞德主编《中国现代自传丛书》第 4 辑（8），龙文出版社股份有限公司 1994 年版，第 104、105 页。

④ 陈方正编辑、校订《陈克文日记》上册（1939 年 6 月 19 日），社会科学文献出版社 2014 年版，第 414 页。

⑤ 参见郭恒钰、罗梅君主编，许琳菲、孙善豪译《德国外交档案——1928—1938 年之中德关系》，台北"中央研究院"近代史研究所 1991 年版，第 83 页。

⑥ 参见〔美〕易劳逸《蒋介石与蒋经国》，王建朗等译，中国青年出版 1989 年版，第 13 页。

作正努力进行，对蒋以考试院人员迁就政治深感不悦，但仍毫无办法。1941年12月，贾即被任命为铨叙部部长。在此次人事调整中，东北的刘尚清则被任命为监察院副院长。在时任铨叙部政务次长的王子壮看来，“以政府官吏地位作为羁縻之工具，本不自今日始，余在京十余年见之亦多。在负责当局为政局相安，自为不得已之举，宁牺牲事业以就大局”。故王感叹此次人事调整，不过是“联络东北西北，以示团结之意”。①

除上述军事派系外，胡汉民系、孙科系以及汪精卫的改组派因在党内资历颇深亦能与蒋相抗衡，为争夺党与政府内的权力分配而斗争不已。1931年因“约法之争”所导致的宁粤冲突以蒋氏下野、粤方胜出而暂时休战。孙科则在粤方的支持下组阁，内阁15人中，粤籍人士即占到9人。② 以蒋系身份而入阁的朱家骅，获任后立即通过宋子文向蒋介石询问能否就职，蒋电复表示：“对骝先兄就职否，弟无成见。但以后教育，中央如无方针与实力为后援，则徒供牺牲，殊为可惜耳。”朱在得到蒋的答复后，立即向中政会提出辞职，最终放弃入阁。③ 在内阁逐渐由蒋系向胡、孙系转变时，蒋仍不忘对孙进行掣肘。1931年12月22日，蒋在回老家奉化之前，专门召见了汪系三大将陈公博、顾孟余、王法勤，声称“中兴本党，非汪莫属”，从此蒋汪勾结，“暗地里抵制孙科政权”。④ 因此孙科在上台伊始即受到蒋、汪两系的掣肘，不久即宣告辞职。于是，在蒋的支持下汪精卫出面组阁，1932年1月29日正式接任行政院长。汪、胡本为死对头，胡派人员与汪派人员绝对排斥。⑤ 故汪任职后，行政院重要职位中，汪系几占半数，而胡系则遭排斥。除汪以行政院长兼内政、外交等数职外，还以褚民谊为行政院秘书长、顾孟余为铁道部长、曾仲鸣为铁道部次长、陈公博为实业部长、郭春涛为实业部次长、陈树人任侨务委员会委员长、彭学沛任内政部政务次长、陈耀祖代理铁道部常务次长等。至此，汪系中重要成员都捞到了一官半职。⑥ 而改组派中没有当上官的人，则天天

---

① 《王子壮日记》第7册（1941年11月11日、13日，12月23日），第315、317、357页；刘寿林主编：《民国职官年表》，中华书局1995年版，第660页。

② 参见本书第三章第一节相关部分。

③ 《蒋介石电复宋子文转朱家骅电》，1931年12月31日，《事略稿本》，“蒋档·图书文献”，转引自金以林《地域观念与派系冲突》，《历史研究》2005年第3期。

④ 查建瑜主编：《国民党改组派资料选编》，湖南人民出版社1986年版，第525—526页。

⑤ 参见龚德柏《龚德柏回忆录》（中），载张玉法、张瑞德主编《中国现代自传丛书》第1辑（4），台北龙文出版有限公司1989年版，第330页。

⑥ 参见范予遂《我所知道的改组派》，《中华文史资料文库》（八），中国文史出版社1996年版，第72页。

到行政院去闹，弄得汪很是烦恼。[①] 1935 年 11 月 1 日，国民党五届一次中央全会期间汪精卫遇刺受伤，此后，王子壮观察到：（汪）“骤丧其在政治之地位”，原来“因汪先生在台而得枝栖，或日益腾达者，至此多复彷徨失业者，有之最好者亦不过勉维现状而已”。[②]

随着抗战的开始，蒋介石的权势如日中天，集党、政、军三权于一身，反蒋派系则再无实力与之抗衡。这一时期，派系斗争变为拥蒋派系之间为争夺有限的政治资源而陷入了无休止的恶性倾轧和竞争。[③] 其中就有政学系与 CC 之间的倾轧、CC 与朱家骅系的冲突、孔祥熙与政学系之间的摩擦等。

政学系的兴起，不仅让反蒋诸派及党内元老感到不满，也让拥蒋的 CC 系体会到了危机感。1935 年，据时任中央党部秘书的王子壮观察：

> 因其（政学系——引者注）与国民党之不相容，乃定“拥蒋毁党”之政策，故对于剿匪各省之党务，莫不尽其拆台之能事（今日之党固属无用且多纠纷，但既在本党为“以党治国”当谋所以改善之法，而不宜摧残之），然为蒋所信任、在中央负党务责任之陈果夫陈立夫对此亦曾为各种之设计，迄今为止，无若何成功。兹举一二：如去年立夫先生介绍若干重要省市党部负责之委员为蒋之秘书，以备蒋之咨询。但为时不久，为杨永泰建议改为设计委员，均不得志，纷纷告归。后又使陈布雷追随蒋之左右，原拟以之充秘书长。以陈与蒋有旧，而为蒋服文字之劳者也。但以陈之为人器识不大，蒋之与杨信任犹深，计不得逞，陈仍不过为蒋之机要秘书而已。以故政学系将“力事扩充以谋篡窃本党”之论时得而与闻。[④]

---

① 参见艾毓英《政学系与 CC 在湖北的蜗斗》，《武汉文史资料》1985 年第 1 辑，总第 19 辑，第 126 页。派系领袖对于占据足够的政治资源有着非常大的欲望，唯有如此才能更好地用职位来“施恩”。据改组派同仁周一志回忆，宁粤冲突时，汪到上海后，常对人表示改组派人多，都想一官半职。汪愿当行政院长兼一个部。陈公博也几次对我们说，最好叫汪做行政院长，好维持大家反蒋的团结。参见周一志《非常回忆前后》，《中华文史资料文库·政治军事篇》第 8 卷（20—8），中国文史出版社 1996 年版，第 83 页。

② 《王子壮日记》第 2 册（1935 年 12 月 26 日），台北“中央研究院”近代史研究所 2001 年版，第 548 页。

③ 参见王奇生《党员、党权与党争——1924—1949 年中国国民党的组织形态》，上海书店出版社 2003 年版，第 245—246 页。

④ 《王子壮日记》第 2 册（1935 年 4 月 13、14 日），台北“中央研究院”近代史研究所 2001 年版，第 291—292 页。

然到 1936 年初，胡汉民回国前夕，汪仍掌行政院之际，拥蒋的政学系则已大权在握，王子壮再次言道：

> 自一中全会后，号称容纳各派之行政院、各部相继成立，主持其事者，显然为政学系之一般人。犹忆一中全会时，张溥泉先生慨华北之紧张，欲谒蒋有所陈述，而竟不得见，于是会中（十二月五日第三次会）痛切陈词，除责各派之纷歧外，并直陈人谓欲知中国政局之真像，非至中国银行楼上探听不可，是真奇谈等语。所谓中国银行楼上者，即杨永泰、张群、吴铁城等之所在，政治上为蒋运筹帷幄之所也。行政院既如此告成，党内诸派均为不满，二位陈先生之消极为一明证，其他诸元老多同此感。[①]

实际上，从 30 年代开始，政学系与 CC 系就斗得非常厉害，被认为是政学骨干成员的钱昌照 1931 年曾向蒋提议成立一个国防设计机构，以延揽国内各界知名人士、社会贤达及各方面专家学者参加到政府中来，蒋同意并让钱拟定名单。两个星期后，钱将这个 45 人的名单递交给了蒋，成员如下：

> 军事方面：陈仪、洪中、俞大维、钱昌祚、杨继曾等；国际关系方面：王世杰、周览、谢冠生、徐淑希、钱端升等；教育文化方面：胡适、杨振声、傅斯年、张其昀等；财政经济方面：吴鼎昌、张嘉璈、徐新六、陶孟和、杨端六、王崇植等；原料及制造方面：丁文江、翁文灏、顾振、范锐、吴蕴初、刘鸿生、颜任光等；交通运输方面：黄伯樵、沈怡、陈伯庄等；土地及粮食方面：万国鼎、沈宗翰、赵连芳等。

蒋看后同意这张名单，仅在军事方面增加林蔚一人。钱对这张名单亦相当满意，曾自解道："这张名单的特点有二：（1）列在名单内的都是各该方面的专家学者，或有财力的资本家；（2）没有孔祥熙、宋子文系统的人，也没有国民党 CC 系陈果夫、陈立夫的人。"[②] 但钱却没有指出，该名单中政学系人究竟占了几个。实际上，这批人中（包括钱本人）后来得到

---

① 《王子壮日记》第 3 册（1936 年 1 月 14 日），台北"中央研究院"近代史研究所 2001 年版，第 14 页。

② 《钱昌照回忆录》，中国文史出版社 2000 年版，第 36 页。

蒋重用的如陈仪、王世杰、吴鼎昌、张嘉璈、丁文江、翁文灏、傅斯年、钱昌祚、沈怡等皆被认为是政学系或接近政学系的人。而蒋本拟以二陈之叔陈其采担任国防委员会秘书长一职，亦因钱的反对而易以翁文灏。[①] 1934 年国防设计委员会易名资源委员会，改隶军事委员会，正副秘书长仍由翁文灏和钱昌照担任。翁与钱对 CC 不仅厌恶而且全力排斥。钱曾谓："凡是 CC 方面的人，我们一个不用，我不惜得罪人也要坚持。"一次陈立夫向翁文灏推荐叶秀峰参加资委会，翁问钱如何应付，钱干脆说："他来我走"，翁遂坚决予以拒绝。[②] 1944 年以前，钱昌照对在资源委员会中设立党部一事始终加以抵制，钱曾向蒋解释其多年来未成立党部的原因是怕二陈插手，把事业弄乱，蒋听后唯唯。[③] 其实，翁、钱等政学系成员在资委会防止 CC 势力入侵的情形在国民政府中并不鲜见，同为政学系的何廉在执掌农本局时也成功抵制了国民党组织部在该局内设立党部的企图。[④]

政学系拒绝 CC 系染指其势力范围，CC 系则不时对政学系予以掣肘。1941 年初，蒋介石拟以王世杰取代王宠惠任外交部长，但事为蒋之侍从室掌人事的第三处处长陈果夫所闻，"乃上一签呈，提出外长人选应具三项条件：一、与国民党有悠久历史；二、系职业外交家；三、且须与英美有渊源者"。此三条皆针对王而发，王为应对 CC 攻势，不得已推荐其拜把兄弟郭泰祺以自代。[⑤]

有意思的是，不仅 CC 系试图由党务系统向政界渗透，一向无法在国民党党机器内插足且对党务不感兴趣的政学系（内中如何廉、黄郛等始终拒绝加入国民党）在国民党召开六全大会前夕亦试图借助黄埔系的势力打破二陈重新把持党务的局面。[⑥] 尽管黄埔系主要分子贺衷寒在权衡利弊后

---

① 《钱昌照回忆录》，中国文史出版社 2000 年版，第 125 页。

② 同上书，第 35—36 页。

③ 据钱回忆，钱与 CC 的矛盾，蒋介石是知道的，但蒋对此并不干涉，其原因即是蒋试图利用资委会来牵制 CC。参见《钱昌照回忆录》，中国文史出版社 2000 年版，第 125—126 页。

④ 对于政学系是否存在，何廉在回忆录中颇有矛盾之处，一方面认为"的确并没有所谓政学系这样的组织"，另一方面又认为它确实存在，为一群朋友的结社。但何又坚决否认他是其中一员。参见《何廉回忆录》，朱佑慈等译，中国文史出版社 1988 年版，第 184、210—213 页。

⑤ 李铁铮：《我所知道的郭泰祺》，《文史资料选辑》（合订本）第 27 卷第 78—80 辑，第 129 页。

⑥ 此时的政学系不仅维系着它们在政府部门中的优势，而且已经能跨足中央党部要职，此为战前未有之事。如抗战时期王世杰两度出任国民党中央宣传部长，吴铁城则从 1941—1948 年底一直担任中央党部秘书长。

认为："CC 与政学系二者比较，CC 在思想上比较与我们接近，但其关门主义，吾人不能容忍，政学系可与联络，而非合作，吾人不能为政学系而打到 CC，吾人应有独自之立场。"① 但六全大会召开之际，黄埔系仍与政学系、三青团以及朱家骅系一道组成了反 CC 系的联合阵营，以致在六全大会上形成两股势力，且双方颇有均势之象。②

在六全大会反 CC 系的联合阵线中，朱家骅一直被外界误指为 CC 系骨干分子。抗战时期，因其职务与二陈屡有重叠，并与 CC 抢夺政治资源，故颇为二陈猜忌，两系之间的冲突也就不可避免。1939 年朱家骅接替二陈任中央组织部部长③，朱曾任过大学校长，又担任过教育、交通等部总长及浙江省民政厅长、省主席等职，其门生故吏遍及全国，因此朱上任伊始即开始用朱系人马替换 CC 党徒。④ 不少原被 CC 排挤的人重获任用，有所谓丁惟汾的"大同盟"、汪兆铭"改组派"遗留人员、少数胡汉民派分子、不得志的 CC 成员吴开先、力行社分子等，对于 CC 的势力扩张产生了遏制作用。⑤ 故陈曾对刘不同抱怨说："朱骝先太不像话，怎么单对我们的

---

① 《在蒋介石身边八年——侍从室高级幕僚唐纵日记》（1945 年 1 月 16 日、1 月 18 日），群众出版社 1992 年版，第 486 页。

② 《王子壮日记》第 10 册（1945 年 5 月 31 日），台北"中央研究院"近代史研究所 2001 年版，第 187 页。唐纵亦指出，CC 与黄埔关系之决裂，盖因中委选举问题而引起。唐进一步指出："大会选举中心人物为陈果夫、陈立夫、吴铁城、陈辞修、张文白五位，中委之产生多系彼五人所提出。如彼等大公无私，则可为总裁网罗天下英才而为党用，假若乘机为私人造势力，则私人成功，党却因此倾滑。"参见《在蒋介石身边八年——侍从室高级幕僚唐纵日记》（1945 年 5 月 7 日、19 日），群众出版社 1992 年版，第 508、511 页。关于六全大会时的派系竞逐，亦可参见王奇生《党员、党权与党争——1924—1949 年中国国民党的组织形态》，上海书店出版社 2003 年版，第 317—332 页。

③ 朱家骅之所以能接替二陈任组织部部长一职，实因二陈势力超出了蒋介石的控制范围。1935 年国民党"五大"时，CC 系及二陈势力即达到了顶峰，据时任中央党部秘书的王子壮回忆，"五大"总裁选举结果，"惟立夫与蒋先生为同票"，这让一直想在党内树立正统地位的蒋十分不满，故"乃亲以红铅笔将立夫名勾下若干名"，并不准公布票数。于是会后蒋氏即有了拿下二陈的想法。参见《王子壮日记》第 10 册（1945 年 5 月 31 日），台北"中央研究院"近代史研究所 2001 年版，第 186—187 页。无独有偶，1938 年 3 月召开的国民党临时代表大会上，选举结果，则陈果夫的票比蒋介石还要多，这让蒋有让陈家势力脱离党的想法。参见黄克武编撰《蒋复璁口述回忆录》，台北"中央研究院"近代史研究所 2000 年版，第 100 页。

④ 王子壮在谈及此事即曾回忆道："果夫立夫组党十年而有所组织，自然在党中形成一个力量。朱骝先来掌组织，因其在学界、政界均有相当之地位，故其措施不能悉循旧轨，于是下级冲突公然暴露。"参见《王子壮日记》第 9 册（1944 年 3 月底），台北"中央研究院"近代史研究所 2001 年版，第 133 页。

⑤ 参见周维朋《战后中国国民党派系关系之研究——以党政革新运动为中心的探讨》，硕士学位论文"国立政治大学"历史研究所，1998 年，第 27—28 页。

人开刀；而我们人中也有些失节之徒跑到朱家，真是人心大变。”①

有此成见后，但凡涉及组织部人事变动，皆被陈氏理解为清洗异己的行为。组织部老职员陈劬等以公家名义贩卖私盐一事被发觉后，被朱家骅移送法院，然陈果夫却认为此举乃朱排除异己，暗示法院不予侦查。后由黄埔系报告蒋介石，经批示交军法审询。在王子壮看来，陈劬有此不当之举，“派系关系有以致之也”。② 朱家骅在组织部大张旗鼓地改革，大有变“陈家党”为“朱家党”的势头，致使陈果夫再也看不下去，1942 年 6 月 12 日，陈向蒋介石密文呈告，称朱将在“半年内将部内旧人肃清”，对于朱家骅清除组织部旧人的举措，陈判断朱“必另有组织，且以排拒果等或隐瞒果等其为要事也”。并明确指出：“近来另有人相告，组织部亦有清除所谓‘CC’之说。”③ 不仅如此，二陈还于 1943 年 9 月召开的国民党五届第十一次及随后召开的第十二次全会上“集中力量，大肆攻击（朱家骅)”，蒋为之所动，乃于十二中全会再使立夫掌组织部。④ 盖蒋氏此举不但使正与 CC 针锋相对的朱家骅沮丧至极，即连元老派的丁惟汾亦相当不满，以为“如此不能促党内团结，且益将分裂也”，愤懑之余，数月不出席中央常会，以示抗议。⑤

1944 年，朱家骅与二陈再次互相更换职位，朱家骅从组织部调离，出任教育部长，而陈立夫则从教育部重新回到了组织部。于是，在两大派系的相互倾轧中，又再次导致了两大部门人事的重新更迭与整合。王子壮在日记中又透露：

> 近日政治风气日坏，盖生存竞争激烈之表征，朱骝先自组织部去职，其所属人员相继为新任所汰。彼所主之中英庚款董事会已决定裁撤，中央秘书处所管之文化驿站，系朱之亲信贺师俊所主持，中央秘

① 刘不同：《国民党的魔影——“CC 团”》，《文史资料选辑》第 45 辑，第 254 页。

② 《王子壮日记》第 6 册（1940 年 7 月 29 日），台北“中央研究院”近代史研究所 2001 年版，第 211 页。

③ 《陈果夫上蒋中正函》（1942 年 6 月 12 日），《蒋中正总统文物·特交档案》“一般资料·书翰”，台北“国史馆”藏，档号 0802200 第 62 卷，目次 50，毛笔原件，转引自冯启宏《〈蒋档〉书翰中的国民党派系倾轧》，《民国档案》2007 年第 1 期。关于陈果夫向蒋呈告的密文，亦可参见林绮慧《学者办党：朱家骅与中国国民党》，硕士学位论文，台湾师范大学历史学系，2003 年，第 113 页。

④ 《王子壮日记》第 10 册（1945 年 5 月 31 日），台北“中央研究院”近代史研究所 2001 年版，第 187 页。

⑤ 《王子壮日记》第 9 册（1944 年 10 月 15 日），台北“中央研究院”近代史研究所 2001 年版，第 416 页。

> 书处以紧缩名义并入宣传部。余并非支持此等机关者，其待调整亦为事实，惟朱氏甫下台，纷纷出此，实不免打落水狗之讥，在朱氏僚属，非不免有走投无路之悲，此种现象惟有使壁垒日深，冲突激烈，为党国前途计，实堪忧虑。①

王氏在看到职场生存的激烈竞争及官场中“人走茶凉”的人情冷暖同时，亦隐约道出了国民党政府中日深的人事“壁垒”及庇荫关系下激烈的派系冲突。

抗战后期，以《大公报》为首的舆论对时任行政院副院长兼财政部长的孔祥熙多有鞭挞。② 而素有“傅大炮”之称的傅斯年在参政会上亦屡屡对孔进行攻击。③ 由于《大公报》、傅斯年的政治立场与政学系相近，而政学系与孔系向来不合④，故在孔氏看来这是政学系向其发难的先兆。于是孔借报告参政会开会情形，对傅斯年与政学系展开了攻击。孔在报告中认为不应对傅及其背后的政治势力等闲视之，为此孔特别在密函中附带了一份调查报告，这份报告指出：

> 傅等所代表之洋学究势力，诚不可轻侮。自汪前长政院时，高倡引用专家，此辈乃乘隙而入。后以翁文灏、胡适、蒋廷黼、何廉等，颇受委座之栽培。若辈乃更朋比相引，除与汪勾结外，则与政学系最接近。如以国防部最高委员会之参事八名，几尽由张群援用若辈所盘

① 《王子壮日记》第9册（1944年8月7日），第317页。

② 1941年12月7日，因日本偷袭珍珠港，太平洋战争爆发，香港岌岌可危。为解救流落于香港的要人与名流，由蒋亲自开列名单，并从重庆派来一架飞机。12月9日，当飞机降落重庆，打开舱门后，令人吃惊的是从飞机上走出来的是孔氏家族及其保姆、大批箱子以及孔二小姐的17条爱犬，而应予撤回的各界要人却一个也不见。随后，《大公报》主笔王芸生借国民党五届九中全会通过的“增进行政效能，厉行法治制度，以修明政治案”发挥，写就《拥护修明政治案》的社评，矛头直指孔祥熙，令舆论哗然。后来该“事件”被证实为不实报道所致。具体参见《大公报》1941年12月22日第2版；杨天石《“飞机洋狗”事件与打倒孔祥熙运动——一份不实报道引起的学潮》，载南方周末报社编《晚清变局与民国乱象》，北京工业大学出版社2011年版，第234页。

③ 如王世杰在日记中云：“今日外间对于孔庸之之长行政院，王亮畴之长外交，颇多不满。昨闻傅斯年君（国防参议会委员）曾以长函致蒋先生，指责孔、王甚力。”参见林美莉编辑、校订《王世杰日记》上册（1938年3月4日），台北“中央研究院”近代史研究所2012年版，第97页。

④ 王子壮即透露国民党五届九中全会时，政学系之张群与孔作对，欲在政治上有进一步的发展。参见《王子壮日记》第7册（1941年12月21日），台北“中央研究院”近代史研究所2001年版，第355页。

> 踞。张奚若、萧公权、王化成、吴景超等皆其朋党。是以钧座对于此种人事关系不可不察，而严防其发生作用也。[①]

从上述引文来看，姑且不论政学系是否暗中与汪勾结，但孔向蒋提供的调查报告中所指出的国防最高委员会几为政学系所把持的情况却是事实。1936 年以后，政学系声势显赫，一些被认为是政学系的成员在“内阁”中身居要津，因而有“政学系内阁”之称。[②] 被认为是政学系首领的张群在战时出任国防最高委员会的秘书长，邀请大批清华出身的学者出任参事，其中如浦薛凤、王化成、邱椿、吴景超、沈宗濂、吴文藻、翟桓、徐敦璋等人，而同为清华出身的吴国桢还曾担任过第二处处长，故任何时期由清华出身者实过大半。

其中吴景超、王化成、吴国桢等人皆被认为是政学系成员，故这实非浦薛凤所谓的“岳公之人才主义”所能解释得了。[③] 30 年代初，如果说张群拿汪精卫作为借口从而否认自己是政学系首领，是因为其底气不足的话[④]，那么此时的张群早已有了足够的施恩能力，故而信心凿凿。

国民党元老丁惟汾曾言：“政治为抢夺，常不择手段以达夺取之目的，吾人以革命为志者，殊不欲与此斗争。”王子壮认为这是丁氏有感于政局纷扰的感慨之言。故王在日记中解释道：“夫革命本为政治的斗争，然所以斗争之故，为达实行政治主张之目的，然吾国现在之各派但知争权夺利而已。”王于是感叹道：（国民党本）“为民族而奋斗之党，至此但见争夺相尚之各派，几何不悉为民国之罪人。”[⑤] 事实上，无论是胡汉民系、孙科的太子派、汪精卫的改组派，还是 CC 系、新政学系，各派系之间并无意识形态或是政策上分歧，说到底，派系间争斗的主要目的仍是争权夺利的

---

① 《孔祥熙上蒋中正函》，《蒋中正总统文物·特交档案》“一般资料·书翰”，档号 0802200 第 619 卷，目次 50，毛笔原件，转引自冯启宏《〈蒋档〉书翰中的国民党派系倾轧》，《民国档案》2007 年第 1 期。

② 《何廉回忆录》，朱佑慈等译，中国文史出版社 1988 年版，第 210 页。

③ 浦薛凤：《太虚空里一游尘：八年抗战生涯随笔》，台北“商务印书馆”1979 年版，第 176 页。

④ 30 年代初，张群否认其是政学系首领时说：“其所以不搞政治组织，因为它有害无利。像汪先生现在就为此而烦恼。”因为汪的改组派成员没有捞到一官半职的天天去行政院找汪精卫。参见艾毓英《政学系与 CC 在湖北的蜗斗》，《武汉文史资料》1985 年第 1 辑，总第 19 辑，第 126 页。

⑤ 《王子壮日记》第 2 册（1934 年 1 月 15 日），台北“中央研究院”近代史研究所 2001 年版，第 8 页。

饭碗之争。[①] 据王子壮回忆，宁粤对峙结束后不久，蒋汪联手合作，“孙（孙科）与汪同来京合作，行政院长既不得不去，于是迟疑甚久，始就立法院，其目的盖欲为梁寒操、马超俊等谋一二阔部，如铁道、交通是也。在汪方仅得一实业部，后则铁道、外交及教育相继攫得，而孙无所获，乃衔汪甚与于（于右任）合作……欲拼命拉胡（胡汉民）来京，以排汪者也。”[②] 甚至到了1949年，阎锡山奉命组阁，仍不得不在内阁人员安排上与陈立夫及其CC系相商。[③]

论者有谓对于以政治独裁为原则，并缺乏规则与法治精神的国民党政权而言，派系林立不一定是坏事，因为它体现了“党国”体制下不同利益集团的政治诉求，是对高度集权的一种分化。[④] 其实，如果说抗战前反蒋派系的存在确实是对高度集权的“党国”体制的一种分化的话，那么抗战后尤其是蒋介石在作为党、政、军最高领袖后，由于反蒋派系的隐退，派系则成为蒋介石“分而治之”的工具。王子壮即谓：“蒋先生之用人采分派进行办法以收互相牵制之效，在小的派别方面只注重自己一派的利益，忘却公义之重要，以尖锐之斗争不得不采此必要之手段，于是各自包庇其属员，于是只见派系之明争暗斗，而无倡导正气之正人君子。”[⑤] 蒋氏惯用“双轨组织”的伎俩，战前即为公开的秘密。[⑥] 蒋氏支持多个派系存在，使

---

① 1969年力行社主要领导人刘健群在接受访问时即承认：“任何【派系】斗争都不是由政策分歧引起的斗争，而是为了饭碗的斗争。”参见〔美〕费正清、费维恺编《剑桥中华民国史》（下），谢亮生等译，中国社会科学出版社1994年版，第164页。

② 《王子壮日记》第2册（1934年1月15日），台北“中央研究院”近代史研究所2001年版，第8—9页。其实在孙科就任立法院长之前，时代理立法院院长的邵元冲对孙科系的观察与王子壮的看法不谋而合。邵曾向蒋建议其在立法院所用人员在孙科就任后不得更动，为孙所拒绝，并因之欲离京赴沪。在邵看来，孙之离京原因，“表面上虽以余欲限制其权为借口，实则其私人若马超俊之流，皆志在得一行政院之部或市长，而不屑之以一立法院为满足，今见所谋不成，行政院拒之甚力，故挟孙科以去，为到沪后再索价之地步。”参见《邵元冲日记》（1932年12月22日），上海人民出版社1990年版，第940页。

③ 《徐永昌日记》（1949年6月10日），台北“中央研究院”近代史研究所2001年版，第343页。

④ 参见崔之清《国民党政治与社会结构之演变（1905—1949）》（下编），社会科学文献出版社2007年版，第1242页。

⑤ 《王子壮日记》第6册（1940年7月28日），台北“中央研究院”近代史研究所2001年版，第210页。

⑥ 参见《何廉回忆录》，朱佑慈等译，中国文史出版社1988年版，第214页；〔美〕裴斐、韦慕庭访问《从上海市长到“台湾省主席”——吴国桢口述回忆》，吴修垣译，上海人民出版社1999年版，第20—21页；《王子壮日记》第3册（1936年6月17日），台北“中央研究院”近代史研究所2001年版，第168—169页。

“相竞相成，相克相生”①，这样就不会使得某一派系日益坐大，以致尾大不掉。② 但各派系为争夺有限的政治资源而进行的各种恶性倾轧和斗争，从而使得以奉蒋为领袖的各派系已失去平衡，而这也是蒋政权日益不安的要因。③ 亦因此，抗战八年，派系之间的合作竟然成为国民政府内政上的最重大问题之一。④ 以致当各派在人事安排上无法达成共识时，蒋介石亦无法解决此类问题之际，也不得不以“自兼”的方式来平衡各派。⑤

抗战后期，国内外舆论界对一些拥蒋派系渐露不满。时任军令部部长的徐永昌在日记中透露：“近来由于舆论之恶孔（孔祥熙）及军事责何（何应钦）之日甚，更有讥骂二陈者。外报因此有必去孔、何、二陈，中国乃能言改革之言论。日来议者以为蒋先生若不能去诸子，其自身亦不能见谅于国人云。”⑥ 不仅舆论对此感到失望，即使是体制内的人亦觉不可救药。侍从室高级幕僚唐纵即曾在日记中感慨：“党内派系对立，门户森严，有人调停，终无希望!”⑦ 对于蒋介石而言，拥蒋派系间的斗争并不能分化其至高无上的权力，反而是政务与党务停滞不前、纠缠不清的羁绊，亦是使蒋不安于位、政权渐失民心的一支催化剂。CC 领袖陈立夫曾坦言：“蒋公不嗜杀人，而好使部下力量对立（如党与团、政校与干校等），虽双方均对蒋公拥护，终致力量抵消，效率低落，非良策也。”⑧ 如果说陈氏的经验之谈仍为后见之明的话，则时任中央党部秘书的王子壮所观察到的各派系在基层组织中“各怀私心，钩心斗角”，致使基层组织“力量更分散，

---

① 参见胡梦华《国民党 CC 派系的形成过程》，《天津文史资料选辑》，第 6 辑，第 203 页。

② 王在日记中记道：“彼（指蒋介石）对于用人亦分为两途，对于亲信人员授以权势，予以名器，使其作一方面有组织之活动。除自己作正面之监督外，并用互相监视制裁之理，使其他一部分亲信从旁监视，时时报告其行动。”参见《王子壮日记》第 3 册（1936 年 6 月 17 日），台北“中央研究院”近代史研究所 2001 年版，第 169 页。

③ 1945 年 9 月 21 日，唐纵在日记中记道：“近有一传单攻击政学系，并列数政学系之名。因迩来政学系大为显要，分居要津，使另一部分人失势。政治上全是一个人事分布问题，无论哪一个党派得势，便有另一派的反对攻击，为之领袖者，应兼蓄并用，但应有一政策方针统驭之。”见《在蒋介石身边八年——侍从室高级幕僚唐纵日记》（1945 年 9 月 21 日），群众出版社 1992 年版，第 542 页。

④ 《陈诚回忆录——抗日战争》，东方出版社 2009 年版，第 162 页。

⑤ 《陈布雷回忆录》，传记文学出版社 1981 年版，第 80 页。

⑥ 《徐永昌日记》第 7 册（1944 年 9 月 30 日），台北“中央研究院”近代史研究所 1991 年版，第 447 页。

⑦ 《在蒋介石身边八年——侍从室高级幕僚唐纵日记》（1945 年 5 月 10 日），群众出版社 1992 年版，第 508 页。

⑧ 《成败之鉴——陈立夫回忆录》，正中书局 1994 年版，第 457 页。

分裂日益为厉，不可救药”[①] 的情形则更能说明问题。由此可见，抗战后期派系间的恶性倾轧所造成的结果则并非对集权的分化，而是“党国”体制内的恶性肿瘤，最终成为“党国”肌体腐败的要因。

综上所述，辛亥革命后，民主共和体制的建立，一方面让政党政治出现勃兴局面，另一方面则由于中国传统政治的惯性使然，政党逐渐出现派系化倾向，开始沦为私人把持下为攫取政治利益的小集团。派系的出现一方面与中国传统政治中的“党”相关，另一方面派系的组成则又完全以中国传统社会关系为纽带。网络研究表明，建立在效忠与庇护网络基础上的派系组织，要维系好派系成员与核心人物间的关系，依靠的并不仅仅是双方间共有的归属关系，合理且适当的政治利益的分配才是稳定两者关系的永恒纽带。

① 《王子壮日记》第9册（1944年3月底），台北“中央研究院”近代史研究所2001年版，第132页。

第四章　社会变迁与政府人事

——政权更迭、制度转型、知识更替与人事嬗变

德国社会学家 W. 茨阿波夫认为社会变迁指的是社会结构和社会秩序的变迁。[①] 其实，社会变迁的类型不同，解释社会变迁的理论也各有不同。冲突论的代表、德国社会学家 R. 达伦多夫认为，“每种结构变迁都应该理解为处于统治集团领导地位上的人的变迁”。[②] 因此达伦多夫认为社会变迁至少有三种方式：一是革命式的变迁，包括某一团体所有统治地位的人事的更换；二是占统治地位人事的部分变更；三是并不引起任何权威地位的人事更替，只是由对立团体中选取部分代表参与统治决策。[③] 晚清以降，中国社会发生的巨大变迁一直延续到民国年间，因社会结构与社会秩序变迁而引起的政治制度、经济、文化等方面的变革显而易见，而处于统治地位的统治阶层也在革命、战争及不同派系间的权力斗争中不断地进行人事分化与组合。

第一节　新政权与旧官僚：民国中央官僚之流动

无论是帝制时代的父死子继还是近代以来革命所造成的政权倾覆以及民主国家的政党轮替，新旧政权的更迭，都必然会对官僚群体的构成产生影响。辛亥革命后，从南京临时政府到北京政府再到南京国民政府，短短 37 年间，民国政权经历三次更迭，长的不过 22 年，短的不足百天。每一新政权在成立伊始都会遇到如何选拔新人及处理旧人的问题。

---

① 参见〔德〕W. 茨阿波夫《社会变迁》，载苏国勋、刘晓枫主编《社会理论的诸理论》，上海三联书店 2005 年版，第 577 页。

② 同上书，第 580 页。

③ 参见李芹主编《社会学概论》，山东大学出版社 1999 年版，第 304—305 页。

一　前清官僚与北京政府

1912 年 3 月 5 日，帝制的大幕刚刚落下，《时报》即以《新陈代谢》为题刊载了一则通俗歌谣：

> 共和政体成，专制政体灭；中华民国成，清朝灭；总统成，皇帝灭；新内阁成，旧内阁灭；新官制成，旧官制灭；新教育兴，旧教育灭；枪炮兴，弓矢灭；新礼服兴，翎顶礼服灭……①

这段文字充分体现了革命所带来的新旧更替现象，而这种二元对立的绝对判断句式，在某种程度上也体现了时人对新政权建立后的“新”想象。辛亥革命后，两千多年帝制统治突然崩坍，除造成以“皇帝”为中心的普遍王权的崩溃外，其对政治权力分配的影响也是不言而喻的。上引歌谣中尽管未曾提到“新官员兴，旧官僚灭”的字样，也当是其中应有之义。然革命后的新政权，除了担负政权重建的任务外，还不得不面对因文化差异、地域观念而造成的南北之见，由此引发的新旧之争与各种形形色色的新旧现象亦充斥其间，南北与新旧从而成为舆论与时人关注的话题之一。

（一）舆论中的南北与新旧

中国自秦汉以来即有南北两大子文化之分，故以南北对立而表现出来的地域观念上的文化与政治分歧就显得异常激烈。② 辛亥革命前，南北之分的地域歧视即已较为普遍与强烈。孙隆基教授研究表明，清末南北已经势成水火，本来只是地域分歧进而转为满汉之分，而南北间的仇视又因为清廷在最后几年实行现代化的“中央集权”进一步恶化，武昌起义后最终造成了南北对峙局面的形成。③ 而辛亥革命在南方的成功更成为人们判断南北新旧的一个标准，故民初的地域主义中南北畛域之见尤为严重。④

南京临时政府成立伊始，宋教仁即主张：“初组政府，须全用革命党，

---

① 《新陈代谢》，《时报》1912 年 3 月 5 日第 6 版。

② 参见陈序经《中国南北文化观》，台北牧童出版社 1978 年版，转引自罗志田《南北新旧与北伐成功的再诠释》，《开放时代》2000 年第 9 期。

③ 参见〔美〕孙隆基《历史学家的经线》，广西师范大学出版社 2004 年版，第 69—73 页。

④ 参见醒波《劝中国人不可存南北之见》，《独立周报》1913 年第 2 卷第 12 期。

不用旧官僚，理由甚充足。”① 清帝逊位后，孙中山辞去临时大总统的职位，袁世凯继任。政府北迁之际，在政府机关人员的组成上，南北之见、新旧之争异常激烈。1912 年 4 月 12 日，西报即闻袁世凯把将来各部要录用的职员分为四类：“南京政府旧人之曾留学者为第一类；南省人材之富有经验者为第二类；北方学堂毕业及曾游学者为第三类；北政府旧人物为第四类。”② 4 月下旬，唐绍仪赴京上任，《申报》又以“各署员司之末路”为题报道了政府对于清政府旧官僚之处置，其云：

> 此次唐总理及各国务员来京，由南带来之各部司员甚多，所有前清各署司员除内务、陆军、交通各部无大更动外，其余各部一律扫除，并闻即陆军部一部，其由南带来者已有 150 人之多，而度支部亦复不少，故该部已于日前将各部员司一律发给薪水，并令各员此后勿庸进署听候差遣，各员司领此薪水后，情形极为懊丧，不知将来熊总长何以处此。③

在此之前，《大公报》以《新内阁有不用旧员之说》为题报道了新政府倾向多用南方新人。谓“民国内阁与前清内阁性质纯不相同，且亦无可交代之价值，内除印铸局工匠外，所有从前各旧员一律不用，以免蹈前清变制之积弊”。④ 报道虽未经证实，但南北舆论在看待问题上的一致性，亦让不少在北京供职的“旧官僚”着实担惊受怕了一回。以致纷纷集议，要求大总统将来政府用人必须“南北参合并用”。⑤

袁世凯就任大总统后，北方报纸报道称，为组成新政府，“南京各部，卷土北来，轮船火车，已无他人容足之地”。⑥ 如此，则部分在京旧官僚面临的失业问题仍不可避免。而对于新政府是否留用旧官僚，多取决各部总长。新任伊始，各部总长对于旧部人员的去留皆有所筹划。如司法部议定委任官员一律以考试决定去留⑦，为防止司法部中南北人员发生龃龉，总

---

① 《辛亥札记》，载陈三井、居蜜合编《居正先生全集》（上），台北“中央研究院”近代史研究所 1998 年版，第 79 页。

② 《西报之北京消息》，《申报》1912 年 4 月 12 日第 2 版。

③ 《各署员司之末路》，《申报》1912 年 4 月 29 日第 2 版。

④ 《新内阁有不用旧员之说》，《大公报》1912 年 3 月 18 日第 1 张第 3 版。

⑤ 《北政府旧人亦将要求位置矣》，《申报》1912 年 4 月 23 日第 2 版。

⑥ 梦幻：《闲评一》，《大公报》1912 年 4 月 27 日第 1 张第 3 版。

⑦ 参见《各部进行种种》，《申报》1912 年 5 月 17 日第 2 版。

长王宠惠特出公告："谓南北人员皆为国服务，并无歧视，其所派接收人员南四北五雅足为证。"[①] 外交总长陆征祥到部后，"拟将该部司员先行解散后，着手组织，闻其组织之法，仍系新旧参用，旧司员被裁汰者约有三十余人之谱"。[②] 工商部自划分以后，"参事、秘书、司长任命者八人，其中二人为原在部之人，其余均来自南都"。[③] 工商部暂署总长王正廷对农工商部各旧员曾言："新部用人原无成见，此次旧员暂为解散，将来仍有借重之处。"旧员闻之稍慰。[④] 陆军部中科长及秘书处人员亦已派定，其中除雷炳焜、唐汝谦、李学瀛、吴经明、塔齐贤等科长为该部旧员外，余皆南方新人物。[⑤] 而陆军次长一职，先是由段祺瑞推荐了日本陆军士官学校第八期卒业生徐树铮，"群滋不悦，遂改用蒋作宾"。蒋在南京临时政府时即为陆次，此次由南带来八十余人，因无法一一安置，大为烦恼。"因之，总次长颇起龃龉。"[⑥]

海军部总长刘冠雄本海军旧人，资格甚深，与项城夙有恩谊，刘上任后乃将南京时期的部员未卒业者仍遣令留学，可他调者他调。[⑦] 刘更是宣称："此后部中委任各员必须系海军出身，其非海军出身者，必须熟悉部务，确有经验。"[⑧] 然海军部旧员共 103 人，"其间曾习海军者只三十余人，总次长拟将不习海军人员全行淘汰，即三十余人中亦只择优授职，故现时海军部人员全数合计连南来四十余人，不过七十余人"[⑨]；交通部则由总长施肇基从旧署员 600 余人中精挑细选，"仅将现在办事之人物，酌留四十五人，合之新来者六人，共得五十一人"；内务部蒙藏事务处调用旧理藩部司员数十人，"唐总理之意，各部皆须多用南方人员，而额缺又不可多设，意欲少用旧人。赵总长则以久在民部，熟人甚多，穷于位置之法，大有左右为难之慨。日来民部旧司官闻此消息，乃于前日全体辞职，以为保

---

① 黄远庸：《新政府之人才评》，《远生遗著》上册卷 2，商务印书馆 1984 年增补影印，第 17 页。

② 《各部新猷种种》，《申报》1912 年 6 月 20 日第 3 版。

③ 《工商部颓唐之一斑》，《申报》1912 年 6 月 11 日第 2 版。

④ 《各部用人之计划》，《申报》1912 年 5 月 13 日第 2 版。

⑤ 《新旧各部近状记》，《申报》1912 年 5 月 5 日第 2 版。

⑥ 《各部用人之计划》，《申报》1912 年 5 月 13 日第 2 版。

⑦ 参见黄远庸《新政府之人才评》（1912 年 5 月 24），《远生遗著》上册卷 2，商务印书馆 1984 年增外影印，第 17—18 页。

⑧ 《各部用人之计划》，《申报》1912 年 5 月 13 日第 2 版。

⑨ 《各部新陈代谢记》，《申报》1912 年 5 月 3 日第 2 版。

全面子之计，现在内务部衙署已无复旧司官之踪迹矣”。[①] 然由此引起的新旧员司之杯葛，经总长赵秉钧调停，感情已为融洽。赵并命人调查各员履历学识，“无论汉满新旧，如有才干之士，均挑选入部”[②]；教育部则意欲将学部旧司官一体解散，重新组织，以示振作；农林部则开始“调取部中学生出身之履历，概有注重学生一面之意”[③]。

政府北迁初时，南北之间调和甚难，新旧冲突自然难免。《大公报》评论即指出：

> 自总理及国务员北来，凡南京各部人员，及新得总理委任状者，无不相随并至，北京各部几无容足之地，旧日部员，遂在天然淘汰之中。于是因淘汰而生冲突，一见于内务部，再见于司法部，他部亦有跃跃欲动之机。此新政府成立时之第一活剧也。
>
> 以目前现象而观，新来人员，已有满坑满谷之势，此后源源而来者，更不可以数计，则今日旧与新冲突，他日旧者既尽，必将新与新冲突。[④]

诚如斯言，刘冠雄以北方旧人任海军部长，欲以“欧洲海军毕业”及“执法官实系大学毕业”为标准用人，结果南方人员不满，扬言“若不改易轨辙，则手枪炸弹请储以待”；欲令所留人员一律考试，而留者大多系海军大学出身，海军中人与陆军中人同最讲究资格，有较刘更老者又复不满，不肯应试，致使刘无可奈何。[⑤]

新政权对于新旧官僚的区分标准不仅有“南北”之见，更有“东西”之争。曹汝霖在任外交次长时即因向袁世凯推荐的出使人才皆为东洋毕业生而遭到部中欧美出身者之猜疑。[⑥] 而财政等部“于南、北意见外，尚有一东西之争竞。盖西洋毕业人员多看不起东洋学生，而东洋毕业人员又妒忌西洋学生，于是南北东西时生冲突”。[⑦]

---

① 《新旧京官现形记》，《申报》1912 年 4 月 30 日第 3 版。

② 《各部用人之计划》，《申报》1912 年 5 月 13 日第 2 版。

③ 《新旧京官现形记》，《申报》1912 年 4 月 30 日第 3 版。

④ 梦幻：《闲评一》，《大公报》1912 年 4 月 28 日第 1 张第 3 版。

⑤ 黄远庸：《新政府之人才评》（1912 年 5 月 24 日），《远生遗著》上册卷 2，商务印书馆 1984 年增外影印，第 18 页。

⑥ 《曹汝霖一生之回忆》，传记文学出版社 1980 年版，第 115 页。

⑦ 《各部司员升沈记》，《申报》1912 年 5 月 28 日第 2 版。

（二）新政权与旧官僚：时人的观察与评说

无论是南方的革命党还是北方的旧官僚，均淹没在南北舆论中的“南北之见”与“东西之争”，除了表面上的新旧之争与政见分歧外，更多的仍是一种对官场有限资源的争夺。因为无论革命是推翻既成政治秩序的急剧暴力行动，还是围绕政治权威机构中的职务占有问题，革命的变化都首先发生在当权者和政府机构中，即当权者及其机构的全面更换与统治阶级的转变。[①] 但民国初建之际，政府对于官员的选任并未能建立一套完备的体制，故政府用人随意性较大，人治色彩也较浓。而为了保证辛亥鼎革后政权的平稳过渡，大量延用前清旧人也成为题中应有之义。

民国初建，孙中山即电令各省都督、军政分府，要求新政府在用人上新旧兼容，称“今日改革政治为共和，则国犹是国，人犹是人，蓄众容我，并无畛域。当此百务方新，革命奇英难敷全国建设之用，岂可以狭义示人”。[②] 但中山先生仍提出以南北来区分“新旧”，他说：“革命起于南方，而北方影响尚细，故一切旧思想，未能扫除净尽。是以北方如一本旧历，南方如一本新历，必新旧并用，全新全旧，皆不合宜。”[③] 清帝退位后，南北双方尽管就袁世凯接任大总统并无异议，但关于定都何处的争议却迟迟未决。不得已袁世凯只好以清朝最后一届内阁为政府。清帝退位翌日，曾在清廷任职的许宝衡即注意到，袁世凯先令京外各官署继续办事，又令各部正副大臣改称正副首领。[④] 而沈家本则观察到，3月10日袁世凯就任大总统时，就职仪式仍由原内阁以及清朝留任京官共同参与完成。[⑤]

早在袁就任大总统前，当世名流、且为立宪派要人的梁启超即曾建议袁世凯倚重旧官僚。梁于1912年2月23日致信袁世凯，将当今政界人士分为三派：旧官僚派、旧立宪派和旧革命派。梁指出“旧官僚派公之所素抚循也，除阘冗佥任决当淘汰外，其余佳士大率富于经验，宜为行政部之

---

① 参见〔日〕中野实《革命》，于小薇译，经济日报出版社1991年版，第11—13页。

② 《时报》1912年1月19日，转引自章开沅、林增平等《辛亥革命史》下册，人民出版社1981年版，第363页。

③ 《在上海国民党欢迎会上的演说》，《孙中山全集》第2卷，中华书局1982年版，第485页。

④ 参见许恪儒整理《许宝蘅日记》第1册（1912年2月13日），中华书局2010年版，394页。

⑤ 参见韩延龙、刘海丰、沈厚铎整理《沈家本日记》，《沈家本未刻书籍纂补编》（下），中国社会科学出版社2006年版，第1344页。

中坚”。并认为“旧革命派只宜破坏，不宜于建设”，不足为虑。[①] 袁世凯第一届内阁成立后，革命党人仅得教育、司法、农林、工商等席，党人之失落感在所难免。革命党人覃振即指出，袁氏所提议阁员“概属亡清旧吏，无一纯粹新人物”，以致“军学政商各界咸怀不平，暗潮流涌”。[②] 但也有舆论对反对者提出批评，认为政府任官所争者不应其是否为“满清旧时官吏”的问题，所争者应为“人材之优劣”，“但使干局优长，而又未曾破坏共和者，则皆在可用之列”。[③] 尽管，第一届内阁成立前，唐绍仪尽管主张多用南方人[④]，但袁世凯明令各总长：“官制虽改，断不能全换新手，仍当照前委任，或略更调而已。”[⑤] 由此，旧部变新部，“旧侍郎坐升新总长”大约为清与民国政权更迭之际所独有的风景，而旧官僚长部后对于其僚属的选择亦大约不出前清旧部之范围。此时，内务部表现最为明显，时人因此评论说，内务部由清民政部而来，而内务总长赵秉钧则以“旧侍郎坐升新总长”，赵氏虽允新旧杂用，然“南北英俊”加入甚少，部内职员多为“官僚蠹虫”。赵去后，继者亦为前清旧官僚朱启钤，“朱氏为人机警，颇得袁氏宠，亦以排除异己，豢养鹰犬为唯一目的。凡老官僚之稍有风格者，及曾为革命出力者，均力排之。南京内务部北上之人，更降免殆尽”。[⑥]

据说年龄尚幼的逊帝溥仪，某次接见民国官员，大有“何民国人似曾相识之多耶”之疑问。[⑦] 传闻自然无法当真，但也并非空穴来风之谈。据笔者统计，在辛亥革命后17年间，曾入阁的官员共有138人，其中有科举功名者，高达50人之多，占总数的36.23%。任国务总理者达29人，但仅有王宠惠、王正廷、黄郛等为数不多的未仕清者，曾在清政府任职者高达79%。具体如表4—1所示。

---

① 丁文江、赵丰田主编:《梁启超年谱长编》，上海人民出版社1983年版，第617页。

② 张国淦:《北洋述闻》，上海书店出版社1998年版，第123页。

③ 《时报》1912年3月21日，转引自金冲及、胡绳武《辛亥革命史稿》(三卷)，上海人民出版社1991年版，第226页。

④ 《新旧京官现形记》，《申报》1912年4月30日第3版。

⑤ 《袁总统安慰人心》，《太平洋报》1912年4月16日，转引自金冲及、胡绳武《辛亥革命史稿》(三卷)，上海人民出版社1991年版，第240页。

⑥ 正群社辑纂:《北京官僚罪恶史》，中华书局2007年版，第113页。

⑦ 杨圻著，马卫中、潘虹校点:《江山万里楼诗词钞》，上海古籍出版社2003年版，第134页。

表4—1 北京政府内阁各部次长、参事、司长中之前清官僚留用率① 单位:%

年份	外交部	内务部	财政部	陆军部	海军部	教育部	司法部	农林部	工商部	农商部	交通部
1912	100	64.3	84.6	64.3	100	70	45.5	81.8	72.7	—	100
1913	85.7	70.6	81.3	69.2	100	54.5	33.3	75	70	—	100
1914	90	83.3	84.6	71.4	100	75	45.5	—	—	61.5	100
1915	66.7	84.6	85.7	76.9	100	90	50	—	—	70	100
1916	75	84.2	87.5	80	100	80	55.6	—	—	53.8	93.3
1917	88.9	81.3	76.2	93.7	87.5	60	60	—	—	86.7	92.3
1918	88.9	85.7	71.4	100	92.3	57.1	50	—	—	100	100
1919	87.5	85.7	76.9	100	91.7	45.5	37.5	—	—	100	100
1920	78.6	85.7	78.6	93.7	90.9	60	54.5	—	—	100	75
1921	61.5	83.3	80.9	92.3	90.9	54.5	72.7	—	—	100	72.7
1922	58.3	81.25	80	92.8	84.6	46.2	30	—	—	88.2	80
1923	66.7	84.6	75	92.3	83.3	55.6	33.3	—	—	75	85.7
1924	55.6	78.6	86.7	93.3	90.9	54.5	30	—	—	76.9	87.5
1925	60	72.7	60	80	90	50	25	—	—	80	77.8
1926	45.5	76.9	57.1	86.6	91.7	40	44.4	—	—	83.3	77.8
1927	30.8	66.7	78.6	78.5	100	45.5	44.4	—	—	87.5	66.7
1928	44.4	72.7	66.7	—	—	50	37.5	—	—	—	54.5

说明：（1）本表包括任、代、署理，但不包括未就者；（2）履历不详者统计“年官员总数”时不计入内；（3）曾在清政府任职，辛亥革命前加入同盟会会员的以及立宪派的人物不包括在内。

表4—2 北京政府历届内阁人事组成（1912—1928）

组阁时间	国务总理	阁员平均年龄	前清官员留用率(%)	前任阁员留用率(%)
1912.3.13—6.27	唐绍仪	41.73	63.6	—
1912.6.29—9.22	陆征祥	42.5	90.9	45.5
1912.9.25—1913.7.16	赵秉钧	42.5	90.9	100
1913.7.31—1914.2.12	熊希龄	48.36	90.9	27.3

① 所谓留用率乃以前清官僚在内阁各部中的职务占有率作为判定标准，这个职务并非针对某部或某个职位的“连任率”，而是继续留任于任何部门与任何职务的“留用率”。留用率的计算方法：（某部某年次长、参事及各司司长在职者中前清官员人数/某部某年在职人数总和）×100。

续表

组阁时间	国务总理	阁员平均年龄	前清官员留用率(%)	前任阁员留用率(%)
1914. 5. 1—1915. 10. 27	徐世昌	48. 9	90	70
1916. 4. 22—6. 29	段祺瑞	44. 4	100	60
1916. 6. 29—1917. 5. 23	段祺瑞	46. 7	80	30
1917. 5. 28—7. 2	李经羲	53. 6	100	10
1917. 7. 2—11. 22	段祺瑞	47. 1	70	0
1917. 11. 30—1918. 3. 23	王士珍	48. 9	100	20
1918. 3. 23—10. 10	段祺瑞	48. 2	100	70
1918. 12. 20—1919. 6. 13	钱能训	47. 6	100	60
1919. 11. 5—1920. 7. 2	靳云鹏	48	100	60
1920. 8. 9—1921. 4. 25	靳云鹏	46. 2	100	30
1921. 5. 14—12. 18	靳云鹏	48	100	60
1921. 12. 24—1922. 1. 25	梁士诒	48. 9	80	30
1922. 6. 11—8. 5	颜惠庆	47. 5	70	60
1922. 8. 5—9. 19	王宠惠兼代	46. 5	50	50
1922. 9. 22—11. 29	王宠惠	46. 7	60	60
1922. 11. 29—12. 11	汪大燮	51. 5	70	40
1923. 1. 4—6. 6	张绍曾	50	60	60
1923. 12—1924. 1. 12	高凌霨	50. 4	70	60
1924. 1. 12—7. 2	孙宝琦	49. 1	70	50
1924. 9. 14—10. 13	颜惠庆	49	80	70
1924. 10. 31—11. 25	黄郛	46. 2	40	40
1924. 11. 24—1925. 12. 26	段祺瑞	48. 2	70	0
1925. 12. 26—1926. 3. 4	许世英	47. 6	50	30
1926. 3. 4—4. 20	贾德耀	46. 67	70	50
1926. 5. 13—6. 22	颜惠庆	48	80	30
1927. 1. 12—6. 20	顾维钧	47. 5	70	60
1927. 6. 20—1928. 6. 3	潘复	48. 9	90	30

说明：（1）由于北京政府内阁改组较为频繁，阁员变换频率较高，为方便统计只以每一正式内阁阁员为标准；（2）计算前任阁员留任率时则参照前一正式内阁、改组后及临时内阁；（3）本表包括任、兼任、代、署理，未就者如有代理者即以代理者为准，如无代理者，即以本人为准；（4）资料来源：钱实甫：《北洋政府职官年表》，华东师范大学出版社 1991 年版，第 204—222 页；徐有春：《民国人物大辞典》，河北人民出版社 1991 年版。

从表4—1来看，北京政府内阁各部中，次长、参事及司长等职位中，前清官僚的留用率之高不能不令人吃惊。1912年至1922年的10年间，除司法与教育两部外，其余各部的前清官僚留用率皆超过50%，其中尤以内务、财政、海军、交通等部最为显目。外交部作为较早的现代化部门，其前十年的前清官僚留用率如此之高还是令人吃惊。一方面说明革命党人中外交人才之缺乏，另一方面则说明新人还不能担当重任。时担任外交次长的颜惠庆回忆道：民国成立后，“人事方面，多沿用原来机构的旧有人员，外交部的人事，亦不例外。不惟可资熟手，且过去许多悬案，仍须旧人继续办理，藉期迅捷”。①

内阁中，凡较为重要之部门，其旧官僚之留用率都比较高，而教育部向为清水衙门，故袁世凯当政后多让予革命党人。昔日袁氏想让杨度掌教育，杨云：“教育闲曹，吾愿帮忙，不帮闲。”② 由此可见，教育部在内阁中之地位可见一斑。司法部则为专业化要求较高的部门，故在部内任职者多有留学经历，新人亦较多。其实，革命成功的直接体现就是革命党人在新政府中的职务占有。故以二次革命为分界线，则在1914年前除海军、交通外，各部或多或少皆体现出些许革命后的痕迹，但仍不明显。二次革命后，脱胎于革命党的国民党被袁世凯解散，沦为非法，革命党人在政府中的职务占有也急剧下降，各部前清官僚的留用率也有所反弹。若以十年为一代，由前述可知，民国官场上60岁以上为官者并不多见，1922年后出生于19世纪50—70年代的前清官吏纷纷退隐，故各部前清官僚留用率均有所下降，此为代际更迭所致。

从北京政府的最高行政机构——内阁的情况来看，则辛亥革命所造成的政权更迭不过是清代君臣之间权力继替的结果。表4—2所体现出的历届内阁阁员中前清官僚的留用率清楚地表明了民国政权从一开始就把持于旧官僚手中，革命党人却成为新政权中的匆匆过客，为旧官僚排挤的对象。

既然新部由旧部改制而来，新总长则由旧侍郎而升任，故此辈旧官僚，只需“得恩上为长官”，遂可安然盘踞于新部。然“若辈脑中不知民国为何物，政治为何事，只知有改叩头为鞠躬，易尚书为总长之形式耳”。③ 1917年张勋复辟之所以得一时之成功，实因北京官场中以“遗老”

---

① 《颜惠庆自传》，姚崧龄译，传记文学出版社1982年再版，第74页。

② 陈灨一：《新语林》，上海书店出版社1997年版，第24页。

③ 同上书，第112页。

自居者并不在少数。时人有描述复辟时内务部官僚的各种丑态：“吴镜潭以侍郎代理尚书，到任之日，陈司长时利辈素守清规，补服朝珠具备，自然方步缓缓以参堂。惟王司长扬滨向服西装，临时备买快官靴，以行古礼。诚不愧为名进士矣。龙福寺之靴帽顶翎，顿为内部官员买尽，颇极一时佳话。”①

以“新人”身份初到北京政府任职的顾维钧则观察到：民国建立后，除来往函电中的称呼和日期发生变化外，其余一切仍从旧习。总统府的秘书以及总统身边的人亦大约属旧派人物。② 中央如此，地方亦然。内务总长程德全在内务部致大总统呈中即指出：“民国初立，人才缺乏，庸俗思进，势不能免……各省独立以来，惟军政一节，全归我有，而地方官吏，如府、县各缺，皆仍满清之旧人。”③

（三）过渡时代中的新旧之争

旧官僚复据新官场，昔曾经摧残过革命党者，今却已能入总统府充当高等顾问，或外放为某省高级军官；而过去曾酷虐下民者，今又派充为某省镇抚使，或镇守使与铁路督办，并有委任某都督，某民政长之消息矣。政府如此新旧不分，援植宵小，时人因此惊呼“此为共和政治之一大障碍也”④。

不仅国内舆论对此不满，即连日本报纸亦云：“支那虽成空前之大革命，而其内容之腐败堕落实与前清无异。贿赂之公行，赌博之热盛，真为可惊，新国气象，毫不存在。”⑤ 斯时，对于大多数亡清旧吏而言，民国仍相当陌生，帝制也不过才是去年的事情，故对辛亥革命所造成的政权更迭，他们仍将其想象为王朝更迭所导致的那一套他们熟悉的国家秩序。对此，叶恭绰曾这样评论：

> 我国辛亥革命，非征诛而类揖让，以是，人多忘其为革命。一般知识分子，号称开明人士者，亦视若无睹，有时，且发露其时移世易之感，则以民国初期，虽号称共和，而大众多不识共和为何物，未尝

---

① 陈灨一：《新语林》，上海书店出版社 1997 年版，第 114 页。

② 《顾维钧回忆录》第 1 册，中国社会科学院近代史研究所译，中华书局 1983 年版，第 93 页。

③ 《内务部请颁文官实验令呈及临时大总统批》（1912 年 2 月 13 日），《中华民国史档案资料汇编》第 2 辑，凤凰出版传媒集团、凤凰出版社 1991 年版，第 28 页。

④ 齐昌、何慨之：《蓬寄草庐鸿雪集》，光东书局 1938 年版，第 69—73 页。

⑤ 《政府对于用人之主张》，《申报》1915 年 8 月 2 日第 6 版。

视民主为二千余年之创制，乃历史上之一大转变。只视为朝代转移，如三马同槽及刘宋、赵宋之禅代而已。[①]

叶氏为“三朝老臣”，此一论断当是有感而发。时人刘以芬亦指出：“民国肇建，百度更新，人民以习专制久，茫然不知共和为何事，内阁、议会为何物。”不独普通民众，即身居枢要者亦莫不如此。民初，陆征祥任国务总理，出席参议院报告施政方针，竟大谈请客、做生日、开菜单等，无一语涉及政治，致全院哗然，遂不安于位而去。而“贻笑尤较陆为甚者”，则海军总长刘冠雄，民国二年（1913）正式国会成立，汤化龙当选众议院议长，刘往贺，汤请其入座，刘连称不敢，汤曰：“君为客，礼应尔，何谦让为？”刘嗫嚅良久，始答：“总统须由国会选出，议长乃国会领袖，位于总统埒，我系总统僚属，议长即我长官，如何敢分庭抗礼？”[②]阁员认议长为长官，在今天以后见之明看来，实在是滑天下之大稽，但在帝制刚去、共和不和的当时，有此认知者恐不止刘氏一人。[③] 由于新部由旧部改制而来，新总长由旧侍郎而升任，故此辈旧官僚，只需“得恩上为长官”，遂可安然盘踞于新部。然“若辈脑中不知民国为何物，政治为何事，只知有改叩头为鞠躬，易尚书为总长之形式耳”。[④] 如此，则前清的一套官箴官仪被带入民国政界亦并不为奇。[⑤]

对于新派人物而言，新专业知识、新世界眼光都是旧官僚所不具备的。然新人虽锐利有余，却沉稳不足，缺乏经验是其最大的弱点；对于旧官僚而言，丰富的官场经验、庞大的人脉关系及社会交往网络则是其最大的财富。他们虽沉稳持重，但朝气不足却是这些人的最大弱点。杨士琦在任政事堂左丞时，主张“新旧人才兼收并容”。谈及原因时，杨谓：“盖旧人所长在有经验，处事镇静，若能持大体而遇事敢为，富有朝气，亦须让新人材一步。但纯用新人材不免偏于急进，致纷更过度，不适国情；反

---

① 叶恭绰：《论四十年来文艺思想之矛盾》，《遐庵谈艺录》，香港太平书局 1961 年版，第 112 页。

② 刘以芬：《民国政史拾遗》，上海书店出版社 1998 年版，第 3 页；关于陆在参议院大谈开菜单等情形亦可参见《曹汝霖一生之回忆》，传记文学出版社 1980 年版，第 79 页。

③ 据时人观察，袁世凯为民国首位正式大总统，但他对于民主的内容则是一无所知；而曹锟则更为可笑，甚至是一个未受过学校教育的文盲。参见《顾维钧回忆录》第 1 册，中国社会科学院近代史研究所译，中华书局 1983 年版，第 367、266 页。

④ 正群社辑纂：《北京官僚罪恶史》，中华书局 2007 年版，第 112 页。

⑤ 民初齐耀珊长浙时，即曾仍依前清体制，坐四人绿呢大轿，恢复辕门官钞。参见黄华《老官僚之大轿》，《中央日报》1935 年 8 月 5 日第 3 张第 4 版。

之，纯用旧人材，亦必由停滞而入于腐败。”[①] 盖杨氏之语，实已看到了新旧人才各有其短长，故而主张新旧兼用。袁世凯身边尽管不乏新式人才，但作为旧官僚出身的他看到的却都是旧官僚身上的优点，他在创设参政院时，即罗致了大量遗老为参政。有人因此而诘之。袁却有自己的一套说辞，他说：“汉之良相即亡秦之退官，唐之名臣即败隋之故吏。政治不能凭虚而造，参政责任綦重，非富有经验者不理。”[②] 诘者因而无言以对。

民初官场中，“有用旧势力旧资格而争者，有用新势力新资格而争者”。[③] 盖鼎革之际，新者未立，旧者未去，新旧杂糅为此过渡时代的显著特征。而作为新派人物的顾维钧对总统袁世凯的评价亦可说明新旧交替时代的人物特征，他说：“和顽固的保守派相比，他似乎相当维新，甚至有些自由主义的思想，但对事物的看法则是旧派人物那一套。”[④] 这一时期，过渡时代的特征到处可见，顾维钧这样回忆道：

> 从施政方式和政府结构来看，北京表现一种奇特的现象。官方行文完全和前清一样沿用旧式文体，唯一的变化就是官衔的称呼变了。奏折和呈文现在是递给总统和总理，表达方式仍沿用前清旧习。在官方集会仪式中，叩头是免了，但在官员家庭中仍遵守旧习。在生日和新年节日，家人和奴仆还给老爷、太太叩头而不是鞠躬。成长中的年青一代则极力仿效西方风俗，穿西装，老年人则仍穿老式服装。政府各部中，至少一半人是在前清供职多年的旧官僚。归国留学生主要在外交部和交通部任职。其他如内务部或蒙藏事务局等部门还和自古以来那样墨守成规。就是我所在的外交部内，还保留某些旧习。例如，总长一到，仆役即从大门口直到各司高声通报总长到！每天不知喊多少次。总长出门拜客，回到部里又得喊。[⑤]

顾维钧不仅深深体会到了新旧官僚间的格格不入，而且对于袁世凯等一班领导人的思想状态更深感担忧。[⑥] 而袁的后任如曹锟之辈更等而下之。

---

① 陈灨一：《新语林》，上海书店出版社 1997 年版，第 23 页。

② 同上书，第 20 页。

③ 黄远庸：《官迷论》（1913 年 1 月 17 日），《远生遗著》上册卷 1，商务印书馆 1984 年增补影印，第 31 页。

④ 《顾维钧回忆录》第 1 册，中华书局 1983 年版，第 90 页。

⑤ 同上书，第 135 页。

⑥ 同上书，第 93、367 页。

“曹锟以贿选而柄国事，枢府每议要政，曹党之人辄不知所云。”作为新人的内阁成员王宠惠“目笑存之”。有人不解其故，问之，王回答说：“为大使者，能画诺已属上选，何必晓事！”[①] 可见其不屑与鄙夷之意。有意思的是，不仅是激进的新人看不起旧官僚，旧官僚亦不愿多接触新派人士。亡清旧吏王闿运受袁世凯邀请出任国史馆馆长，抵京后凡“新党中人概不接见”[②]。此在人人趋新的民初虽不常见，但却能反映一般遗老对新党中人的仇视心态。

（四）沦为旧政权：新旧分野中的北京政府

有论者谓，从19世纪后期开始，新旧之争即成为近代中国一个持续的现象。但新旧之间的区分标准以及不同时期的新旧分野却随时会变。[③] 辛亥以后，政治社会风气与晚清的强烈反差以及新旧之间的社会分化让在广西陆军速成学堂学习的李宗仁感到十分不满。李氏曾对此评论曰：“当清末厉行新政时，朝廷中一部分大员和各省少数封疆大吏，可能是敷衍门面，缓和舆情；然下级办新政的人物，都是受过新式教育的人。的确生气勃勃，有一番新气象。不意在辛亥革命之后，这种欣欣向荣的气象反而消失。以前的所谓新人物，现在大半变成旧官僚；以前的新政机构，现在又都变成敷衍公事的衙门。”[④] 曾参与革命的熊十力则发现，辛亥革命之后，掌握南方多省的革命党“新官僚气味重得骇人，暴露浮嚣侈靡淫佚种种败德。一时舆论都感觉革命只是换招牌。而过去腐恶的实质，不独丝毫没有改变，且将愈演愈凶”。[⑤] 辛亥革命后参与南京临时政府建设的吴玉章也看到了类似的情形：“在南京临时政府中，不仅原来的官僚政客，毫无生气；并且有些革命党人也在他们的影响下，开始蜕化，逐渐地丧失革命意志，而一味追求个人的官职和利禄去了。”[⑥]

有人称这种“新者不新，旧者仍旧”的现象为“旧官僚奴根未去，新官僚又大种奴根”，并由此得出新官僚之罪恶犹甚于旧官僚的认知。[⑦] 数年

---

① 陈灨一：《睇向斋逞臆谈》，《睇向斋秘录》（附二种），中华书局2007年版，第126页。

② 同上书，第76页。

③ 参见罗志田《二十世纪的中国思想与学术掠影》，广东教育出版社2001年版，第258页。

④ 李宗仁口述，唐德刚撰写：《李宗仁回忆录》（上），广西师范大学出版社2005年版，第49—50页。

⑤ 熊十力：《英雄造时势》，《独立评论》1934年6月10日第104期，第11页。

⑥ 吴玉章：《吴玉章回忆录》，中国青年出版社1978年版，第91页。

⑦ 其云：“旧官僚不足惜，新官僚乃可悲。旧官僚力足以亡满清，而不足以亡民国；新官僚力不足以覆民国，而乃连结旧官僚以覆之，其罪不犹甚于旧官僚乎。”参见《官僚共和论》，《东方杂志》1914年9月1日第11卷第3号，第25页。

后，时人因此大发今不如昔、新不如旧的感叹。1915 年，吴宓即在日记中感叹：“共和以后，其专制横恣情形，比之清末造，过之倍蓰。”[①] 1918 年沉湖自杀的梁济，在遗书中即表达了对共和体制的不满和失望，梁氏认为民国“系由清廷禅授而来”，但却并未因此而得民安，七年来“南北因争战而大局分崩，民生因负担而困穷憔悴，民德因倡导而堕落卑污，全与逊让之本心相反”。[②] 而时在北大任教的高一涵则指出，所谓共和政治不是推翻皇帝便算了事，“单换一块共和国招牌，而店中所卖的，还是那些皇帝‘御用’的旧货，绝不得谓为革命成功”。在高氏看来，皇帝虽退位，但“人人脑中的皇帝尚未退位”。[③] 1922 年，曾支持革命的江苏人李平书入京后观察到：“自表观之，道路、警察、电灯、自来水、车辆无不改良……惟政务之敷衍，官僚制泄沓，更甚于清季。”[④] 也在这一年，从不论政的顾颉刚则谈到，“民国成立十一年，受的痛苦何等多”……人们在谈到政治社会时，“想不到第十一年如何可比第十年好，总说‘能够回复到民国初年袁世凯时代的样子，就好了。’”[⑤] 连袁世凯时代都成了一种奢望，由此揭示出时人对时局的不满与失望之情。

尽管南新北旧的话语方式在民初政权更替之际即已大体形成[⑥]，但在随后的政治演变中，新旧之间的社会分野却仍在不断变动中。时任《申报》主笔的杨荫杭在评论北京政府如车马灯似的人事轮换时即谓：

> 北京之内阁曰“新内阁”，其总理曰“新总理”，其国会曰“新国会”，皖直战争之崭然见头角者曰“新人物”，段派失败后取而代之者曰“新势力”。今日都中之所见所闻，几无一而不新。……
>
> 然所谓“新内阁新总理”者，仍是安福时代之内阁总理；所谓

---

① 吴学昭整理注释：《吴宓日记》第 1 册（1910—1915）（1915 年 8 月 29 日），生活·读书·新知三联书店 1998 年版，第 485 页。

② 梁济著，黄曙辉编校：《梁巨川遗书》，华东师范大学出版社 2008 年版，第 53—54 页。

③ 高一涵：《非“君师主义”》，《新青年》1918 年第 5 卷第 6 期，第 551 页。

④ 李平书：《且玩七十岁自叙》，载章开沅编《辛亥革命史资料新编》第 2 卷，湖北人民出版社 2006 年版，第 146 页。

⑤ 顾颉刚：《中学校本国史教科书编纂法的商榷》，《教育杂志》第 14 卷第 4 号，第 14 页。

⑥ 尽管南北之称的最初指涉与后来逐渐形成的“国民党势力范围”和“北洋势力范围”有些许的不同。关于南新北旧的具体讨论可参见罗志田《南北新旧与北伐成功的再诠释》，《开放时代》2000 年第 9 期；王尤清《民国前期南北地缘话语与政治演进》，《安徽史学》2012 年第 2 期。

"新国会"者仍是安福时代之国会；所谓"新人物"者，仍是武人。今日都中之所见所闻，实无一而不旧。……

鸣呼！新即是旧，旧即是新。[①]

尽管内阁更迭改组之声不绝，新旧之说不断，但内中人事构成却"譬之药水，倾来倒去，不脱此数位药料"。[②] 难怪杨氏惊呼："新即是旧，旧即是新。"

阿伦特在《论革命》一书中谈到，尽管大多数人认为，对新事物的渴望与相信革命的创新性是革命的典型特征，但"从心理上说，立国的体验与相信一个新故事即将在历史中展开的信念结合在一起，将会使人们变得'保守'而不是'革命'，使人们热衷维护既定事务和维持稳定，而不是为新事物、新发展和新观念开辟道路"。而革命后如果要建立一个稳定且持久的新政治体，本身就需要参与者拥有相当的政治经验。[③] 这种革命精神的悖论在辛亥革命后的中国也有相当程度的呈现。一方面革命者需要除旧布新，荡涤一切旧事物；但另一方面缺乏政治经验的革命者又不得不将权力让渡给极富政治经验的旧官僚。

辛亥革命后，当旧的政治秩序与价值体系被打破，而新的政治秩序与价值观念又未能即时建立。在人们还未能从王朝崩溃的震惊中清醒过来，而民主宪政却已如昙花一现般消失。民初政治的纷乱复杂，不仅显示了时人对究竟建立何种秩序的纠结心态，亦充分体现了革命后新旧交替过程中的两难困境。由于人们在对于"官员"的认知上仍然呈现出历史的惯性，对其抱有某种程度的期待。[④] 当理想照进现实后，政权重建与人事更替过程的新者不新，旧者仍旧的现象，不仅让时人与舆论对现有政权产生失望之情，更因此得出"假共和"的认知。

实际上，民国初建不久，时人已观察到，"今之贤者"已不愿投身政

---

① 杨荫杭：《新旧之北京》，《申报》1920年8月24日，载杨绛整理《老圃遗文辑》，长江文艺出版社1993年版，第90页。

② 同上书，第418页。

③ 参见〔美〕汉娜·阿伦特《论革命》，陈周旺译，译林出版社2007年版，第30、208页。

④ 白鲁恂认为，由于政治权力的无所不能，因此每当人们对现实不满时，很自然地便以为是领导阶层的责任。而每一次改朝换代，人们——尤其是知识分子都对新政权抱有希望和憧憬，但很快地就归于幻灭。参见〔美〕裴鲁恂《中国人的政治心理》，艾思明译，洞察出版社1988年版，第22、37页。

界，并有官府之中“无非前清之龌龊官吏”[①] 的担心。八年后，《东方杂志》的主编陶惺存发文指出：“民国承前清之后，今之居政地者，皆为前清所遗之官吏，故凡政治上之习惯，几无不孕育于前清，前清所谓良习惯者，今或破弃无余，所谓无良恶之可言者，今或尽变为恶，所谓恶习惯者，方推波助澜，日益扩大耳。”[②] 揭示了时人对新政权现状的观感呈现急剧恶化的趋势。弃官从学的鲁迅后来即言道：“见过辛亥革命，见过二次革命，见过袁世凯称帝、张勋复辟，看来看去，就看得怀疑起来，于是失望、颓唐的很了。”[③]

辛亥革命后的数十年间，以长江为分界而形成的南北势力范围最终成为决定中国命运的关键性因素。由于南北地域歧见的不断增强，南北对立情绪随着政治势力的介入亦不断得以强化。南方国民党凭借政党政治的优势，通过舆论的宣传，迅速确立了“南新北旧”的话语优势[④]，从而以“有道”者自居；而北京政府则在新旧社会分野的变动中逐渐沦为“无道”者的代表。故以“有道”而伐“无道”的国民革命，其正当性自然也就无人质疑。[⑤]

二　北洋官僚与南京国民政府

（一）南北地域歧视与政治势力的新旧演化

北伐前数十年间以长江为分界而形成的南北势力范围最终成为决定中国命运的关键性因素。在北伐之前，北强南弱，故在北方看来，只有南征之理，绝无北伐之事。但在南方人看来，北方统治者的“无道”，已让北方沦为“旧势力”的代表者，故南方以“有道”而伐“无道”，以新势力的代表从而跃居正统。[⑥] 故时人谓：“长江者，南北之天堑也。此次战争，固不能视为南北之交哄，特在革党方面，则未尝无南北之见存。”[⑦]本来仅

---

① 无妄：《闲评一》，《大公报》1912 年 3 月 16 日第 1 张第 2 版。

② 景藏：《政治上之习惯》，《东方杂志》1920 年 3 月 10 日第 17 卷第 5 号，第 1 页。

③ 鲁迅：《〈自选集〉自序》，《鲁迅全集》第 4 集，人民文学出版社 1981 年版，第 455 页。

④ 参见王尤清《民国前期南北地缘话语与政治演进》，《安徽史学》2012 年第 2 期。

⑤ 参见罗志田《“有道伐无道”的形成：北伐前夕南方的军事整合及南北攻守易势》，《中国社会科学》2003 年第 5 期。

⑥ 参见《南北势力变迁》（社评），《大公报》1927 年 6 月 6 日第 1 版；罗志田《“有道伐无道”的形成：北伐前夕南方的军事整合及南北攻守易势》，《中国社会科学》2003 年第 5 期。

⑦ 高劳：《二次革命之经过及其失败》，载杜亚泉《辛亥前十年中国政治通览》，中华书局 2012 年版，第 205 页。

仅为地域歧视上的南北之见，因政治势力的介入而最终走向对立，并在国民党舆论的宣传下而不断强化。

1927 年 3 月 6 日，时任《大公报》经理兼副总编辑的胡政之南游汉、沪，亲自考察北伐军和武汉国民政府，以冷观为笔名发表《南行视察记》，对北伐军和南方国民政府的成绩给予高度评价，尤其是对于国民党人办事之认真，党纪之严肃，生活之简朴，吃苦、耐劳的精神颇多赞誉。① 这样的报道将国民党人的全“新”形象展现于国人面前，无疑让人对即将成功的北伐及其稍后建立的新政权充满着“新”的想象。胡适后来也回忆说：“民十五六年之间，全国多数人心的倾向中国国民党，真是六七十年来所没有的新气象。”②

（二）政权更迭与人事嬗变

北伐之后，国民党人新建政权，如何用人逐渐提上日程。有评论即指出，从理论上讲，“天下未定，则用壮士；天下已定，则进鲁［儒］生”，然此种纯粹理论性用人标准与事实并不能相符。就历史上而言，革命之后，“酬庸”为先，论功而不论才，因人而不因事，固然在形式不可避免，亦人情之难以推卸。③ 然国民党人多破坏性功臣，而少建设性人才，延纳北洋旧人从事新政权建设虽在人情上难以承认，但在形势上却也不可避免，故新旧不两立的现象在当时并不常见。

1927 年 4 月 18 日，蒋介石在南京成立国民政府，与当时仍存在的武汉国民政府呈宁汉对峙状态，9 月 16 日国民党特别中央委员会正式开会，改组国民政府，并推定国民政府委员及军事委员会委员，9 月 20 日发表《中国国民党特别委员会宣言》，正式宣告宁汉合流。然而由于政权初建，各方需才甚急，而国民党及南方政府本身人才有限，因而不得不延纳大量北洋旧官僚以供驱使。1931 年在上海教书的罗隆基即谈到，北伐时期为国民党革命对象的吴佩孚早已与蒋介石前嫌冰释了，而曾上了国民政府通缉名单的顾维钧也已经与蒋杯酒言欢了，像孙传芳、颜惠庆，甚而下一等的曹汝霖、张宗昌等都已出来参与政治了。④

具体情况如表 4—3 所示。

---

① 参见冷观《南行视察记》，《大公报》1927 年 3 月 6 日第 2 版。

② 胡适：《惨痛的回忆与反省》，《独立评论》1932 年 9 月 18 日第 18 号，第 9 页。

③ 参见《最小范围之用人标准》（社评），《大公报》1928 年 7 月 12 日第 1 版。

④ 参见罗隆基《取消党治的机会到了》，《时代评论》1931 年第 1 期（创刊号），第 5 页。

表4—3　1927—1945年内阁部分部门事务官的北洋旧官僚留用率①

时间	外交部	内政部	财政部	司法行政部	海军部	军政部	交通部	教育部
1927	0	—	10	—	—	—	44.4	—
1928	57.1	44.4	24.1	100	—	17.2	53.8	16.7
1929	63.7	44.4	70	100	72.7	14.3	62.5	12.5
1930	70	28.6	60	100	61.5	13.9	62.5	18.2
1931	69.2	41.7	56.3	100	61.5	6.67	44.4	10
1932	64.7	25	52.9	100	60	3.45	35.3	9.1
1933	57.1	10	50	90	58.3	0	27.3	11.1
1934	40	10	46.7	75	50	0	20	11.1
1935	27.3	10	42.9	50	41.7	0	11.1	12.5
1936	10	11.1	38.5	37.5	38.5	5.26	11.1	11.1
1937	18.2	0	40	28.6	38.5	5	11.1	12.5
1938	9.1	0	30.8	25	41.7	4	23.1	11.1
1939	11.1	0	30.8	28.6	—	4.17	25	14.3
1940	18.2	0	20	28.6	—	3.85	18.75	14.3
1941	14.3	0	15	25	—	3.85	11.76	8.3
1942	8.3	0	7.4	25	—	0	11.76	6.67
1943	13.3	0	9.7	22.2	—	0	5	7.14
1944	14.3	0	11.4	20	—	0	0	6.25
1945	7.69	0	8.3	18.2	—	0	0	5

说明：(1) 本表中之事务官主要指各部中参事、司长、各处处长及署长等；(2) 本表包括任、代理、兼署、试用者，但不包括未就及离开者；(3) 履历不详者统计“年官员总数”时不计入内。

从表4—3来看，尽管各部留用率不一，但皆有留用现象。事务官中北洋官僚留用率较高的有外交、司法、海军等部，而教育部及军政等部则相对较低。海军中从舰长到司令乃至海军部的职员，从晚清起即为福建人所把持，其更换率本身即不高，故南京国民政府建立后，海军部中大多数职员都曾在北洋海军或海军部中任职；而外交、司法两部的事务官作为技术性官僚，其学识与经验都是年轻的国民党人无法胜任的，故“借资熟手”

① 此处的“旧官僚”包括曾在清代或北洋中央及地方行政或司法机关任职者。

实为最佳之选择。国民党人最不缺乏的即为军事人才，这也是北伐成功的最直接体现，所以军政部的留用率很低。教育部留用率较低则说明国民党人对北京政府教育腐败的不满，由于执掌教部者多为学界知名人士，故教育部的参事、司长亦多为各大学的教授、学者，多未曾入仕过北京政府。

从时间上看，1937 年以后，各部旧官僚的留任率皆呈下降趋势。这一方面为代际更迭所致，另一方面则是由于日本对首都南京的轰炸，导致大量官员弃职逃亡。1937 年 8 月 28 日《庸报》即以《官吏畏死相率逃去》为题报道了这一情形："南京之党国要人及富绅大贾等，早即逃亡汉口、及其他各地，现在南京政府已成有名无实之状态。已屡见报载，至今经过日军九次轰炸南京之结果，于是国民政府内部及一般市民之动摇，更形显著。官吏中之弃职逃亡者日多，此种情形，尤以拥有资产之较大政府官员为甚，政府各机关之事务已行停顿。"① 之后不久，中央政府颁布疏散计划，凡愿意离开职守者，可给资遣散回乡。据时任实业部参事的程天固回忆，他所在的实业部，职员即大半愿意领资疏散。② 1938 年已迁往武汉办公的行政院参事陈克文亦在日记中谈及政院同事相继离职的情形："若渠（滕固——引者注，下同）受聘教育部，将离开政院，到湘西任艺专校长。张伯勉（张锐）不知何去，岑有常（岑德彰）教书桂林，郑道儒、孙希文入黔，罗君强调军委会，吴景超调经济部，李释堪循迹上海，黄秋岳以汉奸伏法。回首去年政院同人之盛况，真不胜有今昔之感。"③ 正是因为大批在职官僚离职，导致各部官员皆有所更新。总体而言，与北京政府各部旧官僚留用率相比，南京国民政府的旧官僚留用率则要相对低了很多。究其原因，前者因革命突发，根本无法做到建立新政权后的干部准备工作，且政权后又为旧官僚所窃夺，故北京政府建立后，其主要官僚多借重前清旧吏；而后者则不同，国民党人在长期的革命实践与斗争中不仅积累了大量政治经验，而且 1925 年建立的广州国民政府也为北伐后建立全国性的政权奠定了干部基础。

再具体来看内阁的情况（见表 4—4）。

---

① 季啸风、沈益友主编：《中华民国史史料外编——前日本末次研究所情报资料》（中文部分）第 63 册，广西师范大学出版社 1996 年版，第 8 页。

② 参见程天固《程天固回忆录》（下），收入张玉法、张瑞德主编《中国现代自传丛书》第 3 辑（3），龙文出版社股份有限公司 1993 年版，第 312 页。

③ 陈方正编辑、校订：《陈克文日记》上册（1938 年 6 月 13 日），社会科学文献出版社 2014 年版，第 226 页。

表4—4 南京国民政府历届内阁人事组成（1928—1949）

组阁时间	行政院长	阁员平均年龄	北洋官员留用率（%）	前任阁员留用率（%）
1928. 10. 8—1930. 9. 22	谭延闿	45. 62	47. 6	—
1930. 11. 18—1931. 12. 15	蒋中正	45. 94	31. 3	50
1931. 12. 28—1932. 1. 28	孙科	43. 13	20	26. 7
1932. 1. 28—1935. 12. 1	汪兆铭	44. 80	30	45
1935. 12. 7—1938. 1. 1	蒋中正	48. 95	36. 8	42. 1
1938. 1. 1—1939. 11. 24	孔祥熙	51. 5	41. 7	75
1939. 11. 20—1945. 6. 4	蒋中正	48. 65	18. 5	25. 9
1945. 5. 31—1947. 3. 1	宋子文	52. 5	20	60
1947. 4. 17—1948. 5. 25	张群	55. 48	23. 8	61. 9
1948. 5. 25—1948. 11. 26	翁文灏	56. 41	22. 7	68. 2
1948. 11. 26—1949. 3. 12	孙科	52. 95	5	40
1949. 3. 12—1949. 6. 12	何应钦	55. 62	7. 69	30. 8
1949. 6. 6—1949. 9. 30	阎锡山	54. 62	7. 69	38. 5

说明：（1）内阁阁员主要包括，行政院正副院长及隶属行政院的各部部长和各委员会委员长；（2）本表包括特任、兼代、署理及未就者。

从表4—4来看，南京国民政府历届内阁中，都能看得见北洋官僚的影子，其中尤以谭延闿的第一届内阁为最。而47.6%的北洋官僚留用率，亦印证了美国历史学家易劳逸的看法，即在1929年南京政府内阁10个部长中至少有4个是由北洋旧官僚出身者担任。[①] 故时人有“军事北伐，政治南伐”和“南京政府，北京内阁”之说。

对于北洋旧官僚占据南京新官场的事实，激进的国民党人早在北伐期间对旧官僚的钻营活动即有所不满。李宗仁回忆，当1926年底，北伐军克复南昌后，曾出任北京政府国务总理，蒋的结拜兄弟黄郛来赣见蒋，汉、浔一带的党报对黄氏不遗余力地攻击，骂他为政学系北洋旧官僚，军阀的走狗，不应该让他混迹于革命阵营之内。蒋氏大为恼火，曾在纪念周上大发雷霆，说：“黄膺白是他私人的好朋友，难道我们革命，连朋友也不要了吗?”[②] 1927年3月，时任武汉国民政府外交部长的陈友仁亦通电力诋黄郛为旧军阀官僚之人物，谓若许其加入，必于革命进行大有妨碍。[③]

① 参见〔美〕易劳逸《流产的革命——1927—1937年国民党统治下的中国》，陈谦平等译，中国青年出版社1992年版，第15页。

② 李宗仁口述，唐德刚撰写：《李宗仁回忆录》（上），广西师范大学出版社2005年版，第325页。

③ 《申报》1927年3月1日第6版。

1928年6月，北伐军前敌总指挥白崇禧在占领北京后，面对大量钻营奔竞之旧官僚，颇为苦恼。而白氏之副官曾对记者讲起白最讨厌为“穿马褂”者，即揭示了作为新新人物的白氏对这一象征“旧”式残留物的厌恶之情。[①] 而亦于此时，国民党党报《中央日报》也发表文章，要求“严防北方官僚政客混入本党”。在这位国民党“先进”分子看来，“北京是熔化革命志士的洪炉”，是为旧官僚的象征。他说：

> 如果拿上海与北京相比较，说上海是一个“销金窟”，那么，北京便是一个“销人窟”了。假如你没有孙行者进入八卦炉的本领，他立刻即可使你的人格化为灰烬。几多东西的学生，在海外留学时，何尝不是铮铮佼佼的志士，谈到革命，又何尝不说得嘴罄，可是一到北京，得个一官半职，立刻就变成官僚政客的螟蛉一子了。所以北京各衙门之中，没有青年学生时，固然是腐败；就是充满了青年学生时，也不见得清明。

北京成了旧官僚的象征，而旧官僚又是腐败的代名词，故作者认为，这批北京旧官僚实应成为革命的对立面——“反革命”。[②] 不仅激进的国民党人如此，就连持论中立的报人亦对北京及其旧官僚深恶痛绝。《大公报》经理胡政之即言：“北京为数百年建都之所，官僚习气，蒂固根深，而社会一般生活，亦胥赖‘官僚’而维持，年来做官已成末路，而依官为生者官味犹浓郁如故，每有政变，辄有无数巧官滑吏，蠕蠕而动，今则一声霹雳，普遍参官。新式之投机分子，固然很多，旧式之奔走钻营，依然不少。”[③]

虽新人物对旧官僚的抗拒与反对之声不绝于耳，但蒋最终是既要“革命”，又要“朋友”，故像黄郛这样的旧官僚不仅依附在蒋的周围，更大量地充斥于南京的新政权中。这样的结果不仅为新人物所不愿看到，也让一些在体制内的国民党老党员十分不满，1928年外交部次长郭泰祺即因此愤怒地辞去职务，并指责说：“党在去年被共产党人篡夺，现在差不多被旧

---

① 《旧都新闻见》，原载《大公报》（1928年6月17日），收入王瑾、胡玫编《胡政之文集》（下），天津人民出版社2007年版，第785页。

② 雪崖：《严防北方官僚政客混入本党》，《中央日报》1928年6月12日第1张第3版。

③ 《旧都新闻见》，原载《大公报》（1928年6月17日），载王瑾、胡玫编《胡政之文集》（下），天津人民出版社2007年版，第785页。

官僚势力所篡夺，实无二致。"①

有意思的是，北伐前南北双方皆不承认南北地缘文化差异所造成的南新北旧之分。南方的蒋介石在就任北伐军总司令宣言中即声称，对待北方向义输诚者，"决无南北畛域之见，更无恩仇新旧之分"。② 北方的张作霖在就任安国军总司令时亦言他只知救国，"绝无南北新旧之见"。③ 然北伐之后，蒋氏即不再遮掩国民党人头脑中既存的南北新旧之见，明确声称国民党"革命之真意"，即在于"除旧布新"。然在新政权初建之际，蒋氏对于北方旧人之处理仍觉"两难"，他说："今之行政机关所最难者，不用一旧有人员，则手续多有不便；用一旧有人员，则旧有之积习，照随之而入。"④ 在"用"与"不用"之间，蒋氏选择了前者，盖"手续"之重要也。

蒋氏所谓的"手续"问题，大约是指旧官僚之政治经验。蒋氏何以为此？何廉曾解释道：

> 当北伐进入高潮，委员长逐渐控制政治权力后，他得在那些有政治事务经验的人员中寻求帮手。由于CC系人员太年轻，太没有政治经验，委员长不能指望CC系应付错综复杂的情势。黄埔系人员也太年轻，而专门处理军务。因之，当北伐到达南昌时，委员长开始从CC系和黄埔系之外物色有经验的人帮忙，他转向北洋政府中经验丰富的人。第一个与他结合的是张群。张有政治经验。……后来为曾任北洋政府教育总长的黄郛工作。……当蒋介石到达南昌时，张出任蒋的总参议。与此同时，黄郛也登上政治舞台，虽然没有任何正式的头衔，却在委员长司令部里作过几次报告。⑤

何廉的解释不仅回答了蒋为什么会选择"手续"，亦解答了李宗仁在

① 《北华捷报》1928年4月14日，转引自〔美〕费正清等编《剑桥中华民国史》（下），谢亮生等译，中国社会科学出版社1994年版，第140—141页。

② 蒋介石：《就国民革命军总司令职宣言》，载《"蒋总统言论汇编"外录》第2集，收入存萃学社编《中国近代史资料丛编之八》，大东图书公司1978年版，第238页。

③ 《奉张宣言》（1926年12月7日），收入章伯锋、李宗一主编《北洋军阀（1912—1928）》第5卷，武汉出版社1990年版，第384页。

④ 蒋介石：《今日党员与政府军队及社会之组织唯一要素》，《盛京时报》1928年8月18日第1版。

⑤ 《何廉回忆录》，朱佑慈等译，中国文史出版社1988年版，第211页。

南昌总司令部所看到的一切及疑问。[①] 宁粤分裂后，蒋介石被迫第一次下野。蒋在日记中一方面发出“无干部”之叹，认为身边既有的干部于外交、军事、政治各方面皆不能负责任、敢担当[②]，因而不甚满意。[③] 另一方面，蒋在感叹“旧党人多皆腐败无能，新党员多恶劣浮嚣，而非党员则接近不易，考察更难”的同时，则又将目光投向了留学生、大学教授以及北洋旧官僚等群体身上。[④] 1937 年时任中央党部秘书的王子壮也注意到这一点：“国府建都南京已达十年，政治上虽有相当之进步，而关于人事制度上之改革迄无成功。良以革命力量扩张太快，缺乏适当人才以应政治上之需要，于是兼容并包，无所不有。北京之官僚力量逐渐南移，复运用其手腕，达到官运亨通之地步。”[⑤] 而《大公报》更是语出惊人，声称国民政府“如果没有富于办事经验的少数旧官僚参加新政府，恐怕许多机关，连例行公事都办不出去”。[⑥] 从某种程度上讲，亦可解释蒋介石倚重旧官僚的原因。但此举仍为党内同志所诟病，认为“实为党治之羞”[⑦]。

然就实际情形而言，何廉所提到的“CC 系”与“黄埔系”在当时还并未形成[⑧]，但何所指的蒋在革命阵营内可用人员“太年轻”却为事实。据统计资料显示，1929 年，国民党内党龄只有 1—3 年者占国民党党员总数的 82.03%，党龄在 10 年及以上者不过占总数的 1.18%，且年龄在 29

---

① 李宗仁在回忆录中曾言及其在南昌总司令部见到的新客极多，其中最引其注意者即是黄郛和张群两人，但其对张群何时就任司令部的总参议及黄来赣的意图皆“不知其底蕴”。参见李宗仁口述，唐德刚撰写《李宗仁回忆录》，广西师范大学出版社 2005 年版，第 325 页。

② 《蒋介石日记》，1932 年 3 月 24 日。

③ 蒋曾品评其身边的干部：“戴季陶、陈景韩、余日章三友可为敬友，而不能为我畏友。其它如朱骝先、蒋雨岩、张岳军、俞樵峰皆较有经验，而不能自动者也；其次如朱益之、朱逸民皆消极守成而已，无勇气不能革命矣。其他如贺贵严、陈立夫、葛湛侯皆器小量狭，不足当事也。”见《蒋介石日记》，1932 年 6 月 22 日。

④ 《蒋介石日记》，1932 年 9 月 1 日。

⑤ 《王子壮日记》第 4 册（1937 年 5 月 20 日），台北“中央研究院”近代史研究所 2001 年版，第 140 页。

⑥ 《现公务员之考绩与淘汰》，原载《大公报》1934 年 11 月 5 日，载《国闻周报》1934 年 11 月第 11 卷第 45 期。

⑦ 1943 年行政院参事陈克文即认为沈鸿烈作为北京政府的大官僚，混入革命政府，依然红极一时，实为党治之羞。参见陈方正编辑、校订《陈克文日记》下册（1943 年 9 月 12 日），社会科学文献出版社 2014 年版，第 757 页。

⑧ 有论者即谓 CC 系成立于 1927 年 6 月。参见〔美〕魏斐德《间谍王——戴笠与中国特工》，梁禾译，江苏人民出版社 2007 年版，第 133 页。

岁以下的党员就占到党员总数的56.1%。[①] 如此年轻而无经验的党员群体，对于一个要实行党治的政府而言，无疑是其致命伤。

从前文可知，国民政府各部司长、参事等荐、简任官员的平均任职年龄皆在40岁以上，故年轻党员不受重用，确为事实。其实，在蒋氏看来，年轻即意味着无经验，故年轻党员不被重用亦顺理成章。他曾告诫党内年轻同志，不应“专为猎取政府中的高位，比如有些很年轻，年在三四十岁之间，就要担任次长，我是不赞成的”。但在时任中央党部秘书的王子壮看来，蒋氏有此见解，一方面固因“党中无人才”，另一方面则因“政府自视太高，不屑与党为伍”。“即党部自己亦每以为自己的同志为无经验、易滋事，不肯多畀责任。”[②]但说到底是否愿用年轻的党人，实与蒋氏的态度有关。[③] 号称“以党治国”的国民政府竟然不愿意与党人为伍，这恐是历史上任何一个党治政府都没有遇到过的事情。

（三）沦为旧政权：新旧分野中的南京国民政府

历史总会有惊人的相似，蒋介石对于旧官僚的看法实与袁世凯不谋而合，袁氏所谓“汉之良相，即亡秦之退官；唐之名臣，即败隋之故吏。政治不能凭虚而造，参政责任綦重，非富有经验者不理”的认知，恐亦为蒋氏所认同。然蒋氏看到的旧官僚的另一面即“用一旧有人员，则旧有之积习，照随之而入”的现象亦大体不错。美国历史学家易劳逸认为这些旧官僚不仅带来了在他们先前职位中表现出来的同样的人生观，还带来了同样的权力贪欲和不顾公益。他写道：“官僚政治变得程序化了；官僚写出数不清的公文，倒腾文件，但很少注意政策的实际贯彻；贪污腐败迅速浸透了行政机关。这样，旧军阀政权的价值观、态度和做法，一起注入了新政府。”[④]《北华捷报》在1929年评论道：“南京政府不仅仅在技术方面，而

---

① 参见中国国民党中央党史史料编纂委员会编印《中国国民党年鉴》（1929年），第747、756—757页。

② 《王子壮日记》第3册（1936年2月7日），台北“中央研究院”近代史研究所2001年版，第38页。

③ 盖蒋氏对于年轻党员之态度，一向如此。1945年5月，蒋介石在国民党六全大会上对六届中委的选举，即曾有年龄限制，即“年岁尚不到40岁之青年有为干部”不予选举。参见公安部档案馆编注《在蒋介石身边八年——侍从室高级幕僚唐纵日记》（1945年5月19日），群众出版社1992年版，第511页。

④ 〔美〕费正清等编：《剑桥中华民国史》（下），谢亮生等译，中国社会科学出版社1994年版，第141页。

且在精神方面，都是北京政府的影子。”① 据曾任内政部参事的雷啸岑回忆，薛笃弼任总长时，将昔日西北军的那一套全部照搬到了内政部。每逢西北军有什么纪念事情，如“滦州起义”“首都革命”之类，内政部全体同仁亦都得照样举行。这种事情不禁让人怀疑究竟是在为国民政府服务还是在为旧西北军效劳。②

如前所述，新旧的区分标准以及新旧之间的社会分野总是处于不停的变动之中。北伐刚结束，去过南京国民政府的外国人即认为，南北政治“实无分轩轾，同为自私自利而无主义”，南方对于人民之搜刮，“实丝毫不后于北方”，以致上海富人多有希望孙传芳能复回者。③ 1933 年《大公报》发表的社评，则大发今不如昔之慨叹：“吾人犹记在北京政府时代，各部惟总次长能乘公费汽车，今南京各部，汽车有多至数十辆者，参事司长科长人员每日照例衙参，亦须汽车接送；至部长次长则有一人而用车三四辆者，虽妻妾看电影，儿女上学堂，亦用公家汽车，归国库给费，其为豪奢，谒胜慨叹；至若闲散机关之多，各署用人之多众，官吏支薪之巨，在在为北方政府所不及。”④

此文当为切实之言，曾任行政院参事的陈克文即曾在日记中透露：“院里的参事秘书，在以前都是派汽车接送来院”，“院中同事常因坐车问题至生芥蒂”。陈因此感叹道：“做官的先生们，平日作文章说话都很漂亮，惟有享受是半点不肯放松，自己的利益只有争多，断不肯稍为牺牲半点。”⑤ 因私而费公者亦不在少，陈氏透露政院参事端木恺因伴送女伴去云南，绕道南宁龙州，走远了好几百公里，多费了许多汽油，旅费近 2000 元，却要报公账，让人很是为难。为院长孔祥熙修葺寓所和购置家具耗费的 7000 元也要由行政院秘书处、财政部和中央银行共同承担，行政院秘

---

① 《北华捷报》1929 年 5 月 2 日，转引自易劳逸《流产的革命——1927—1937 年国民党统治下的中国》，第 16 页。因该译本无注释出处翻译，故此处引文亦参考了易劳逸该书的英文本。参见 Lloyd E. Eastman, *The Abortive Revolution: China under Nationalist Rule, 1927 - 1937*, Cambridge, Massachusetts: Harvard University Press, 1974, pp. 6, 318.

② 参见雷啸岑《我的生活史》，收入张玉法、张瑞德主编《中国现代自传丛书》第 4 辑（8），龙文出版社股份有限公司 1994 年版，第 102 页。

③ 参见怀德《英国名士之中国政治观》（1928 年 3 月 25 日），《东方杂志》1928 年 3 月 25 日第 25 卷第 6 号，第 46 页。

④ 《究竟作何打算?》（社评），原载《大公报》1933 年 10 月 29 日，收入《国闻周报》10 卷第 44 期。

⑤ 陈方正编辑、校订：《陈克文日记》上册（1938 年 11 月 23 日、1937 年 4 月 7 日），社会科学文献出版社 2014 年版，第 49 页。

书长魏道明更是将家里的私人开销都列入了院里的账。① 而早在1930年2月，蒋在日记中即写道："各部内容腐败，反不如北京政府，殊可伤心！糜费之多，冗员之繁，为主管者，毫不经意，命令不顾，成绩不考，此革命之所以失败也。"② "新"反不如"旧"，这对于以"有道"而胜"无道"的南京政府而言，无疑是莫大的讽刺。

整体来看，辛亥革命后无论是北京政权还是南京政府，大批具有行政经验的"旧官僚"被纳入新政权之中，在顺利实现政权更替的同时，亦有利于社会秩序的平稳过渡。然新政权使用新官僚，是为当然之事。吊诡的是，对于"革命"后新政权而言，旧官僚固然"旧"，新官僚却似乎并不太"新"。这种"新旧杂糅，亦新亦旧"的现象虽为20世纪上半叶的时代特征，但作为一个新政权却未能在官僚的人事构成上展示其新的一面，从而为其迅速沦为旧政权埋下了伏笔。

第二节　通才与专才：从帝制到共和的知识要求

一　由"通"到"专"

"通才"在我国古代典籍中意指学识广博、兼通古今，具有高尚品德的人才。如《元史·世祖纪十》中即有"阿合马专政时所用大小官员，例皆奏罢，其间岂无通才？宜择可用者仍用之。"③ 近人鲁迅在《中国小说史略》中谈及《西游记》作者吴承恩时则云："吴则通才，敏慧淹雅，其所取材，颇极广泛。"④ 通才的产生正如金耀基所言："很早以来，东西的传统文明国邦的'大学'教育，都具有今日一般理解的'通识教育'的性质。中国儒家的'礼乐射御书数'的教育内涵，西方希腊以来的博雅教育的内涵都旨在培养'通人'或'全人'"⑤，此论甚确。具体到中国而言，延续千年的科举制度则是"通才"产出的摇篮。故金耀基又言："中国的考试制度的内容，主要是相应于原始儒家'君子'的理型而设的，因此具

① 陈方正编辑、校订《陈克文日记》上册（1938年8月25日、1939年5月1日），社会科学文献出版社2014年版，第261、389页。

② 《蒋介石日记》，1930年2月1日。

③ 《元史》卷13，《世祖纪十》。

④ 鲁迅：《中国小说史略》，《鲁迅全集》第9卷，人民文学出版社1981年版，第162页。

⑤ 金耀基：《大学之理念》，北京三联书店2001年版，第144页。

有浓厚的人文伦理气息，它的功能是培养并甄选一批具有德品的通才。”①被西方汉学界誉为中国学研究“伟大的外行”的韦伯亦持相似看法，他说：“中国的考试，目的在于考察学生是否完全具备经典知识以及由此产生的、适合于一个有教养的人的思考方式。”②

自隋唐以来，科举制度成为官员进入政府机构工作的主要渠道，由于统治者对于“治人”的强调，科举考试的内容并不涉及“治事”的任何内容，用来评判考生是否为人才的标准是其对经典的解读能力及文学修养水平。故这种以生产“通才”为主要目的人才选拔方式及任官制度有着很大缺陷，官僚往往并非学有专长，而一旦为官却又不得不重新“学习为官之道”。③ 不仅如此，这些官员还不得不身兼数职（行政、司法甚至军事等），但往往又无一职所长。为了能够正常处理公事，不得不招募大量的专业幕僚，以供驱策。韦伯在批评传统中国官僚体系对专家的排斥时云：“经济上的、医药以及教士的行业（Erwerb），都是些‘小技’，因为它们导致专业的专门化。而高等人则追求全面发展，这在儒教的眼里只有教育能够做到，并且也是做官所特别要求的。而官职恰恰是家产制国家里缺乏合理的专业化的表征。”④ 与韦伯持论相同者还有汉学家列文森，在他看来，官府中除了那些被雇用的幕僚外，占据高位的官僚们从来不是某种专家。⑤

其实，科举废除，梁启超即有科举制下，“无专门之学”的认知。他在《公车上书请变通科举折》中即曾言道：“吾生童无专门之学，故农不知植物，工不知制物，商不知万国产物，兵不知测绘算数。”又云：“近代官人，皆由科举，公卿百执，皆自此出，是神器所由寄，百姓所由托，其政至重也。邑聚千数百童生而擢十数人为生员；省聚万数千生员而拔百数十人为举人；天下聚数千举人而拔百数十人为进士；复于百数进士而拔数十人入翰林，此其选之精也。然内政外交，治兵理财，无一能举者，则以科举之试 以诗文楷法取士，学非所用，用非所学故也。”⑥ 然斯时，清政

---

① 金耀基：《从传统到现代》，中国人民大学出版社 1999 年版，第 34 页。

② 〔德〕马克斯·韦伯：《儒教与道教》，洪天富译，江苏人民出版社 1993 年版，第 143 页。

③ 参见〔法〕魏丕信《中国帝制时代晚期如何学习为官之道》，载《法国汉学》（教育史专号）第 8 辑，中华书局 2003 年版，第 180—219 页。

④ 〔德〕马克斯·韦伯：《儒教与道教》，洪天富译，江苏人民出版社 1993 年版，第 186 页。

⑤ 参见〔美〕列文森《儒教中国及其现代命运》，郑大华等译，中国社会科学出版社 2000 年版，第 14 页。

⑥ 梁启超：《公车上书请变通科举折》（1898 年），《饮冰室合集》文集之三，中华书局 1989 年版，第 21—23 页。

府仍将举办新式学堂的教育目的与培养“通才”相联系。光绪二十七年（1901）十二月初一日上谕即云：“著派张百熙为管学大臣，将学堂一切事宜，责成经理，务期端正趋向，造就通才。”① 随后，1904 年张百熙等在《重订学堂章程折》中明确解释了“通才”的内涵：“至于立学宗旨，无论何等学堂，均以忠孝为本，以中国经史之学为基。俾学生心术一归于纯正，而后以西学沦其智识，练其艺能，务期他日成材，各适实用，以仰副国家造就通才、慎防流弊之意。”② 在清统治阶层看来，学校教育下的通才首重“德品”，次才为“智识”。

1905 年科举制的废除宣告了儒家传统的“通才”教育模式从制度上正式终结，取而代之的是仍不成熟的学校分科之制下的“专才”培养模式，然数千年来中国读书人的知识结构并不是从此焕然一新。就权力组织内成员的知识结构而言，往往会滞后于教育内容的变化。从前文的统计数据来看，这些受过传统经典教育的通才在民国政府中仍占有一定的分量。北京政府时科举出身者占全体官员总数的 20. 19%，南京国民政府时的比重则有大幅下降，只占总数的 3. 39%。其代表人物如曾任民国总统的徐世昌、农林总长张謇、平政院院长周树模、内政部总长许世英、财政部总长周学熙、司法总长董康、国民政府主席谭延闿、国民政府委员蔡元培、铨叙部部长贾景德等，而像这样的名单仍还可以继续写下去。（当然这中间还包含有相当部分“专通”兼备的人才，他们成为继掌握科场资源之后最早一批拥有新文化资源的人，故而能在晚清乃至民国成为官场的新宠儿，与旧士绅一道成为主宰民国官场的重要人物。）对这些旧士绅而言，其对旧学纵有研究，但往往对于科学知识却欠明了。③

就通才而言，其在帝制时代的不“通”，虽有“学非所用，用非所学”的原因，但归根结底正如列文森所指出的那样，这些“通才”作为“‘臣’的显著特征是其个人身份，不具有技术的、职业的含义”。④ 是故，

---

① 璩鑫圭、童富勇主编：《中国近代教育史资料汇编》（教育思想），上海教育出版社 1991 年版，第 414 页。

② 《张百熙、荣庆、张之洞：重订学堂章程折》（1903 年 11 月 26 日），载舒新城编《中国近代教育史资料》（下），人民教育出版社 1961 年版，第 195 页。该注中“1903 年 11 月 26 日”应为农历，换算成公历应为 1904 年 1 月 13 日。

③ 如曾任考试院铨叙部部长的贾景德在对人事管理人员训练班的讲话中即有“人生观是人生的目的”这类常识性错误。《王子壮日记》第 8 册（1943 年 2 月 3 日），台北“中央研究院”近代史研究所 2001 年版，第 51 页。

④ 〔美〕列文森：《儒教中国及其现代命运》，郑大华等译，中国社会科学出版社 2000 年版，第 258 页。

晚清时才会有不知法律为何物的大理院正卿，以及于法律为门外汉的民科推事与刑科推事。① 民国以降，人们“对‘官’的强调和对‘臣’的排斥，是一个职业化的、反文人的世界的特殊标志。……‘臣’，作为中国文明的杰作，曾是具有很高文化修养的非专业化的自由人，但现在已被降格成为负有具体职责的官，需要从事行政事务，臣已是一去不复返的历史人物了。从帝国的‘臣’到民国的‘官’，意味着一种真正的变化。”② 这种变化，不仅意味着个人身份上的，还意味着官僚在向着专业化进一步迈进。

二　选科：民国官员的专业选择

近代社会，社会分工日益发达，政府部门职能分工亦越来越细化，受传统教育的“通才”已经很难适应现代政府部分部门对于技术官僚的要求，大量受过国内外新式学校教育的“专才”因此补充进民国官僚队伍中。那么这些官僚在大学学习期间都选择的是什么专业呢？

表 4—5　　北京政府内阁各部官员所学专业情况（1912—1928）

部门＼专业人数	商科	法政（政治经济学）	文史哲（新闻）	理化工程学	农林	教育（师范）	医药	财经	军警教育	电报电气	不详	传统教育	总计
内务部	0	20	3	0	0	1	2	0	3	0	10	37	84
财政部	9	19	2	0	0	3	1	11	2	0	13	34	102
陆军部	0	2	0	0	0	0	2	0	49	0	2	2	70
教育部	1	10	6	7	2	14	1	0	2	0	13	17	73
司法部	0	46	1	0	0	0	0	0	3	0	6	5	61
农商部	3	18	3	6	3	2	1	1	3	0	5	13	62
交通部	4	10	5	10	0	1	2	0	10	6	14	10	81
海军部	0	1	0	1	0	0	0	0	30	0	1	0	35
外交部	3	21	15	2	0	0	0	1	2	0	4	9	53
总计	20	147	35	26	5	21	9	13	104	6	68	127	619

说明：（1）本表包括任、代、兼、署者，不包括未就者。（2）其中“不详”一栏指官员有学

① 参见陈灨一《睇向斋秘录》（附二种），中华书局 2007 年版，第 60 页。

② 〔美〕列文森：《儒教中国及其现代命运》，郑大华等译，中国社会科学出版社 2000 年版，第 259 页。

校教育经历（不包括履历不详者），但专业不详者或学校未有分科者。(3) 其中“传统教育”一栏包括得有科举功名及受私塾教育者，其中得有功名且又曾受学校教育者不包括在内。(4) 其中“文史哲”一栏包括学习本国语言、文学、史学、哲学以及外国语言、外国文学、哲学者。(5) 本表采取重复计算法，即一人曾学有不同专业者，分别计之。(6) 其中履历不详者内务部6人，财政部11人，陆军部13人（其中1人无教育背景），教育部2人，司法部2人，农商部5人，交通部10人，海军部2人，外交部2人。(7) 下表统计方法与此表同。

实际上，从递减科举名额到让一些新式学堂的毕业生和归国留学人员补充到文官队伍中，直至最终废除科举，中国官僚的专业化问题早在晚清时期即已开始。晚清之际，懂一门外语已为难得的专门人才。故像颜惠庆这种从国外留学归来且以英国文学为专业的留学生，实属凤毛麟角。然1907年随伍廷芳访美的颜氏，在驻美使馆的工作中仍觉得自己在学识尤其是国际法方面有所欠缺，并自觉地拜在华盛顿大学施柯脱博士（Dr. James Brown Scott）门下，作为期一年的学习。[①]

科举废除后，清政府亦已认识到学以致用的问题。1908年10月31日由外务部和学部为庚款留美学生拟定的《派遣美国留学生章程草案》即对留学生所学专业有所规定：“派出的留学生中有百分之八十将专修工业技术，农学，机械工程，采矿，物理及化学，铁路工程，建筑，银行，铁路管理以及类似学科。另外百分之二十将专修法律及政治学。”[②] 后外务部与学部于1909年7月10日在会奏派遣学生赴美留学办法折中对留美学生专业规定大体亦与此草案相同。[③] 对此选科比例，清政府是鉴于选才而非选官考虑的，当然也吸取了留日习政治、法律者多从事反政府活动的经验教训。[④] 时任学部主事的颜惠庆曾回忆道：“彼时留日学生，多趋于政法一途，回国后，志在作一小官，或公务员，以资糊口。殊少立志改造社会，与兴办企业的人。因此多数主张学生游美，必须著重理、工、农、商等实际有用的学术与技能，庶几回国后，可望对于祖国的改造和建设，有真正的贡献。”尽管清政府对于留学生选习法政有所抑制，但实际情况却事与

---

① 《颜惠庆自传》，姚崧龄译，传记文学出版社1982年再版，第44页。

② 《柔克义公使致国务卿鲁特》（1908年10月31日），载清华大学校史研究室编《清华大学史料选编》第1卷，清华大学出版社1991年版，第107页。

③ 奏折中提到：“以十分之八习农、工、商、矿等科，以十分之二习法政、理财、师范诸学。”参见陈学恂、田正平主编《中国近代教育史资料汇编》（留学教育），上海教育出版社1991年版，第172页。

④ 参见汪一驹《中国知识分子与西方》，梅寅生译，久大文化股份有限公司1991年版，第56—57页。

愿违。许多人在抵美后，往往即改换专业。① 以庚款而留美的胡适由农学而改为哲学即为显例。即如胡适所说，其改换专业虽说是兴趣所致，还不如说是这代人所共有的文化背景与知识结构使然。② 而这代人在回国后5—10年中，大多成为民国学术界以及政界的重要人物。

在韦伯看来，律师是杰出的政治人才，因为他们具备法学的知识，并能有效维持关系人的权益。③ 从表4—5观之，受法学训练的人数要远远超过其他专业训练的人数，而像文史哲这类为传统文人所爱好的专业虽还没有达到无人问津的程度，但其落没的趋势已日渐明显。中国自古即有“学而优则仕”的传统，科举废除后，官吏来源途径发生变化，新式学堂及留学生成为官吏的主要来源方式。故留学与入新式学堂者益众。盖“学生以得官为求学之目的，以求学为得官之手段”。④ 而其所选之专业则多为法科，入“文科者甚少，入理科者尤少，盖以法科为干禄之终南捷径也”。⑤ 有统计表明，1907年法政学堂的学生占新式学堂学生总数的44%，次年则升至56%，1909年则高达63%。⑥ 这一时期，无论国内学生还是留学生习法政，无疑是为适应清末立宪改革的需求。但清政府所培养的新式人才却成为其自身的掘墓人，这种种瓜得豆的结果是清政府始料不及的，这批人在民国前后大多进入了体制内。

民国建立后，这股“法政”热亦并未熄灭。民初教育部“对于法政别科亦复一再布告，不准再招新生”。⑦ 然著名教育家黄炎培看到的却是：“戚党友朋驰书为子弟觅学校，何校？则法政学校也；旧尝授业之生徒，求为介绍学校，何校？则法政学校也；报章募集生徒广告，则十七八法政学校也。”⑧ 在黄炎培看来，这种现象实为教育之大忌。何以如此？1914年，教育部参事汤中、王振先、许寿裳等在为北京大学设立法科一事所条

---

① 《颜惠庆自传》，姚崧龄译，传记文学出版社1982年再版，第55页。

② 这代人因在废科前出生，且在废科前大多奠定了较为厚实的国学基础，但却较少接触自然科学，故相对而言，其“兴趣”即偏向人文科学一方。参见胡适口述，唐德刚译注《胡适口述自传》，广西师范大学出版社2005年版，第46—48页。

③ 转引自彭怀恩《透视台湾内阁精英》，洞察出版社1986年版，第47页。

④ 梁启超：《饮冰室合集》文集之二十九，中华书局1989年版，第41页。

⑤ 《就任北京大学校长之演说》（1917年1月9日），载高平叔编《蔡元培全集》第3卷（1917—1920），中华书局1984年版，第5页。

⑥ 参见陈剑华《清末民初法政学堂之研究》，《教育史研究》1993年第1期。

⑦ 《教育部周树人等对〈教育纲要〉的签要》（1916年8月），载中国第二历史档案馆编《中华民国史档案资料汇编》第3辑教育，凤凰出版传媒集团、凤凰出版社1991年版，第49页。

⑧ 黄炎培：《教育前途危险之现象》，《民立报》1913年4月30日。

拟办法的说帖中所谈到的北大设立法科之理由或能解释这一现象。其云："法科则无论为法律、为政治经济，所习皆经世之术，即将来皆从政之材。北京为政法之渊海，不仅教材易得，即观摩之益亦十倍他方，自有设立法科之必要。"[①] 为迎合读书人人人想当官的欲望，一些专门学校便"注重法政而忽略他科，法政毕业者，每年不知若干人，若工若医则寥寥可数，由是而仕途拥塞，其他之业乃竟无人"。[②] 据统计 1917 年底北大法科本预科在校生为 841 人，文科为 418 人，理科为 422 人，工科只有 80 人，读法科的为文理科的总和，是读工科的 10 倍以上，专业上的畸形发展可见一斑。[③] 国内学生如此，留学国外者未尝不是。据北京政府教育部公布的 1913—1914 年留学日本官费学生及留欧官费学生统计表中学生所学专业一栏所示，学法科者仍位居前三甲之列，分别占到留日与留欧学生总数的 16.45% 与 13.64%。[④]

北京政府内阁各部中受传统教育者数量仍有不少，占到内阁官员总数的 20.58%，可见这些旧功名获得者的影响力之大。而习军警教育者在专业总数中位居第二以及遍及各文职部门的事实，显现了近代军人社会地位的上升。熊志勇即认为晚清以降，职业军官才是真正的"专家"，他们所具备的知识结构远在传统的"通人"——士大夫之上，加之他们当中的一部分人是由士人转化而来，所以传统社会由"通人"指导"专家"的模式，对于新式军官来说，已失去了昔日的约束能力。当权力的来源从"君权神授"变为"武力至上"后，军阀成了社会权力的支配者，军人以"专家"身份参与政治似乎成了当然之事。[⑤] 然总体而言，这种重法而轻文、理、工等科的现象从一方面反映了这一时期中央官员在专业构成上的不平衡性，另一方面亦反映了读书人依然没有完全摆脱传统士人浓厚的"入仕"情怀。而这种现象直到国民政府时期，仍未有大的改观。

---

① 《教育部关于并北京大学北洋大学为国立大学训令》（1914 年 2 月 3 日），载中国第二历史档案馆编《中华民国史档案资料汇编》第 3 辑教育，凤凰出版传媒集团、凤凰出版社 1991 年版，第 206 页。

② 罗文干：《狱中人语》，载沈云龙主编《近代中国史料丛刊》第 2 辑，文海出版社 1966 年版，第 165 页。

③ 《国立北京大学二十周年纪念册》一览表，第 16 页，转引自周天度《蔡元培传》，人民出版社 1984 年版，第 91 页。

④ 《教育部公布 1913 年至 1914 年留学日本官费学生统计表》（1914 年 7 月）、《教育部公布 1913—1914 年留欧各国官费学生统计表》，载中国第二历史档案馆编《中华民国史档案资料汇编》第 3 辑教育，凤凰出版传媒集团、凤凰出版社 1991 年版，第 609—611 页。

⑤ 参见熊志勇《从边缘走向中心——晚清社会变迁中的军人集团》，天津人民出版社 1998 年版，第 101—102 页。

表 4—6　　　南京国民政府中央部分部门官员所学专业情况

部门＼专业人数	商科	法政、外交（政治经济学）	文史哲地社会新闻艺术	理化、工程、地质、建筑学	农林	教育（师范）	医药	财经	军警教育	电报电气电机工程	不详	传统教育	总计
内政部	0	37	8	3	0	6	3	3	11	0	17	1	122
财政部	8	32	8	7	3	5	0	24	5	1	13	2	133
军政部	1	7	2	5	0	1	13	1	95	0	3	1	147
教育部	1	10	12	10	3	18	0	5	1	0	9	1	77
经济部	1	8	1	12	1	1	0	12	1	4	5	0	59
交通部	4	10	5	17	1	4	0	8	10	7	11	0	109
铁道部	5	9	5	9	0	4	0	5	1	0	3	1	48
海军部	0	0	0	0	0	0	0	0	21	0	2	0	25
外交部	2	59	11	1	1	0	0	10	3	0	14	0	110
实业部	1	13	3	6	5	0	0	0	0	0	9	0	51
司法行政部	0	37	0	0	0	0	0	2	1	0	5	0	59
总计	23	222	55	70	14	39	16	70	149	12	91	6	938

说明：其中内政部履历不详者或无教育背景者 36 人，财政部 36 人，军政部 22 人，教育部 6 人，经济部 15 人，交通部 29 人，铁道部 11 人，海军部 2 人，外交部 14 人，实业部 15 人，司法行政部 16 人。

由于南京国民政府的中央官员大多出生于 19 世纪八九十年代，故其面临专业抉择之际，大体为 20 世纪一二十年代。此时由于中国社会动荡，特别是五四运动的影响，促使学生对于社会政治问题较为关注，选择社会科学的人也就多了起来。① 从表 4—6 观之，人文社科类专业仍为多数官员的选择，而法政一科仍独占鳌头，说明了这些专业在仕途中仍具有明显优势。有研究表明，近 20 年里，清华 1290 名留美学生中，学习理工农医和人文社会科学的学生基本持平，分别为 666 人和 624 人。但在人文社会科学中，选习经济学专业则有 125 人，习法政专业者 116 人，分列前两位。②

① 《王造时自述》，载叶永烈编《王造时：我的当场答复》，中国青年出版社 1999 年版，第 67 页，转引自孙宏云《中国现代政治学的展开：清华政治学系的早期发展（1926—1937）》，北京三联书店 2005 年版，第 28 页。

② 参见苏云峰《从清华学堂到清华大学（1911—1929）》，三联书店 2001 年版，第 340 页。

30年代，由于国内外法政毕业生（包括选习政治经济学）仍源源不断从各大学的法科专业及法政专门学校中批量生产出来，而理工农医等实科专门人才严重缺乏，加上九一八事变后，国民政府加强抗战准备，故对实科人才需求甚急。鉴于此种情况，1932年，中央组织部部长陈果夫向国民党中央政治会议提出"改革教育初步方案"，经中央修正通过，交教育部执行。其主要原则为：（1）民国二十一年（1932）秋季起，全国各大学及专门学院一律停止招收文学院法学院及艺术科学生，暂计以10年为限。（2）即以所节省之经费移作扩充农、工、医科之用，并依10年建设计划，规定造就工农医各项专门人才之数目，分别指定各专科以上学校切实训练。（3）全国各中学一律加重与农工医有关之基本类学如数学、物理、化学。（4）全国各小学，一律加重国文与算学。（5）在10年之内公费留学生亦以农工医应用科学为限。[①] 陈的这一提案发表之后，曾引起社会人士与教育界之热烈讨论，反对与赞成者不一。[②] 1933年王世杰出任教育部长，调阅各大学统计发现，全国文科（文、法、商、教等科）大学生数额占大学生总额约70%，共约23000人，实科（理、农、医、工）生仅占30%，有9000人。于是不得不详定各大学（包含各独立学院）招生办法，限制文科招生。[③] 此后，文法科学生逐年减少，为此陈果夫还沾沾自喜，自认为是其提案起到了作用。[④]

在国难背景下，从"国家需要"的角度出发，实科人才自然要比文科有用，"重实抑文"顺理成章成为既定国策。但民间的学者对此却忧心忡忡，1937年5月17日胡适在给翁文灏的信中写道："现在学工程者已无一人失业，而工程师待遇又已骤增，将来社会风气自然会走向这方面去。"连胡适的儿子胡祖望也要去考工科。胡适所焦虑的远不止这些，他说："兴学五十年，至今无一个权威政治学者，无一个大法官，无一个法理学家，无一个思想家，岂不可虑？兴学五十年，至今无一部可读的本国通史，岂不可焦虑？在纯粹科学方面，近年稍有生色，但人才实尚甚缺乏，成绩更谈不到。"胡适认为教育似"不宜太狭"，而应为"国家打长久算盘，注重国家的基本需

① 参见吴湘相《陈果夫的一生》，传记文学出版社1980年版，第17—18页。

② 具体讨论可参见张太原《20世纪30年代教育领域里的自由知识分子与国民党之争》，载中国社会科学院近代史研究所民国史研究室、四川师范大学历史文化学院编《一九三〇年代的中国》（下卷），社会科学文献出版社2006年版，第603—616页。

③ 参见林美莉编辑、校订《王世杰日记》上册（1933年5月24日），台北"中央研究院"近代史研究所2012年版，第1页。

④ 参见吴湘相《陈果夫的一生》，传记文学出版社1980年版，第18页。

要，不必亟亟图谋适应眼前的需要”。而那些在当局看来所谓“无用”的学科，其用处“知之者希，若吾辈不图，国家将来必蒙其祸”。①

不仅体制外的人对此忧心忡忡，即连党内人士对这一“抑文重实”教育政策亦未达成一致。30年代的“文实”之争不仅包含了对专业的有用与无用之争，甚至还涉及体制内权力斗争而引发的个人“恩怨”。1937年司法院院长居正即在中政会上提议“取消教部限制法科招生办法”，并指责“一般国立大学（尤其武汉大学）之浪费”，诋“近今中国教育行政为亡国教育”。然在教育部长王世杰（前曾为武汉大学校长）看来，居氏之指责仍涉及体制内权力斗争而引发的“私怨”，“半由于平日对予之小嫌怨，半由于彼最近接受主持之朝阳学院，未能获得政府重大补助”。② 受此事影响，1937年5月8日，王世杰致电蒋介石请辞教部职务。5月11日，蒋回电，“嘱勿辞，并谓取缔私立不良学校，与限制法科招生为其本人年来一贯主张，其事涉及行政院院长责任。对于朝阳、大夏等校，不主张予以任何补助。”一方为军政领袖，一方为党中元老、司法界耆宿，夹在其中的王世杰，顿感立场颇为困难。③

20世纪30年代初，“抑文重实”的教育政策，尽管其作用具有时效性，但其对于国民政府中央官僚的专业构成仍然在某种程度上起到了影响，国民政府时期学习理、工、农、林以及电气电报者已占总数的11.94%④，这与北京政府内阁官僚的7.46%相比无疑有了些许提高，其背后意义亦相当深远。尽管读书人的专业选择受到了政府行为的干预，知识正如福柯所言，变成一种奴役与监禁。但当理、工、农、医药等科渐入读书人选科的视野范围时，“君子不器”的传统观念则正日渐消解，专业化官僚阶层的形成逐渐成为可能。

---

① 《胡适致翁文灏》（1937年5月17日），载中国社会科学院近代史研究所中华民国史组编《胡适来往书信选》（中），中华书局1979年版，第358、357页。

② 林美莉编辑、校订：《王世杰日记》上册（1937年5月5日），台北“中央研究院”近代史研究所2012年版，第16页。在之前的日记中王亦记载了其与居之间的矛盾：“今日中央政治委员会开会，居觉生因提议由政府补助朝阳学院年十二万元，被予反对，遂对教育现状肆口攻击，实则居之提议出于私心（居氏近已接受该院董事长之职）。”《王世杰日记》（1937年3月10日）上册，台北“中央研究院”近代史研究所2012年版，第11页。

③ 林美莉编辑、校订《王世杰日记》上册（1937年5月11日），台北“中央研究院”近代史研究所2012年版，第17页。

④ 但这一数据与1933年有关统计大体相当，当时中央机关12000名公务员中，学习理工农医科者亦超过了1/10。（参见嘉娴编著《腾挪：中国当代两栖群体分析》，专利文献出版社1999年版，第83页。）故就整个国民政府时期而言，“重实抑文”政策对中央官僚的专业构成之影响实在有限。

三　部门职能与专业知识

民国以降，官僚专业化的倾向亦愈加明显。早在南京临时政府成立前，孙中山在用人上即主张“任人得法”，应以“文学渊博者为士师，农学熟悉者为农长，工程达练者为监工，商情谙习者为商董，皆就少年所学而任其职”①。孙中山的主张为其后继者袁世凯所继承，1915年7月7日，袁世凯发布大总统申令，强调专业知识与部门职能相统一的用人方针：

> 自世界文明进化，一切政治每与技术相缘，故一人之身而百工之为悉备，一器之制而百科之学毕陈。各国政治大家但须有域外之眼光，积年之经验，神明变化，尚不必拘拘于技术之有无。其余专门行政，凡铁路、电气、矿产、银行，以及农田水利、织染纺绩、陶冶、皮革、土木、船舶、各项交通实业，俱非寻常不学所能知。即教育行政、森林行政、监狱行政，皆须学有名家，又经实地练习，乃能分功并进，极深研几。吾国讲求新政亦已有年，而于技术一端往往目为片长，曾不得受社会最高之荣誉，固由士大夫只猎虚名，不求实际，抑亦倡导之者少爱惜人才之意，或学矣而不尽其用，或用矣而临以不知谁何之人，致使百事堕坏于冥冥之中，而官吏万能之说足以误国而不悟耶。嗣后专门行政，必须访求专门人才，不得以一知半解之徒充任其事。②

袁氏以总统身份所发布的申令，似乎提示着政府日后在用人上要本着部门职能与专业知识相统一的标准进行。对这一申令的实践在历次文官考试中皆有不同程度的体现。如1920年1月9日，北京政府对第二届文官高等考试及格人员的学习安排即明确表示按专业进行分发。1919年10月举行的该次考试，因“录取文学、技术各员为数较多……凡文学专科之曾习外国语言文字者，酌分外交部或平政院，化学、采矿、冶金各科酌分盐务署、币制局或印铸局，建筑、土木、电工各科酌分市政公所、或全国水利局，商业专科酌分审计院或税务处”③。这一分发原则，多少体现了考生专

---

① 《上李鸿章书》（1894年6月），载广东省社会科学院历史研究所、中国社会科学院近代史研究所中华民国史研究室、中山大学历史系孙中山研究室合编《孙中山全集》第1卷，中华书局1981年版，第9页。

② 《政府公报》1915年7月8日第1137号。

③ 《文官高等考试及格人员分发学习名单及呈文》（1920年1月9日），北京政府总统府军事处档案，第二历史档案馆藏，全宗号1003，案卷号357。

业知识与部门职能相一致的任用原则。

近代国家行政职能愈行复杂，部门分工亦愈加细化，故行政管理日趋技术化、专业化。然由于各部部门职能的不同，其对政府官员的所学专业亦提出了新的要求。从表4—5来看，各部中仍不免有外行人的存在。故以部门职能与专业相统一为标准来衡量各部官僚的专业化程度，则各部因其职能的不同，官僚的专业化程度亦呈现出高低不一的态势。见图4—1。

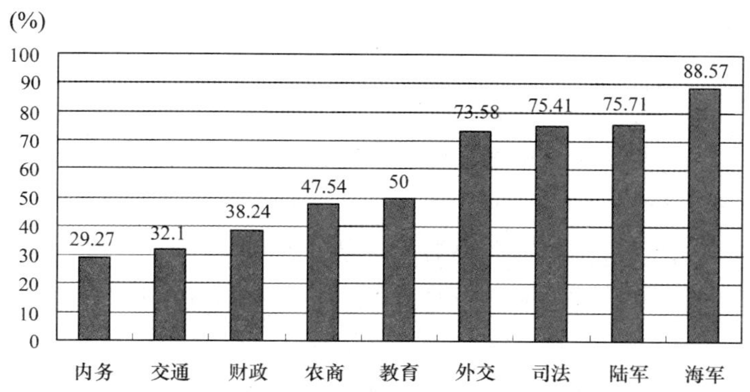

图4—1　北京政府内阁各部任职官员专业化程度对比（1912—1928）

说明：（1）各部专业选择以其部门职能为标准，具体可参见钱实甫《北洋政府政治制度史》（上）（中华书局1984年版）。由于民国各部皆设有参事一职，其职能主要是“掌理关于撰拟法案命令，审核行政法规、审核所属机关行政计划及工作报告，调查设计及编审等事项”。参见张宪文、方庆秋主编《中华民国史大辞典》（江苏古籍出版社2001年版），第1299页。因参事须懂法，故法政一科对于各部皆为专业人才。故本图对于各部专业的制定标准为：内务部以法政、医药以及军警教育为专业，共24人。（2）财政部以商科、法政以及财经为专业，共38人。（3）陆军部以法政及军警教育为专业，共53人。（4）教育部以法政、文史哲、师范以及理化工程科等为专业，共36人。（5）司法部以法政为专业，共46人。（6）农商部以商科、法政、理化工程科以及农林为专业，共29人。（7）交通部以法政、理化工程以及电报电气等为专业，共26人。（8）海军部以法政及军警教育为专业，共31人。（9）外交部以商科、法政及文史哲为专业，共39人。

从上来看各部专业化程度最低的是内务部，这可能与其部门职能对专业的要求不高有关。根据民国元年（1912）的规定，内务部主要管理地方行政、选举、赈恤、救济、慈善、感化、人口、户籍、土地、警察、著作、出版、土木工程、宗教、卫生、监督所管辖署及地方行政长官。[①] 在

① 参见钱实甫《北洋政府时期的政治制度》（上），中华书局1984年版，第88—89页。

这些职能中除了卫生、警察、土木工程等部分在专业上要求高一些以外，其他皆为一般行政事务，故一些旧绅士甚者中学毕业者皆可担任，但能否做好又是另外一回事。

与之相对的，海军部官员的专业化程度最高。这是因为海军从舰船的驾驶到枪炮的使用，无不需要特殊的专业训练。晚清乃至民国时期，海军军官多从海军学堂毕业，学生在校期间必须接受大量的专业培训。如福州船政学堂的学生，学习期间他们在修完天文、地理、算法等课程后，还要上船实习①，所以福州船政学堂的学生“学业有成者，已派充轮船管驾，类皆深谙测量经纬以及风潮纱线，即西人亦深赞其能”②；而天津水师学堂则对本校学生四年内应学的课程作了详细规定：（1）英国语言文字；（2）地舆图说；（3）算学至开平立诸方；（4）几何原本前六卷；（5）代数至造对数表法；（6）平弧三角法；（7）驾驶诸法；（8）测量天象推算经纬度诸法；（9）重学；（10）化学格致。③ 北洋军阀统治时期，海军部官员也多从这些学校毕业，自然使得海军部成为中央各部专业化程度最高的部门，也是唯一没有任用科举出身官员的部门。与此相同的还有陆军部，因同为军事部门，且部中官员大都习军事，故其专业化程度在各部中遥遥领先，此一现象，至国民政府时仍未改变。

继海、陆军部后，外交、司法两部的官员的专业化程度亦较高，均超过50%。外交职业的特殊性，要求职员必须精通文史，谙悉经贸，在熟练掌握各国语言的同时，还需对国际政治与法律有一定的造诣。从表4—5来看，因外交部官员多习法政、商科、文史哲等科，与外交部的职能相统一，故其专业化程度亦较高。如著名外交家颜惠庆在美国弗吉尼亚大学就读期间，选修了德文、拉丁文、数学、经济学、全球通史、美国史与心理学等课程，仍学有余力，又加修了哲学史和国际法与宪法。而后者对于其将来从政，“助益甚多”。④ 如果说颜氏所习仍欠专门细密的话，另一位外交家顾维钧的学习经历则更为细密专业。顾氏1904年自费留学，1909年获得美国哥伦比亚大学硕士学位，后开始攻读哲学博士学位。在学期间，其指导教师穆尔完全按照一个外交官的标准来培养他，并特别要求顾学习法律，认为这对其日后处理国际和外交事务有很大帮助。因此顾在哥大学

---

① 参见罗尔纲《晚清兵志》，中华书局1999年版，第116页。

② 朱有瓛主编：《中国近代学制史料》第1辑上册，华东师范大学出版社1983年版，第380页。

③ 参见罗尔纲《晚清兵志》，中华书局1999年版，第119页。

④ 《颜惠庆自传》，姚崧龄译，传记文学出版社1982年再版，第25—26页。

了除司法程序以外的所有法学课程，为顾氏日后从事外交工作奠定了坚实基础。亦正因此，1913 年顾维钧在升入外交部参事后说："我受的教育使我对我的工作能够胜任愉快。"①

司法部职能主要是管理民事、刑事诉讼案件，户籍、监狱、出狱人保释以及其他司法行政事务，监督所辖官署、司法官等，故其对官员的要求多为习法政专业者。法学本是一门新兴之学，故近代中国法政专门学堂兴起之前，中国法律人才多为留日学生。北京政府司法部和国务院下的法制局一样，"例为留学生所有"。② 民国元年，许世英任总长时，"法部已为留日学生盘踞地，而律师亦泰半留日学生"。③ 其较著名之人物有张耀曾（东京帝国大学法学）、江庸（日本早稻田大学法制经济科）、张一鹏（日本法政大学法学）、林长民（日本早稻田大学政治经济学）、朱深（日本法政大学法学）、程克（东京帝国大学法学）。除留日习法科者，留欧美习法科者在这一时期并不占优势，但仍有较著名之人物如王宠惠（美国耶鲁大学法学）、王正廷（美密歇根大学、耶鲁大学法学）、罗文干（英国牛津大学法学）等，皆为一时显赫的专业人才。

交通部等因其部门职能的需要，所需人才更加专业，交通部中如路政、航运、电政等部门非一般习法政、文史等人才所能胜任。1920 年，当时署理交通部总长的叶恭绰即在报刊上发布征求人才的通启，通启中对于交通专门人才是这样表述的：

> 铁路为近世伟大之事业，先进诸邦类皆不惜注全力以谋其发展。竞争既烈，进益日新，故步自封，相形必绌，非得于路务各项夙有研究之专门人才，各尽所能，群相策应，断难自立于今日之世界。……值本部刷新伊始，路政方面尤觉经纬万端，大抵已成。各路固宜积极改身，即业经规划，各路亦须兼筹并进，次第兴工，待理孔多，需才尤亟。查铁路用人行政，其荦荦大者，不外管理工程两途。类析部居，科目繁赜，举其大要，属于管理者如会计、营业、客货运输、列车运输、法规经济、运费统计、工厂以及材料管理之类；工程如土木、机械、桥梁、测绘、绘图、圬工水利、造车号志、材料试验之类。若此之属，各有专科，但具特长，咸资效用。我国近来留学外国

① 《顾维钧回忆录》第 1 册，中华书局 1983 年版，第 70—71、108—109 页。

② 沃邱仲子：《民国十年官僚腐败史》，中华书局 2007 年版，第 10 页。

③ 同上书，第 30 页。

研习专门者日见增多，即素未出洋者亦不乏绩学有年确具心得之士，藏器席珍，末由自试。用者违其所学，学者不得其用，近来时弊可慨实深。本部兹为甄拔材能，振兴路政起见，特定征求专门人才办法。①

近代读书人多入法科，而少理工等科。从表4—5来看，交通部16年中习理工、电气电报者仅16人，可见其专门人才之少。而交通于路政一司，所需专门人才已属难求，故叶氏不得不发通启以求之，则该部官员专业化程度低下也就不难理解了。与此同时，用非所学、学非所用的情况在这一时期仍较为明显。据清华学校同学干事部于民国十三年（1924）11月的调查，清华学校留学回国学工程的211人中，用非所学的有24人；学商业的95人中，用非所学者有9人；学社会科学的53人中，用非所学的有7人；学自然科学的50人中，有6人用非所学，约计总有1/10的人竟是用非所学。② 诚然，这种“用非所学，学非所用”的现象在任何时期都无法得到根本解决，政府行政部门的专业化程度的高低，一方面与该部的职能要求有关，另一方面亦与社会政治环境相涉。此非北京政府所独有之现象，南京国民政府亦然。

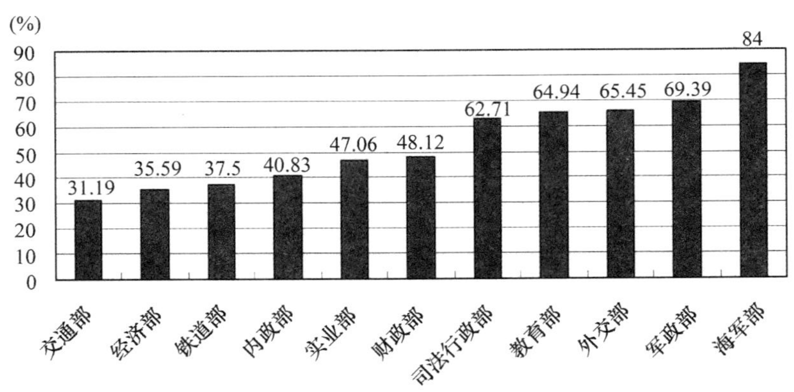

图4—2　国民政府行政院各部任职官员专业化程度对比（1927—1949）

说明：(1) 经济部以商科、法政以及财经等专业与部门职能相统一；(2) 铁道部则以法政及理化工程科为专业人才；(3) 实业部以法政、农林、理化等科为专业人才；(4) 其余各部与上图同。

---

① 叶恭绰：《征求专门人才通启》（1920年），《遐庵汇稿》上编公牍，收入《民国丛书》第2编第94册，上海书店出版社1990年版，据1946年版影印，第52页。

② 参见杨贤江《现在中国青年的生活难》，《学生杂志》1925年第8期，第51页。

从图4—2观之，国民政府行政院各部专业化程度最低者为交通部，最高者为海军部，这一趋势与北京政府时相比变化并不太大。而就北京政府与南京国民政府内阁相同部门的职掌而言，其变化亦不大。[①]且南京国民政府时期，各部皆延用了大量北洋旧官僚，故各部任职官员的专业构成变化并不显著。然从图4—2来看，尽管各部皆不乏专门人才，但仍不同程度存在学非所用的情况。如内政部，1937年11月军人出身的何键出任内政部部长。在行政院参事陈克文看来，何"不只自己对于自己所主管的事情没有理论的解释，没有彻底的明白"，而且说出来模模糊糊、吞吞吐吐，连一句清朗明白的话也没有。故陈氏感叹："如此内长，谁说会能够办得好内政呢?"[②]亦正是基于上述认知，次日陈克文与陈之迈在午饭时品评行政院各部部长之高下，即认为最不好的部门"应该内何第一，外王第二，教陈最多不过第三"。[③]

曾任该部参事的雷啸岑回忆道：

> 无论东西各国任何一种政体之下的内政部，都是居于政府中的首要单位，以其职责繁重，关系深巨，诸如民政、警政、土地、礼俗，以及文物古迹之管理，鸦片毒品之查禁，戏剧歌曲之审核等等，皆属于内政部的主管业务。所以，东西各国执政者，对于内政部各级首长的人选，莫不特别甚重，必求适才适任，决不乱来的。唯有咱们中华民国的内政部，实与骈枝机关相伯仲，它既像一座安置政客、策士的招待所，亦像一间灾梨祸枣的档案制造场，又好似是收留残废人物的养老院。总之，虚有其表，点缀场面而已。

雷啸岑在内政部所任职务为参事一职，其职责为撰拟、审核内政上的法令规章，而雷学习的专业却是政治经济科[④]，故雷回忆其在内政部工作

---

① 具体可参见钱端升《民国政制史》上册，上海人民出版社2011年版，第175—176、223—224页；钱实甫《北洋政府时期的政治制度》（上），中华书局1984年版，第88—89页。

② 陈方正编辑、校订：《陈克文日记》上册（1938年12月5日），社会科学文献出版社2014年版，第309页。

③ 外王指外交部部长王宠惠、教陈则指教育部部长陈立夫。陈方正编辑、校订：《陈克文日记》上册（1938年12月6日），社会科学文献出版社2014年版，第309页。

④ 近代读书人的专业选科往往以做官为目标，故在雷啸岑看来，其选择政治经济科，实已"奠定了高等游氓的本质"。参见雷啸岑《我的生活史》，收入张玉法、张瑞德主编《中国现代自传丛书》第4辑（8），龙文出版股份有限公司1994年版，第83页。

时的情况道："我原非法学之士，不知如何去恪尽职守，同事孟广澎君虽然比我懂得多些，但也不是行家，而部长薛笃弼更为粤语所谓'唔系个皮'——即不是这块料也。幸而参事室尚有两位助手深通法律，一为江苏人曹寿麟（前内政部次长胡次威的岳丈），一为湖南人刘武，遇事由他二位拟稿，交孟审阅，我只是照例盖章罢了。"① 像雷啸岑这样有章可盖，说明和他一样的参事还有事可做，并不完全是摆设。参事尽管有权审核部内事关法律一类的公事（其他事则完全不能过问），但如遇到马马虎虎的部长、司长所呈的任何公事，他都批准，参事即无事可办。但若遇到精明的部长，则事又太多。② 照例盖章与无事可办固然是参事一职的两种极端，但其尴尬之地位亦由此可见一斑。

用人不专并非内政一部之现象。采矿专业出身的陈立夫早年并无教育界任职经历，1937 年 9 月，即将接任教育部部长的他在与即将卸任的教育部长王世杰谈话时，被王认为其对现行教育制度的理解"多幼稚之见"。③ 1948 年，以海军而任铨叙部部长的政学系成员沈鸿烈，在上任后不久即遭到舆论的讽刺。《中国新闻》以《铨叙部易长万象》为题对此评论道："中国官吏是'万能'博士，一个学海军的，既可以做省主席，又可以做秘书长，更可以做铨叙部长。这是中国官吏的'能'，但无论如何，总令人有不专之惑，正像王云五是一个'百搭'一样。"④

民国以来，政府中各部长官固然不乏专家，但以外行领导内行的现象仍然屡见不鲜，这一时代的官吏仍徘徊于"通才"与"专才"之间。近代西学传入以后，中国人才认识到科举制下无专门人才的弊端。入民国后，官僚专业化的呼声日高，有人甚至提出"官吏为职业"一说。其云：

> 近世以来，文武不分，内外互调，一官兼绾兵刑钱谷，一身遍历各部，尤与官吏为职业之意背驰。然暗中为之助者，则有幕友，有书吏，有家丁，其所以凭借者有例案，此所以吏例为近世之大蔽。莫若使官吏成为一种职业，与垄畔之农夫，工肆之大匠，商号之经理，同

① 雷啸岑：《我的生活史》，收入张玉法、张瑞德主编《中国现代自传丛书》第 4 辑（8），龙文出版股份有限公司 1994 年版，第 83、101—102 页。

② 参见龚德柏《龚德柏回忆录》（中），收入张玉法、张瑞德主编《中国现代自传丛书》第 1 辑（4），台北龙文出版有限公司 1989 年版，第 317 页。

③ 林美莉编辑、校订：《王世杰日记》上册（1937 年 9 月 19 日），台北"中央研究院"近代史研究所 2012 年版，第 44 页。

④ 《铨叙部易长万象》，《中国新闻》1948 年 8 月 1 日第 2 卷第 8 期。

其地位，其初步必从帮作学徒入手。……官吏既成为一种职业，必须自幼习之，终身不移。试问将如何分科从事，盖一人固不能兼擅众长也，不知今日通例，固已有分科之制矣。如习法律者终身为司法官，陆海军人及警察亦然。其他如理财教育工程交通等皆有专门学校，毕业学校后，各就所学之科。①

虽然以官吏为职业，需自幼学习，终身不移的说法并不值得提倡，但是其提倡分科之制，学有所长，学以致用，却正是对科举时代“通才”教育下无专业人才的反省。

科举制度废除后，尽管新式学堂和留学的费用可能限制一些人享受新式教育，“但新式学堂和留学仍造就出了一大批知识分子，他们所掌握的新文化资源仍是他们进入过渡社会‘权力场域’的文化资本”②。这既是官员入仕途径变化的反映，也是社会变迁产生的结果，“专才”取代“通才”从而成为可能。

第三节　做官与做事：学者从政的两难选择

科举废除后，读书人“读书—科举—做官”的上升性渠道断裂。辛亥革命后，尽管做官不再是读书人实现自我价值的唯一途径，但他们在职业选择上仍呈现出了历史的惯性，即徘徊于做官与从教之间。然而由于军阀统治，上无道揆，以致读书人纷纷隐身校园，避而不出。1931 年九一八事变之后，在被知识界称为“国难”的危机面前，一度隐身校园的大学教授纷纷走出象牙塔，再次踏上从政之路，尽“书生报国”之志。然而已经习惯于大学校园生活的他们，在进入官场后却表现出了明显的不适应，在面对官场的利益纠葛与派系纷争的同时，还不得不面临着做官还是做事的两难困境。现实与理想的差距最终使他们沦为政府的“装饰品”。

一　学而优则教：民初读书人的职业选择

“学而优则仕”本为中国传统知识分子的价值取向，从政与论政亦是传统士人天然的社会责任，在帝制时代，读书、治学与做官并无冲突。然

① 景藏：《官吏为职业说》，《东方杂志》1920 年 3 月 10 日第 17 卷第 5 号，第 8、10 页。

② 金安平：《从批判的武器到武器的批判——二十世纪前半期中国知识分子与政党政治》，黑龙江人民出版社 2000 年版，第 92 页。

民国建立以后，知识分子的这种价值取向则由于社会发生的巨大变迁而出现了不同程度的分化和演变，学者最好不论政也不做官反而成为一种人人亦趋的潮流。[①] 然由于中国近代化进程的迟缓，导致社会对各类人才的需求不旺，而新式教育的蓬勃发展，不仅生产了大量的读书人，同时也成为消化读书人的最好场所，“退而从教”逐渐成为民初读书人的无奈选择。

近代留学教育兴起之时，清政府即有培养新学师资的意图。1903 年，时任管学大臣的张百熙在给光绪皇帝的奏折中即曾谈道：

> 窃臣百熙于召对时蒙懿训，深以教习乏才为念。当经奏陈京师大学堂宜派学生出洋分习专门，以备教习之选。……诚以教育初基，必以培养教员入手，而大学堂教习尤当储之于早，以资任用。查日本明治八年，选优等生留学外国，至明治十三年，留学生毕业归国后，多任为大学教员。……此其用心深远，可为前事之师。……亟应多派学生分赴东西洋各国学习专门，以备将来学成回国，可充大学教习，庶几中国办理学堂尚有不待借材操纵自如之一日。[②]

是时，清政府需才甚急，大部分留学归国人员仍流入了政界。时人指出：“自满洲赏举人进士之例开，而留学生之被笼络者，不知凡几。”他们甚至担心“今日之高谈排满革命者，即将来之伏地称臣、助纣为虐之人也”。[③] 辛亥革命的成功并没有湮灭这股求官热潮，“盖当民国初元，国家乍脱专制而创共和，社会对于政治兴味非常亢进”。[④] 杜亚泉指出，中国数千年专制政体下，“官吏之威权特重，且安富尊荣，独占社会上优厚之权利，故人民之重视官吏，几成根性”。今“政体虽更，根性未变，竞争益剧，运动益多”。[⑤] 因此，民初政权更替之际，留学生亦皆以此为从政良机，群趋政界。故外人评论云：“东西洋留学青年，学实业者寥寥，大抵皆法政家，谋归国而得官者。”[⑥]

---

① 参见罗志田《近代读书人的思想世界与治学取向》，北京大学出版社 2009 年版，第 3 页。

② 陈学恂、田正平主编：《中国近代教育史资料汇编》（留学教育），上海教育出版社 1991 年版，第 19 页。

③ 仇：《论留学生之作官》，《新世纪》1907 年 10 月 26 日第 19 号。

④ 黄炎培：《读中华民国最近教育统计》，《新教育》1919 年 2 月第 1 卷第 1 号，第 22 页。

⑤ 伧父（杜亚泉）：《论人民重视官吏之害》，《东方杂志》1912 年 10 月 1 日第 9 卷第 4 号，第 3—4 页。

⑥ 大愚译：《外人之共和观》，载经世文社编《民国经世文编》政治一，载沈云龙主编《近代中国史料丛刊》第 50 辑，文海出版社（未注出版年月），第 245 页。

有意思的是，一方面是那些在读和刚出校门的读书人削尖了脑袋想要进入官场；另一方面是一些已经成名的读书人则看到了军阀统治的黑暗、官僚政治的腐败，并且准备抽身离去，“不问政治”与“不涉足政界”成为这些人显著的标签。[①] 这两个过程并没有清晰的时间界限，而是相伴发生的。

民国初建不久，时人已观察到，“今之贤者”已不愿投身政界，并有官府之中“无非前清之龌龊官吏”[②] 的担心。袁世凯之后，民国更是陷入五代式的军阀割据状态。[③] 对政治的“失望”与厌恶成为读书人难以抹去的心头之痛。传统士大夫本着“天下有道则现，无道则隐”的策略，以退为进，脱胎于传统士大夫的近代读书人也不免带有此习气。“军阀无道、官僚腐败”在让一些学有所成的读书人失望之余，亦让洁身自好者对官场望而却步，以致造成“学而不优则仕”“学而优则教”的局面。数十年后，学者杜才奇对这一时期读书人由“希望”到“失望”过程有较清晰的论述：

> 清末秕政固极令人痛苦，但是当时人心勃勃，对革命派与立宪派的奋斗都同样地寄以莫大的希望。及民国成立，共和政体大体确定，而政治的腐败反变本加厉，与往昔所希望者几全相反，国人曾寄付以最大瞩望的优秀政治界与神圣国会对此闷局全陷束手无策，以致国人对当时的舆论、议会、政府以及一切政谈无不厌倦，烦窒沉闷的空气弥漫全国。
>
> 处在这低气压政局下，学而且优的学者们大都只作消极的退避，对当时的强盗政府——北京政府采取不合作主义。他们劝告入仕的留学生，要求他们从北京政府中总撤退，而集全力于社会改造事业，以打下良政治的基础。这是当时一般对政治绝望的学者所服膺的作风，这与其说是他们确信良政治必以优良社会为前提，毋宁说是他们在那莫可奈何的政局下饮泣吞声的一个选择。当时社会事业范围虽较扩大，但无处不受恶政治的控制，只有少数学校还算一片净土，所以一

---

① 参见中国革命博物馆整理《吴虞日记》上册，四川人民出版社 1984 年版，第 288、577 页。

② 无妄：《闲评一》，《大公报》1912 年 3 月 16 日第 1 张第 2 版。

③ 参见罗志田《五代式的民国：一个忧国知识分子对北伐前数年政治格局的即时观察》，《近代史研究》1999 年第 4 期。

般洁身自好的学者多相率引避学府。①

事实发展确如杜氏之见。1917 年，留学回来的胡适即“打定 20 年不谈政治的决心”②，并在陈独秀的引荐下去北大做了教授。1922 年 6 月，胡适的朋友赵文锐从美国留学归来后，北上参加北京政府文官考试，因此受到了朋友们的讥笑。③ 而即在胡适发表不谈政治的当年，中国共产党人则对时局得出了这是一个“学生不能求学”，“商人不能安心做买卖，工人农民感受物价昂贵及失业的痛苦，兵士无故丧失了无数的性命”的看法。④同年，胡适创办了《努力周报》，并发表了由 16 位教授共同起草的《我们的政治主张》一文，公开提出了“好政府主义”，是为学者论政的典范之作。⑤ 这年 9 月，主张“好政府主义”的三位学者罗文干、汤尔和、王宠惠在军阀吴佩孚的支持下进入内阁，分别担任财政总长、教育总长和国务总理等职，然 73 天后即因“罗文干案”而倒台。⑥ 1923 年因反对军阀政府非法逮捕财政总长罗文干，蔡元培辞去北大校长职务，在辞职宣言中蔡氏更是号召在北京的留学生离开政府，不要替政府帮忙，宣称：“现在政府那一个机关能离掉留学生？若留学生相率辞职，政府当得起么?”⑦ 而事实上，即使是好人当政，似乎也于事无补，王宠惠在署理阁揆期间即曾被指责，“掌政之后，却仍是一承旧令伊之政”，帮助军阀“搜款张皇”。不仅有人批评“学者做官也一样做了军阀的账房，且有讥他为失品格的”。⑧若干年后，更有人批评他们一入政府，“乃比坏人更坏，更卑鄙，更龌龊”。并由此造成了一股极端的风气：“凡稍有名望的学者，一入仕途，便立刻损失了他们的社会的价值，遭致社会的轻视与唾弃了。”⑨ 北伐开始后不久，《大公报》总经理胡政之得出的结论则与中共几年前的看法不谋而合。他说：“过去多年间，虽乱而未甚，虽恶而可忍，是以在某业言某业

---

① 杜才奇：《论学者从政》，《自由论坛》1943 年 2 月 15 日第 1 期，第 15—16 页。

② 胡适：《我的歧路》，《努力周报》第 7 期。

③ 《公开荐举议——从古代荐举制度想到今日官邪的救正》（1934 年），载欧阳哲生编《胡适文集》（11），北京大学出版社 1998 年版，第 416 页。

④ 《本报宣言》（1922 年 9 月），《向导》第 1 期。

⑤ 参见胡适等《我们的政治主张》，《努力周报》1922 年 5 月 14 日第 2 期。

⑥ 关于“罗文干案”的始末由来，可参见经先静《内阁、国会与实力派军阀——20 世纪 20 年代罗文干案始末》，《史学月刊》2004 年第 1 期。

⑦ 《蔡元培辞职后宣言》，《东方杂志》1923 年 10 月 1 日第 20 卷第 1 号，第 146 页。

⑧ 君宇：《王博士上台生活应给“好人努力”的教训》，《向导》1922 年 10 月 11 日第 5 期。

⑨ 王平陵：《论学而优则仕》，《自由评论》1936 年 1 月 17 日第 9 期，第 5 页。

之说，最支配一般人之心理。今则不然，商不能商，工不能工，农不能农，甚至官亦不能官，教亦不能教。”① 加之时局之混乱，国无宁日，《申报》主笔杨荫杭因此感叹：“世间清净去处，莫如学界。”②

差不多就在杨荫杭发出“清净去处，莫如学界”感慨的同时，读书人退而从教的情形亦达到了高峰。著名教育家杨贤江与舒新城在统计了清华归国学生所从事的职业后，得出了相同的结论，即青年毕业生的出路以入教育界当教员的为多。清华归国学生 521 人中，当其所学专业范围内教员的人数有 205 人，几占总人数的 1/2。③ 舒新城则指出，1909—1922 年，544 名回国的清华留美学生，从事教育职业者 204 人，占总数的 40% 以上，为任何职业之最多数。④ 而更有意思的是，一些本不是为养成师资的专门学校，学生毕业后也有 2/3 去教书；甚至学农的学生，从事经营农业的、在农业机关服务的还不到 20%，但在教育界服务的却占到 25%。⑤ 教书成为这一时期读书人理想的职业选择，有人将这种现象描述为“你教育我，我教育他，他再教育别人”的轮回式教育：

> 文科毕业当教员，理科毕业当教员，商科毕业也当教员。你教员，我教员，大多数全是教员（自然也有例外）。我们问作中学教员作什么呢？他们必定说：“教中学学生念英文、学算学、指导一点商业常识，预备升大学”。升大学作什么呢？希望大学毕业。大学毕业作什么呢？当中学教员。当中学教员作什么呢？还是教学生升大学。如此循环不已，一代一代的当教员，“子子孙孙永保用”。你教我，我教他，大家都围着这圈子转。⑥

在作者看来，这还是一种低层次的轮回圈子，还有一种高一等的轮回

① 记者（胡政之）（1926 年 10 月），《国庆辞》，《国闻周报》第 3 卷第 39 期。

② “学界为清净去处”的认知显然是相对而言的，杨氏本意亦在于此。参见杨荫杭《政客与学客》，《申报》1921 年 9 月 29 日，载杨绛整理《老圃遗文辑》，长江文艺出版社 1993 年版，第 422 页。

③ 参见杨贤江《现在中国青年的生活难》，《学生杂志》1925 年 7 月 5 日第 12 卷第 7 号，第 52 页。

④ 参见舒新城《中国近代留学史》，上海文化出版社 1989 年版，第 256—257 页。

⑤ 参见杨贤江《现在中国青年的生活难》，《学生杂志》1925 年 7 月 5 日第 12 卷第 7 号，第 52 页。

⑥ 笑萍（宁恩承）：《轮回教育》，《南大周刊》1924 年 11 月 28 日第 8 期，载王文俊等选编《南开大学校史资料选（1919—1949）》，南开大学出版社 1989 年版，第 753 页。

圈子：

> 就是大学毕业后暂先不向回转，是往前转。先到美国去，在美国混上二三年、三四年，得到一个什么 EE，MA，D 等，于是架上一架洋服，抱着两本 notebook 回家来，作一个大学教员。不管他是真正博士也好，骗来的博士也好，“草包”博士也好，上班捧着他自外国带来的 notes 一念。不管它是是非非，就 A、B、C、D 的念下去。……一班学生也任他“姑妄言之”，我们“姑妄听之”。一年，二年，直到四年，毕业了。毕业后也到美国去，混个什么 M，什么 D，回来依样葫芦，再唬后来的学生。后来的学生再出洋按方配药。这样循环下去，传之无穷，是一种高一级的轮回。①

该文发表时，作者宁恩承不过为南开大学商科的一名学生。但此文无疑是在南大校园中扔下了一颗重磅炸弹，在师生中引起激烈讨论，南大教授以为此文有辱骂教师之嫌，为表达不满情绪，全体教员罢课达两个月之久，引发震惊全国的“轮回”事件。校长张伯苓也因无法说服师生双方，不得不暂时出走。② 而此文涉及的观点亦引起了新闻界和教育界的高度关注，天津的中等以上学校在南大教师罢课三周后，发表宣言支持学生③，中外报纸亦“多吹捧恭维”该文。④ 远在成都的舒新城通过《申报》《晨报》等媒体得知此事后，即在《教育杂志》上发表题为《愿全国教育家反省》的文章，对宁氏的观点表示支持。舒新城指出，尽管宁氏在文中提到的“种种事业，自有其特殊的背景，不可以之衡量一切学校。但一般专门学校乃至于中学小学毕业生的出路，几全以教书为本位，却是很普遍的现象”。他还举例谈到，成都某专门学校，原以造就特殊职业的指导者为目的，但毕业生则 2/3 教书。徐州某中学之毕业生为教师者竟与升学者之数量相等，各占 4/10 以上。⑤ 舒氏更举其家乡的例子说：

---

① 笑萍（宁恩承）：《轮回教育》，《南大周刊》1924 年 11 月 28 日第 8 期。载王文俊等选编《南开大学校史资料选（1919—1949）》，南开大学出版社 1989 年版，第 753—754 页。

② 参见《南开大学罢课风潮经过》，《晨报》1924 年 12 月 27 日第 6 版。

③ 《南大布告停课后之各方面》，《晨报》1925 年 1 月 15 日第 6 版。

④ 参见宁承恩《百年回首》，东北大学出版社（年月不详），第 99 页。

⑤ 舒新城：《愿全国教育家反省》，《教育杂志》1925 年 4 月 20 日第 17 卷第 4 号，载吕达、刘立德主编《舒新城教育论著选》上，人民教育出版社 2004 年版，第 513 页。

即以吾县——湖南溆浦——而论，师范生固然教书，中学毕业生亦教书，即高小毕业生亦在吾乡间的改良私塾中教书。故旧亲族中之曾进学校——不论为正式的中学师范，非正式的某种讲习所、法政别科——者，只要自食其力，几无不以教书为生。①

和宁氏提出的大学与中学、留学与大学的轮回不同，舒氏则又给我们提供了一个更低层次的圈子轮回。数年后，曾任《中央日报》社长的程沧波后来回忆道："那一时期的大学毕业生与海外归国的留学生，谋得一教职，谋得在教育界服务，不惟视为正当的途径，也且引为荣誉的职业。"② 曾赴英国留学，后成为北大史学教授的杨人楩在谈到民国十二三年教育界的情况时亦谓，留学生"返国之初，往往以在大学教书为进身之阶。有学识与能力的，学而优则仕；无学识与能力的，亦学而劣则仕"。③ 然"学而且优"者毕竟是少数，以致时人感叹现在"各种机构都是被'学而不优'的人们所劫夺把持"。④

辛亥之后的数年间，读书人之所以大多愿意栖身教育界，一方面固然由于社会实业的不发达，无法吸纳更多的读书人；另一方面则与政治相关。由于军阀统治，上无道揆，读书人既不愿与军阀为伍，受制于军阀，则退而从教不仅切合传统士大夫"有道则现，无道则隐"的价值取向，亦符合读书人韬光养晦、待机而出的政治策略。

二　教而优则仕："国难"与学者从政潮流

然而中国读书人的"退"与"隐"往往是为了更好地"进"与"显"，国民党在取得全国政权后即掀起了第一次"学者从政"潮流，显然是由于这样的一个新政权给学者们带来了新的希望。⑤ 早在北伐前，因不满北方污浊的政治空气，朱家骅、周鲠生以及王世杰等一批与国民党有关的北大教授即曾领导北大学生游行示威，朱家骅亦因此遭到北京政府当局的通缉，并于 1926 年 6 月化装南下，受聘中山大学地质系教授兼系主任，1927 年任广东省政府民政厅长，后即弃学从政。⑥ 1926 年 12 月傅斯

① 舒新城：《愿全国教育家反省》，《教育杂志》1925 年 4 月 20 日第 17 卷第 4 号，载吕达、刘立德主编《舒新城教育论著选》上，人民教育出版社 2004 年版，第 513—514 页。

② 程沧波：《教育界的才荒问题》，《中央日报》1941 年 3 月 31 日第 2 版。

③ 杨人楩：《论气节之培养与教育》，《大公报》1941 年 4 月 6 日第 3 版。

④ 王平陵：《论学而优则仕》，《自由评论》1936 年 1 月 17 日第 9 期，第 7 页。

⑤ 参见胡适《惨痛的回忆与反省》，《独立评论》1932 年 9 月 18 日第 18 号，第 9 页。

⑥ 参见胡颂平《朱家骅先生年谱》，传记文学出版社 1985 年再版，第 16—18 页。

年、鲁迅、何思源等五四新文化运动时的健将皆应聘中山大学。[①] 同年，北大教授蒋梦麟也逃离北京，从天津转道上海，再由上海转赴杭州，并于1927年被任命为浙江省政府委员兼教育厅长，后又出任教育部部长，官至中枢显要。[②] 1927年3月，当北伐所向披靡之时，《晨报》报道了周鲠生、王世杰等一批留学英美的北大教授相继南投武汉。[③] 周先是留在大学任教[④]，抗战时则出任军事委员会参事室参事[⑤]，而王则于1927年6月出任国民政府法制局局长，并于次年11月任立法委员，1933年出任教育部长等职。[⑥] 北伐完成后，许多教育界人士都认定国民党是中国前途的唯一希望[⑦]，故此时仍有大批学者加入到政府中来，且多集中于1927年蔡元培任院长的大学院及后来的教育部中，盖因蔡氏在教育界人脉之关系。[⑧] 大批从前隐身教育界或社会的人才，如大学教授、研究员等都当了国民政府各部的干部，以致“当时若干人有一种妙喻，称之为‘野无遗贤’”[⑨]。

随后不久，“学者从政”的热潮又归于沉寂，一部分从政学者则因无法适应政界的尔虞我诈，不得不告别喧嚣的政坛，纷纷回归学校，试图远

---

① 参见胡颂平《朱家骅先生年谱》，传记文学出版社1985年再版，第17页。

② 参见蒋梦麟《西潮与新潮——蒋梦麟回忆录》，东方出版社2006年版，第178—180页。

③ 《晨报》1927年3月9日第3版。

④ 《周鲠生》（1889—1971），参见刘绍唐主编《民国人物小传》（8），台北传记文学出版社1981年版，第121—126页。

⑤ 参见张忠绂《迷惘集》，载沈云龙主编《近代中国史料丛刊续编》第53辑，台北文海出版社1978年版，第130页。

⑥ 参见徐有春主编《民国人物大辞典》，河北人民出版社1991年版，第45页；《王世杰日记》上册（1933年5月24日），台北“中央研究院”近代史研究所2012年版，第1页。

⑦ 参见萧公权《问学谏往录》，黄山书社2008年版，第170页。

⑧ 如曾任教于广东高等师范学校、北京邮电学校及交通大学的朱葆勤于1928年4月出任大学院参事，12月改任教育部参事；北京中国大学教授陈剑修则先是于1927年出任南京市教育局长，次年4月任为大学院社会教育处处长，后改任教育部参事、蒙藏教育司司长、社会教育司司长等职。同时被任命的还有中央大学教授钱端升，出任文化事业处处长；1928—1930年教育部任命的高级文官中曾任大学教授者亦有不少，如参事黄建中曾任民国大学教授、上海暨南大学教务长；参事陈石珍则为浙江大学教授；总务司长余文灿曾为北京大学教授；教育部政务次长李书华则为北大教授等。参见刘国铭主编《中国国民党百年人物全书》上，团结出版社2005年版，第639、1076页；张宪文、方庆秋主编《中华民国史大辞典》，江苏古籍出版社2001年版，第1097页；钱端升《我的自述》，《钱端升学术论著自选集》，北京师范学院出版社1991年版，第696页；中科院台湾所编《中国国民党全书》下，陕西人民出版社2001年版，第1171页；杨谨修整理《陈石珍先生事略》，中国人民政治协商会议江苏省江阴县委员会文史资料研究委员会编《江阴文史资料》（5），出版地不详，1984年版，第99页；刘寿林主编《民国职官年表》，中华书局1995年版，第605—606页。

⑨ 程沧波：《教育界的才荒问题》，《中央日报》1941年3月31日第2版。

离政治。[①] 罗志田曾谓，科举废除后，“士”阶层的逐渐消失和知识分子群体的出现是中国近代社会区别于传统社会的主要特征之一。[②] 传统士大夫“一身二任”[③] 的双重角色在现代读书人有了新的岗位依凭（大学、报馆、出版社等）后即无处寄托。然作为“社会良心”的承担者，脱胎于士阶层的近代知识分子群体身上仍保留传统士大夫“以天下为己任”的社会责任感[④]，而这种责任感在某种特定的社会条件下即会被激发出来。

九一八事变后，在被知识界称为“国难”的危机面前，读书人开始承担起作为“社会良心”的责任。据时任清华大学历史系教授的蒋廷黻回忆，九一八事变后，他和清华的一些教授们就经常于饭后聚在一起讨论战与和的问题，许多教授为引导学生承担起知识分子的责任，准备抗战，还因此改变了授课内容。而他本人则与胡适等学者谈到了知识分子在国难时期能尽到的责任问题，并提议办个周刊。[⑤] 蒋后来写道：“九一八以后，因为大局的危急，国人对知识阶级的期望和责备就更深了。我们靠知识生活的人也有许多觉得救国的责任是我们义不容辞的；我们不负起这个重担来，好像就无人愿负而又能负了。”[⑥] 蒋的这篇名为《知识阶级与政治》的文章即发表在其与胡适等人发起的《独立评论》上。胡适曾言及他与一般朋友发起《独立评论》的缘由：九一八事变，“大火已烧起来了，国难已临头了。我们平时梦想的‘学术救国’、‘科学救国’、‘文艺复兴’，等等工作，眼看见都要被毁灭了。……《独立评论》是我们几个朋友在那个无可如何的局势里认为还可以为国家尽一点点力的一件工作。”[⑦] 对于读书人而言，当“学术救国”“科学救国”的梦想被现实打破后，只能如萧公权所言，在报刊上发表自己对当前政治和社会问题的思考，供政府和国人

---

① 1928 年任教育部长的蒋梦麟即在任上因中央大学易长以及劳动大学停办两件事与国民党元老们意见相左，在被吴稚晖斥为“无大臣之风”后，蒋深知其“罪”，被迫辞职，返回北京大学。参见《西潮与新潮——蒋梦麟回忆录》，东方出版社 2006 年版，第 180 页。同样的还有李书华，署理教育部长半年即因与当局不和，被迫辞职。

② 参见罗志田《近代中国社会权势的转移：知识分子的边缘化与边缘知识分子的兴起》，《开放时代》1999 年第 4 期。

③ 关于士大夫“一身二任”的讨论，可参见阎步克《士大夫演生史稿》，北京大学出版社 1996 年版，第 2—10 页。

④ 参见余英时《中国知识分子的边缘化》，《二十一世纪》（网络版）2003 年 6 月 30 日总第 15 期。

⑤《蒋廷黻回忆录》，谢钟琏译，传记文学出版社 1984 年版，第 139 页。

⑥ 蒋廷黻：《知识阶级与政治》，《独立评论》1933 年 5 月 21 日第 51 号，第 15 页。

⑦ 胡适：《丁文江的传记》，载欧阳哲生编《胡适文集》（7），北京大学出版社 1998 年版，第 501 页。

参考，小尽“书生报国”的责任。[①] 1932 年 5 月 22 日创刊的《独立评论》正是“九一八”这一国难的产物。[②]

就在《独立评论》创刊后的不久，另一个“国难”的产物——国防设计委员会也于 1932 年 11 月 1 日成立。该委员会最早由黄郛的连襟——蒋介石的秘书钱昌照提议策划，试图“运用这个广泛意义的国防机构，延揽目前国内各界知名人士、社会贤达及各方面专家学者参加到政府里来”。[③] 胡适、翁文灏、蒋廷黻、丁文江、钱端升、傅斯年等一大批学者皆在钱所拟定的名单中。胡适因早年即暴得大名，自不必言，而蒋廷黻等人在《独立评论》及《大公报》上所发表的文章引起了很多人的注意，其中即包括蒋介石。[④]

危局之年，蒋一方面发出“无干部”之叹，认为身边既有的干部于外交、军事、政治各方面皆不能负责任、敢担当[⑤]，因而不甚满意[⑥]。另一方面，蒋在感叹“旧党人多皆腐败无能，新党员多恶劣浮嚣，而非党员则接近不易，考察更难”的同时，也将目光投向了留学生、大学教授、旧官僚等群体。[⑦] 在钱昌照的安排下，蒋介石从 1932 年 5 月开始有计划、有系统地召见了大批学界精英，如马寅初、翁文灏、徐青甫、胡汝麟、周鲠生、杨端六、陶孟和、刘秉麟、王世杰、李维果、周炳琳、胡适、萧一山、罗贡华、蒋廷黻、何廉、张忠绂等。[⑧] 试图一面“交换智识”，一面“选拔人才”。[⑨] 之后，不仅翁文灏出任行政院秘书长，蒋廷黻出任行政院政务处长[⑩]，清华大学教授吴景超亦随蒋、翁两人南下，在行政院做了简任秘书。

---

① 萧公权：《问学谏往录》，黄山书社 2008 年版，第 170 页。

② 参见蒋廷黻《我所记得的丁在君》，载雷启立编《丁文江印象》，学林出版社 1997 年版，第 40 页。

③ 《钱昌照回忆录》，中国文史出版社 2000 年版，第 37 页。

④ 参见《蒋廷黻回忆录》，谢钟琏译，传记文学出版社 1984 年版，第 145 页。

⑤ 参见《蒋介石日记》，1932 年 3 月 24 日。

⑥ 蒋曾品评其身边的干部：“戴季陶、陈景韩、余日章三友可为敬友，而不能为我畏友。其它如朱骝先、蒋雨岩、张岳军、俞樵峰皆较有经验，而不能自动者也；其次如朱益之、朱逸民皆消极守成而已，无勇气不能革命矣。其它如贺贵严、陈立夫、葛湛侯皆器小量狭，不足当事也。”见《蒋介石日记》，1932 年 6 月 22 日。

⑦ 《蒋介石日记》1932 年 9 月 1 日。

⑧ 参见《蒋介石日记》，1932 年 5 月 10 日、17 日，6 月 18 日，7 月 19 日、20 日、21 日、27 日，8 月 9 日，9 月 10 日，10 月 10 日，12 月 2 日。

⑨ 《蒋介石日记》，1932 年 3 月 20 日。

⑩ 参见《蒋廷黻回忆录》，谢钟琏译，传记文学出版社 1984 年版，第 172 页。

即连曾声明20年不谈政治、不入政界的胡适也于1938年9月出任驻美大使。①

这些著名教授从讲台走向政治舞台，无论在学界还是在政界都是不小的新闻。对于蒋廷黻和翁文灏被任命的消息传开后，一般人对此的反应都认为是“学者从政”。② 其实，除了1936年因煤气中毒去世的丁文江外，上述大部分教授皆走上了从政的道路，但各人进入政界的机缘不一，态度各异。

三　学者从政的机缘与态度

翁文灏弃学从政实际上有一个“不愿”到“甘愿”的过程。1932年6月17日、18日、19日，翁文灏在钱昌照的安排下赴牯岭为蒋介石讲学。③ 翁籍浙江鄞县，鄞县与奉化又都同属宁波府，亲近的地缘关系拉近了翁与蒋之间的关系，而蒋一副礼贤下士的态度，也让翁“颇感佩慰”。蒋介石对翁文灏所讲的一切，不断点头表示赞赏，认为“翁实为有学识之人才，不可多得”④。在翁离开牯岭前，蒋便提议翁任国防设计委员会秘书长，翁虽勉为其难，但并未立即就任，仍滞留北平。蒋对翁的赏识之情，毫不掩饰。在他们见面的一个多月后，蒋又在其日记中记道：“今年得刘健群、钱昌照、俞大维、翁文灏、王陆一、罗贡华诸人，以翁最有阅历，亦有能力，可喜也。”⑤ 不久，南京国民政府改组，翁随被任命为教育部长，进退两难之际，恰逢继母去世，借口“丁忧”坚辞不就。1934年翁文灏赴武康考察遭遇车祸，在各界人士尤其是在蒋介石的关照下，捡回性命，从此在翁文灏的心中，蒋除了“礼贤下士”外，还多了一层“救命之恩”，此后翁即不再拒绝出任政府职务。1935年11月，蒋介石接任行政院长，并任命翁为秘书长。⑥

与翁不同，同为湖南人的蒋廷黻与何廉则从一开始即未拒绝到政府供

---

① 抗战前，据说蒋介石即有意让胡适出任驻美大使，蒋并曾约胡至官邸喝茶，当面征求他的意见。胡听了很是高兴，喜形于色。参见《钱昌照回忆录》，中国文史出版社2000年版，第142页。

② 参见《蒋廷黻回忆录》，谢钟琏译，传记文学出版社1984年版，第173页。

③ 参见《蒋介石日记》，1932年6月17、18、19日。

④ 《蒋介石日记》，1932年6月19日。

⑤ 《蒋介石日记》，1932年7月25日。

⑥ 事实上，蒋介石对翁文灏礼遇有加，为此修改了《行政院组织法》，将秘书长升格为特任职。这样秘书长就成为行政院办事机构的最高首长，开创了行政院秘书长特任的先例。以上参见李学通《书生从政——翁文灏》，兰州大学出版社1996年版，第106—133页。

职。蒋廷黻对于做官并没有一般知识分子那样反感，对他而言，“政治只是一种工作”，“和教书一样的清高”。陈之迈曾谓，蒋廷黻既不自命清高，亦不热衷仕途。但是政府既然征召他，他就应召，丝毫不作扭捏的姿态，半推半就。故1933年夏，由钱昌照和吴鼎昌安排，蒋廷黻接到与蒋介石会见的安排时，欣然接受，同时被约见的还有南开大学经济学教授何廉。1934年初蒋又再次在南昌行营约见蒋廷黻。1935年11月，蒋廷黻即被任命为行政院政务处长。对于这次任命，蒋廷黻回忆道：“当翁带我到委员长南京郊外汤山官邸去见他……我们落座后，委员长说‘好，我想翁博士已经把我的计划告诉你了，你的意思如何?’‘我没有经验，’我回答，‘我不知道如何做法。’‘你能，’他说：‘从工作中吸取经验，不工作永远得不到经验。’他一面对我说，一面拿起笔来写了一道手谕：‘派蒋廷黻为行政院政务处长’。”①而1936年6月末，何廉在接到翁文灏关于蒋要其出任行政院政务处长一职的来信后，虽没有太兴奋，但对该项任命却很感兴趣。据何廉自己解释，一方面是因为日本的军事侵略，其所任教的华北地区政治情况大为恶化，故早有到其他地区工作的想法；另一方面则是他和蒋在牯岭的几次会见，蒋的耐心、礼貌以及对独到见解的迫切追求给何的“印象颇佳”。正是基于这种印象的基础上，何廉才乐于考虑由翁文灏对其提出的这次任命。②

清华大学政治学教授陈之迈的从政则应是受到了蒋廷黻的影响。1936年夏天，蒋廷黻聘请两位教授到各地考察地方行政，其中之一即是陈之迈。③后陈写成考察报告一篇，在行政效率研究会刊行之《行政研究》第一卷第一期发表。1939年5月陈之迈出任行政院参事，办理地方行政事宜。④1944年6月，又因蒋廷黻之荐，任驻美大使馆参事。⑤经常为《独立评论》撰稿的张忠绂进入最高当局的视野则是在1935年冬天，七七事变后，由蒋介石指定，与钱端升一道陪伴胡适赴欧美进行宣传，1938年春

---

① 陈之迈：《蒋廷黻的志事与平生》，传记文学出版社1985年再版，第8、151页；《蒋廷黻回忆录》，谢钟琏译，传记文学出版社1984年版，第145、148、173页。对于与蒋介石的第一次见面，蒋廷黻认为是1933年夏，而何廉则认为是1934年夏。参见《何廉回忆录》，第86页。

② 《何廉回忆录》，朱佑慈等译，中国文史出版社1988年版，第85—89页。

③ 参见陈之迈《蒋廷黻的志事与平生》，传记文学出版社1985年版，第34页。

④ 陈出任行政院参事一职除得到蒋廷黻的支持外，还得其友陈克文的相助。参见陈方正编辑、校订《陈克文日记》上册（1939年5月2日），社会科学文献出版社2014年版，第390页。

⑤ 《陈之迈》（1908—1978），见刘绍唐主编《民国人物小传》第3册，传记文学出版社1977年版，第190—191页。

天当张忠绂从欧美宣传回国来后，为当局留，供职军事委员会参事室。张尽管自称其身上“有一点不应有的中国名士习气”，但对这项工作仍“甚有兴趣”。对此，张忠绂的解释是，一方面当时已略知西南联大的情形，图书设备绝对不够，研究根本无法完成，但依据所学，可能对国家有点贡献；另一方面虽不热衷利禄，但对于国事与国计民生，亦不能视若无睹。“与其在边远的昆明，对抗战的进展挂念焦急而无所知，不如留在政府中，不致对时局过于隔膜。”并且这项由政府主动安排的工作，亦符合张绝不营谋求人做官的主张。①

1939年初，政学系首领张群出任国防最高委员会秘书长②，张决定延揽一批学者充实委员会人士，于是邀请清华大学政治学系教授王化成、浦薛凤、萧公权担任参事。王在接到张群邀请信后的态度要比浦薛凤积极，还力促浦同时赴渝。而浦薛凤初则“颇踌躇”，“连天深宵辗转，反复考量，觉得换换空气，试试环境，亦未始不是办法。且治学必本实情，只在学校过粉笔生涯，与事实人情，相离殊远，故于忸怩之余，总算最后决定同行离昆赴渝。”③ 盖王化成态度之坚决，实与其一直抱有“学而优则仕”的观念相契合。而萧公权二十几岁时即立志不做“官”，专求“学”，其态度要坚定，在两次回绝了张群的邀请后，最终留在大学，放弃了平生唯一一次从政的机会。④

表4—7　　　　　　**20世纪三四十年代主要从政学者情况**

姓名	籍贯	教育背景	学术背景	政府职务
蒋廷黻	湖南邵阳	哥伦比亚大学哲学博士	清华大学历史系教授兼系主任	行政院政务处长、驻苏大使
翁文灏	浙江鄞县	比利时卢汶大学物理及地质学博士	清华大学代校长	行政院秘书长、经济部部长
吴景超	安徽歙县	芝加哥大学社会学博士	清华大学社会学系主任	行政院秘书、经济部秘书
何廉	湖南宝庆	耶鲁大学经济学博士	南开大学经济学院院长	行政院政务处处长、经济部次长

① 参见张忠绂《迷惘集》，载沈云龙主编《近代中国史料丛刊续编》第53辑，台北文海出版社1978年版，第123、127—130页。

② 参见周鸿、朱汉国主编《中国二十世纪纪事本末》附卷·人物，山东人民出版社2000年版，第363页。

③ 浦薛凤：《太虚空里一游尘：八年抗战生涯随笔》，台北“商务印书馆”1979年版，第173页。

④ 参见萧公权《问学谏往录》，黄山书社2008年版，第169—170页。

续表

姓名	籍贯	教育背景	学术背景	政府职务
浦薛凤	江苏常熟	美翰墨林大学政治学硕士	清华大学政治学系教授	国防最高委员参事
王化成	江苏镇江	芝加哥大学政治学博士	清华大学政治学系教授	国防最高委员参事、外交部条约司司长
张忠绂	湖北武昌	美霍普金斯大学政治学博士	北京大学法学院政治系教授	军事委员会参事
顾毓琇	江苏无锡	麻省理工学院电机工程学博士	清华大学工学院院长	教育部政务次长
李锐	湖南邵阳	南开大学经济学学士、伦敦大学政治经济学院进修	南开大学商学院教授	财政部简任秘书、财政部直接税署署长
陈之迈	广东番禺	哥伦比亚大学哲学博士	北京大学及清华大学教授	行政院参事、驻美大使馆参事
张纯明	河南洛宁	耶鲁大学政治学博士	南开大学政治学系教授兼文学院院长	行政院简任秘书
周炳琳	浙江黄岩	哥伦比亚大学文学硕士	北京大学法学院院长	教育部常务次长
邱椿	江西宁都	哥伦比亚大学哲学博士	清华大学教育学系教授	国防最高委员会秘书厅参事室参事
吴文藻	江苏江阴	哥伦比亚大学社会学博士	燕京大学社会学系主任	国防最高委员会秘书厅参事室参事
徐敦璋	四川	清华大学	四川大学政治经济学教授兼法学院院长	国防最高委员会秘书厅参事室参事
周诒春	安徽休宁	威斯康辛大学心理学硕士	燕京大学代理校长	实业部次长
朱偰	浙江海盐	德国柏林大学经济学博士	中央大学经济学教授	财政部专卖司长
张慰慈	江苏吴江	美国埃阿瓦大学政治学博士	中国公学政治学教授	铁道部参事
李卓敏	广东番禺	加利福尼亚大学伯克利分校哲学博士	南开大学商学院经济系教授	善后救济总署副署长
时昭瀛	湖北枝江	哈佛大学政治学与国际法硕士	武汉大学法学院教授	驻苏大使馆一等秘书
邱昌渭	湖南芷江	哥伦比亚大学政治学博士	广州中山大学政治系教授	中央设计局副秘书长
胡适	安徽绩溪	哥伦比亚大学哲学博士	北京大学教授	驻美大使

资料来源：刘寿林：《民国职官年表》，中华书局 1995 年版；徐有春主编：《民国人物大辞典》，河北人民出版社 1991 年版；黄季陆等编：《革命人物志》（1—15），“中央文物供应社”1969 年版；刘绍唐：《民国人物小传》（1—11），传记文学出版社 1977 年版；刘国铭主编：《国民党百年人物全书》（上、下），团结出版社 2005 年版；中国社会科学院台湾所编：《中国国民党全书》，陕西人民出版社 2001 年版。

从表4—7来看，20世纪三四十年代从政的学者多为北方大学的教授，由此可见20世纪上半叶的中国，政治中心虽落在南方，但文化中心或者说学术中心却仍滞留于北方。从政学者中多以学文科者为多，尤以学政治学者为最，次则为经济学，且多具有硕、博士学位，在学术界也多为知名学者，他们弃学从政自然会引起世人侧目。几十年后，薛浦凤在怀念何廉时，仍谈道，“在抗战时期及其前后，大学教授因报国心切并求学以致用，而抛弃书籍，服务公职者，颇不乏其人”，学人从政，“一时蔚为风气”。[①] 以致民国时代，人才济济的教育界竟然出现“才荒”的现象。[②] 而这一时期北方学者从政之多，时人因之称“顿使平津一带的莘莘学子，叫苦连天，几有‘伯乐一过冀北，而马群遂空’之感”。[③]

四　做官与做事：现实与理想的差距

20世纪三四十年代的学者从政无疑给处于危机中的国民政府带来了新鲜血液，而大多数从政学者又都抱有知识分子所固有的救世情怀和远大理想。1935年11月，独立社成员翁文灏、蒋廷黻、吴景超相继从政。1936年1月，胡适即致信三人，并以他们共同的好友、刚刚故去的丁文江的诗《麻姑桥晚眺》作寄语：“为语麻姑桥下水，出山要比在山清。”要求他们既要做“面折廷争”的诤友诤臣，也要“努力做educate the chief（教育领袖）的事业”，认为行政院的两处（秘书处、政务处）应该变成一个“幕府”，“兄等皆当以宾师自处，遇事要敢言，不得已时以去就争之”。[④] 而稍后从政的张忠绂则直截了当地说：“作官应作事，不能作事又何必作官。”并许诺：“人若需要我，而邀我从政，我或尚可能竭智尽忠，为国家社会作点事。”[⑤] 故“国难”期间的从政学者大多持有“为国报效”的一腔热血。1936年秋，新任驻苏大使蒋廷黻约武汉大学法学院教授时昭瀛赴莫斯科，任大使馆一等秘书，路过上海时昭瀛曾对友人说：“官阶高低，

① 浦薛凤：《记何廉兄生平——治学从政树立风范》，《传记文学》第27卷第4期，第27页。转引自阎书钦《抗战时期国统区的学者从政潮流与〈新经济〉半月刊的创办》，《清华大学学报》（哲学社会科学版）2007年第4期。

② 参见程沧波《教育界的才荒问题》，《中央日报》1941年3月31日第2版。

③ 漆镜如：《学者从政》，《是非公论》1936年10月1日第19期，第16页。

④ 《胡适致翁文灏、蒋廷黻、吴景超（稿）》（1936年1月26日），《胡适来往书信选》（中），中华书局1979年版，第302—303页。

⑤ 张忠绂：《迷惘集》，载沈云龙主编《近代中国史料丛刊续编》第53辑，台北文海出版社1978年版，第127页。

非所容心，只要真能为国家做些有益的事，就算不虚此行。”① 可见，以“做事”作为学者从政的志趣，大体反映了这些从政学人的政治抱负和自我定位。

对于30年代中期翁文灏、蒋廷黻、何廉等学者的从政，舆论也一度予以“人才内阁”“专家内阁”的评论，认为“这几年专家政治人才内阁的呼声，如今有个实验机会了”，并希望“这次跃登政治舞台的学者，都要放手做事”。② 然而，并不是所有人对“学者从政”后的政治革新充满信心，漆镜如即声称翁文灏、蒋廷黻、何廉等学者在“害贫血的现今中国学术界里，总算比较有相当的成绩。但他们技术上的知识，是否能推演出新政策来，对当前的大问题，有所贡献，局外人却无法断定”。漆氏所担心的是：中国的现状并不能为从政学者提供较好的做事环境。他说：

> 照中国的现状看来，一出了大都市便看不见机器，走遍了内地也听不到法律，政务官在交际应酬中耗精力，事务官在“等因奉此”内兜圈子，这种现状，离近代化的距离，实在太远了。恐怕技术专家，连贡献专门技术意见的机会尚不甚多，何况从技术出发而推演出新政策呢？我们最怕的是政治未能技术化，而技术反倒政治化的危险。学者专家所能作的，最多不过是最基础的工作，严格的说起来，恐怕还说不到学者从政，因为从政顾名思义是应该影响到政策的决定。即使贡献一些意见，不能根据学有专长的技术知识，仅靠一点普通常识，或一点人生哲学，那就更危险了，因学者的常识和哲学，实在不如“老吏折狱”的老吏的经验。③

在漆氏看来，现在还不是学者们“弹冠相庆”的时候，而应首先从基础做起，如行政机构之改革、行政效率之提高等；然后使一切政治上的技术问题，使他们真正用技术方法处理；最后才是从技术立场出发去影响国家的大政方针，只有到那时，才算真正地“做事不做官”。然而要做到这些点也并不是很容易，故他担心在学术上本可有些成绩的学者从此放弃学术，而在政治上无甚办法的人，却纷纷挤上了政治舞台，结果使政治学术，两败俱伤。

---

① 《时昭瀛》（1901—1956），载刘绍唐主编《民国人物小传》第7册，传记文学出版社1985年版，第236页。

② 参也：《新姿态的行政院》，《独立评论》1936年1月5日第184号，第18、19页。

③ 漆镜如：《学者从政》，《是非公论》1936年10月1日第19期，第16、17页。

有研究表明，自古以来学者从政而有业绩者并不多见。[①] 20 世纪三四十年代的从政学者亦难免为此论断做了注脚。究其原因，则是他们的“做官为做事”政治理想与现实政治发生了强烈的冲突。此时的中国，虽然不是学者们实践其政治理念的理想时间，但初入政坛的蒋廷黻仍豪言：“我们不干政治则已，干则此其时矣。”[②] 事实上，早在蒋从政之前，他在《民族复兴的一个条件》一文中即已认识到做官与做事的矛盾：

> 凡抱有事业志愿而入政界者，十之八九在极短的时期内无不感叹的说：“在中国作官可以，作官而要同时作事很困难；作事而又认真，很危险；认真而且有计划，那简直不可能。”为作官而作官的，只要人人敷衍，事事通融，反得久于其位，步步高升。官场最不可缺的品格是圆滑，最宝贵的技术是应付。这种自然的淘汰，是淘汰民族中之强者——有能力者，保留民族中之弱者，庸碌无能者。[③]

尽管蒋在从政前即已明白做官与做事的两难处境，但仍义无反顾地投入政界。蒋廷黻从政的前三个月，主要是研究中央政府，拟订一套改革计划。他建议裁并一些职能重合、叠床架屋的部门，然后成立一些新的部门，如将铁道部改为运输部，与交通部的职能划分清楚；取消经济委员会和建设委员会，从实业部中将农林一块抽出，成立农林部等。蒋廷黻还特别注意了“中政会”和行政院之间的关系，并试图加以改进。尽管有蒋介石为其撑腰，但蒋廷黻的改革计划仍然受到各方面的压力：

> 吴鼎昌不希望把农业工作从他的实业部中划出去。张嘉璈请我不要让他背上招商局的包袱。经济委员会秘书长秦汾告诉我：经济委员会做了很多事，不该裁撤。建设委员会的人告诉我：该会是张静江先

---

① 李洲良曾对上自先秦，下至近代有从政经历，又有文学、学术业绩的作家、学者 100 人作统计，发现不适合从政而适合著述的作家学者占到 60%；有从政之才但由于客观原因从政失败而以著述传世的作家学者则占到 13%；从政业绩与文学或学术成绩兼而有之的占 18%；从政业绩高于文学或学术成绩的占 5%。参见李洲良《中国历代学者从政经历与学术成就对照表》，载潘光晨主编《中国人才发展报告》第 3 卷，社会科学文献出版社 2006 年版，第 488—510 页。

② 《蒋廷黻致胡适》（1936 年 2 月 26 日），载《胡适来往书信选》（中），中华书局 2007 年版，第 304 页。

③ 蒋廷黻：《民族复兴的一个条件》，《国闻周报》1934 年 7 月 16 日第 11 卷第 28 期，第 1 页。

生的灵魂。张与国父有莫逆之交，也是委员长的好友，所以建设委员会不能裁撤。最后，连翁文灏都劝我不可操之过急。

面对指责与压力，蒋廷黻可以置之不理，但蒋介石却不能不加以平衡。1936 年 2 月底，蒋廷黻将改革中央政府的意见稿呈交蒋介石后，3 月底得到的结果却是蒋介石命蒋廷黻与翁文灏对调工作，翁文灏负责改革中央政府，蒋廷黻负责地方行政改革。此事令蒋廷黻颇感失望，由于失望，对于新工作则不甚积极。在蒋看来，如果一不小心，可能又是一次“庸人自扰”。[①] 不久，蒋廷黻即出使苏联，任驻苏大使。

何廉是继蒋廷黻使苏后留下任政务处长一职的，初任官职，何廉还是显得有些不适应，对自己提出的一些建议自认为“天真幼稚者居多”，但行政院中的裙带之风却给何留下了深刻印象。在何上任几周后，蒋介石给了何一项特别任务，要求他研究“一、现有政府中负责经济建设的机构；二、当前政府在经济建设中的工作；三、政府的财长收入和支出”。为此，何想和当时的财政部长孔祥熙谈谈，但孔并不理会。他又找了该部的次长和各厅局长等，情况依然不妙，财政部任何职员都不愿意给何提供其所需要的材料。初次“做事”，便遭遇难题，这是何始料未及的。然对何廉影响最大的一件事，莫过于“农本局事件”。1940 年夏，重庆米价高涨，负责米的分配和价格控制的农本局因与孔祥熙发生利益冲突，从而引发了重庆官场的激烈斗争。财政部次长徐堪甚至将掺杂沙子的劣质大米摆到了会议桌子上，因农本局隶属经济部，一时舆论蜂起，攻击经济部徇私舞弊。1940 年 12 月 28 日，蒋命戴笠指挥军统特务逮捕了农本局的寿墨卿、章元善等人，结果何廉被迫辞去经济部次长和农本局总经理的职务，改组农本局。[②] 丢掉职务的何廉对此耿耿于怀，数年后，谈及此事时，他仍言道：

就农本局的情况而论，要是我的行政工作有什么差错，撤换我是完全有理的，而把机构撤销是不合理的。但是委员长绕过了机构，而去信任那些最亲近他、忠于他、服从他的人。……委员长在另一方面，或许看重吴鼎昌、蒋廷黻、张嘉璈，或许也有我自己的意见，但

---

① 《蒋廷黻回忆录》，谢钟琏译，传记文学出版社 1984 年版，第 177—181 页。

② 参见《何廉回忆录》，朱佑慈等译，中国文史出版社 1988 年版，第 93—97、99—100、166—194 页；《书生从政——翁文灏》，兰州大学出版社 1996 年版，第 184—188 页；李学通、刘萍、翁心钧整理《翁文灏日记》（1941 年 1 月 28、29、31 日），中华书局 2010 年版，第 600—604 页。

他从不真正信任我们。①

蒋介石此举的目的，就是想“借人头，平物价”。② 但在翁文灏看来，这就是一场针对经济部及其本人和何廉的一场派系斗争，是“徐堪存心与若干人为难”。③ 此事让翁心寒不已，并萌生退意，数次请辞未果。④ 时任交通部长的张嘉璈亦于31日致函蒋介石，“力言对官吏须留体面，深恐学术及事业出身之人优秀人员从此灰心，不肯任事”。并与何廉、翁文灏缺席了当天的行政院院会⑤，表达对孔的不满。张氏之语虽不失公允，但同为政学系成员的他此时难免有些许夫子自道的意味。

从蒋廷黻力图推行的行政改革的遭遇以及何廉的“农本局事件”来看，这对于以“做事”为志趣的从政学人而言无疑是对其理想的无情打击，而这并非蒋氏与何氏个别之遭遇。其实，官比何廉、蒋廷黻等人做得还要大的翁文灏向被人认为是“有见地，有办法，肯做事的好官”⑥，在入阁后不久即发现“行政官吏惰废因循，经济机关浪费散漫，缺乏系统，为知识分子所不满”等问题，并向蒋提出“应从速彻底整理”的建议。⑦ 尽管蒋对于翁提出的“设立行政整理委员会及专员训练所”的整理方法予以肯定，并提出了补充意见。⑧ 但仅过了三个月，翁即向胡适诉苦道：

弟尝自思，凡于国事有益者，弟极愿勉力为之，虽极辛劳，在所不惜，亦惟如此始觉工作得有意义，此外虚名虚荣皆非所计，有时且存心力避虚名。但近时经验，极觉自身工作劳而无功，虽往往忙得日不暇给，但并未有若何真正成绩，思及于此，懊伤［丧］万分。……

“劳而无功”这是翁从政一年多以来给自己“做事”结果的一个懊丧的评价。对此，翁氏对胡适解释道：“政府机关中办事有许多不可避免之困难，不但经费问题，人事问题尤为难办。弟自问待人和平，对于公事职

---

① 《何廉回忆录》，朱佑慈等译，中国文史出版社1988年版，第266页。

② 郑会欣：《宋子文的人际关系与战时重庆官场异动》，《史林》2009年第6期，第153页。

③ 《翁文灏日记》（1941年1月2日），中华书局2010年版，第587页。

④ 同上书（1940年12月30日，1941年1月2、5日），第584、587、588页。

⑤ 同上书（1941年1月2日、1940年12月31日），第586—587、584页。

⑥ 陈方正编辑、校订《陈克文日记》上册（1938年10月17日），社会科学文献出版社2014年版，第287页。

⑦ 《翁文灏日记》（1937年1月11日），中华书局2010年版，第107页。

⑧ 同上书（1937年1月14日），第108页。

权以及私人交谊两皆尊重，但犹时感麻烦。”[①] 有意思的是，翁在信中有“欲跳出政府机关，在中国又非容易”之语，而这正说中了胡适的心思，故胡回信中自解道：“此是事实，我所以不敢跳进者，亦正是为此。”胡适认为翁要从政，实为学术界的一大损失，劝翁“此时若不跳出来，将来更难跳出来了”。[②] 让胡适不幸言中的是，翁文灏自始至终都未能跳出来。[③] 几年后，恐胡自己也未曾料到，自己竟然也主动跳了进来。

较翁早入阁的武汉大学校长王世杰虽难与胡适等自由主义知识分子相提并论，但通常亦被认为是“学者从政”。1933 年任教育部长的他，在工作中亦不时困于人事而有“无所贡献”之叹。故 1938 年当其被蒋介石允许解除部长一职时感慨道：

> 余于今日得解除教育部职务，私心实至慰……余自民国廿二年四月［五月］长教部，及今四年有余。在此四、五年中，党中元宿，有欲假学校以扶植个人政治势力者，有提倡复古以攻击现时教育者，此两种倾向之遏止，耗予之精力至多。即就国民政府五院院长言，其因是而不满于予者，已有四人；他无论已！[④]

王世杰之辞职，盖因教育经费问题与当时司法院院长居正发生龃龉，王在日记中曾不止一次记载。[⑤] 1937 年 10 月 1 日，王因教育经费预算问题出席国防会议常务委员会，会上“居正挟朝阳学院等事之宿嫌，口称教育当局‘欺蒙长官无耻小人’”。王世杰当即起身质问，“彼竟不答，越席而挥拳相殴”。[⑥] 受此影响，王氏因此加快辞职步伐。然卸职之后，蒋欲以行政院政务处处长一职安置王，王虽认为“国难如此严重”，“本非任何人自

---

① 《翁文灏致胡适》（1937 年 4 月 17 日），《胡适来往书信选》（中），中华书局 1979 年版，第 355 页。

② 《胡适致翁文灏（稿）》（1937 年 5 月 17 日），《胡适来往书信选》（中），中华书局 1979 年版，第 359 页。

③ 但翁的“做事”形象却为行政院的同事津津乐道。参见陈方正编辑、校订《陈克文日记》上册（1938 年 8 月 29 日、10 月 17 日），社会科学文献出版社 2014 年版，第 263、287 页。

④ 林美莉编辑、校订：《王世杰日记》上册（1938 年 1 月 1 日），台北“中央研究院”近代史研究所 2012 年版，第 78 页。

⑤ 同上书（1937 年 3 月 10 日、5 月 5 日），第 11—12、16 页。

⑥ 同上书（1937 年 10 月 1 日），第 49 页。

图逸乐之时”，但仍表示“无益之事，断不可作”，坚辞不就。[①]

翁、王以部长身份尚且困于人事、“劳而无功”，其他人则可想而知。1938 年 1 月胡适的留美同学张慰慈因铁道部裁撤而离开，出任由翁文灏掌管的资源委员会购置室主任。抗战初期，张慰慈奔波于香港、上海、重庆、昆明以及越南、菲律宾之间，辛苦异常。尽管他毫无怨言，但仍以某种原因向翁文灏提出辞呈。翁文灏知道资源委员会已经留不住张慰慈了，便想让他“回部工作”。但张慰慈回到重庆后，看见经济部的人“大部分到了现在还是‘做官’不是‘做事’”，便以父丧为名义回到上海。[②] 张在信中对胡适透露道：“我是很想做事，决不愿意再去做官，可是在这圈子里，决做不出什么事来的。”[③] 数十年后浦薛凤在怀念何廉时亦感慨道：他们这些“教书匠”与一般专以“做官”为职业者相比，其抱负、行径与遭遇有所不同：其所用出仕乃是人求我而非我求人，目的固在“做事”而不在“做官”，往往不事奉迎，直言无隐，据理力争，以致遭到“忌怨谗谤与掣肘排挤”。[④] 浦薛凤所谓“人求我”而非“我求人”的从政逻辑与张忠绂不谋而合，张自认为他“办事认真，立身处事又不肯随和”，其疾恶如仇的性格注定了他“不是做官的材料，至少不是乱世做官的材料”。而张在之前即曾感叹“做事”要比“做官”难：“在非民主、非法治的国家中，作事较之作官，其困苦艰难岂仅百十倍而已。”[⑤] 因此，抗战结束后，

---

① 林美莉编辑、校订：《王世杰日记》上册（1938 年 1 月 1 日），第 78 页。有意思的是，后来王转任军委会参事室主任时，时在军委会任参事的张忠绂却认为“王本为功名中人”，盖因王对于参事室参事言论的限制，使得军委会参事室失去了其成立时的初衷，导致下情不能上达。张忠绂后来批评道：“军委会参事室于抗战初期撤退到武汉后方成立，其用意原在别于政府其他机关，使它能真正作到勤求民隐，知无不言的地步，是故各参事多来自教书群中，而不以老于宦途者充任。倘参事室能本此意继续发展，则不仅其本身可以发生较大作用，影响所及，且可使政府在抗战末期不至于与人民过于隔阂。”同为学者从政，然王久居官场，故被这些具有自由主义思想主张的学者认为是官僚，亦在所难免。参见张忠绂《迷惘集》，载沈云龙主编《近代中国史料丛刊续编》第 53 辑，台北文海出版社 1978 年版，第 133 页。

② 《张慰慈致胡适》（1938 年 11 月 21 日），《胡适来往书信选》（中），中华书局 1979 年版，第 388 页。

③ 《张慰慈致胡适》（1938 年 12 月 5 日），《胡适来往书信选》（中），中华书局 1979 年版，第 391 页。

④ 浦薛凤：《记何廉兄生平——治学从政树立风范》，《传记文学》第 27 卷第 4 期，转引自阎书钦《抗战时期国统区的学者从政潮流与〈新经济〉半月刊的创办》，《清华大学学报》（哲学社会科学版）2007 年第 4 期。

⑤ 张忠绂：《迷惘集》，载沈云龙主编《近代中国史料丛刊续编》第 53 辑，台北文海出版社 1978 年版，第 127、142、128 页。

张也如大多数学人一样退出政府，重操教书的旧业。和张忠绂一样，战时任中央设计局副秘书长兼经济部常务次长的何廉，也在战后萌生完全退出政府的想法，想回到南开教书，并因此拒绝了蒋介石的一系列任命。[①]

综上所述，这群背负着救世情怀，有着远大理想的从政学人由于面临做官还是做事的尴尬境遇，因此，对于现实政治的改造收效甚微。1944年，与学术界联系颇多的中央党部秘书王子壮亦看到了学者从政的问题所在：学者如胡适、翁文灏等人从政，效果不彰，但于学术却是极大的损失。在王氏看来："不如予以充足之经费，使其就学术发展，有充分之收获也。"[②] 盖做官并非学者们所长，到头来，也不过只是官场中的门外汉。然混迹官场数十年，蒋介石侍从室的高级幕僚唐纵对如何做官却颇有感悟。其曰：

> 做官有道乎？曰有，顺承上意，少找麻烦，责任不负，笑骂由人；既得之，少谈理论，多看现实。既以其道取之，亦以其道守之，这是时下做官的道理。这一个习染已成风气，如是不做官的人也得如法泡［炮］制，因为应酬忙碌，无闲研究问题，一切公事由下处理，不做官也得做官僚了。[③]

诚如唐纵所言，实践做官之"道"的结果即是以做"官僚"而告终，显然学者在此过程中无法实现这一自我"异化"。何廉即曾解释翁文灏以学者从政而无法做事的原因在于翁不是官僚，没有自己的班底。在何看来，翁虽久任经济部部长，但"连总务处的头头也是副部长秦汾的人"[④]，翁氏无法做事也在情理之中。由此，做官的现实与做事的理想之冲突，实际上揭示了从政学者的两难困境。

从科举时代的政学合一，到民初社会读书人远离政治、"不谈政治"之风盛行，显示了这一时期"学"与"政"关系的变化，政、学分途趋向渐显。政、学分途的结果固然使中国学术职业化趋向得以形成[⑤]，但张之

---

① 《何廉回忆录》，朱佑慈等译，中国文史出版社1988年版，第263—270页。

② 《王子壮日记》第9册（1944年8月9日），台北"中央研究院"近代史研究所2001年版，第319页。

③ 《在蒋介石身边八年——侍从室高级幕僚唐纵日记》（1945年1月15日），群众出版社1992年版，第486页。

④ 《何廉回忆录》，朱佑慈等译，中国文史出版社1988年版，第255页。

⑤ 关于现代中国学术职业化的问题，可参见左玉河《从传道之师到大学教员：现代学术研究职业化趋向》，《安徽史学》2007年第1期。

洞所谓国家之兴衰，“其表在政，其里在学”[①]，这种“学高于政”的观念在此时传递的依然是一种“学术救国”“教育救国”的理念[②]，显示了“政学”关系的纠缠不清。然而20世纪20年代的读书人大多仍徘徊于政治与学术之间，学术与思想无法摆脱政治的困扰。陈独秀在决定改变创办《新青年》的初衷时，即深刻感受到政治问题对时人的影响。他说：“你谈政治也罢，不谈政治也罢。除非逃在深山人迹绝对不到的地方，政治总会寻著你的。”[③] 即连发誓20年不谈政治、不入政界的胡适，亦无法与纷繁复杂的时局划清界线，只好以政治是他“不感兴趣的兴趣”来自我解嘲。可见，读书人超然于现实政治的情况并不常见。

事实上，中国传统读书人一直所秉持的“道”原本也是与超出“国”的“天下”相关联。[④] 即使在现代国家建立以后，读书人在对政府与国家的区分上仍不甚清晰。[⑤] 而“学术自由”在现代社会获取合法性的方式，仍是将自己纳入国家许可的框架之内。尽管因为对现实政治的极度不满，促使读书人不得不“思出其位”。但在“国难”面前，读书人的回归，又向我们展示了近代读书人并未能走出“思不出其位”的传统规训。然而，在社会分化已日趋明显的民国时期，作为“知识”的拥有者，读书人一旦进入现实政治的实际操作层面，他们赖以生存和产生“权力”的知识在失去其对现有政权批判性的同时，也宣告其使命的结束。当“权力”不再需要“知识”后，学者从政的结局则只能如科塞所总结的那样：“想要成功地在掌权者中扮演一个参与者或温顺的专家角色，就必须以知识做祭品。”[⑥]

20世纪三四十年代的学者，尽管从政的机缘不一，但“国难”期间政府征召与熟人、朋友推荐仍是两种最为基本的途径，主动投身政界者并不多见。从从政学者的自身学术素养来考虑，这并非一种职业行为，更多的是对于国家命运和前途的一种政治关怀。然他们的加入与体制内既得利

---

① 张之洞：《劝学篇》，载苑书义等编《张之洞全集》第12册，河北人民出版社1998年版，第9705页。

② 章清：《民初“思想界”解析——报刊、媒介与读书人的生活形态》，《近代史研究》2007年第3期。

③ 陈独秀：《谈政治》，《新青年》1920年9月1日第8卷第1号，第1页。

④ 参见王东杰《国家与学术的地方互动——四川大学国立化进程（1925—1939）》，三联书店2005年版，第324页。

⑤ 在政治的实际操作层面上，胡适即曾因政府与国家界限难以划清，而不得不在“政府的诤友”与“国家的诤臣”之间徘徊。参见罗志田《再造文明的尝试——胡适传（1891—1929）》，中华书局2006年版，第308页。

⑥ 〔美〕刘易斯·科塞：《理念人——一项社会学的考察》，郭方等译，中央编译出版社2004年版，第206页。

益者之间因思想观念、政治抱负以及为人处世等方面的差异而引起的冲突，又使他们在权力体系中显得格格不入，成为受排挤的对象。何廉在回忆录中即曾言及他和翁文灏在政府内的尴尬地位，他说：

> 翁文灏和我虽都在政府中位居高职，比起“圈内集团”来，毕竟还是外人。我们并非政府的里层人物，也非党的成员，我们不过是政府的“装饰品”！我们从未能搞清楚幕后究竟在搞些什么。①

何廉提到“圈内集团”实指蒋氏所信任之孔、宋、二陈以及俞飞鹏、张群、黄郛等人。② 亲疏有别、层级分明的权力体系亦说明了国民党政权的不开放性及家族特征。故对于“圈外人”而言，也许何廉所说的“装饰品”即是这群在“国难”期间从政学者的最好定位。

---

① 《何廉回忆录》，朱佑慈等译，中国文史出版社 1988 年版，第 121 页。

② 同上书，第 266 页。

结语：从官僚人事的量变看民国政治的质变

中国传统历史研究中，数字一向不被人重视，黄仁宇就指出，“中国过去百多年来的动乱，不是所谓道德不良，人心不古，也不是全部军人专横，政客捣乱”，而是因为中国未能像西方那样实行“在数目字上管理”的现代治国手段。尽管数字常常会遮掩了一些具有实质性的社会差异，但若这类“统计”得出的结果并加以旁证，仍可透露不少颇有意义的信息。①故通过对民国中央官僚群体的传记阅读，以量化的数据并参以实情佐证的方法重建结构变动中政治精英的历史，对本文而言意义重大。

一　民国中央官僚的地域构成、教育背景与权力结构变迁

一般而言，权力指的是政府中占优势资源者在政治治理中影响与支配他人的能力。在本文中它包括两种类型：一指体制内权力；二指体制外权力。体制内权力为国家所赋予个人或行政组织的行政权；体制外权力则是指基于血缘、地缘、姻亲等私人关系而产生的支配力量。权力结构，指的是权力系统中权力行使主体的构成方式或组织形式，实质上也是体制内权力规则与体制外非正式权力互相博弈的路径与过程。因此本文所指的权力结构变迁有以下三个层面的内涵：一是不同时期权力中心的地域变迁与权力行使主体构成与组织方式的变化；二是掌握权力之领袖人物的变化与权力行使主体构成与组织方式的变化；三则是社会变迁与行使权力主体构成的变迁。

本文在对北京政府（1912—1928）1293 名、南京国民政府（1927—1949）3218 名荐、简任以上中央官僚分类整理后，对其地域分布进行了量化研究，结果显示：就北京政府而言，中央政府高级文职官员的籍贯分布以江、浙为最，广东、直隶次之。若以南北划分，则以淮河、秦岭以南者

① 参见罗志田《数字与历史》，《战略与管理》1997 年第 3 期，黄仁宇语亦转引自该文。

为多，占统计总人数的75.90%，以北者则仅占22.14%；就军事部门任职官员而言，民初中央政府各机关中军职人员的地域来源主要以直隶为最，占总统计人数的16.54%，山东、湖北、安徽、奉天等省次之，南北基本持平，比较而言仍体现出“南人尚文，北人尚武”的地域区分。整体来看，北京政府中央官员的地域分布以直隶居首，江、浙次之。

与北京政府相比，南京国民政府时期无论文职还是军职官员，其地域构成的前三甲中，秦岭淮河以北之地已经很难看到，南方诸省中广东、江苏、浙江、湖南、湖北等名列前茅。文职官员中前三甲省份官员数占文职官员总数的36.44%，而南方诸省文职官员数几占全体文职官员总数的71.98%，北方各省仅占22.19%。从区域上看，无论是北京政府还是南京国民政府，都主要以东南沿海（苏、浙、粤、闽）与长江流域（湘、鄂、皖）为多，而西北、西南、东北等边远地区的人数较少，较为形象地反映了中国沿海、沿江与内陆、边陲之间的差别。

人才地理学研究表明，人才空间分布的形成，是自然环境、人文环境、人才系统的内部诸要素相互作用，以及它们之间相互作用的合力效应的结果。其中，物质生产—经济因素归根结底起决定性作用，其他人文因素直接地起作用，自然因素往往通过社会经济因素间接地起作用，最终均通过人才系统自身的内在因素能动地发生作用。[①] 从上述统计结果来看，官员最多的是江苏、浙江、广东等省，最少的是新疆、热河、西康、察哈尔，相去甚远，显然这与上述各省的经济、文化差距是一致的。经济文化发达地区人才多，经济文化落后地区则人才少。近代以降，随着科举制度的废除，人才的产出逐渐以国内新式学堂和出国留学两种主要途径，而新式学堂大多设在经济文化发达的沿海、沿江以及政治性大都会。[②] 由于现代交通难以普及，高昂的费用使得经济落后地区的读书人不得不望而却步，从而放弃继续深造的机会，故而很难走出其籍贯所在地。

然而人才的空间性位移受政治、经济、文化等各种社会因素的影响[③]，

---

① 参见叶忠海《人才地理学概论》，上海科技教育出版社2000年版，第83页。

② 有统计表明，至1931年，13所国立大学中设在北平的有4所，设在上海的有3所，其余则分别在杭州、南京、广州、成都、青岛等地；19所私立大学中，设在上海7所，北平3所，广州3所，其余则分设在南京、天津、武昌、厦门、济南等地；仅9所省立大学中的7所设在内陆及西南、东北等边远地区，但仍以沈阳、昆明、吉林等省会城市为主。参见《中华民国实录（文献统计）》下册，吉林人民出版社1997年版，第5465—5470页。

③ 参见叶忠海《人才地理学概论》，上海科技教育出版社2000年版，第54—58页。

对于中央官僚而言，其受政治性因素影响显然要高于其他因素。丁文江先生研究显示，人才与地理的分布主要与五个方面的要素有关，而其中政治因素首当其冲。从北京政府和南京国民政府中央官僚的地域构成来看，其中的政治性影响因素主要有三：一为都城之位置；二是领袖之籍贯；三乃革命之起源。

都城往往为政治中心之地，文化集聚之城，从而成为各方人才聚拢之所。北洋军阀统治政府时期，北京既是前朝都会，又为现朝京都。直隶因地处京畿，有近水楼台先得月之政治、地理优势，故直隶籍中央官僚数量在北京政府时期牢牢占据第一位置。然而当国民政府在南京建立首都后，包括天津、北京在内的河北籍官员已经很难占据前三甲的位置，但江、浙两省官员在中央政府中的势头则丝毫未减。

中国人乡土意识相当浓厚，官僚喜用同乡早已为历代史学家所证实，故领袖的籍贯对于家乡人在朝为官之多少起着关键性的作用。北洋军阀统治时期，皖、直、奉各军事派系轮流控制北京政权，故任何时期占统治地位之派系首领的籍贯都能在统计数据中得到体现。直系军阀先以冯国璋为首，冯死后则以曹锟等人马首是瞻，两人皆系直隶人，故直隶一省之官员人数始终较他省为多。有研究者指出，冯国璋任副总统前后，其属下部分军政人员 36 人中，直隶籍 24 人，占 67%，而属冯国璋河间县的则有 12 人，占直隶籍的 50%。① 皖系首领是安徽人段祺瑞，故北京政府时期安徽人以 91 名，占总数的 7.04%，仅次于直隶、江苏、浙江、湖北等省。奉系首领为东北人张作霖，故在北方诸省中，奉天省籍官僚仅次于直隶、山东。南京国民政府时期，由于浙江人蒋介石成为政治领袖，浙江也一度超越江苏，几与广东一起位居首位。身为湖南人的宋希濂曾评价蒋介石的用人："蒋介石用人的标准第一是亲戚，第二是同乡，第三是学生。而他真正给以军权的，主要还是亲戚和同乡。"② 故以领袖籍贯而形成的政治/军事派系在权力结构变迁中起着十分重要的作用。

广东作为近代革命的策源地，随着政治中心从珠江流域向长江流域转移，广东人也成为权力结构中重要组成部分。广东人这种强烈的地域意识，局外人看得更清楚。1922 年一位德国记者在与汪精卫聊天时说："喂！这不是国民党得了广东，却是广东得了国民党呢！你看国民党进了

① 参见杨立强《论近代中国军阀官僚集团组织构成的特点》，《军事历史研究》1989 年第 1 期。

② 宋希濂：《远征军在滇西的整训和反攻》，《文史资料选辑》第 2 卷第 8 辑，中国文史出版社（出版年不详），第 54 页。

广东之后，只看见广东，不看见国民党了！”[①] 由于孙中山的缘故，国民党元老中以广东人居多，而胡汉民、汪精卫、孙科等人因在党内的资历甚高，一直与身为浙江人的蒋介石争夺党内正统。

梁启超在《中国地理大势论》中曾比较了黄河流域和扬子江流域王权建都之数目，从而得出如下结论：

> 北方宅都时代，而南方无他都者，垂二千余年；其南方宅都时代，而北方无他都者，惟明太祖，建文共二十五年耳。……数千年王霸之国都，其在黄河流域者十六，得姓三十六；其在扬子江流域者二，得姓十；其准黄河流域者一，（北京）得姓四；其准扬子江流域者三，（成都临安湖南）得姓六；其不在两流流域内者五，得姓七。数千年政治都会，略具于是矣。[②]

故梁氏提出“其在政治，北方视南方常占优势”。然自晚清以来，南方人才胜于北方已为多数学者所认同。北京政府时期，尽管政治中心坐落于北方，但北方官僚仅占总数的32%，南方官僚则占到总数的60%。故就政治人才分布而言，南方视北方占优。杨念群先生已经注意到，中国政治轴心和文化轴心从明代以后即处于分离状态。[③] 国民党政权定都南京后，似乎意味着政治轴心与文化轴心再次集聚南方的趋向明显。但若从这一时期中央官僚的国内学校来源来看，则又基本以北京大学、清华学校等北方各高校为主，似乎显示文化轴心仍然滞留于北方。然若就中央官僚的南北地理分布来看，则南方又远超北方，时有北方籍官僚对中央歧视北方人表示不满[④]的现象，则表明了国家权力结构中心位置的南移。因此，官员的地域分布一方面显示了权力中心的变迁轨迹，而另一方面权力中心位置的

---

① 汪精卫：《中国国民党何以有此次的宣言》，《汪精卫集》第3卷，上海光明书局1930年版，第3页。转引自金以林《地域观念与派系冲突——以二三十年代国民党粤籍领袖为中心的考察》，《历史研究》2005年第3期。

② 梁启超：《中国地理大势论》，《饮冰室文集》第4册，《饮冰室合集》文集之四十一，中华书局1989年版，第82—84页。

③ 杨先生认为，两汉至隋唐时代，中国政治轴心与文化轴心全部集中于北部地区，即淮河以北地区。从南宋开始，政治轴心与文化轴心短暂积聚南方的趋向十分明显。但从明代开始，政治轴心回归北方，而文化轴心从此却滞留南方。参见杨念群《儒学地域化的近代形态——三大知识群体互动的比较研究》，三联书店1997年版，第65—66页。

④ 同为北方籍监察委员的王子壮与刘尚清在一次聊天时，即发出此感慨。参见《王子壮日记》第10册（1945年11月3日），台北“中央研究院”近代史研究所2001年版，第366页。

变迁又直接导致了官员地域构成的明显变化。

除此之外，教育制度与人才选拔制度的变革使得行使国家权力的主体发生了改变，因而导致国家权力结构的变化。科举废除后，文凭逐渐取代科名成为文化资本的主要特征，从而成为读书人争夺的对象。由于权力场域的转移，人们对新文化资源的争夺则从古代书院、私塾转移到新式学堂中，并进而导致对留学资源的争夺，学生取代士绅成为国家权力的行使主体逐渐成为现实。统计表明，北京政府中央官僚中，受过国内外新式教育者达到总数的58%；南京国民政府则达到75.17%。然而汪一驹先生的研究表明：以留学教育为顶端的新式教育成了替代旧式功名的进阶之梯后，因其在教育费用上远高于前者，结果，社会流动率大大降低了。[①] 因此，如果就教育背景来推断其家庭出身的话，则北京政府与南京国民政府中至少超过50%以上的中央官员来自富裕之家，这种现象在说明该群体具有较高同质性的同时，也说明了当时的中国社会出现同代交流性减弱，而代际遗传性加强的现象，亦即社会阶层固化。

当然国家权力行使主体构成的变化并不仅仅取决于官员录用机制的改变，还受社会变迁与政治体制变化的影响。传统中国，向来崇尚“文治”，故科举制度下的人才培养方式大多以“德品兼通”为目标，在“重名轻武”的社会风气下，军人不过是文官体制下单纯的职业集团，自觉地接受文人的统治。所以“文人管兵部，巡抚掌兵权，人人都认为当然的道理”。[②] 然科举的废除一方面使得社会晋升失去了合法途径，另一方面当权力的来源由“君权神授”变为“武力至上”时，军人以专家身份参与国家政权建设也变为当然之事。北京政府时期，除徐世昌以文人而任总统外，余下的中华民国总统皆为军人。而南京国民政府时期，中央最高权力机构则是以蒋介石的职务为转移的。[③] 49.03%与29.86%的军人所占比例，也说明了军人在权力结构中的重要位置。也正是由于大量军人成为国家权力的行使主体，从而使得接受免费教育的他们成为改善社会阶层固化的重要因子，贫寒子弟及农家子弟因从军可以由此向上流动。

军队属于国家，这本是民主社会的一个重要标志，军人不能干政亦为

---

① 参见汪一驹《中国知识分子与西方》，梅寅生译，久大文化股份有限公司1991年版，第14页。

② 胡适：《政治统一的途径》，《独立评论》1934年1月21日第86号，第3—4页。

③ 参见〔日〕家近亮子《蒋介石与南京国民政府》，王士花译，社会科学文献出版社2005年版，第112—134页。

民主社会的应有之义。民国时期，军人对政治问题的兴趣显然已经超越了其本身的职责与专业，在有着“文治”传统的中国，武夫专政在任何时候都面临着合法性与道德方面的危机，而这也是其无法实现军人从干预政治向参与政治转变的要因。为此军人只能联合旧有的绅权，通过吸收大批受过现代教育的学生来维系其统治。

二 民国中央官僚的年龄、学历等因素与行政效率之关系

一般而言，一个人的生理常常决定一个人的心理和行为，人在不同的年龄段会表现出不同的心理和行为特征，年轻时精力旺盛、意气风发、敢说敢做，但常常容易考虑不周，缺乏韧性；人到中年，年富力强、经验丰富，但顾虑较多，容易处世圆滑；再往后，资历深厚、处事练达，但精力有限、工作缺乏动力或心有余而力不足。[①] 政府行政部门的工作性质决定了其工作人员应该是一个老、中、青合理搭配的年龄结构。

研究表明，北京政府时期内阁各部官员的平均任职年龄在41.63岁，而南京国民政府时期内阁各部官员的平均任职年龄则已达到43.86岁。从各部分别来看，现代化程度越高的部门，平均任职年龄越小，如司法部、铁道部等；而前朝旧官僚集中与党内元老集中的部门，其平均任职年龄则越大，如海军部、侨务委员会等。

从年龄段上看，北京政府各部官员的年龄大多集中在1876—1880年和1881—1885年两个年龄段，分别达141人和114人，往前则以1850—1860年出生者为年龄最大，有16人，往后则以1896—1900年出生者年龄最小，共有3人；南京国民政府时期，各部官员的年龄大多集中在19世纪的80年代末和90年代初，即1886—1890年和1891—1895年龄段。年龄最大者集中在1865—1870年龄段，共有18人，最小者则集中在1911—1915年，共10人。故无论是北京政府还是南京国民政府，其中央各部官员的年龄结构基本呈“倒U”字形。

若从年代上看，在笔者所统计的604名北京政府内阁各部官员中，出生年代多数集中在19世纪70年代和80年代，两者合计达395人，占总数的65.40%；而南京国民政府内阁各部官员多集中在80年代和90年代，合计达656人，占总数53.64%。在近40年的统治时间，上述数据仅集中反映出三个代际间的更迭，稍显滞后。

---

① 参见刘云虹《国民政府监察院研究（1931—1949)》，上海三联书店2012年版，第313页。

19 世纪 70 年代出生者，民国刚刚建立时，早已过了不惑之年，实际上也已过了身体的黄金期，10 年后则步入老年阶段，到南京国民政府时则已近花甲，退出政治舞台已是早晚之事①；出生 80 年代者，1912 年时刚过而立之年，正值事业开创期，10 年后则步入事业的巅峰期，至 1928 年时已近半百之年，1937 年时则近花甲之年，在人的平均寿命不足五十的民国，早已到了颐养天年的年纪；90 年代出生者虽为新生代人物，但至 1928 年时已近不惑，而到 1937 年时则年近半百，至 1945 年左右时也已近六十。据常识判断，70 年代在北京政府时应早于 80 年代生人进入政治舞台，因此北京政府内阁各部官员任职时，其年龄范围应在 42—48 岁；而南京国民政府内阁各部官员任职时，年龄范围则应在 48—59 岁。

年龄对于行政效率而言，有着双重性：年龄太小则可能行政热情高而经验少，办事速度快而质量低；年龄太大则可能经验足而精力衰退，办事慢而质量相对较高。但年纪轻，因敢说敢做，无框架约束，往往能在工作中创新；而年纪老，则可能已经沾染官场积习，圆滑自保，不敢负责，故而因循守旧。显而易见的是，满朝老人的结果不仅使得国家死气沉沉，而老人政治的结果必然是以牺牲行政效率为代价的。

然而“行政效率”观念的出现纯粹是现代积极国家观念之下的一种产物，它的重要性在传统中国是绝对不曾被考虑的。② 按曾任内政部政务次长的甘乃光之言：“行政改革的目标在增加效率。有效率的政府是否即可增加人民的福利？此乃政治或政策的问题。政治或政策随时代需要而不同，但运用政策的机构、人员与工具，当现代化、效率化，此乃不易之原则。”③ 姑且不论机构和工具的现代化，单就人员现代化而言，北京政府时，中央官僚中受国内外新式教育者达 58%，其中有 16 人获取硕士学位，23 人获得博士学位；南京国民政府则高达 75.17%，获得博士和硕士学位者分别为 233 人和 178 人；而从其学校来源来看，毕业于国内乃至世界名校者不知凡几。可见，民国时期中央官僚学历层次之高，实令人称叹。

从理论上讲，官员的现代化对行政效率的提高自然有莫大好处，然行政效率的提高亦受政治环境的制约，官员能否久任也是衡量行政效率提高

---

① 生于 1877 年的颜惠庆，1933 年又被南京政府特派为驻苏大使，三年后，已届六旬的颜惠庆，自觉精力不济，卸任归国。参见严如平、熊尚厚主编《民国人物传》（八），中华书局 1996 年版，第 93—97 页。

② 参见陈之迈《中国政府》，上海人民出版社 2012 年版，第 255 页。

③ 甘乃光：《中国行政新论》，商务印书馆 1943 年再版，第 153 页。

与否的重要指标。研究表明，北京政府时期，内阁中65.36%的阁员任职时间低于0.5年，而南京国民政府时，任职时间低于半年者，则占到总数的38.30%，皆为各年数段之最；就事务官而言，尽管任职时间超过5年的事务官人数有所增加，但任职时间低于0.5年的事务官仍为任何年数段之多数。一面是内阁官员更调频繁，简荐任及以上官员不能久安于位；一面则是普通公务员人浮于事，机构浮肿。王子壮观察到："新部易人，必用一部分亲信，其原有人员照例又不能淘汰，于是均归入秘书处支生活费，号称服务，实即位置冗员也。人员愈多，耗用愈重，公家损失既所不资，效率方面则等于零。"故王认为"此中央方面之危症，将来必有不堪之一日"。①

三　地缘、血缘、学缘等传统社会关系对职官资源的分割

从西周的世官制、秦朝的军功封爵制、两汉的察举制、魏晋的九品中正制以及到隋唐以来的科举制，中国自传统国家建立以来，在人才选拔机制上走过了一段艰难曲折的历程。尽管在王朝国家中，任何的人才选拔机制都无法阻止权力的世袭性，但不同的人才选拔机制却是造成掌握与行使国家权力的主体成分发生变化的要因。隋唐时期科举选官制度的逐渐确立，即是人类历史上第一次抛开了血缘、门第、出身、家世等先天性社会因素，而是将知识作为官员录用的标准，从而打破了先秦以来政治权力由世袭贵族垄断的局面。同时，科举制也为国家与社会之间建立了一种新型的制度联系，使得国家与社会精英之间能够保持着一种制度性联系，有效地缓解了国家与社会各个利益群体之间的矛盾。

1905年科举制度的废除，造成了国家与社会间的制度性断裂。何炳棣先生早已指出，权力精英成分构成的变化，很大程度上源自官员录用制度的变化。由于科举已废，而新的选官制度又无法立刻建立，这就意味着对官员的资格要求不再具有强制性。民国建立后，辛亥革命所造成的权威缺失，使得新政权无法立刻实现政治整合，故新的官吏选拔制度在很大程度上无法得到正常执行，有制不遵的现象十分常见。尽管一大批具有新式教育背景的读书人补充到官僚队伍中，但官员遴选、升迁和考核并未按严格标准进行，以血缘、地缘、学缘等传统社会关系为纽带的关系网络的构建在职官资源的分割中起着重要作用，从而导致社会各个利益集团通过传统

① 《王子壮日记》第4册（1937年5月6日），台北"中央研究院"近代史研究所2001年版，第126页。

人际关系不断地向国家权力进行渗透。

萧邦奇在研究革命中的沈定一时即发现，中国人在很大程度上是生活在以各种直接或间接的媒介所维系的关系网中，并借此与他人发生联系。个人往往通过他们在关系网络中的地位及他们所属的网络来定义自我或被定义的，也即获得身份的。因此在一个关系构成整个社会现实，且社会关系是达到个人目的之手段的文化环境中，个人的关系网络历来是一重要的社会和政治结构，在20年代革命中发挥了许多重要的作用。它可以轻而易举地转化成政治资源，因而总是受到了精心培植。网络不仅为个人和群体提供身份，而且在很大程度上加入网络中的个人和群体正是通过网络交往而获得其社会身份的。[①] 加入以一个核心人物为枢纽的网络，不仅意味着其与网络内成员共享一种身份，亦意味着其与权力更为接近，因为这种权力—依附关系的形成往往都是一个有权力的人与试图接近这种权力的人之间的关系。[②] 在这里，年龄、性别、教育背景、家庭出身等都变得无关紧要，重要的是权力本身。

20世纪上半叶，对于关系网络资源的利用，成为个人社会晋升的一个重要渠道，其重要性不言而喻。综观民国政界个人关系网络乃至派系的形成，多是以两人或多人间某种归属性特征的社会关系为基础。因此，关系网络内的成员往往是一个同质性程度很高的群体（如同年、同学、同乡网络等），在这里，网络的边界是清晰而明确的。但就具体个人而言，其自身的网络（因不同认同对象或归属性特征而结成的网络可以有多个）边界却是模糊不清、相互重叠的。也就是说，一个人往往可以属于不同的关系网络。[③] 他既可能是其所在网络的权力核心人物，也有可能是另一个网络中的依附性人物，这种双重身份并不妨碍其作为权威人物的权力施予，亦

---

① 参见〔美〕萧邦奇《血路——革命中国中的沈定一（玄庐）传奇》，周武彪译，江苏人民出版社1999年版，第5、246页。

② 美国历史学家易劳逸在研究国民党统治下的中国时即认为，中国是一个身份取向的社会，在这样一个社会中社会关系呈垂直结构，所有社会关系都趋向于表现为个人之间的关系，关系中人要么是上级，要么是下级，易劳逸称为“权威—依附模式”。而促成一个人成为权威人物或依赖性人物的因素，主要是性别、年龄、财富及对权力的接近程度。参见〔美〕易劳逸《流产的革命——1927—1937年国民党统治下的中国》，陈谦平等译，中国青年出版社1992年版，第353—356页。

③ 陈红民先生对胡汉民人际网络的研究即表明，在胡的人际网络中包含同乡、姻亲、密友、下属以及与胡利益接近的派系集团。参见陈红民《函电里的人际关系与政治——读哈佛—燕京图书馆藏“胡汉民往来函电稿”》，北京三联书店2003年版，第61—80页。

不妨碍其作为依附性人物对权威人物的工具效忠。[①]

事实上，在中国背景下讨论这种私人关系（非正式关系）是如何向正式关系的转变，本就是一个相当有趣的话题[②]，在这里，人情之中国、关系之中国都可以得到很好的体现。但是，需要指出的是，“关系”作为一种政治资源，其在政治生活中的作用并不是绝对的。父携其子、兄提其弟、夫贵妻荣的现象亦必须在符合儒家伦理中所规定的“父慈/子孝、兄良/弟悌、夫义/妇听”的标准时才会在政治生活中出现。[③] 因此在涉及实际的政治利益时，无论是作为情感性关系的血缘、婚姻关系，还是作为工具性、混合性关系的地缘、学缘、朋友等关系皆无法上升到主导性地位。但这些关系又是我们在实际研究中不得不考虑的因素，显然，过分地强调与无视其存在皆为两种极端的取向，从方法论讲为研究者所不取。

四 社会关系与国家政权建设的低效率

作为组织层面的国家，主要指各级政权组织及其正式制度组成的政府系统，在中国，政府组织层面的国家是与“公”的观念联系在一起的。[④] 相反，作为“私”领域内的一切非正式的习惯、行为都被视作“社会”的一部分。[⑤] 白鲁恂（Lucian W. Pye）先生在研究中国人的政治心理时即指出：“仔细探讨中国人际关系中蕴涵的丰富意义，很少有其他文化像中国那样重视人际关系，从政治哲学到日常生活，中国人不厌其烦地强调人际关系的重要性。”[⑥] J. Bruce Jacobs 的研究则表明，对于中国人关系的了解不仅为我们提供了一种从文化视角去研究政治的方法，亦有助于发展中国

① 当然像袁世凯、蒋介石这些处于权力顶峰的政治领袖，以他们为核心的关系网络往往建立在各种归属性特征（或认同对象）基础上的，其成员往往亦不具有同质性。因此在这样一个大的网络中，往往又会分成若干个小网络，从而体现了网络的动态、边界模糊不清、相互重叠的历史状态。

② 关于正式关系与非正式关系的讨论，可参见邹谠《中国革命的再阐释》，牛津大学出版社2002年版，第175—234页。

③ 参见黄光国《儒家关系主义》，北京大学出版社2006年版，第41—42页。

④ 参见郑卫东《“国家与社会”框架下的中国乡村研究综述》，《中国农村观察》2005年第2期。

⑤ 关于“公”“私”概念在近代对峙与融合的具体讨论，可参见杨念群《中层理论——东西方思想会通下的中国史研究》，江西教育出版社2001年版，第133—135页。

⑥ 〔美〕裴鲁恂：《中国人的政治心理》，艾思明译，洞察出版社1988年版，第143页。

政治的理论。[①] 实际上，国外学者对于中国传统社会关系的研究提醒我们注意，作为“私”领域中的社会关系是如何侵入作为“公”领域的国家权力中的。

政治学家早已发现，权力作为一种社会现象，并不能存在及运作于真空之中，而必须存在及运作于社会关系或人际关系之中。[②] 社会学家则指出“在像中国这种关系取向的社会里，个人所拥有的社会关系也是一种十分重要的权力”。[③] 事实上，从中国传统社会关系与国家权力构成之间的关系而言，两者之间存在着一种互动关系。帝制时代，作为国家权力象征的皇帝的来源即是通过“私”领域的血缘世袭来实现的。民国时期，尽管大多数的国家领导人以武力为后盾而登上最高权力的宝座，但相比而言，作为国家权力构成的主体——官僚的情况则要复杂得多，他们既不完全像皇帝的来源那样是通过血缘世袭来实现的，也不完全是通过正式的选官体制与政治甄补的正式途径而得以进入的。他们来自社会的不同阶层，有着不同的家庭，是被各种“关系”和“背景”包围与笼罩的。在这些官僚中，一部分是通过正常的选官体制，凭借自己的真实实力进入国家权力场域，而另一部分则是通过包围和笼罩着他们的各种“关系”和“背景”，在选官制度的幌子下得以进入的。前者使得国家与社会之间建立了一种制度化的联系机制；后者则使得一些特定的社会群体（如权贵阶层等）占据了国家权力，导致社会关系向国家权力的渗透。实际上，民国时期无视“学力”，完全凭借“关系”入仕的现象也并不常见，但有“关系”的官宦子弟就会比没有任何背景的农家子弟在同等学力的前提下进入权力中枢的机会更大。

中国本是一个熟人社会，在以“特殊的—关系取向”[④] 为基本观念的社会中，陌生人永远只能处于熟人关系网络的末端。现代意义上的文官和古代士绅一样，其共同体的交往方式正如许纪霖先生所言的那样，“是以自我为中心，以熟人社会为半径，以血缘、地缘和学缘关系为经纬”。[⑤] 自

① J. Bruce Jacobs, “A Preliminary Model of Particularistic Ties in Chinese Political Alliances: Kan - ch' ing and kuan - his in a Rural Taiwanese Township”, *The China Quarterly*, No. 78 (Jun., 1979), p. 240.

② 参见马起华《政治社会学》，正中书局 1985 年版，第 171 页。

③ 黄光国：《儒家关系主义》，北京大学出版社 2006 年版，第 14 页。

④ 金耀基先生即认为，在用人取才基于“特殊的—关系取向”的社会中，我的亲人做的和陌生人一样好，选择自己的亲人是理所当然的事情。参见《从传统到现代》，中国人民大学出版社 1999 年版，第 103 页。

⑤ 许纪霖：《都市空间视野中的知识分子研究》，《天津社会科学》2004 年第 3 期。

小就生活在熟人社会中的他们，作为父亲、儿子、兄弟、同乡、同学、朋友，血缘、地缘、学缘、姻缘对他们来说是十分重要的关系架构，其在政治、经济、文化生活等方方面面均起着十分重要的作用，因此这些关系对于中国官僚结构的影响自然亦是不言而喻的。纵观1912—1949年的历史，大量的数据及统计表明了中国人在权力政治中所表现出的关系至上主义。关系不仅成为个人取得政府中职务的重要手段，更是成为官僚间拉帮结派的重要纽带。这样的结果，不仅导致大量有能力而无“关系”的知识分子被排除在权力体系之外，亦使得那些进入体制之内的知识精英因无派系背景或无奥援而无法实践其“做事不做官”的政治理想。

官僚阶层的群体素质及其行政效率的高低是衡量国家政权建设的一个重要指标。早在帝制时代，明人许谟即曾言道：“人之常情，孰不庇其乡里，孰不庇其亲戚？党与多则弊端滋，耳目广则关节易。若使一司之吏，尽用一省之人，或六七人，或十余人，自然有坏事体。”① 国家政权建设又是一个制度化与现代化的过程，从官僚的选任到日常行政事务的处理都有着一套严格的规定程序。然而民国时期，“法无定规，权随人转”的现象十分严重，权力游戏规则制定者破坏规则的现象亦屡见不鲜。② 权力体系内形成了大大小小的以各种私人关系而结成的利益集团，派系为饭碗的争夺而不得不陷入无休止的斗争中，以致腐败、贪污盛行，行政效率十分低下。时人即曾对北京政府时期官僚的种种恶行描写道：“司长则挟妓狎邪，行同无赖，而卖官鬻缺所不暇计，知事则贪赃吞款形似劫盗，而溺职废事所不必言。至于普通一切官吏竟有宿娼聚赌，勾引妇女，畏罪逃职，黑夜远飏，更有控案未结，潜赴新任，盘踞优缺，延不交篆，凡兹现象又为前清未有。”③

而在美国历史学家易劳逸看来，“政府机构的无效率也许是国民党统治最虚弱的特征”。北伐之后的南京各政府机关开始变得像“闲聊的咖啡馆”一样，文件在漫长而枯燥的公文旅行中消失或埋葬在某人办公桌的抽

① 《许文简公奏疏》，《明经世文编》卷137。

② 如对于“公”“私”界限的区分，北洋政府时期即十分明确。1915年，袁世凯在言及其用人宗旨时曾说道：“为国家操用人之柄者，于公私之辨不可不严。为国家择人任事者，公也，不可以私意出之。一己之亲好知旧义当周恤救助者，私也，不可假公力为之。自古持国柄而不严于公私之辨，未有不身败名裂者。予向于公私界域不肯丝毫假借，予于用人一以贤否功过为进退，未尝有区域及党派之见。”参见《政府对于用人之主张》，《申报》1915年8月2日第6版。袁氏所言其用人之宗旨与其实际行为恰恰相反，故袁谓“公私不辨，未有不身败名裂者”恰为其身后的真实写照。

③ 《政府公报》1914年1月15日第607号。

屉里[①]，故而时人讥笑当时的公务员只会“签签到，看看报，谈谈天，抽抽烟”[②]。一般人批评政府是“会而不议，议而不决，决而不行，行而不力”。[③] 抗战伊始，蒋介石批评内迁至武汉的党政人员仍是苟且偷安、得过且过。平时请请宴，见见面，过过日子，并言“过去党政负责人员都是把两手插在口袋里做大少爷”的。[④]而公文旅行仍为常态，1943 年行政院参事陈克文透露，立法院的一份文件到院后在各科旅行长达半年后，秘书长和处长还没有见到文件的面[⑤]，从而形象地反映了政府行政人员的慵懒与低效率。战后国民政府内贪污腐败情形较前有增无减，王宠惠谈及此事时言道：“以前听到许多外国朋友批评政府贪污无能，以为是过火的话，现在耳闻目击，确是上上下下，大大小小无不腐败，无不贪污。”[⑥] 事实上，国民政府内的贪污、派系斗争以及低效率无能在战后让美国人也很恼火，马歇尔即曾对蒋介石言，美国政府极愿帮助中国政府和蒋主席，但美国一部分人民反对，谓帮助中国固所愿，帮助中国无能政府则非所愿。唐纵即观察到，美国人反对者一为 CC，二为黄埔；美国人所厌恶则是国民政府的贪污、无能以及党化。而据美国人观察，贪污的不是 CC 和黄埔，而是一班官僚买办，如孔、宋之流。唐纵感慨地说道，现在 CC、黄埔和孔、宋之流，都是蒋主席的支柱，欲想改革这些政治，就非抛弃这些干部不可。[⑦] 1949 年蒋在大势已去之际反思道：“干部的形成，以人事而不以政策。对于政治干部不责以政策，对于军队与行政干部不以能力功过为去取。全党上下以关系感情决定一切，有为者无所激励，无能者不受淘汰，故人才不能集中于党，而党亦不能作育人才，造成今日人才没落之现象。”[⑧]

---

① 〔美〕易劳逸：《流产的革命——1927—1937 年国民党统治下的中国》，陈谦平等译，中国青年出版社 1992 年版，第 20—24 页。

② 国立中央大学：《建议确定公务员考选制度并实行抽考现任公务员以刷新政治安定社会促进教育案》，载考试院编《全国考铨会议备编》，1934 年 1 月，国民政府考试院档案，中国第二历史档案馆藏，全宗号：37，案卷号：514。

③ 张忠绂：《政治理论与行政效率》，《独立评论》1935 年 1 月 30 日第 135 号，第 3 页。

④ 陈方正编辑、校订：《陈克文日记（1937—1952）》上册（1937 年 12 月 21、23 日），社会科学文献出版社 2014 年版，第 146、147 页。

⑤ 陈方正编辑、校订：《陈克文日记（1937—1952）》下册（1943 年 6 月 2 日），社会科学文献出版社 2014 年版，第 719 页。

⑥ 同上书（1947 年 2 月 15 日），第 1036 页。

⑦ 《在蒋介石身边八年——侍从室高级幕僚唐纵日记》（1946 年 9 月 21 日），群众出版社 1992 年版，第 645 页。

⑧ 《蒋介石日记》，1949 年 6 月 9 日，大事表。

现代政府应是一个高度科层化的管理机构。社会学家将科层制定义为一种运作于明确的规章和程序之基础上的等级权威结构，而不依赖于某个人及其人格特征是科层制设计的理论原则。① 然在西方兴起的科层制作为一种消解基于各种归属性关系为特征的庇护网络的利器，其在被引入中国后却湮没在传统的人际关系网络中。公私分明，忠于整个组织而不是个人是科层制下保持工作连续性的有效办法。但在中国，对于有着“权归一人”欲望的政治领袖而言，科层制下的权力格局并不能保证其对权力的有效控制，反而不如传统的私人关系更为有效。在这种以私人关系结成的庇护网中，领袖在提供给被保护人各种政治资源的同时，被保护人则向领袖展示其忠诚，如此现代科层制与传统庇护网络在民国时期便形成了一个矛盾的有机统一体。在实现领袖“权归一人”的政治欲望的同时，却是以政府行政的低效率为代价的。②

国家政权建设及其现代化本是一个制度化的过程。③ 20 世纪以来，一方面，国家在可控资源不断扩大的情况下，通过舆论监督、意识形态规训以及党组织下乡等国家政权建设方式逐渐加强了对社会的控制；另一方面，国家在政权重建过程中，导致旧制度体系的崩溃，而新制度的建立又非朝夕可成，从而致使国家与社会之间原有的平衡状态被打破。④ 传统“士农工商”的社会秩序开始出现失序状态，社会中原本处于边缘位置的

① 参见〔美〕戴维·波普诺《社会学》（第十版），李强等译，中国人民大学出版社 1999 年版，第 192—193 页。

② 如蒋介石即并不太看重国家政权建设中的制度建设，1935 年 5 月 24 日，蒋介石在召见四川各区行政专员的讲话中即认为：“为政之要首在得人，人事之臧否、效率之高下与政治之成败所系，而制度之好否实居次要。”1941 年 1 月 5 日，蒋介石在主持党政训练班纪念周时训话，仍以“政治成败以得人与否为断，故曰为政在人”。分别参见中华民国史事纪要编辑委员会编《中华民国史事纪要（初稿）》，1935 年 1—6 月，中华民国史料中心出版（时间不详），第 474—475 页；蔡盛琦编《蒋中正总统档案·事略稿本》（45），台湾“国史馆”2010 年版，第 210 页。为政确实需要得人，然综观蒋氏的用人方式，基本是以同乡、学生、姻戚、结拜兄弟等私人关系为标准，能力之高下只在其次。

③ 参见邹谠《中国革命的再阐释》，牛津大学出版社 2002 年版，第 170 页。

④ 杜赞奇对华北的研究表明，20 世纪，国家权力的扩大及深入极大地侵蚀了地方权威的基础，有计划地毁坏了整个文化网络。国家在现代化政权建设中完全忽视了文化网络中的各种资源，而企图在文化网络之外建立新的政治体系，其结果却是，尽管乡村精英领导有与国家利益结为一体的雄心，但文化网络在国家范围内赋予乡村精英领导作用的能力却在丧失。国家与社会之间原有的秩序体系被打破后，导致国家不能有效地利用并发展旧的权威与信仰，而社会中旧的文化网络的破坏又使得国家在政权建设上未能开花结果。参见〔美〕杜赞奇《文化、权力与国家——1900—1942 年的华北农村》，王福明译，江苏人民出版社 2003 年版，第 179—180 页。

社会群体逐渐兴起，并逐渐占据国家权力的中心，从而导致构成国家权力主体——官僚阶层由成分单一的“士大夫”逐渐多元化。

20 世纪上半叶的中国历史表明，军人以武力而干政，却不得不借助文人政客、名流与专家来统治，而号称“以党治国”的党治政权，党员从政却并不一帆风顺，无论是军阀政府还是党治政府，由于其在政治制度化能力上的有限性，注定其只能对旧有政治体制以及社会关系进行复制与利用，而不是创新与改造。因而对于知识精英而言，制度化留给他们的空间通常只是且也只能是停留在纸面上的，往往不如军人的枪炮、领袖的条子管用，反而是传统社会中固有的人际关系在现实政治运作用中可以起到意想不到的作用。而这样的现实所导致的结果只能是国家政权的内卷化①，无法实现国家的现代性成长。而如果说整个民国时代，国家政权建设在某些层面确实有些许进步的话，那么它也是在与这“剪不断、理还乱”的传统社会关系的纠葛中缓慢前行。

① 内卷化（involution），又译为“过密化”，内卷化一词源于美国人类学家吉尔茨（Chifford Geertz）《农业内卷化》（*Agricultural Involution*）。根据吉尔茨的定义，“内卷化”是指一种社会或文化模式在某一发展阶段达到一种确定的形式后，便停滞不前或无法转化为另一种高级模式的现象。杜赞奇在《文化、权力与国家——1900—1949 年的华北农村》中，提出了国家政权内卷化的概念，杜氏认为国家机构不是靠提高旧有或新增机构的自身效益来扩大财政收入，而是靠扩大外延——增设机构和增加税种来增加收入，这就导致了国家政权在财政上的内卷化。（参见〔美〕杜赞奇《文化、权力与国家——1900—1942 年的华北农村》，王福明译，江苏人民出版 2003 年版，第 74—75 页。）此处，笔者仅借用其对基层政权低效率状态的描述，用来指民国国家在现代化过程中传统社会关系（或人际关系）对国家政权建设的消极影响，从而造成国家在制度化层面上的踯躅不前。

参考文献

一　档案、年鉴、会议记录

1. 北京政府教育部、南京国民政府考试院、铨叙部、行政院、教育部档案，中国第二历史档案馆藏。
2. 郭恒钰、罗梅君主编：《德国外交档案——1928—1938年之中德关系》，许琳菲、孙善豪译，台北"中央研究院"近代史研究所1991年版。
3. 洪喜美编：《国民政府委员会会议记录汇编》，"国史馆"1999年版。
4. 考试院铨叙部秘书处第三科：《铨叙部年鉴》，南京大陆印书馆1932年版。
5. 考试院铨叙部秘书科第三科：《铨叙年鉴续编》（1931—1933），南京大陆印书馆1934年版。
6. 周美华等编注：《蒋中正总统档案·事略稿本》（1、2、6、8、10、12），"国史馆"2003年版。
7. 中国第二历史档案馆编：《国民党政府政治制度档案史料选编》，安徽教育出版社1994年版。
8. 中国第二历史档案馆编：《中华民国史档案资料汇编》第三辑教育，江苏古籍出版社1991年版。
9. 中国第二历史档案馆编：《中华民国史档案资料汇编》第五辑第一编，政治（一），江苏古籍出版社1991年版。
10. 中国国民党中央党史史料编纂委员会编印：《中国国民党年鉴》（1929年）。

二　资料汇编、年谱、日记、书信、文集、

1. （清）顾炎武：《亭林文集》，生员论，卷1，四部丛刊本。
2. （清）刘声木：《苌楚斋随笔》，中华书局1998年版。

3. 曹伯言整理：《胡适日记全编》，安徽教育出版社 2001 年版。

4. 查建瑜主编：《国民党改组派资料选编》，湖南人民出版社 1986 年版。

5. 陈方正编辑、校订：《陈克文日记（1937—1952）》（上、下），社会科学文献出版社 2014 年版。

6. 陈奋主编：《北洋政府国务总理梁士诒史料集》，中国文史出版社 1991 年版。

7. 陈灨一：《睇向斋秘录》（附二种），中华书局 2007 年版。

8. 陈灨一：《新语林》，上海书店出版社 1997 年版。

9. 陈果夫：《陈果夫全集》，近代中国出版社 1991 年影印初版。

10. 陈三井、居蜜合编：《居正先生全集》（上），“中央研究院”近代史研究所 1998 年版。

11. 陈学恂、田正平主编：《中国近代教育史资料汇编》（留学教育），上海教育出版社 1991 年版。

12. 丁文江、赵丰田：《梁启超年谱长编》，上海人民出版社 1983 年版。

13. 杜春和：《胡适家书》，河北人民出版社 1996 年版。

14. 杜春和等整理：《白坚武日记》第 1 册，江苏古籍出版社 1993 年版。

15. 樊洪业、张久春选编：《科学救国之梦：任鸿隽文存》，上海科技教育出版社、上海科学技术出版社 2002 年版。

16. 房兆楹：《清末民初洋学生题名录初辑》，台北“中央研究院”近代史研究所史料丛刊 1982 年版。

17. 高平叔：《蔡元培全集》，中华书局 1984 年版。

18. 故宫博物院明清档案部编：《清末筹备立宪档案史料》（下），中华书局 1979 年版。

19. 胡思敬：《国闻备乘》，中华书局 2007 年版。

20. 黄远庸：《远生遗著》，商务印书馆 1984 年增补影印。

21. 季啸风、沈益友主编：《中华民国史史料外编——前日本末次研究所情报资料》（中文部分）第 63 册，广西师范大学出版社 1996 年版。

22. 《蒋介石日记》，斯坦福大学藏。

23. 李大钊：《李大钊文集》，人民出版社 1984 年版。

24. 李鸿章、李国杰：《李鸿章全集》，海南出版社 1997 年版。

25. 李学通、刘萍、翁心钧等整理：《翁文灏日记》，中华书局 2010 年版。

26. 励平等：《己未同年录》，载沈云龙主编《近代中国史料丛刊》第 87 辑，文海出版社 1973 年版。

27. 梁启超：《饮冰室合集》，中华书局 1989 年版。

28. 刘大鹏:《退想斋日记》，山西人民出版社 1990 年版。
29. 刘以芬:《民国政史拾遗》，上海书店出版社 1998 年版。
30. 鲁迅:《鲁迅全集》，人民文学出版社 1981 年版。
31. 罗福惠、萧怡:《居正文集》，华中师范大学出版社 1989 年版。
32. 罗元铮主编:《中华民国实录》（文献统计）上册，吉林人民出版社 1997 年版。
33. 骆憬甫:《浮生手记——一个平民知识分子的纪实》，上海古籍出版社 2004 年版。
34. 欧阳哲生:《胡适文集》，北京大学出版社 1998 年版。
35. 潘懋元、刘海峰主编:《中国近代教育史资料汇编·高等教育》，上海教育出版社 1993 年版。
36. 齐昌、何慨之:《蓬寄草庐鸿雪集》，光东书局 1938 年版。
37. 钱端升:《钱端升学术论著自选集》，北京师范学院出版社 1991 年版。
38. 清华大学校史研究室编:《清华大学史料选编》第 1 卷，清华大学出版社 1991 年版。
39. 璩鑫圭、童富勇主编:《中国近代教育史资料汇编》（教育思想），上海教育出版社 1991 年版。
40. 荣孟源、章伯锋主编:《近代稗海》(1—14)，四川人民出版社 1985—1988 年版。
41. 上海市档案馆译:《颜惠庆日记》，中国档案出版社 1996 年版。
42. 沈云龙:《黄膺白先生年谱》，联经出版事业公司 1976 年版。
43. 舒新城主编:《中国近代教育史资料》（下），人民教育出版社 1961 年版。
44. 汤志钧:《章太炎年谱长编》，中华书局 1979 年版。
45. 王瑾、胡玫:《胡政之文集》（下），天津人民出版社 2007 年版。
46. 林美莉编辑、校订:《王世杰日记》（排印本）（上下册），台北“中央研究院”近代史研究所 2012 年版。
47. 王栻主编:《严复集》，中华书局 1986 年版。
48. 王仰清、许映湖标注:《邵元冲日记》，上海人民出版社 1990 年版。
49. 王聿均、孙斌合编:《朱家骅先生言论集》，台北“中央研究院”近代史研究所 1977 年版。
50. 王子壮:《王子壮日记》（手稿本）(1—10)，台北“中央研究院”近代史研究所 2001 年版。
51. 沃邱仲子:《民国十年官僚腐败史》，中华书局 2007 年版。
52. 徐道邻:《民国徐又铮先生树铮年谱》，台北“商务印书馆”1981

年版。
53. 徐永昌：《徐永昌日记》（1—12），台北“中央研究院”近代史研究所1991年版。
54. 杨荫杭：《老圃遗文辑》，长江文艺出版社1993年版。
55. 叶恭绰：《遐庵谈艺录》，香港太平书局1961年版。
56. 叶恭绰：《叶遐庵先生年谱》，1946年再版。
57. 佚名：《清末各省自费、官费留日学生姓名表》，载沈云龙主编《近代中国史料丛刊》第50辑，文海出版社1978年版。
58. 佚名：《清末民初留日陆军士官学校人名簿》，载沈云龙主编《近代中国史料丛刊》第67辑，文海出版社1971年版。
59. 张焘：《津门杂记》，载来新夏编《津门杂记·天津事迹纪实闻见录》，天津古籍出版社1986年版。
60. 张集馨：《道咸宦海见闻录》，中华书局1981年版。
61. 张侠、杨志本等：《清末海军史料》，海洋出版社1982年版。
62. 章伯锋、李宗一主编：《北洋军阀》（1—6），武汉出版社1990年版。
63. 郑逸梅：《艺林散叶续编》，中华书局1987年版。
64. 广东省社科院历史研究所、中国社会科学院近代史研究所中华民国史研究室、中山大学历史系孙中山研究室合编：《孙中山全集》第1、2、8、9卷，中华书局1981—1986年版。
65. 中国社会科学院近代史研究所中华民国史组编：《胡适来往书信选》（上、中），中华书局1979年版。
66. 朱有瓛主编：《中国近代学制史料》第1辑，华东师范大学出版社1983年版。

三　传记、回忆录、口述资料

1. 〔美〕艾恺采访，梁漱溟口述，一耽学堂整理：《这个世界会好吗——梁漱溟晚年口述》，东方出版中心2006年版。
2. 〔美〕裴斐、韦慕庭访问：《从上海市长到“台湾省主席”——吴国桢口述回忆》，吴修垣译，上海人民出版社1999年版。
3. 〔美〕魏斐德：《间谍王——戴笠与中国特工》，梁禾译，江苏人民出版社2007年版。
4. 卞孝萱、唐文权：《辛亥人物碑传集》，团结出版社1991年版。
5. 曹汝霖：《曹汝霖一生之回忆》，传记文学出版社1980年版。
6. 厂民：《当代中国人物志》，载沈云龙主编《近代中国史料丛刊续编》

第 50 辑，文海出版社 1978 年版。
7. 陈布雷：《陈布雷回忆录》，传记文学出版社 1980 年再版。
8. 陈立夫：《成败之鉴——陈立夫回忆录》，正中书局 1994 年版。
9. 陈雁：《颜惠庆传》，河北人民出版社 1999 年版。
10. 陈之迈：《蒋廷黻的志事与平生》，传记文学出版社 1985 年再版。
11. 程思远：《政海秘辛》，北方文艺出版社 1991 年版。
12. 程天放：《程天放早年回忆录》，传记文学出版社 1968 年版。
13. 程天固：《程天固回忆录》，收入张玉法、张瑞德主编《中国现代自传丛书》第 3 辑（3），龙文出版社股份有限公司 1993 年版。
14. 樊荫南：《当代中国名人录》，良友图书公司 1935 年版。
15. 冯友兰：《三松堂自序》，三联书店 1984 年版。
16. 冯玉祥：《我的生活》（上、下），黑龙江人民出版社 1981 年版。
17. 敷文社：《最近官绅履历汇编》，载沈云龙主编《近代中国史料丛刊》第 45 辑，文海出版社 1970 年版。
18. 龚德柏：《龚德柏回忆录》，收入张玉法、张瑞德主编《中国现代自传丛书》第 1 辑（4），台北龙文出版有限公司 1989 年版。
19. 顾维钧：《顾维钧回忆录》，中华书局 1983 年版。
20. 郭剑林：《北洋灵魂——徐世昌》，兰州大学出版社 1997 年版。
21. 郭汝瑰：《郭汝瑰回忆录》，四川人民出版社 1987 年版。
22. “国史馆”：《“国史馆”现藏民国人物传记史料汇编》第 20 辑，“国史馆”编印 2000 年版。
23. “国史馆”：《“国史馆”现藏民国人物传记史料汇编》第 12 辑，“国史馆”编印 1994 年版。
24. “国史馆”：《“国史馆”现藏民国人物传记史料汇编》第 14 辑，“国史馆”编印 1996 年版。
25. 海上名人传编辑部编：《海上名人传》，文明书局 1930 年版。
26. 何凤山：《外交生涯四十年》，香港中文大学出版社 1990 年版。
27. 何廉：《何廉回忆录》，朱佑慈等译，中国文史出版社 1988 年版。
28. 湖北省地方志编纂委员会编：《湖北省志·人物志稿》第 1 卷，光明日报出版社 1989 年版。
29. 黄季陆主编：《革命人物志》第 1 辑，中央文物出版社 1969 年版。
30. 黄克武编撰：《蒋复璁口述回忆录》，“中央研究院”近代史研究所 2000 年版。
31. 季宇：《段祺瑞传》，安徽人民出版社 1992 年版。

32. 贾逸君：《中华民国名人传》，北平文化学社 1932 年印行。
33. 贾毅、贾维整理：《半生风雨录——贾亦斌自述》，中国文史出版社 1996 年版。
34. 蒋梦麟：《西潮与新潮——蒋梦麟回忆录》，东方出版社 2006 年版。
35. 蒋曙晨：《傅作义传略》，中国青年出版社 1990 年版。
36. 蒋廷黻：《蒋廷黻回忆录》，谢钟琏译，传记文学出版社 1984 年版。
37. 金光耀：《顾维钧传》，河北人民出版社 1999 年版。
38. 雷禄庆：《李鸿章新传》，载沈云龙主编《近代中国史料续编》第 99 辑，台北文海出版社，出版年不详。
39. 雷啸岑：《我的生活史》，收入张玉法、张瑞德主编《中国现代自传丛书》第 4 辑（8），龙文出版社股份有限公司 1994 年版。
40. 李海生、张敏：《民国两兄弟：陈果夫与陈立夫》，上海人民出版社 2000 年版。
41. 李品仙：《李品仙回忆录》，中外图书出版社 1975 年版。
42. 李新等主编：《民国人物传》（第 1—12 卷），中华书局 1978—2005 年版。
43. 李学通：《书生从政——翁文灏》，兰州大学出版社 1996 年版。
44. 李振华：《国闻周报：名人录、时人备录》，载沈云龙主编《近代中国史料丛刊续编》第 84 辑，文海出版社 1981 年版。
45. 李宗仁口述，唐德刚撰写：《李宗仁回忆录》，广西师范大学出版社 2005 年版。
46. 李宗一：《袁世凯传》，中华书局 1980 年版。
47. 罗志田：《再造文明之梦——胡适传（1891—1929）》，中华书局 2006 年版。
48. 浦薛凤：《太虚空里一游尘：八年抗战生涯随笔》，台北“商务印书馆”1979 年版。
49. 钱昌照：《钱昌照回忆录》，中国文史出版社 2000 年版。
50. 任一民主编：《四川近现代人物传》第 6 辑，四川大学出版社 1990 年版。
51. 沈怡：《沈怡自述》，传记文学出版社 1985 年版。
52. 沈云龙：《黎元洪评传》，文海出版社 1970 年版。
53. 沈云龙：《徐世昌评传》，传记文学出版社 1979 年版。
54. 沈云龙访问、谢文孙记录：《傅秉常先生访问记录》，台北“中央研究院”近代史研究所 1993 年版。

55. 石建国:《陆征祥传》,河北人民出版社 1999 年版。
56. 苏源:《黎元洪全传》,黑龙江人民出版社 2001 年版。
57. 唐德刚:《胡适杂忆》,华东师范大学出版社 1999 年版。
58. 陶菊隐:《记者生活三十年》,中华书局 1984 年版。
59. 完颜绍元:《王正廷传》,河北人民出版社 1999 年版。
60. 汪荣祖、李敖:《蒋介石评传》,中国友谊出版公司 2000 年版。
61. 王新命:《新闻圈里四十年》,龙文出版社 1993 年版。
62. 翁同龢:《近代人物志》,新文丰出版社 1978 年版。
63. 吴铁城:《吴铁城回忆录》,三民书局 1971 年版。
64. 吴相湘:《民国百人传》,传记文学出版社 1979 年版。
65. 吴相湘:《民国人物列传》,传记文学出版社 1986 年版。
66. 吴相湘:《陈果夫的一生》,传记文学出版社 1980 年版
67. 吴玉章:《吴玉章回忆录》,中国青年出版社 1978 年版。
68. 萧公权:《问学谏往录》,黄山书社 2008 年版。
69. 熊式辉:《海桑集——熊式辉回忆录(1907—1949)》,香港明镜出版社 2008 年版。
70. 颜惠庆:《颜惠庆自传》,姚崧龄译,传记文学出版社 1982 年再版。
71. 杨大辛主编:《北洋政府总统与总理》,南开大学出版社 1989 年版。
72. 张礼恒:《伍廷芳传》,河北人民出版社 1999 年版。
73. 张令澳:《侍从室回梦录》,上海书店出版社 1998 年版。
74. 张朴民:《北洋政府国务总理列传》,台湾“商务印书馆”1984 年版。
75. 张治中:《张治中回忆录》,华文出版社 2007 年版。
76. 张忠绂:《迷惘集》,载沈云龙主编《近代中国史料丛刊续编》第 53 辑,台北文海出版社 1978 年版。
77. 中国人民政治协商会议全国委员会文史资料研究委员会编:《辛亥革命回忆录》(6),文史资料出版社 1961 年版。
78. 中国人民政治协商会议天津市委员会文史资料研究会编:《天津近代人物录》,天津地方史志编修委员会总编辑室出版 1987 年印刷。
79. 中国人民政治协商会议湖北委员会编:《辛亥首义回忆录》第 3 辑,湖北人民出版社 1958 年版。
80. 中国社会科学院“近代史资料”编辑部主编:《民国人物碑传集》,四川人民出版社 1997 年版。
81. 中央国史编辑室编:《徐树铮正传》,中央国史编辑室 1924 年版。
82. 左舜生:《近三十年见闻杂记》,载沈云龙主编《近代中国史料丛刊》

第5辑，文海出版社1967年版。

四 工具书

1. 〔美〕包德华主编:《民国名人传记辞典》第6、7、8分册，沈自敏译，中华书局1986年版。
2. 〔美〕包德华主编:《民国名人传记辞典》11分册，沈自敏译，中华书局1981年版。
3. 贾馥茗总编纂、“国立编译馆”主编:《教育大辞书》第3册，文景书局有限公司2000年版。
4. 李盛平主编:《中国近现代人名大辞典》，中国国际广播出版社1989年版。
5. 梁淑安主编:《中国文学家大辞典》(近代卷)，中华书局1997年版。
6. 刘国铭主编:《国民党百年人物全书》，团结出版社2005年版。
7. 刘寿林等编:《民国职官年表》，中华书局1995年版。
8. 倪俊明、沈锦锋编:《广东近现代人物词典》，广东科技出版社1992年版。
9. 皮明庥主编:《湖北历史人物辞典》，湖北人民出版社1984年版。
10. 钱实甫:《北洋政府职官年表》，华东师范大学出版社1991年版。
11. 秦孝仪主编:《中国现代史辞典——人物部分》，台北近代中国出版社1985年版。
12. 邱远猷主编:《中国近代官制词典》，北京图书馆出版社1991年版。
13. 施善玉、鲍同、张予一主编:《中国军事人物辞典》，科学技术文献出版社1988年版。
14. 滕星主编:《中外教育名人辞典》，中央民族学院出版社1988年版。
15. 田子渝、刘德军主编:《中国近代军阀史词典》，中国档案出版社1989年版。
16. 吴成平主编:《上海名人辞典》，上海辞书出版社2001年版。
17. 徐有春主编:《民国人物大辞典》，河北人民出版社1991年版。
18. 张在普:《中国近现代政区沿革表》，福建省地图出版社1987年版。
19. 中国社会科学院台湾所编:《中国国民党全书》，陕西人民出版社2001年版。
20. 周棉主编:《中国留学生大辞典》，南京大学出版社1999年版。

五　专书、论著

1. （清）顾炎武著，周苏平、陈国庆点注：《日知录》，同年，卷 17，甘肃人民出版社 1997 年版。
2. （清）赵尔巽编：《清史稿》，中华书局 1976 年版。
3. 〔德〕哈贝马斯：《公共领域的结构转型》，曹卫东等译，学林出版社 1999 年版。
4. 〔德〕马克斯·韦伯：《儒教与道教》，洪天富译，江苏人民出版社 1993 年版。
5. 〔法〕P. 布尔迪厄：《国家精英——名牌大学与群体精神》，杨亚平译，商务印书馆 2004 年版。
6. 〔法〕安克强：《1927—1937 年的上海——市政权、地方性和现代化》，张培德等译，上海古籍出版社 2004 年版。
7. 〔法〕布迪厄、〔美〕华康德：《实践与反思——反思社会学导引》，李猛等译，中央编译出版社 1998 年版。
8. 〔法〕米歇尔·福柯：《规训与惩罚》，刘北成等译，三联书店 2007 年版。
9. 〔加拿大〕陈志让：《军绅政权——近代中国的军阀时期》，生活·读书·新知三联书店 1980 年版。
10. 〔美〕查尔斯·赖特·米尔斯：《权力精英》，王崑等译，南京大学出版社 2004 年版。
11. 〔美〕戴维·波普诺：《社会学》（第十版），李强等译，中国人民大学出版社 1999 年版。
12. 〔美〕戴维·斯沃茨：《文化与权力——布尔迪厄的社会学》，陶东风译，上海译文出版社 2006 年版。
13. 〔美〕杜赞奇：《文化、权力与国家——1900—1942 年的华北农村》，王福明译，江苏人民出版社 2003 年版。
14. 〔美〕费正清、费维恺编：《剑桥中华民国史》（下），谢亮生等译，中国社会科学出版社 1994 年版。
15. 〔美〕费正清：《中国：传统与变迁》，张沛译，世界知识出版社 2002 年版。
16. 〔美〕顾德曼：《家乡、城市和国家——上海的地缘网络与认同：1853—1937》，宋钻友译、周育民校，上海古籍出版社 2004 年版。
17. 〔美〕黄宗智主编：《中国研究的范式问题讨论》，社会科学文献出版社 2003 年版。
18. 〔美〕孔飞力：《中华帝国晚期的叛乱及其敌人》，谢亮生等译，中国社会科学出版社 1990 年版。
19. 〔美〕列文森：《儒教中国及其现代命运》，郑大华等译，中国社会科学出版社 2000 年版。
20. 〔美〕罗兹曼等：《中国的现代化》，国家社会科学基金“比较现代化”课题组译，江苏人民出版社 2003 年版。
21. 〔美〕裴鲁恂：《中国人的政治心理》，艾思明译，洞察出版社 1988 年版。
22. 〔美〕齐锡生：《中国的军阀政治（1916—1928）》，杨若云等译，中国人民大学出版社 1991 年版。
23. 〔美〕任达：《新政革命与日本——中国（1898—1912）》，李仲贤译，江苏人民出版社 2006 年版。
24. 〔美〕斯特林·西格雷夫：《宋家王朝》，澳门星光出版社 1985 年版。
25. 〔美〕孙隆基：《历史学家的经线》，广西师范大学 2004 年版。
26. 〔美〕魏定熙：《北京大学与中国政治文化（1898—1920）》，金安平译，北京大学出版社 1998 年版。
27. 〔美〕萧邦奇：《血路——革命中国中的沈定一（玄庐）传奇》，周武彪译，江苏人民出版社 1999 年版。
28. 〔美〕易劳逸：《流产的革命——1927—1937 年国民党统治下的中国》，陈谦平等译，中国青年出版社 1992 年版。
29. 〔美〕易劳逸：《蒋介石与蒋经国》，王建朗等译，中国青年出版社 1989 年版。
30. 〔日〕家近亮子：《蒋介石与南京国民政府》，王士花译，社会科学文献出版社 2005 年版。
31. 〔日〕实藤惠秀：《中国人留学日本史》，谭汝谦等译，三联书店 1983 年版。
32. 〔日〕园田一龟：《分省新中国人物志》，黄惠泉等译，良友图书印刷公司 1930 年版。
33. 〔日〕中野实：《革命》，于小薇译，经济日报出版社 1991 年版。
34. 〔日〕佐藤铁治郎：《一个日本记者笔下的袁世凯》，孔祥吉、〔日〕村田雄二郎整理，天津古籍出版社 2005 年版。
35. 〔英〕彼得·伯克：《历史学与社会理论》，姚朋等译，上海人民出版社 2001 年版。
36. 〔英〕亚当·库珀、杰西卡·库珀主编：《社会科学百科全书》，上海译文出版社 1989 年版。

37.《资治通鉴》(三),中华书局 1956 年版。

38. Andrew J. Nathan, *Peking Politics, 1918 – 1923: Factionalism and the Failure of Constitutionalism*, Berkeley: University of California Press, 1976.

39. Benjamin Elman, *A Cultural History of Civil Examinations in Late Imperial China*, Berkeley: University of California Press, 2000.

40. Po – ti Ho, *The Ladder of Success in Imperial China: Aspects of Social Mobility, 1368 – 1911*, New York: Columbia University Press, 1962.

41. R. Keith Schoppa, *Chinese Elites and Political Change: Zhejiang in the Early Twentieth Century*, Cambridge, Mass: Harvard University Press, 1982.

42. 包亚明主编:《权力的眼睛:福柯访谈录》,上海人民出版社 1997 年版。

43. 陈红民:《函电里的人际关系与政治——读哈佛—燕京图书馆藏“胡汉民往来函电稿”》,三联书店 2003 年版。

44. 陈茂同:《历代职官沿革史》,华东师范大学出版社 1988 年版。

45. 陈寅恪:《陈寅恪史学论文选集》,上海古籍出版社 1992 年版。

46. 陈之迈:《中国政府》,商务印书馆 1945 年版。

47. 崔之清主编:《国民党政治与社会结构之演变(1905—1949)》上编,社会科学文献出版社 2007 年版。

48. 邓丽兰:《域外观念与本土政制变迁——20 世纪二三十年代知识界的政制设计与参政》,中国人民大学出版社 2003 年版。

49. 邓元忠:《三民主义力行社史》,台北实践出版社 1984 年版。

50. 邓正来、〔英〕J. C. 亚历山大编:《国家与市民社会—— 一种社会理论的研究路径》,中央编译出版社 2005 年版。

51. 丁中江:《北洋军阀史话》,中国友谊出版公司 1992 年版。

52. 董守义:《清代留学运动史》,辽宁人民出版社 1985 年版。

53. 费孝通:《乡土中国　生育制度》,北京大学出版社 1999 年版。

54. 费孝通:《乡土重建》,上海观察社 1948 年版。

55. 干国勋:《蓝衣社复兴社力行社》,传记文学出版社 1984 年版。

56. 国民政府主计处统计局编:《中国人口问题之统计分析》,正中书局印行 1936 年沪一版。

57. 何怀宏:《选举制度及其终结——秦汉至晚清历史的一种社会学阐释》,三联书店 1998 年版。

58. 湖南安乡县政府编:《安乡示范县政纪实》,长沙新中国书店 1948

年版。
59. 黄光国：《儒家关系主义》，北京大学出版社 2006 年版。
60. 黄留珠：《秦汉仕进制度》，西北大学出版社 1985 年版。
61. 嘉娴编：《腾挪：中国当代两栖群体分析》，专利文献出版社 1999 年版。
62. 贾熟村：《北洋军阀时期的交通系》，河南人民出版社 1993 年版。
63. 金安平：《从批判的武器到武器的批判——二十世纪前半期中国知识分子与政党政治》，黑龙江人民出版社 2000 年版。
64. 金耀基：《大学之理念》，北京三联书店 2001 年版。
65. 金耀基：《金耀基自选集》，上海教育出版社 2002 年版。
66. 金耀基：《从传统到现代》，中国人民大学出版社 1999 年版。
67. 来新夏：《北洋军阀史》（上、下），南开大学出版社 2000 年版。
68. 李剑龙：《中国近百年政治史（1840—1926）》，复旦大学出版社 2002 年版。
69. 李芦洲：《国民政府的政绩》，真理社 1946 年翻印。
70. 李芹主编：《社会学概论》，山东大学出版社 1999 年版。
71. 李宗吾：《考试制之商榷》，成都日新 1936 年印刷。
72. 梁漱溟：《中国文化要义》，学林出版社 1987 年版。
73. 梁治平：《清代习惯法：社会与国家》，中国政法大学 1996 年版。
74. 林端：《儒家伦理与法律文化》，中国政法大学 2002 年版。
75. 刘志伟：《在国家与社会之间——明清广东里甲赋役制度研究》，中山大学出版社 1997 年版。
76. 罗尔纲：《晚清兵志》，中华书局 1999 年版。
77. 罗家伦主编：《革命文献》第 42、43 合辑，中国国民党党史史料编纂委员会 1968 年版。
78. 罗文干：《狱中人语》，载沈云龙主编《近代中国史料丛刊》第 2 辑，文海出版社 1966 年版。
79. 罗志田：《二十世纪中国思想与学术掠影》，广东教育出版社 2001 年版。
80. 马烈：《蒋家父子与三青团》，中国文史出版社 2007 年版。
81. 马起华：《政治社会学》，正中书局 1985 年版。
82. 汪一驹：《中国知识分子与西方》，梅寅生译，久大文化股份有限公司 1991 年版。
83. 莫建来：《皖系军阀统治史稿》，天津古籍出版社 2004 年版。

84．南海胤子：《安福祸国记》，中华书局 2007 年版。
85．潘光旦编译：《优生原理》，上海观察社发行 1949 年版。
86．彭怀恩：《透视台湾内阁精英》，洞察出版社 1986 年版。
87．彭怀恩：《中华民国政治体系》，台北风云论坛出版社有限公司 2003 年版。
88．钱杭：《血缘与地缘之间——中国历史上的联宗与联宗组织》，上海社会科学院出版社 2001 年版。
89．钱茂伟：《国家、科举与社会》，北京图书馆出版社 2004 年版。
90．钱穆：《国史新论》，台湾东大图书公司 1984 年版。
91．钱实甫：《北洋政府时期的政治制度》，中华书局 1984 年版。
92．舒新城：《中国近代留学史》，上海文化出版社 1989 年版。
93．苏国勋、刘晓枫编：《社会理论的政治分化》，三联书店 2005 年版。
94．苏云峰：《从清华学堂到清华大学（1911—1929）》，生活·读书·新知三联书店 2001 年版。
95．苏云峰：《中国现代化的区域研究（1860—1916）·湖北省》，台北“中央研究院”近代史研究所 1981 年版。
96．孙彩霞：《新旧政学系》，华夏文化出版社 1997 年版。
97．陶菊隐：《北洋军阀统治史话》第 1 册，三联书店 1957 年版。
98．王德昭：《清代科举制度研究》，中华书局 1984 年版。
99．王沪宁：《比较政治分析》，上海人民出版社 1987 年版。
100．王奇生：《党员、党权与党争——1924—1949 年中国国民党的组织形态》，上海书店出版社 2003 年版。
101．王奇生：《中国留学生的历史轨迹：1872—1949》，湖北教育出版社 1992 年版。
102．王舜祁：《蒋氏故里述闻》，上海书店出版社 1998 年版。
103．王先明：《近代新学——中国传统学术文化的嬗变与重构》，商务印书馆 2000 年版。
104．王晓渔：《知识分子的“内战”——现代上海的文化场域（1927—1930）》，上海人民出版社 2007 年版。
105．吴振汉：《国民政府时期的地方派系意识》，台北文史哲出版社 1992 年版。
106．肖如平：《国民政府考试院研究》，社会科学文献出版社 2008 年版。
107．熊志勇：《从边缘走向中心——晚清社会变迁中的军人集团》，天津人民出版社 1998 年版。

108. 徐矛：《中华民国政治制度史》，上海人民出版社 1992 年版。
109. 许纪霖、陈达凯：《中国现代化史》，上海三联书店 1995 年版。
110. 薛伯康：《中美人事行政比较》，商务印书馆 1934 年版。
111. 严如平主编：《蒋介石与结拜兄弟》，团结出版社 2002 年版。
112. 阎步克：《士大夫演生史稿》，北京大学出版社 1996 年版。
113. 杨念群：《儒学地域化的近代形态——三大知识群体互动的比较研究》，三联书店 1997 年版。
114. 杨念群：《中层理论——东西方思想会通下的中国史研究》，江西教育出版社 2001 年版。
115. 杨念群主编：《空间·记忆·社会转型——“新社会史”研究论文精选集》，上海人民出版社 2001 年版。
116. 姚纪纲：《交往的世界——当代交往理论探索》，人民出版社 2002 年版。
117. 翊勋：《蒋党真相》，读者书店 1948 年版。
118. 袁继成等：《中华民国政治制度史》，湖北人民出版社 1991 年版。
119. 张静主编：《国家与社会》，浙江人民出版社 1998 年版。
120. 张鸣：《武夫专制梦——中国军阀势力的形成及其作用》，国际文化出版公司 1989 年版。
121. 张晞海、王翔：《中国海军之谜》，海洋出版社 1990 年版。
122. 张玉法：《民国初年的政党》，岳麓书社 2004 年版。
123. 张仲礼：《中国绅士》，李荣昌译，上海社会科学院出版社 2002 年版。
124. 章开沅等：《中国近代史上的官绅商学》，湖北人民出版社 2000 年版。
125. 赵晓呼：《政党论》，天津人民出版社 2002 年版。
126. 智效民：《胡适和他的朋友们》，云南人民出版社 2004 年版。
127. 周育民、邵雍：《中国帮会史》，上海人民出版社 1993 年版。
128. 朱英：《转型时期的社会与国家——以近代中国商会为主体的历史透视》，华中师范大学出版社 1997 年版。
129. 邹谠：《中国革命的再阐释》，牛津大学出版社 2002 年版。

六　言论、论文

1. 〔法〕魏丕信：《中国帝制时代晚期如何学习为官之道》，载《法国汉学》（教育史专号）第 8 辑，中华书局 2003 年版。
2. 〔美〕华康德：《解读布迪厄的“资本”概念》，载苏国勋、刘晓枫编《社会理论的政治分化》，三联书店 2005 年版。

3. 〔美〕田宏懋:《1928—1937 年国民党派系的政治阐释》,《国外中国近代史研究》第 24 辑,中国社会科学出版社 1994 年版。
4. 〔英〕科大卫、刘志伟:《宗族与地方社会的国家认同——明清华南地区宗族发展的意识形态基础》,《历史研究》2000 年第 3 期。
5. 《胡适致母函》(1910 年 6 月 30 日),《安徽史学》1989 年第 1 期。
6. 《青年会与留学生之关系》,《东方杂志》第 14 卷第 9 号,1917 年 9 月 15 日。
7. 《中国政治舞台上的十大派系》,载林天行主编《中国政治内幕》,南华出版社 1947 年版。
8. Denis Twitchett, "A Critique of Some Recent Studies of Modern Chinese Social - Economic History", *Transactions of the International Conference of Orientalists in Japan*, Vol. X, 1965.
9. E. A. Kracke, Jr, "Family Vs. Merit in Chinese Civil Service Examination Under The Empire", *Harvard Journal of Asiatic Studies*, Vol. 10, No. 2, 1947.
10. J. Bruce Jacobs, "A Preliminary Model of Particularistic Ties in Chinese Political Alliances: Kan - ch' ing and kuan - his in a Rural Taiwanese Township", *The China Quarterly*, No. 78, Jun., 1979.
11. Robert M. Hartwell, "Demographic, Political, and Social Transformations of China, 750 - 1550", *Harvard Journal of Asiatic Studies*, Vol. 42, No. 2, 1972.
12. 艾毓英:《政学系与 CC 在湖北的蜗斗》,《武汉文史资料》1985 年第 1 辑,总第 19 辑。
13. 曹维忠:《南京国民政府中央官僚构成研究(1927—1937)》,硕士学位论文(未刊),上海师范大学,2006 年。
14. 陈春声:《乡村神庙系统与社会历史的演变——以樟林为例》,载周积明、宋德金主编《中国社会史论》,湖北教育出版社 2000 年版。
15. 陈独秀:《好一个党外无党党内无派》(1927 年 12 月 31 日),《陈独秀文章选编》(下),三联书店 1984 年版。
16. 陈红民:《哈佛燕京图书馆藏"胡汉民往来函电稿"介绍》,《民国档案》1997 年第 4 期。
17. 陈剑华:《清末民初法政学堂之研究》,《教育史研究》1993 年第 1 期。
18. 陈景芗:《旧中国海军的教育与训练》,载中国人民政治协商会议福建省委员会文史资料研究委员会编《福建文史资料》第 8 辑,福建人民出版社 1984 年版。
19. 陈劭先：《辛亥革命后孙中山在广东的几起几落》，《中华文史资料文库·政治军事编》第 2 卷（20—2），中国文史出版社 1996 年版。
20. 陈之迈：《中国的官》，《社会科学》1936 年第 1 卷第 4 期。
21. 程厚之：《回忆我在北大的一段学生生活》，载中国人民政治协商会议全国委员会文史资料研究委员会编《文史资料选辑》第 43 辑，中华书局 1964 年版。
22. 大愚译：《外人之共和观》，载经世文社编《民国经世文编》（政治一），沈云龙主编《近代中国史料丛刊》第 50 辑，文海出版社出，版年不详。
23. 范予遂：《我所知道的改组派》，《中华文史资料文库》（八），中国文史出版社 1996 年版。
24. 冯启宏：《〈蒋档〉书翰中的国民党派系倾轧》，《民国档案》2007 年第 1 期。
25. 高祖英：《为蒋经国进入中央铺平道路的一次会议》，载全国政协文史资料委员会编《文史资料存稿选编精选·派系纷争混战》，中国文史出版社 2006 年版。
26. 顾毓琇：《顾毓琇自述》（二），（台北）《传记文学》第 68 卷第 3 期。
27. 关晓红：《科举停废与近代乡村士子》，《历史研究》2005 年第 5 期。
28. 何历宇：《现代化进程中的知识与权力》，《复旦教育论坛》2004 年第 1 期。
29. 何祖培：《朱家骅的发迹及其他》，《文史资料存稿选编·军政人物》（上），中国文史出版社 2002 年版。
30. 贺跃夫：《清末士大夫留学日本热透视——论法政大学中国留学生速成科》，《近代史研究》1993 年第 1 期。
31. 胡汉民：《党外无政，政外无党》，《胡汉民先生演讲集》，上海民智书局 1929 年版。
32. 胡适：《政治统一的途径》，《独立评论》第 86 号，1934 年 1 月 21 日。
33. 姬丽萍：《北京政府时期文官考试与任用制度评析》，《史学月刊》2005 年第 12 期。
34. 蒋介石：《就国民革命军总司令职宣言》，《“蒋总统言论汇编”外录》第 2 集，存萃学社编《中国近代史资料丛编》之八，大东图书公司 1978 年版。
35. 贾献瑢：《樊象离传略》，《运城文史资料》第 17 辑，1994 年第 1 期。

36. 贾政武:《北洋政府文官考试制度述评》,《信阳师范学院学报》(哲学社会科学版)1993 年第 3 期。
37. 鉴岗译:《陈立夫谈三青团"CC 系"》,载《近代史资料》总第 97 号,中国社会科学出版社 1998 年版。
38. 解学兰:《袁世凯时代北京政府中央官僚构成之研究(1912—1916)》,硕士学位论文(未刊),上海师范大学,2004 年。
39. 金绍先等:《国民党文官考试内幕》,《文史资料选辑》第 36 辑,中国文史出版社 1999 年版。
40. 金以林:《地域观念与派系冲突》,《历史研究》2005 年第 3 期。
41. 康泽:《蒋介石培植蒋经国迫我离开——康泽回忆录之五》,(台北)《传记文学》第 60 卷第 2 期。
42. 孔复礼:《公民社会与体制的发展》,《近代中国研究通讯》1992 年 3 月第 13 期。
43. 赖景瑚:《办党、办报、办学》,《传记文学》第 23 卷第 1 期,台北传记文学社 1973 年版。
44. 李国祁:《李鸿章的家世及其人际关系》,载台北"中央研究院"近代史研究所编《近世家族与政治比较历史论文集》(上),"中央研究院"近代史研究所 1992 年版。
45. 李里峰:《民国文官考试制度的运作实效》,《历史档案》2004 年第 1 期。
46. 李若松:《蒋介石盟兄知多少》,(台北)《传记文学》第 62 卷第 3 期。
47. 李毓澍访问:《蒋鼎文先生访问记录》,《口述历史》第 9 期,台北"中央研究院"近代史研究所 1999 年版。
48. 李洲良:《中国历代学者从政经历与学术成就对照表》,载潘光晨主编《中国人才发展报告》第 3 卷,社会科学文献出版社 2006 年版。
49. 林绮慧:《学者办党:朱家骅与中国国民党》,硕士学位论文,台湾师范大学历史学系,2003 年。
50. 刘不同:《国民党的魔影——"CC"团》,载柴夫《CC 内幕》,中国文史出版社 1988 年版。
51. 刘龙心:《从科举到学堂——策论与晚清的知识转型(1901—1905)》,(台北)《"中央研究院"近代史研究所集刊》第 58 期。
52. 刘叔模:《一九三一年宁粤合作期间我的内幕活动》,载中国人民政治协商会议全国委员会文史资料委员会编《文史资料选辑》(合订本),第 5 卷第 17 辑,中国文史出版社 2000 年版。

53. 鲁卫东：《北洋军阀统治时期中央官僚构成研究（1916—1928）》，硕士学位论文，上海师范大学，2006 年。
54. 鲁卫东：《制度设计与实践的背离——北洋政府时期文官考试初探》，《安徽史学》2008 年第 1 期。
55. 鲁卫东：《军阀与内阁——北洋军阀统治时期内阁阁员群体构成与分析（1916—1928）》，《史学集刊》2009 年第 2 期。
56. 鲁卫东：《从官师合一到政学分途：辛亥革命前后读书人的职业选择》，《社会科学战线》2013 年第 2 期。
57. 鲁卫东：《“国难”时期学者的两难困境》，《学术界》2012 年第 8 期。
58. 罗志田：《“有道伐无道”的形成：北伐前夕南方的军事整合及南北攻守易势》，《中国社会科学》2003 年第 5 期。
59. 罗志田：《近代中国社会权势的转移：知识分子的边缘化与边缘知识分子的兴起》，《开放时代》1999 年第 4 期。
60. 罗志田：《清季科举制改革的社会影响》，《中国社会科学》1998 年第 4 期。
61. 罗志田：《数字与历史》，《战略与管理》1997 年第 3 期。
62. 罗志田：《五代式的民国——一个忧国知识分子对北伐数年前政治格局的即时观察》，《近代史研究》1999 年第 4 期。
63. 罗志田：《南北新旧与北伐成功的再诠释》，《开放时代》2000 年第 9 期。
64. 明毓：《中央政治学校的学生生活》，《独立评论》1936 年 1 月 19 日，第 186 号。
65. 南桂馨：《辛亥革命前后的回忆》，载《山西文史资料》编辑部《山西文史资料全编》第 1 卷第 2 辑，1998 年。
66. 潘光旦：《近代苏州的人才》，《社会科学》1935 年第 1 卷第 1 期。
67. 浦薛凤：《记何廉兄生平——治学从政树立风范》，《传记文学》第 27 卷第 4 期。
68. 钱靖远：《盐务机构人事的回忆》，《上海文史资料存稿汇编 · 经济金融》卷 4，上海古籍出版社 2001 年版。
69. 钱穆：《唐宋时期的文化》，《大陆杂志》第 4 卷第 8 期（1952 年 4 月）。
70. 邱行湘：《随陈诚十九年所见》，《中华文史资料文库 · 政治军事编》第 2 卷（20—2），中国文史出版社 1996 年版。
71. 桑兵：《晚清民国的知识与制度体系转型》，《中山大学学报》（社会科学版）2004 年第 6 期。
72. 孙丹林：《我所知道的高恩洪》，《文史资料存稿选编》（晚清 · 北洋）（下），中国文史出版社 2002 年版。
73. 谭光：《孔祥熙集团及令侃令伟兄妹》，（台北）《传记文学》第 61 卷第 4 期。
74. 唐德刚：《政学系探源》，《传记文学》第 63 卷第 6 期。
75. 万亦吾：《王世杰——蒋介石的智囊》，《武汉文史资料》1987 年第 3 辑，总第 29 辑。
76. 汪振国：《国民党时期文官制度与文官考试》，《江苏文史资料》第 24 辑。
77. 王笛：《清末近代学堂和学生数量》，《史学月刊》1986 年第 2 期。
78. 王笛：《晚清长江上游地区公共领域的发展》，《历史研究》1996 年第 1 期。
79. 王鸿泰：《明清社会关系的流动与互动》，《史学月刊》2006 年第 5 期。
80. 王家俭：《近代百年中国海军的一页沧桑史——闽系海军的兴衰》，（台北）《近代中国》第 151 期。
81. 王克文：《评介黎安友著〈北京政治〉》，载张玉法主编《中国现代史论集》第 5 辑（军阀政治），联经出版事业公司 1980 年版。
82. 王奇生：《中国近代人物的地理分布》，《近代史研究》1996 年第 2 期。
83. 王先明：《晚清保甲制的历史演变与乡村权力结构——国家与社会在乡村社会控制中的关系变化》，《史学月刊》2005 年第 5 期。
84. 王芸生、曹谷冰：《1926 至 1949 年的旧大公报》，《文史资料选辑》第 25 辑，中华书局 1962 年版。
85. 吴景平：《宋子文政坛浮沉录》，（台北）《传记文学》第 61 卷第 5 期。
86. 吴景平：《孔祥熙宋子文郎舅关系与政治恩怨——从中枢重要职务彼此取代到老死不相往来》，（台北）《传记文学》第 66 卷第 5 期。
87. 吴克明：《孔祥熙与铭贤学校》，载寿充一编《孔祥熙其人其事》，中国文史出版社 1987 年版。
88. 武乾：《论北洋政府的文官制度》，《法商研究》1999 年第 2 期。
89. 夏晋熊：《在孔祥熙官邸的见闻》，载寿充一编《孔祥熙其人其事》，中国文史出版社 1987 年版。
90. 萧功秦：《中国转型期地方庇荫网形成的制度因素》，《文史哲》2005 年第 3 期。

91. 谢廷式：《论文官官等官俸的改订问题》，《行政研究》1937 年第 2 卷第 6 期。
92. 谢泳：《中国文化中的“寡母抚孤”现象》，《二十一世纪》（香港），总第 24 期。
93. 许纪霖：《都市空间视野中的知识分子研究》，《天津社会科学》2004 年第 3 期。
94. 许纪霖：《科举废除与“断裂社会”》，《文汇报》2005 年 12 月 25 日。
95. 许纪霖：《社会文化视野中的知识分子的交往网络》，载李长莉、左玉河主编《近代中国社会与民间文化》，社会科学文献出版社 2007 年版。
96. 阎书钦：《抗战时期国统区的学者从政潮流与〈新经济〉半月刊的创办》，《清华大学学报》（哲学社会科学版）2007 年第 4 期。
97. 杨铎：《孔祥熙与陈果夫的微妙关系》，载寿充一《孔祥熙其人其事》，中国文史出版社 1987 年版。
98. 杨谨修整理：《陈石珍先生事略》，载中国人民政治协商会议江苏省江阴县委员会文史资料研究委员会编《江阴文史资料》第 5 辑，1984 年。
99. 杨立强：《论近代中国军阀官僚集团组织构成的特点》，《军事历史研究》1989 年第 1 期。
100. 杨天石、王学庄：《汤化龙密电辨讹》，载《纪念辛亥革命七十周年学术讨论会论文集》，中华书局 1983 年版。
101. 杨贤江：《现在中国青年的生活难》，《学生杂志》1925 年第 8 期。
102. 余敏玲：《俄国档案中的留苏学生蒋经国》，《“中央研究院”近代史研究所集刊》第 29 期。
103. 张金生：《王家骧先生传略》，载中国人民政治协商会议江苏省宝应县文史资料研究委员会编《宝应文史资料》第 6 辑。
104. 张瑞德：《无声的要角——侍从室的幕僚人员（1936—1945）》，台北《近代中国》第 156 期。
105. 张太原：《〈独立评论〉的社员及其主要撰稿人》，《安徽史学》2007 年第 4 期。
106. 赵荣达：《孔祥熙早年在太谷》，《山西文史资料》第 38 辑。
107. 赵世瑜：《国家正祀与民间信仰的互动——以明清京师的“顶”与东岳庙为个案》，《北京师范大学学报》1998 年第 6 期。
108. 郑卫东：《“国家与社会”框架下的中国乡村研究综述》，《中国农村观察》2005 年第 2 期。
109. 周维朋:《战后中国国民党派系关系之研究——以党政革新运动为中心的探讨》，硕士学位论文，台北：政治大学，1998 年。

七 报刊

1.《北京大学月刊》。
2.《大公报》(天津)。
3.《东方杂志》。
4.《独立评论》。
5.《国闻周报》。
6.《教育杂志》。
7.《民国日报》(上海)。
8.《全国学术工作咨询处月刊》。
9.《申报》。
10.《时报》。
11.《时代公论》。
12.《时代评论》。
13.《是非公论》。
14.《文汇报》。
15.《文化与教育旬刊》。
16.《向导》。
17.《新青年》。
18.《新世纪》。
19.《行政研究》。
20.《行政效率》。
21.《学生杂志》。
22.《益世报》(天津)。
23.《中国新闻》。
24.《中央日报》。
25.《中央周报》。
26.《自由评论》。
27.《自由论坛》。

后　记

本书是我的博士论文改写而成。从博士毕业到参加工作，已近7年，而该课题的研究也长达10年之久，在此过程中，书稿的部分内容亦曾发表于《安徽史学》《史学集刊》《学术界》《社会科学战线》《湖州师范学院学报》等杂志，这些已刊的文字中，有的在本书中得以全文体现，有的则已被全部改写，但皆反映了这些年我对相关问题的关注和思考，可供读者参考。

一项研究的进行，除了形式化的文字外，其包含的内容应该是更丰富的。本书如在某些方面侥幸有所得，都是建立在继承、借鉴前辈学者的优秀研究基础上的，当然文中的疏漏与不当之处当由我本人负责。尽管本书恐有辱师教，我仍想借此机会感谢在我求学与工作途中的各位老师。首先我要感谢我的博士论文指导老师周育民先生，犹忆13年前，误打误撞进入近代史研究领域，导师周育民先生不嫌本人资质愚钝，毅然纳于我门下的情景，先生治学态度严谨，行文风格朴实，为人亦如是。本书的选题、构思、写作与修改都离不开先生的悉心指导。在上海师大求学的六年间，曾先后聆听诸多先生的教诲，他们是唐力行教授、苏智良教授、邵雍教授等，他们对论文的批评与意见让我受益颇多，为我后来的修改指明了方向。感谢张力先生，在“中央研究院”近代史研究所访学期间，不仅在百忙之中允诺担任我的接待人，更在生活与学习方面对我予以关心与指导。感谢文化大学历史学系的张瑞德教授，素不相识的情况下，主动联系并惠赠了大量相关研究资料，十分令人感动。

我所服务的单位湖州师范学院社会发展学院向来是学校中较小的学院，而历史系更是一个顶峰期也只有10—12个人的小单位，但院系中同事友爱、热心，在此间工作使我有如沐春风之感。在此，我要感谢在我工作与生活中给予我帮助与支持的各位领导和同事，为免冗长，恕不一一列名，感激之情尽在心中。

本书被国家哲学社会科学规划办立项之际，恰逢妻子孕育着我们爱情的结晶。而本书即将付梓之际，女儿已经是一个可以自由表达，且爱读书、听故事的小姑娘了。因为时常看我在书房的书柜中找寻所需图书，每当我坐在电脑前修改书稿，她也会跑到书房，站在书房简易的木床上，打开书柜，要为爸爸找书。此时此刻，幸福感便油然而生。感谢妻子方玺和女儿鲁诗涵，你们是幸福最好的诠释！感谢父母、弟弟和妹妹，在我长达几十年的求学生涯中，无怨无悔的支持和奉献！感谢岳父岳母对我的理解和支持！谨以此书献给你们。